湛庐CHEERS

与最聪明的人共同进化

HERE COMES EVERYBODY

翁怡诺 著

新品牌的未来

The Future of New Brand

天津出版传媒集团
天津科学技术出版社

上架指导：企业管理 / 市场营销

图书在版编目(CIP)数据

新品牌的未来 / 翁怡诺著 . — 天津 : 天津科学技术出版社 , 2020.7

ISBN 978-7-5576-8008-4

Ⅰ . ①新… Ⅱ . ①翁… Ⅲ . ①品牌战略—研究—中国 Ⅳ . ① F279.23

中国版本图书馆 CIP 数据核字 (2020) 第 101992 号

新品牌的未来
XINPINPAI DE WEILAI
责任编辑：房　芳
责任印制：兰　毅
出　　版：天津出版传媒集团 / 天津科学技术出版社
地　　址：天津市西康路 35 号
邮　　编：300051
电　　话：(022) 23332397（编辑部）23332393（发行科）
网　　址：www.tjkjcbs.com.cn
发　　行：新华书店经销
印　　刷：唐山富达印务有限公司

开本 710 × 965　1/16　印张 27　字数 400 000
2020年7月第1版第1次印刷
定价：89.90元

中国“资本企业家”的创新之路

黄朝晖
中国国际金融有限公司首席执行官

我最初了解翁怡诺时，他还是一个涉足商业不久的小伙子，有着一股执着和坚韧的精神。在 2006 年年末中国国际金融有限公司（简称中金公司）重新设立直接投资部的时候，他有幸作为初创团队的一员加入，完成了好几个回报不错的项目。到 2012 年时，中金公司的股权投资业务已经发展得很好，而他却在这时选择自己创业，创建了专注消费领域投资的弘章资本，这让我看到他身上一些非常与众不同的思想深度和创业精神。特别是后来他给我系统性地介绍了他所追求的“资本企业家”构想时，我意识到，这也许是中国式投资家创新未来的一条康庄大道，无论他个人的未来如何发展，这种把企业家精神和资本运营结合起来的长期价值创造模式是非常值得开拓的，也是一个中国私募股权战略行业的发展方向。

第一，从产业发展维度来看，中国各细分领域都已经出现了少数头部企业和大量的中腰部企业。对于头部的上市公司或产业巨头来说，融资后最直接的方式就是并购和产业整合。但大部分的并购案例从后期的整合运营效果来看都不太成功。而同样具有产业格局和创新能力的私募股权基金却通过梳理治理结构、高端资源对接、激励团队发展、品牌价值提升等有效手段，使得被并购企业重新焕发出新的生命力。比如知名的高瓴资本整合一代鞋王百丽，以及在本书中提到的弘章资本对上海市、浙江省的知名调味品品牌宝鼎的并购重组和品牌提升。纵观国际市场，多家巨头私募股权基金通过对消费品牌企业的运营改造，形成了非常有效的投后管理方法论。其中最知名的就是消费产业并购之王 3G 资本，创造了投行专家转型消费产业的成功经营神话。

第二，今天的投资家和企业家之间的界限已经变得非常模糊，甚至是一种融合的状态。当下能够被市场认可的成功投资家往往也是创业者，更是长期运营的实业家，只是用了“投资的方式”在做企业。反之，阿里巴巴、腾讯这些互联网巨头也都大量布局投资，通过投资方式连接平台的生态企业。所以，从这个意义上，今天提出通过资本企业家整合产业的全新概念是具有特别的价值的。

第三，品牌在企业几十年的发展过程中，逐步成为承载企业核心价值的那个“池子”。正如本书中所述，品牌的本质是一种“认知”，可以落在文化上，也可以是故事或者情感寄托。总体上和过去 10 多年相比，今天品牌逻辑有了巨大的变化。品牌认知力度是有所下降的，渠道流量的碎片化也是非常明显的。所以今天新品牌的成长机会更好，壁垒有所下降，而流量运营的价值更加凸显。

第四，在这样一个品牌涌现的大潮中，大家都在寻找商业最本源的要素——品牌如何做大，如何成长。而恰诺的这本《新品牌的未来》恰恰是在最好的时机给了大家一个阶段性的归纳总结。特别在本书下篇中对国际大型消费品牌上市公司的诸多案例研究分析中，我们能够找到很多中国消费品牌企业家未来可能的发展路径，并购在这个过程中起到非常重要的作用，多品牌的发展历史就是一部并购的历史。通过对国际消费品牌巨头的并购成长之路的了解，我们更清晰地看到一段充满艰难险阻的企业成长的历史画卷。

我 2019 年参加弘章第五届年度消费论坛，感受到在消费品和零售领域，弘章资本已经逐步成长为一股重要的力量，凝聚起一个非常有价值的消费生态圈，无论是行业领袖、各种产业专家，还是年轻创业者都能在一起碰撞出火花。作为弘章资本创始人，怡诺的专注专心、独立思考、对投资的热爱、对企业的长期投入精神都是非常珍贵的品质。他不仅要做大消费领域深度垂直的专业机构，还致力于成为中国最优秀的中小型并购控股型基金，用实业的精神做金融投资，创造正向的价值，这些也同样是我们在不断实践的核心精神。

控股投资是一个非常复杂的投资体系，需要有和企业家共同奋斗的落地能力和长期定力。实业和投资的双向融合将在未来创造出一个新物种——资本企业家，即用长期资本来运营管理企业，共同创造价值的新模式。中国商业的未来也同样需要这样的资本企业家。

与诸君共勉。

开启理想主义者价值创造的时代

席　刚

新希望乳业董事长，草根知本总裁

我对弘章资本翁总的第一次了解始于想邀请他来公司做一次分享新零售的讲座，同事向我推荐他之前的著作——《新零售的未来》[①]。我读了这本书后，觉得他对零售连锁的思考很深入。待彼此熟悉后，我发现翁总不仅是一位消费专家和投资人，还是一位理想主义者，一位希望从价值发现向价值创造转型的长期主义者。我们谈论了一家很特别的基金公司——3G 资本。这家基金公司是长期价值的创造者，中国未来的产业资本也一定会走向并购整合提升的道路。

3G 资本惯用的模式是收购失去发展动力、经营效率低下但具有一定规模的企业。3G 资本收购企业后，往

①《新零售的未来》剖析了 20 家国际零售业巨头的商业模式，洞察新零售五大核心问题，三大发展趋势和四大商业逻辑，勾勒出新零售的未来图景，揭秘国际零售巨头的进化之道。此书由湛庐文化策划、北京联合出版有限公司于 2018 年出版。——编者注

往重组公司董事会，由被收购公司以前的资深合伙人组成新董事会负责总体决策，3G 资本的某个合伙人则带领团队作为这家公司的核心管理团队进驻企业。这支团队设计、制定高绩效管理制度，招聘新人，逐渐重塑企业文化，辞掉没有动力的老员工，重新提升企业效率。3G 资本构建了共同价值观：公司要成为市场赢家，就必须招募优秀人才，实施绩效奖励制度，让表现杰出的员工有机会入股，推崇简单的形式，不浪费时间搞内部政治斗争，关心如何打造一家永续经营的企业。3G 资本的创始人豪尔赫·保罗·雷曼（Jorge Paulo Lemann）从投资银行家转型为投资家，再次转型为企业家。在转型的过程中，他的投资理念逐渐从赚短期的钱转变为赚长期的钱。为了维持前进的动能并留住卓越人才，进而追寻远大的目标，企业要承受风险。雷曼认为："真正的富裕人生就是能自由调动时间，用时间来完成最重要的优先事项。我们最宝贵的资产是时间，但我们的时间效益不明显，我们应该把时间和精力集中于发展潜力最大的那几项投资。"

弘章资本在这方面的探索也是很有新意的，很多战略和新希望乳业的布局有极相像的地方，比如，弘章资本在调味品领域收购了上海著名的调味品老字号品牌"宝鼎"。调味品行业非常分散，从整体来看，有很好的整合机会。通过产业的协同和更优秀团队的配置，提升企业的经营效率是我们共同追求的方向。

虽然这些思想并不难，但付诸实践却非常困难，需要创业者走出自己的舒适圈，离开自己擅长的事业，主动去探索未知的、不确定的领域。因为价值创造的过程是非常庞杂而系统的工程，需要构建足够强大的投后管理体系，在这个过程中的每一个决策都需要经过反复研究、考量再落地，而不是依靠运气或盲目判断。我们在逐步积累运营、积累业绩，点滴的成长和成功都来之不易。弘章资本的翁总愿意去费力做企业经营和运营，是需要有一股"傻劲"的。我喜欢他们的口号"用企业家精神思考，用合伙人方式共建"。3G 资本非常重要的理念就是调整人力资源方面的激励机制。他们建立了完善的绩效奖酬及合伙人制度，重视绩效表现而非身份地位，重视实战成就而非年龄大小，重视员工对公司的贡献而非个人职位的高低，重视个人才能而非资历深浅，让员工有机会分享远大梦想的丰硕成果，吸引有才能的年轻人为公司效力。

消费领域，特别是品牌消费行业，是最适合实践产业整合的行业。《新品牌的未来》是一本具有领先性和预判性的好书，其中一些观点打破了传统品牌营销理论体系，还有很多观点体现了最前沿的商业实践。新品牌崛起的现象将在未来改变消费行业的格局，而且会催生出一批具有创新精神的新企业家。这本书还向大家分享了很多国际品牌的成长之路，包括大品牌如何跨越周期、如何构建品牌矩阵，用具体鲜活的案例带来更直观的认识。

有的人之所以平庸，是因为在平庸的机会上花费了太多的精力。要想超越平均水平，就需要花费精力寻找和把握可能改变人生的大机会，而这是以长期的思索、通透的判断体系为前提，并以异乎寻常的耐心和超乎常人的利益计算模式为基础的。

资本是一种手段和工具，但创造价值的本质是企业家精神。

我是一个不错的投资家，因为我是一个不错的企业家；我是一个不错的企业家，因为我是一个不错的投资家。

——摘自巴菲特语录

新品牌的最好时代

张宇凡

弘章资本运营合伙人，鹰集咖啡创始人

弘章资本至今已经走过了 7 年多，完成了从无到有和从 0 到 1 的阶段。7 年前我和创始人翁总探讨后得出一个结论：弘章资本要创建市场上独一无二的消费品专业基金，一定要坚持有所为，有所不为。今天，弘章资本依旧坚持在这条路上，持续不断地构建自己的能力圈和“护城河”。我也从最早一批的广告人转型，加入弘章资本学习投资，今天成为运营被投企业的创业者。

这 7 年来中国消费品行业发生了翻天覆地的变化，无论是国内还是海外，扮演消费行业颠覆者角色的新一代消费品牌正在全面崛起，尤其是当我与海外 DTC 品牌[①]交流时发现，这些品牌背后有着大量相同的身影，十几家超过 10 亿美元的“独角兽”消费品公司的背后竟然是同一

① DTC（Direct To Consumer）即直接面向消费者的品牌，产品直接通过品牌独立触及消费者，省去中间很多环节。——编者注

家VC基金[①]，而且它们还有相同的合作伙伴，包括VI视觉系统设计公司、社交推广公司、代运营公司等，同样且可复制的打法，在不同的品类上持续得到验证。更有趣的是，其中有多位创始人都出自沃顿集团，而且以前都从事市场销售或品牌运营转型。原来DTC品牌的打造是有方法论的，批量化复制新品牌的时代已经到来，因为这些品牌面对的是同一类新消费人群。

最近，美国贝恩资本（Bain Capital）发布了策略人群透视中国快消品人群的报告，将中国消费者分为八大人群：新锐白领、资深中产、精致妈妈、小镇青年、Gen Z（Z世代）、都市银发、小镇中老年和都市蓝领。在每类人群背后，都蕴藏着大量的新品牌和新产品机会。消费品大广告大渠道的时代已不复存在，新消费品公司的必备技能则有：精细化人群分类、挖掘用户需求、满足市场痛点、从研究产品到研究用户，用趋势和需求重新定义产品与品牌。从美妆食品、家清个护到时尚鞋服，紧紧抓住用户群体偏好变化的新玩家正在不断涌现，并且这类新品牌正在消费行业各细分领域全面开花。

除了新消费人群的快速崛起，更重要的是中国还有天猫这个超级平台，纵观这些年的电商演化，今天的天猫已不仅仅意味着渠道，还是新品牌孵化最重要的阵地。回顾10年前第一波淘品牌的崛起，主要是依靠淘宝流量扶持，而这一轮新品牌的崛起则更多是靠产品力，产品即流量的时代已经到来。天猫今天的规则和逻辑是支持真正有产品力的品牌，资源和流量将向有差异、有颜值、有创新、快速击中用户痛点的新锐品牌和小众产品倾斜。

最近和翁总再次讨论，弘章资本在下一个7年应该如何布局？我们一致的答案是：寻找伟大的创业者和创新者！寻找和我们有共同价值观、不急功近利、不追求短期收益、拥有长线思维、愿意做时间的朋友、真正用心打磨供应链以及打造好产品的创业者和团队。我相信，品牌和产品都是创业者做出来的，只有伟大的创业者才能铸就伟大的品牌。未来几年的消费品市场，将面临人类历史上最惊心动魄的市场竞争、品类更替、产品创新和品牌升级过程，我们会看到曾经的品牌巨头、国际

① VC（Venture Capitalist），即风险投资。VC基金即风险投资基金。——编者注

玩家、大公司、大品牌被一年前还不知名的小众新锐品牌冲击甚至摧毁。市场的竞争、迭代和变化将会加速，一旦跟不上节奏将可能被无情淘汰，只有具备持续的“体力”、学习力、应变力和整合力，才有可能长期立于不败之地。

这是消费品创业企业和消费品投资机构的最好时代，我们将有幸见证很多精彩的故事和奇迹在身边发生，寻找规则改变者！寻找伟大的创业者！

消费者主权时代的新品牌崛起

过去一个经济周期中资本推动的估值泡沫已接近破灭，可想而知又是10年一个轮回的一地鸡毛。在我经历的三次资产泡沫中，我印象最深刻的是2008年年末开始的金融危机，从金融危机开始扩展到经济危机，最后发展为信用危机，短短几个月的时间，各行业的产业价值链几乎断裂，房地产市场瞬间冷冻，全社会缺乏资金的流动性，大部分强周期产业在那个时期都处于崩溃的边缘。凡为过往，皆为序章。

在经济遇到极端周期时，我们会发现往往周期性生意受到的冲击最大，特别是现金流出现危机。然而，服务于最终消费者的事业依然保持着非常健康的现金流，业务发展比较稳健。所以过去的7年多，我们弘章资本把投资的重点放在了现金流良好、负债较低、品牌溢价明显的消费品牌生意，这类品牌驱动的业务可以占据消费者更长的时间和更大的空间，最有机会成为长线赢家。

归根结底，人类社会争夺的是生存的选择权：时间的自由和空间的自由。消费行业的竞争也同样如此，本质上是对消费者时间和空间的竞争，当然核心是对消费者时间的占据。超级大生意往往是占据消费者更长时间的模式。

在远古时代，人类经历了饥荒战乱，在 DNA 里留下了贪婪和恐惧的指令：一定要跑得比别人快，因为跑得快才能提高存活的概率。这成了人类的本能，代代相传。在过去几十年的商业领域也有一些“跑”出来的成功者，他们具备哪些特征呢？

第一代领跑者往往来自资源型领域，典型代表是依赖地产和矿业的暴富者。地产估值的支撑，可能是生产资料的捆绑，是地方政府的纳税渠道，是人类从农耕时代承袭的思维惯性，即认为土地意味着一切，而且地产可以参与信用的创造。而这类资源型高估值幻象的破除其实并不复杂，每一个泡沫都将在预期改变后的流动性危机中破灭。总体上，第一代成功者是从有形的资源获取中实现财富积累，但这些标杆企业的成功也是有前提的，就是踏准了每个长周期的底部和顶部，也有相当多的资源型中小玩家死于短周期而出局了，正所谓“一将功成万骨枯”。

第二代领跑者是在商业资源博弈竞争中的胜出者，主要出现在大商业消费领域，往往是那些构建了实物交易连接最多的实体平台，如零售和连锁业、品牌制造业企业。零售的本质是满足无数消费者不断变化的需求，因而供应链效率持续提升的商品经营。零售业之所以能形成超级市值公司，就是因为这个行业构建了巨大的消费者交易和连接的网络效应，流量和商品的对接迅速发生，使得商品非常高效率地流转，从而形成如今非常多层次的商业世界。这段时期出现了类似沃尔玛、联合利华、优衣库、茅台这样的大市值上市公司。这类领跑者本质上是价值创造者，同时也成为引领社会价值导向的核心企业。这类企业的价值在于满足了人类的刚性需求，如商品需求、餐饮需求、生活必需品的需求等。刚性需求往往属于人们的理性欲望，如饱腹、保暖、干净，所以性价比始终是这类需求的核心竞争点。

第三代领跑者是以虚实结合或者完全虚拟的方式构建的网络化的超级连接平台。如阿里巴巴、腾讯、京东、脸书（Facebook）、谷歌这类超级平台商，它们打破了传统流量的方式，也改变了现代消费者的行为模式，重新定义了人与人连接的方式，从而形成更为垄断的超级流量驱动的平台。社会的竞争法则彻底改变，从过去积累、分散、自下而上的博弈竞争格局，快速转向了寡头、马太效应、集中、自上而下、超短周期的流量竞争格局。这类超级流量平台不仅满足了人类的理性欲望，而且占据了人类天性中最柔软和黑暗的部分，即非理性欲望，如社交平台满足人们不断扩大的社交需求、让人快速获得成功感……超级流量平台进一步放大了人性中的贪婪和欲望，形成了超级连接，并能够用各种独特的方式进行更大规模的裂变和变现。超级流量平台成为资本化的最大受益者，并且形成资本企业的新物种，一方面进行商业化交易，另一方面进行资本化的投资，构建了全价值链条的生态化形式，这是过去从未出现过的全新形式。

未来的终极竞争更是对时间的竞争。当我们直面未来的变化时会发现，中国人口结构的变化将是未来最大的变量，并且已经深刻地影响着未来演化的进程。放眼全球，老龄化正在重塑整个世界。中国中位数年龄已经高达 36.7 岁。我们的适老化基础设施都没有准备好，但人们对健康的重视和对生命长度的追求已经达到很高的水平。未来会出现大量富裕的老年人，他们将推动时间价值的全面重估。如何延续生命、获得更多的自由时间，将是长期投资运作的核心。而购买自由时间的交易价格将非常高。生命本来是有时限的游戏，时间对所有人都是公平的。如同某部科幻电影中讲述的，社会也许将变成一个类似付费网游的社区，你能够活多久，取决于你创造的价值，或者你充值费用的多少。这一天也许并非天方夜谭。技术的进步将人类的竞争，甚至最终的货币体系，都指向明码标价的时间战场。现在也许就是一个新轮回的序章，无论我们喜欢与否，这个时代都在加速前行，无论哪个阶层的人们都不应该停留在过去的估值体系中，有的人甚至已经在拼命加杠杆。时间将成为终极的成本。

弘章资本在成立之初就确定了追求长期存在的商业模式，主要投资三大方向。第一是流量平台类企业，第二是超级供应链和品牌企业，第三是科技与服务类企业。其中超级流量平台的激烈竞争反而体现了其体系脆弱性的一面，碎片化的并存的流量平台则是短周期的具体体现。过去几年，中国出现的新零售在流量端的创新，使得我国商业在流量端的复杂度已经冠绝全球。所以，在不稳定和碎片化的流量环境中，商业进一步发生重要的演化，最优质的供应链端实现竞争后的集中化特征，其品牌价值不断凸显，形成了更能长期跨越周期的核心能力。这也是为何我们再次执笔，为未来或已经出现的大量新品牌现象进行提示和总结。从长期趋势来看，品牌将从产品制造逐步走向服务化，品牌也会变成系列性的产品、服务和体验，满足消费者更综合性的需求。

加速度的商业竞争带来更短的产品周期，使得未来的商业竞争更加残酷，如何形成差异化的消费者认知成为商业领域的一个生存法则。品牌成为今天商业竞争中的一个焦点。广义的品牌是具有经济价值的无形资产，用抽象化的、特有的、能识别的心智概念来表现其差异性，从而在人们的意识当中占据一定位置。

从宏观上看，人类行为体系反映了一种认知的共识，价值本质上也是一种认知的共识。认知是个体认识客观世界的信息加工活动。感觉、知觉、记忆、想象、思维等认知活动按照一定的关系组成一定的功能系统，从而实现对个体认知活动的调节作用。在个体与环境作用的过程中，个体认知的功能系统不断发展并趋于完善。

在本书中，我们提出一个重要概念“品牌是一种认知效率的结果”，消费者获得信息的方式在过去的工业化时代转向互联网时代的进程中发生了巨大的变化。伴随这个过程，媒介的传播方式也发生了本质的变化，从中心化的媒介逐步走向了碎片化的媒介。消费者获取信息，形成心智概念和认知的速度都越来越低，信任的成本在不断上升。品牌的认知效率是不断下降的。目前由于电视、互联网，特别是移动互联网手机的高度普及，媒体已经变得人人可用。消费者把手机视作人体器官的延伸，在日常生活和工作中都离不开手机，随时都能产生传播效应，手机已经变成今天最强势的媒体。手机传递的是个人的意志，承载的是人与人之间的对话。手机已经超越了所有媒体，成为整合所有涉及信息传播的场所、媒介和工具的超级媒体。我们身边充斥着各种各样的媒介，当媒介数量达到一定规模后，碎片化信息就成为常态，强势的内容更能满足需求。碎片化的流量时代需要更多优质的商品供应链，同理，也需要强势的内容。媒体依然重要，但不是最重要的，具有吸引力的创意和制作才是核心，强势内容需要采用更好的媒体组合和更精细的媒介策划，以提高媒体的投入产出比。所以，品牌创建的过程就是形成认知的过程。

中心化媒介下的传统营销模式可以一对多地影响人的认知，在信息闭塞的环境中给人强烈的“洗脑”效果。原来的品牌不具备直接面对消费者的能力，只能通过层层渠道和终端间接与消费者发生关联，间接关联决定了只能采取一对多的灌输式教育来进行品牌活动。在这类品牌塑造模式下，关键是需要让用户在大脑中记住品牌的重要信息，提高记忆效率。为了提高记忆效率，人们提出了许多影响认知为主的营销方法论，比如精准的定位、简洁的 Slogan、醒目的 Logo、鲜艳的色彩、响亮的名字，这些都是为了帮助消费者记忆和形成认知。工业化时代的销售是人找货的过程。定位理论的核心是固定品牌的位置，品牌概念在用户心智中的位置固定了，用户就方便按记忆关联寻找了。

以上分析界定了传统品牌这个概念，它是工业时代的产物，是为了适应社会大传播和商业变现而出现的效率工具。它将产品信息进行浓缩，形成规模化、可复制的连接符号。品牌的价值是提高人与产品的连接效率。为了避免用户遗忘品牌概念，品牌商采用不断重复的广告手法来加强用户对品牌的认知。

而今天媒介呈现多元化、碎片化的特征，媒体内容十分庞杂，消费者的信息渠道不再闭塞，有机会和企业（产品方）进行直接的多元互动。品牌企业难以快速影响用户的记忆。消费者的信息获得与产品购买决策逐渐一体化，推动我们进入了所见即所得、决策即购买的新品牌时代。在新品牌时代，让消费者产生购买冲动的互动沟通是关键，特别是带来裂变的高效激励以及口碑式的爆炸传播。如今我们需要构建更多的消费者触点，构建更好的消费体验。数字化营销给我们提供了一个判断投入产出的工具，过去广告业往往无法判断品牌投入和销售之间的真实关系。但当我们越来越依赖用户化数据流量平台时，我们开始信任“品效合一”的理念，更加强调 ROI（Return On Investment，投资回报率）。

传统品牌营销讲究进行认知轰炸、加强记忆的套路。而如今社交营销驱动的新品牌时代，追求“关系创新，以用户为本”的新理念。新营销体系可简单分为三个维度：认知、交易和关系。关系这个维度在传统营销体系中几乎是缺失的。关系包括粉丝关系、社群关系、会员关系、拼团关系和裂变关系。比如：小米手机是中国粉丝经济的旗帜企业；小红书是社群关系最好的平台；盒马鲜生是支付宝会员关系的典范；拼多多从微信社交关系中获得了企业发展的动力；云集是一家基于意见领袖与购物达人社交裂变关系的精品电商平台。在今天的互联网上，关系和交易能力不再受空间的限制，电商营销或网络营销的创新基本上围绕关系和交易这两个维度。

从传统品牌到新品牌时代，重要的变化是从经营产品变成了经营用户。过去经营产品的模式本质上是制造产品然后销售，企业是工厂的代理，往往把一种产品卖给所有用户，力求实现产品的功能价值。用户消费时往往需要遵循“人找货”的搜索模型。新品牌时代经营用户的模式本质上是围绕用户去找产品，企业是用户的代理，围绕一类用户群提供整个体系的各种产品。用户在消费时依据“货找人”的搜索模型，同时追求产品价值、情感价值和象征价值，品牌商需要赢得用户的共鸣，实现其与用户的共创。品牌价值要引发用户共鸣，就要做到产品与消费者融合以及内容与人格化输出融合。

新品牌时代的产品要有可裂变性和多触点特征。如果一种产品不能提高用户触点和频次，产生裂变，就很难迅速做大。产品的创意要可分享。无论是文字、包装设计、图文贴，还是抖音、直播等形式，设计创意时要考虑到它能够被分享。创意的最佳效果是别人看到之后愿意帮你分享。产品效果可以通过数据分析系统，提高对效果的洞察认识，了解获客来源和成本，实现“小活动大传播，小投入大传播”。当然，传统品牌方法在某些场景依然有效，特别是在相对大中型城市更加下沉的县级市场，定位理论的一些方法对于快速形成消费者的认知依然是有效的，但效果在下降。

消费者洞察是每一个品牌理论都追求的基本要素，但我们真的可以很容易洞察消费者吗？我们在针对健康食品访谈消费者时，大部分人都清晰地表达了对健康食品明确的认同和喜好，但实际上其中大部分人的消费行为恰恰是相反的，明显地偏好重辣、重甜的口味，言行不一。这个洞察结果存在很大的幸存者偏差。

在今天的市场环境下媒介逐渐碎片化的过程中，工业时代高效率的定位变得越来越低效，这个趋势为新品牌提供了机会。品牌商正在尝试另外一条获得长期用户的路径，通过运用各种有效的互联网工具构建私域流量，或者从公域流量中迅速获客、裂变、增长，快速增加消费者的购买决策和体验感知，从而形成消费者对新品牌的快速认知，构建新消费品的长期三大壁垒：创新迭代产品力、对接多渠道多平台能力和品牌认知传播能力。在这个过程中，传统广告媒介的集中度在迅速被打破，全新的短视频主导的数字化营销正在改变品牌传播的路径，使得新品牌能更加精准地投入，提高了投入产出率。无论是产品制造商，还是零售门店，抑或是电商，各类商业主体都开始重新审视场景的重要性。因为场景有足够多的消费者触点，企业就有机会低成本获客并形成用户流量池，进而通过工具来运营、拉新、裂变、转化这些长期用户，挖掘用户的全生命周期。

从历史发展来看，大家一致认为品牌忠诚度在变弱，消费者很难对品牌形成真正的忠诚。在满足消费者超级性价比需求的过程中，具有天然流量优势的零售商，开始从赚取简单的商品差价逐步转变为攫取制造商的利润，从而大力推广自有品牌，甚至在某种程度上形成了和第一品牌商的“合谋”，最终把消费者对零售商的信任转化到对某些品类的信任，形成了自有品牌模式。

会员体系是在激烈竞争的环境中常见的一种激励用户的手段，一直在不断变化和发展。在商业模式越来越以客户为导向的今天，搭建和持续运营一套合适且有效的会员体系，与客户、会员之间保持长期的营销互动是企业运营的重要一环。会员体系的主要目的是通过对用户的激励，激发用户的好奇心，增强用户黏性。一套完整成熟的用户体系可以将用户分级，做精细化运营，促进留存和消费，让用户从中获取情感和利益，同时也能实现平台的商业价值，从而实现平台和用户的双赢。简单来说，会员体系就是充分利用人类的心理动机与情感需求来诱导用户使用产品，对指定操作行为进行激励，激励成绩有不同级别，利用在不同级别间设置的利益差异，吸引低等级用户向高等级用户转化。

未来的企业会逐步媒体化，有趣、有黏性的内容是增加用户流量的重要内核。当然不是企业市场部搭建了微信、微博等自媒体平台，就算完成了媒体化运营转型。更重要的是要学会用媒体化的思维，去运作市场和打造品牌，打通企业的产品、资源和传播价值链，搭建开放平台，使品牌传播力和企业影响力最大化。企业要努力成为传播型组织。一方面，企业要向媒体学习引爆话题，方能达到事半功倍的营销效果，建立品牌的社会化人格；另一方面，企业要改变原有的媒介传播渠道，学会直接面对受众，发出自己的声音。现在大部分用户最相信的是朋友的推荐，而只有很小一部分用户选择相信广告推荐的产品。媒体化思维的本质是建立具备社会化人格的品牌。企业需要具备媒体属性，即需要打造社会化人格，以吸引一批趣味相投的用户。

新品牌运作的核心是重构一套新的经营用户价值为中心的营销体系，主要是通过新的营销手段，采取微信社群等新的社交方式，重构品牌与客户和消费者的关系，从没有关系、弱关系变成有关系，甚至是强关系。

快消品市场走过了产品主权时代、渠道主权时代，目前进入消费者主权时代。在消费者主权时代，重构以消费者为中心的营销体系是一种必然措施。从目前品牌企业所面临的问题看，要想有效解决用户数减少、市场占有率下降等问题，单靠商品营销难以奏效。

建立以经营用户价值为中心的会员管理体系可以解决企业与用户之间的价值交换问题。互联网对营销带来的最大影响就是，互联网创造的很多工具和平台在深刻地改变营销效率。手机变成了移动终端，把人们之间相互的连接变成了移动化、碎片式、随时随地的连接。目前手机几乎变成了“万能”的工具，人们用手机可以满足几乎所有的生活需求，很多人也已经充分享受到这种改变所带来的红利。企业可以借助小程序等技术手段在企业与用户之间建立更广泛的连接，以影响到更多的消费者。

新品牌营销的目标是要有效经营用户价值。新品牌营销不是以用户数量的多少为判断标准的营销模式，而是以用户价值高低为主要判断标准的营销体系。新品牌营销能为企业留存相对稳定的忠诚用户群体，能帮助企业有效降低营销成本，并且把这些节省下来的成本与忠诚用户分享。

品牌和流量的对接形成了消费者认知的决策链路，也形成了过去商品交易的主要场景。但我们通过研究发现，消费者实际上需要享受到消费的结果，他们的物质需求在下降。我们发现从更长期的未来看，服务商会替代商品生产者和流通者，成为“终局性的服务商和解决方案商”。所以我们推断，品牌商最终也都要转型为全套解决方案提供商，会为消费者提供某一类解决方案，而不仅仅是售卖一个系列的产品，单品毕竟都是有明显的“天花板”的。品牌则会在很大程度上增长销量，创造出各种消费的场景和消费者接触的入口，通过体系运营各种平台上的用户，不断地把品牌的差异点进行知识营销，在各种复杂的平台上对用户露出。销售产品不仅是销售产品的功能价值，还要构建系列化产品的大场景，设立“铁粉”消费者中心，把更多的消费者变成重度消费者，向他们提供套餐解决方案。未来品牌商会从简单的销售产品阶段，发展到提供最终的消费服务阶段。

继《新零售的未来》之后，我们继续研究，如今推出了第二本书——《新品牌的未来》。弘章资本的研究从流量入手，再到供应链和产品，而品牌力量其实在产品和服务所产生的价值中占据了很大的份额。我们之所以开始对新品牌的话题感兴趣，是因为在投资实践中，我们发现大量的品类创新和品牌创新的崛起，如果只是用定位理论和营销学理论等传统认知效率相关的品牌理论已经无法解释很多商业现象，一些过去的经典案例其实在商业变革中已经被“打脸”。我们并不否认在一定程度上传统品牌理论依然是有一定效果的，但我们认为其对于商业的效用和权重已经大大降低，商业结果的产生已经出现了更多新的动因，新品牌营销应该更复杂和多元。

我们和大家分享一些对品牌研究的阶段性思考，希望从更多的维度来探索品牌的长期价值。如同《新零售的未来》一书，当我们的思考变成铅字时的那一刻，就意味着这些内容已经开始过时了，而真正的商业变革会以更快的速度迭代。我们团队能做的就是不断地跟踪商业世界的变化，帮助大家把更多的零碎的思想汇聚起来，变成一个体系，把更多的有意思的实践案例串联起来，形成一些阶段性的记录。这就是我们推出《新品牌的未来》的初衷。

时代正在转向全面以用户为中心的价值创造阶段，以新流量驱动用户运营的宏大趋势已经出现。我们在探索新品牌崛起的过程中，还为大家展示了大量国际品牌发展路径的案例，它们在成长过程中大量地相互借鉴。从某种意义上，时光机理论依然是非常重要的思想模型。这本书延续了《新零售的未来》一书的基本结构，分为上下两篇，上篇主要介绍新品牌理论和创新实践案例；下篇主要介绍国际品牌企业的成长路径，以及它们收购或孵化很多创新品牌的思路。

在此，我要感谢弘章资本的合伙人和几位参与写作的同事，包括章子安、黄博涵、方智琪、李竞骐、关杰生，此外还要感谢在写作过程中提供具体案例资料的伙伴，他们是：宝岛眼镜的创始人王智民、德尔玛创始人蔡铁强、上市公司利欧股份CEO郑晓东、气味图书馆创始人娄楠石、鹰集咖啡创始人张宇凡、猫王创始人曾德钧、大卫科技创始人刘尊峰、宝鼎CEO李梦冲、泡泡玛特创始人王宁等。特别感谢一位为每一篇文章提供重要修改意见的王小燕老师，在我们的整个写作过程中付出了很多。

在弘章资本的创业过程中，有很多机构投资者朋友在关键时刻给予了鼎力支持，其中包括沈正宁、李国文、叶庆、周少雄、周少明、杨鹏慧、赵璧、辛洁、王培桓、宋卫东、宋卫国、戴佳明、陈生、庄凯、Cally、Ludvig等。特别感谢高瓴资本创始人张磊先生多年来的帮助和合作，我在深度研究、价值理念、并购整合各方面都在向这位良师益友学习。

世界上最根本的"护城河"只有一个，那就是终身学习、研究和实践的能力，卓越的企业家把学习、研究和实践变成了一种生活方式和工作习惯。人生最重要的事是把宝贵的时间、金钱和资源投入值得长期陪伴的人和事。这本书就是值得我们陪伴和投入的对象，对我个人而言，它是一个小小的里程碑，对弘章资本也是一样的，是一个纪念、一次记录和一份礼物。

扫码下载"湛庐阅读"App，
搜索"新品牌的未来"，
听翁怡诺先生分享投资的故事。

目 录

上　篇

这是新品牌最好的时代

The Future of New Brand

第 1 章

品牌的本质

消费品的内在意义是满足人性需求，人们通过消费特别的、差异化的商品形成了对更高阶层的追求。品牌也是我们在表面平等的社会中塑造不平等的一种手段。我们基于生物学视角对品牌的解释，提出认知效率的概念：为了便于搜索，通过强有力的符号、色彩、短语定位等方式占领消费者的心智。但从更长期的角度来看，产品在消费者触点所形成的影响力日积月累，最后使品牌凝聚成了一种文化现象和价值观。

品牌探源

在漫长的人类历史中，战争往往是获得权力的一种重要方式。但随着文明的进步，人类形成了更完整的社会集体和组织，形成了阶级。为了吸引异性和养育后代以及提升在组织中的地位，人们开始通过商品交换来装饰自己，希望吸引其他人的关注，形成差异化的地位和形象。商品的购买开始成为一种重要的价值来源。人们希望自己在别人眼里看起来光鲜漂亮，具有影响力。

人们消费的目的不仅是拥有商品及其功能，还是表达自己的心理诉求。商品除了具有实用功能，还有其所标志的意义与潜在含义，而这一点更重要。一些商品可以有效传递人们的社会地位、性优势等信息。如钻石作为代表爱情的物品，男方借此对女方显示自己优秀的条件，这种意义在某种程度上超越了钻石本身的价值。

人们的消费心理有两种，一种是满足生活需要，另一种是炫耀自身，提升阶层。例如：喝一杯网红茶饮，游玩特别的场景，品尝昂贵的食物，都要发在朋友圈炫耀一下。一个好的广告的策划者都对人群划分做过专门的研究，不同的人群有不同的消费模式。穷人会极尽所能地买买买，年轻男女也会花钱赢得异性的心。在营销过程中，每一种商品都代表着一种意思："我是有魅力的人……"炫耀性消费是普遍现象，甚至可以说是根植于人性的。对于每一种人性，我们都可以找到相应的商品来满足某种特别的意义和需求。大部分满足基础需求的商品都不贵，但大部分有炫耀意义的商品都很贵。

原始人通过炫耀身强体壮的优势来求偶以繁衍后代，而现代人通过炫耀性消费提升身价以求得异性的关注。消费行为是一面镜子，映照出人性的欲望，也映照出我们的弱点。

根据马斯洛需求层次理论，最底层的需求是生存与生理需求，最顶层的需求是社会地位与自我价值实现。人类的行为动力主要有两种：一是社会地位，二是愉悦自己。这两种动机存在于所有的社会阶层。消费者存在基本一样的普世观，根据人群效应，我们从小就要接受大部分人都相信的某种价值观或消费理念，否则就是异类。

销售的内核是鼓励即时满足，消费者似乎永不满足。比如早期的网购物流时间是一周，后来淘宝实现了 2 ～ 3 天，京东将物流时间缩减为 1 天甚至半天，但消费者还是不满足，于是盒马鲜生实现了 30 分钟到货的极致体验。但还会有新的商业模式满足消费者更极致的时间体验，因为消费者恨不得所想即所得。

如果我们回溯商品的历史长河，那么会发现绝大部分的商品都是短周期商品。那些真正可以穿越历史长河的品类，往往有一个核心特点：是软性瘾品。让消费者有点儿上瘾的商品具有一些核心特征：耐受性、短暂快感记忆和强大的社交属性。耐受性产生了长期增量，短暂快感形成了复购，社交属性使得流量成倍增长并且快速传播。这些特点使软性瘾品能够在更长的周期内存在。消费品本质上是各种增加消费者快感的产品，其中“吃”实际上是获得快乐成本最低的方式。遇到开心的事，我们一起吃一顿；遇到不开心的事，我们还是一起吃一顿。早期人类为了适应缺少脂肪和糖的狩猎生活，基因里有一种强烈的喜欢脂肪和糖分的倾向，而甜食会让人们上瘾，吸收得更快、更多。最后的结果是很糟糕的，出现了越来越多的肥胖人群，带来了很多慢性病和富贵病。人类的进化其实是把即时满足变成社会的主流消费，逐渐把每个人的欲望激发到极致，创造出更多的渴望，并且形成更多的策略和方法来更高效地满足欲望。

我们从以上分析中可以看到，消费品的内在意义是满足人性需求，人们通过消费特别的、差异化的商品形成了对更高阶层的追求。这种差异化的、特别的要素形成了人们对品牌的认知。这就是品牌的萌芽。

品牌的生物学视角

影响购买决策最关键的一环就是信息检索，因为你最终决定买什么品牌的啤酒、在哪个平台购买，都是在检索信息时决定的。你在检索信息时，人脑会飞速地从存储的记忆中检索出品牌名称，熟悉的产品的品牌名称能第一时间出现在你的大脑中，因为这几个品牌经过长期的运营已经占据了你的心智。但是对于不怎么熟悉的品牌，你为了省事一定会毫不犹豫地请朋友推荐，你还可能会打开淘宝、小红书或者微博搜索品类名，查看这些平台会推荐哪些品牌，然后你再综合比较价格、口味、评价、销量等信息，然后经过一番思想斗争，最终选择尝试一款。

我们可以将以上三种信息获得方式归纳为：自己的大脑检索、别人的推荐、第三方工具的推荐。这里我们不得不跳出商业思维，从人的生物本能的角度来讲。

任何生物因为其能量是有限的，所以做任何事情都会自发地寻求一种能耗最少、效率最高的方式。从三种方式看，第一种方式是用自己的大脑检索，无疑是效率最快、能耗最低的方式，因为品牌名称几乎在你觉察不到的时间内就被大脑检索出来。第二种方式是问朋友哪种精酿啤酒好喝，你的大脑先要找出哪位朋友适合推荐，然后你再找对方询问，之后等对方的大脑检索，最后反馈给你，可能最终你还得再判断。这种方式明显费事。第三种方式毫无疑问最费事，除了用到工具检索，还需要做各种权衡，最后还要自己做判断，从耗时和能耗看是最高的。这就解释了为什么品牌商要把品类和品牌挂钩，让消费者的大脑第一时间想到自己的品牌，因为这样获客成本最低、效率最高、转化率最高。

品牌的社交货币属性

优秀的品牌是一种社交货币。消费者购买商品不仅是为了使用它的功能，还是为了让别人看到自己所消费的品牌，从而形成对自己的阶层认知。因而，品牌是我们在表面平等的社会中塑造不平等的一种手段。这些消费品不一定很贵，但是识别性一定要强，否则就不能保证你所属的阶层被大家快速认知。这就是强势品牌的力量，随之就形成了消费鄙视链。比如因为白酒是男性的社交货币，消费者很在乎品牌，所以茅台的市值已经超过万亿元。所有的礼物往往都具有很强的品牌属性。从客单价来看，女性购买剃须刀比男性更舍得花钱，因为女性要买最好的品牌送礼物。消费者在消费鄙视链中占据优势的欲望，以及用消费品构建自己的阶层标识的欲望，几乎一直不曾变化。

但最新的社会现象发生了一些变化，人们不能简单地用那些抽象的群体符号来划分谁是精英谁是普通人，这些符号正在丧失它的“魔力”，这导致强势品牌的社交货币作用弱化了，特别是那些日常消费品市场、私人消费品市场，消费鄙视链确实有断裂的迹象。因为未来每个人的生活都在逐渐彼此远离，独居变成生活的主要方式，人们消费的公共领域正在迅速缩小。私人消费品的社交货币作用正迅速减弱。这导致消费者的理性占上风，性价比成了主线。这是一个全球性的现象。日本无印良品的成功，中国名创优品的快速发展以及超级性价比品牌小米的崛起，都是这个消费现象的体现。大家有钱不消费，不一定是因为欲望消退，也可能是因为很多类型的消费不再与他人有关，不再起到标识一个人属于哪个社会阶层的作用。这种现象我们称为“微粒社会”① 的到来，就商业而言，这是很多强势大品牌的大灾难，反过来这意味着给很多新品牌提供了机会。

品牌形象是所有为消费者提供产品或服务的商家所追求的。品牌意味着消费者心智，即当消费者对某一种产品或者服务产生需求时，第一时间想起的是你的产品或服务，或者至少会把你的产品作为其中的一个选择，这就是品牌的价值和魅力。

产品品牌与场景品牌的思辨

品牌的定义有很多种，经典营销图书中提到：“品牌是每一个企业不同个性的脸庞”“品牌不仅是你看到了什么，还是你还想到了什么”“品牌是消费者心智中代表特定品类的名字符号”，等等。品牌的定义有非常多的视角，在消费领域中通常分为两大类：产品品牌和场景品牌（门店或电商 App）。比如蓝月亮是产品品牌，而永辉超市则是场景品牌，京东 App 也是场景品牌。无论是产品品牌还是场景品牌，都属于品牌的范畴，都具有品牌的相关属性，从主要逻辑上看差异并不大。但是在具体实操中，两者在执行思路和流程方面有较大差异，因为塑造的主体不一样，前者是产品，后者是渠道场景。此外，品牌赋能和信任获得的方式与路径都不相同。

从实操角度来看，品牌的打造主要包括三大核心内容：品牌策略、品牌形象和品牌传播。品牌策略可以细分为：品牌定位、目标消费者、品牌诉求、品牌宣言及 Slogan、品牌产品线架构、品牌支持点、品牌功能利益点或情感利益点、品牌调性等。品牌形象一般包括品牌命名与 Logo、品牌 VI 视觉系统、产品形象设计（如包装形象）、店面空间形象设计（包括电商）等。品牌传播一般包括年度传播主

---

① 微粒社会是如今数字化时代的产物。我们每个人就像在显微镜下的微粒一样被识别和观察，包括姓名、年龄、银行账号、吃的食物、到的地方等都会被记录被分析，这种现象被称作“微粒社会”。——编者注

题、主视觉KV[①]、品牌视频创意物料（包括TVC[②]）、品牌线上线下促销POSM[③]、传播媒体计划等。

产品品牌与场景品牌在实操中具体的差异也体现在以上三方面。简单来说，产品品牌是消费者直接购买的产品所属的品牌，比如华为手机、可口可乐、阿迪达斯运动鞋、江小白等。产品品牌销售的主体就是产品本身，文化打造也是由产品属性决定的。

场景品牌就是消费者购买产品或服务的场景所属的品牌。场景品牌用一个场所或平台来连接产品与消费者，或服务与消费者。其细分类型有餐饮场景品牌，如外婆家、麦当劳、喜茶、星巴克等；也有零售场景品牌，如盒马鲜生、家乐福、7-ELEVEN等；还有服务品牌，如SPA会所等。场景品牌销售的主体虽然也有产品，但品牌打造涵盖的工作却远大于此。如餐饮品牌麦当劳，销售的主体是美式快餐，但店面环境体验、麦乐送服务也是其品牌打造的主体；盒马鲜生不仅销售货架上的产品，还销售送货上门服务和生鲜现烧的体验。所以场景品牌所涵盖的主体包括产品、服务和体验，表现形式更加多元。从信任感获得的角度来看，消费者对产品品牌的信任比较直接，好吃好用记得住，一次体验就可以形成品牌记忆。而场景品牌的认知构建比较复杂，所需要的时间也比较长，消费者需要持续在场景中获得好的体验感，才能构建对场景的品牌认知。但场景品牌本身的信任度会比较高，自有品牌的产生就是因为消费者对场景品牌的信任延伸到了具体的商品。

天猫、京东等电商平台也属于广义上的场景品牌，同样具有场景品牌的产品、体验与服务的主体。因为产品品牌和场景品牌在主体上的不同，所以两种品牌在实操上存在很大的差别。

---

① KV（Key Vision），主视觉，是一个广告活动最主要、最核心的视觉设计稿。——编者注

② TVC（Television Commercial），特指以电视摄像机为工具拍摄的电视广告片。——编者注

③ POSM（Point of Sales Materials），辅助销售材料，比如吊旗、冰箱贴、横幅等。——编者注

品牌策略的区别

从品牌策略的角度来看，两者的目标人群整体上越来越年轻化，但是产品品牌的目标消费群的年龄属性和性别属性较强，如江小白的目标人群可能表述为18～28岁的年轻男性；而传统意义上的场景品牌，其目标消费群的地理范围属性较强，比如星巴克关注CBD附近的办公人群、盒马鲜生关注5千米范围的社区中产等。场景品牌的营销卖点往往比较特别，如生鲜社区零售商品牌“钱大妈”主打的品牌点是“不卖隔夜菜”，从而满足了消费者对“新鲜”的极度需求。

在品牌定位和诉求方面，产品品牌的发力点往往是产品功能利益点和情感利益点，如王老吉宣传“怕上火”、三星笔记本强调超薄等，简单直接。场景品牌不太一样，餐饮场景品牌发力点除了便利，也非常强调产品口味和特色，特别是网红品牌，如麦当劳的24小时服务；而零售场景品牌发力点大都是便利、快捷、便宜、优质、特色的服务和独特体验等。在不同发展阶段，场景品牌的差异化营销点是不一样的，但相对而言，产品品牌更专注于一个营销点。

品牌形象的区别

在品牌形象打造方面，产品品牌聚焦核心产品的消费需求进行创新，主要流程有品牌命名、产品口味创新、包装材料创新、包装形象设计，这些完成后再进行品牌传播。这个过程所涉及的供应商主要有包装设计团队、包装打样印刷企业、罐装产品加工企业等。

而场景品牌的形象打造，除餐饮品牌包括部分食品饮料包装形象的设计、包装材料选择等，整体上场景品牌的形象工作着重于店面形象的打造、店面VI视觉系统和服务形象传播的建设，以此创造更加独特和差异的品牌体验。其所涉及的供应商包括餐饮空间设计和装修执行团队、餐饮VI形象设计团队（产品形象往往是VI的一个环节）。一个有趣的现象是，互联网电商品牌都喜欢用动物来使品牌拟人化，如京东和天猫的品牌标志形象分别是狗和猫。

品牌传播的区别

在品牌传播方面，两种品牌在传播内容上存在主体的差异，在媒体选择上也有不同。产品品牌的传播并没有特定的媒体，一般根据预算的情况，选择如电视综艺、网络媒体、终端媒体等，但产品品牌的第一传播阵地是在包装和销售终端，产品数量等级和排面越大，终端呈现越多，其沟通触点也就越多。而场景品牌因其具有的地理属性，基础传播阵地往往会选择大众点评等平台，并拓展到其他媒体。同时，场景品牌的门店本身也是最好的传播阵地，店面数量等级越高、地段人流量越大，品牌沟通的触点就越多。但随着竞争的升级，两种品牌之间的界限越来越模糊，产品品牌和场景品牌的区隔会越来越小。场景品牌往往很少投硬广告宣传，因为超级门店本身就是一种品牌露出，已经成为现在做新品牌的一种重要方法论。

很多品牌从一开始就需要两者兼顾，如手机品牌、电商品牌等。电商产品品牌在创立初期，就需要考虑电商渠道的运营，如小米手机不仅是产品品牌，也是小米商城的场景品牌。

另外，品牌强大到一定阶段，也需要跨界提升品牌在其他方面的竞争力。场景品牌除了在体验和服务上创新，也会走向自有产品品牌的创新，比如盒马鲜生推出自有鲜奶产品品牌日日鲜、海底捞推出自有火锅底料产品等。产品品牌同样如此，比如日本四大啤酒品牌之一 sapporo 创建了自营的 sapporo the bar 酒吧。

产品品牌其实也在通过构建场景来营销，不少快消品品牌都试图把产品线延长，看看能否用足够的产品系列构建一个门店场景，增加消费者和品牌的互动。弘章资本最喜欢投资的品牌就是有可复制特点的场景属性的快消品品牌。因为这意味着相对低廉的品牌广告投入以及额外获得的场景体验收入，最终可以通过大快消的渠道流量对接，实现最大化的销售。

品牌商与流量平台的长期博弈

销售盈利是由品牌商和流量平台（包括电商和线下连锁门店）长期的博弈关系决定的。品牌商需要和流量平台互动互利，逐步博弈形成战略联盟的关系。总体而言，流量平台是规则的制定者，也是平台生态的设计者。流量平台总体上是强势的，品牌商相对是弱势的。品牌商需要从竞争品牌中脱颖而出，显示出对流量平台的价值，能够提升销量，具有带动消费者流量的能力。流量平台就会对这类品牌商倾斜资源，分发更低成本的流量进行扶持，这个阶段会出现品牌的收入规模高增长和低盈利的状态。因而，品牌商一定要在和其他众多品牌的博弈过程中找到一个独特的定位，并且在流量平台体外形成足够强大的品牌营销力和影响力，特别是在营销投入期形成和其他流量平台合作销售起量的案例。这时主流平台就会和品牌商形成战略合作关系，为品牌商提供最有价值的各种流量资源。

从这个角度来看，其实品牌商的盈利是流量平台收割其他小品牌，支持战略伙伴而给它的补贴，这个阶段品牌商会出现量利齐升的最优结果，不但收入高增长，而且利润也能够相应提升。但任何品类在任何一个流量平台的总规模都是有“天花板”的。当品牌商的收入逐步加速下滑，接近于这个可能的总规模上限时，流量平台往往会主动扶持下一个或几个其他品牌。

为了进一步获得增长以及使收入结构多元化，品牌商这时会选择一定程度地脱离这个起点流量平台，去重点挖掘一个新的低流量成本洼地的平台。在这个阶段可能出现的危机是，流量平台为了应对外部竞争或者是出于对 GMV[①] 流量的绝对需求，可能开始收割一部分头部品牌商的利益，双方矛盾在此阶段激化。于是，头部品牌商开始减少投入，转移战略重点，流量平台开始加大费用要求，并支持该品牌的直接竞争对手。这个阶段品牌商可能会出现缩减收入、利润亏损的情况，甚至会退化成销售落后的品牌。

品牌商总是在构建自己多渠道卖货的运营能力，与多个流量平台进行博弈。在

① GMV（Gross Merchandise Volume），即交易总额。——编者注

某些阶段品牌商会出现较高增长和低利润，在某些阶段则收入低增长却高利润释放，这就解释了为何品牌企业收入和利润往往并非同比例地增长，利润体现出高度波动的特征。因为各流量平台的转化效率和资源能力是各不相同的，所以品牌商在各流量平台的“天花板”也是不一样的。

总体上，品牌商和流量平台的博弈关系会呈现出阶段性的投入期（供养平台）、阶段性的红利期（合作互赢）和阶段性的矛盾期（互减资源）。流量平台是生态化发展的，整体上扶持头部品牌或商户，收割金字塔底层的新商户或新品牌。流量平台的发展是一个不断吐故纳新的动态过程，这个过程就是平台吸引流量，再把流量作为资源分配给各品牌或商户的过程。流量分发是可以通过多种赋能名义进行变现的，比如超市堆头资源、商场的最优位置资源、电商的数据服务、搜索关键字资源等。相对而言，电商流量平台设计流量分配的算法能力远远高于线下平台（零售商）。所以，电商流量平台的引流、分配流量的玩法越来越复杂，品牌商只能阶段性地抓住流量分发的规则漏洞，阶段性地受益，实现较高的投放效率，从而树立头部品牌形象，驱动其他小品牌跟进投放，但后者会被流量平台算法收割利益。

所以，品牌商在成长到全渠道覆盖阶段后，为了进一步发展，不得不考虑实现构建流量平台的能力。例如，格力电器在长期依靠国美、苏宁大型零售平台后，决心自己建立门店网络进行销售，不再受制于单一平台。这时往往进入类似平台的S2b2c[①] 阶段，品牌商通过分利给小 b（加盟商或经销商）形成自己的游戏规则的生态，小 b 去获取 c 端客户流量，品牌商则成为平台的中心价值，在金字塔顶端分配资源。当然能否采用 S2b2c 模式受到品类结构的约束，因而能否形成小 b 获利的单店模型是核心判断标准。从这个视角看，多 SKU[②]、多品类组货的品牌是有长期价值的，具备形成小 b 转化 c 端客户的可能性，而单一 SKU 爆款难以成就一家超级平台型公司。

---

① S2b2c 模式是一种供货商赋能于分销商并共同服务用户的全新电子商务模式。S 代表供货商，小 b 是直接服务消费者的企业，c 即消费者。这个模式的核心是 S 和小 b 要共同服务消费者。——编者注

② SKU（Stock Keeping Unit），库存量单位，即最小库存单元。——编者注

品牌的本质

我们比较认同“品牌是产品和文化价值观”的观点。这里的产品是广义的产品，包括商品、服务，也包括场景。一旦产品在消费者大脑中留下的不仅仅是实体产品“好吃好用”的印象，还有符号化、故事性、风格、情感等虚拟要素，就成为品牌。所以，产品和渠道并不等同于品牌，很多产品只是有 Logo 牌子或有名字的牌子。面对更加年轻化（“90 后”“00 后”成为未来消费主流），年轻态（优质中产、银发贵族），新媒体等需求，品牌更聚焦于“品牌＝产品＋人格化”，具有虚拟要素的品牌更加像人一样有性情，让消费者感到亲切，进而赢得消费者的喜爱。

从消费者的角度看品牌，根据前文基于生物学视角对品牌的解释，我们提出认知效率的概念：为了便于搜索，通过强有力的符号、色彩、短语定位等方式占领消费者的心智。但从更长期的角度来看，产品在消费者触点所形成的影响力日积月累，最后使品牌凝聚成了一种文化现象和价值观。例如，消费者喜好大国崛起的故事，进而出现国潮产品的兴起。从更长期看，消费者的认知效率是逐步下降的。

我们逐步从实战角度发现了品牌的另一种本质。品牌可以理解为一个积累消费者“认知”的大池子，消费者每次和产品或场景进行接触，就会向这个大池子里增加或减少一点“认知分值”。比如消费者每一次投诉就是一次减分，每一次营销广告投入就是向池子里进行一次充值，消费者的每一次正向体验也会增加一点分值。当池子里的“认知分值”满到一定阶段后，就可以兑换一些盈利并实现变现。反之，如果一直消耗池子里的分值，品牌资产价值就会逐步消减。这是一个非常形象的比喻。简而言之，品牌价值是一个非常长期的、持续的综合投入和维护的结果，积累到一定程度就可以进行一次变现。

The Future of New Brand

第 2 章

新品牌涌现的三大背景

品牌的崛起往往是流量红利的阶段性结果，新品牌通常借助某一个阶段的流量成长到一定规模。我们观察到新品牌涌现的三大背景：首先是人口结构变化导致的人的行为变化，其次是下沉市场的崛起，最后是社交商业的兴起。

背景一，人口结构变化导致的人的行为变化

商业领域的变革与模式创新源于消费者需求的变化，归根结底都是人的变化。阿里巴巴定义的新零售是“以消费者体验为中心的数据驱动的泛零售形态”，而腾讯定义的智慧零售是“以超级连接为增长引擎、由数字化用户驱动的全触点零售”。几乎所有最新的品牌营销理论的重要趋势都是把用户置于首位，以消费者的需求来驱动变革。所以如今营销的第一步就是洞察消费者。目前中国人口结构有两大特点。

特点一，Z 世代是未来消费的主力人群

Z 世代是指 1995—2009 年出生的人群，“宅”是 Z 世代人群的重要标签。宅意味着以家或社区场景为中心，热衷于在互联网上寻找同伴进行虚拟化、在线化的社交行为。Z 世代人群都热爱动漫和“二次元”，也擅长自己创造出有意思的内容作

品。Z 世代人群认为消费能带来社交资本，好的内容是社交货币，可以用来拓展自己的社交圈。这个人群中的大部分人越来越懒，越来越不会做家务，未来可能会失去做饭的能力，那时便利店和社区零售商会变成整个社会的基础设施，变成社区食堂。人们不喜欢出去，就待在家里打游戏或追剧，吃饭大多是通过叫外卖解决，或者在社区里的小餐饮店快速解决。中国一线市场已经出现更多到家服务的需求，零售场景正在到家化，其实就是顺应了 Z 世代的需求。已经出现的 RTC（Ready to Cook，即熟食品）和 RTE（Ready to Eat，即食食品）的包装类产品正在逐步占据这类消费人群。

Z 世代人群的注意力越来越短。抖音短视频时长 15 秒，快手短视频则只有 7 秒。品牌商获得他们的注意力的难度加大了，为此有些品牌商采用了更加极致的一些方式，如用快闪模式制造短期热度，甚至用一些冲突的手段来营造大话题。

在年轻人看来，企业与消费者之间有两种截然不同的相处模式："追堵"和"撩浪"。"追堵"模式是企业按照臆想中的消费者画像进行主动营销，铺天盖地地"堵"在了消费者可能接触到的所有平台上，做到"哪儿都有你"，消费者想不看都难；而"撩浪"模式听起来就很撩人，"我自芳香，蝴蝶自来"，把自身打磨得有趣又丰富，抓住消费者的兴趣点，利用他们颜值至上、热爱分享的特性，吸引他们主动来打卡，比如一波又一波的网红店，撩得消费者忍不住去打卡发朋友圈，生怕没赶上就落伍了。

从女性创业家的角度来看，如今的消费者极具"渣男体质"，主要表现在"四不"特征上。第一"不主动"，消费者已经不再依赖搜索引擎去寻找品牌和商品，因为品牌实在太多了，让人眼花缭乱；第二"不拒绝"，品牌和产品足够有趣吗？戳中消费者的痛点、痒点了吗？只要你有胆撩，我也不拒绝；第三"不负责"，消费者试用过某个产品，不代表他会继续购买使用；第四"不记得"，消费者即使试用过和使用过某个产品，可能也不一定记得这个产品的品牌。这样用户忠诚度就越来越低了。

未来的 10 年将是中产阶级人群消费升级的 10 年，他们将是社会的意见领袖。这个人群有典型的“三爱三怕”：“三爱”是爱美、爱玩、爱健康，“三怕”是怕老、怕死、怕孤独。有时“三怕”对消费行为的影响力更大。孤独其实已经成为这个人群的核心诉求点，目前单身、不婚、离异是一个长期存在的状态。社会的生活节奏越快，孤独越是一种常态。孤独经济产生了日本流行的一人食，出现了存在巨大机会的宠物经济。宠物的流行不是短期趋势，其影响极为深远，将成为中产阶级在老龄化背景下解决孤独心理的一种重要方案。

特点二，银发经济是未来最大的消费潜力

我国国家统计局的《2018 年国民经济和社会发展统计公报》显示，2018 年年末我国 60 周岁及以上人口数量为 2.49 亿，占总人口比重的 17.9%，60 周岁及以上人口首次超过了 0 ～ 15 岁的人口。这意味着我国已经进入了老龄化社会，与此同时“银发经济”成了消费领域的热词。现在的老年人可谓是既有钱又有闲，在物质领域和精神领域都有更高的消费需求，尤其在健康、社交陪伴、旅游等领域，他们是带领消费升级的一大重要群体。2019 年，我国养老行业的市场规模约 4.4 万亿元，预计 2023 年将达到 13 万亿元。因为追求长寿是银发经济的发动机，少子则是银发经济的加速器，生活重心的迁移则是银发经济的变压器，老年人比年轻人更有钱更有空闲时间，所以养老行业有更广阔的待挖掘的消费空间。关于年轻人的商品、服务、流量的竞争已经白热化，但服务老年人的市场尚处于空白期。

当下我国老年市场与日本 20 世纪 80 年代的老年市场高度相似，上海的老龄化比例已接近东京。老年人退休之后拥有大量空闲时间，脱离了原来熟悉的第二生活空间（企业），很多人容易陷入茫然的生活状态，迫切需要大量适合他们的公共空间，也就是第三生活空间，为他们提供归属感。从日本老年市场给我们的启示来看，电商渗透率快速提升，到家服务解决痛点。日本老年产业发展成熟，不同细分产业之间的配套和结合较均衡。日本老年文化和老年娱乐是分开的，老年文化市场规模约 2 125 亿日元，在日本老年消费各细分产业中排在第一位。日本老年旅游市场排名第二，规模约 2 100 亿日元。我国目前老年旅游排在第一位，也是最早发展壮大的老年消费细分领域，占市场绝大部分比重，说明我国老年产业发展不均衡，文娱教育产品的供给端欠缺。其实老年人出门旅游耗费体力和精力，如果社区

有大量老年文化娱乐空间和设施，可以让老年人打发退休之后的时间，那么他们其实愿意花更多时间和金钱在周边文娱产品和服务上。

老年人害怕孤独，希望减少给家庭造成的负担，渴望获得健康和财务保障，同时也向往新事物。我国老年人年均消费约 22 600 元，食品、日用品、服饰、旅游、诊疗、养生保健是老年人的主要支出项目，且增长趋势明显。越低龄的老人群体消费能力相对越强；低龄老人娱乐社交支出较高，而高龄老人则更关注疾病管理和养生健康。中国“50 后”和“60 后”人群经历了从改革开放走向现代物质文明的过程，以前女性穿着打扮单调，社会氛围较为压抑。改革开放后，社会足够开放宽容，老年人退休后可以充分释放自己，进入自我解放阶段；其中，50 ～ 59 岁的年轻老人有活力，购物欲望正在快速释放，可以坦然接受目前的消费环境或者消费理念。其消费升级特征明显，鞋服、配饰、化妆品、美容、旅游、健身及数码产品是增长速度最快的几个品类。他们在心理层面涌现出挑战新生活或新工作的心态，逐渐形成为梦想在努力的心理，追求新鲜感、参与感，产生了各种新的奇特的消费需求。而当下市场缺乏合适的老年消费品，存在大量的专业适老化新品类机会。由于精力和体力随人的年龄增加而不断下降，老年人喜欢就近消费，追求便利和实用。日本研究显示，70 岁以上老人适宜的步行活动半径为 2 千米内。

以上消费者的种种变化，再次印证了商业的意义，揭示了商业的未来趋势。所谓人以群分，品牌商针对不同的消费者群体及其变化，就更容易触达目标群体，并能精准地给出令各自满意的最佳选择。商业的社会价值不仅在于促进消费升级，还在于促进制造升级，促进供应链的多元化。倒逼制造商根据消费者的需求来设计生产制造商品，可以提升品质，提高供应链的效率。

背景二，下沉市场的机会

在快消零售整体趋缓的大环境下，下沉市场表现出较强的需求。下沉市场是指三线及以下的城市、县镇和农村地区的市场。下沉市场居民消费的能力和意愿都处于上升通道中，且明显优于一二线城市，三线、四线和五线城市快消零售额占据快消零售总额的63%。

中国社会是典型的叠层社会，一线市场的繁荣其实只是一小部分，更广阔的下沉市场才是更真实的中国。在我们960万平方千米的国土上，约有300个城市，2 856个县，41 658个乡镇，662 238个村。从表2-1中可以看到，四线及以下城市人口占总人口的71.7%，其GDP占全国GDP的52.3%。

表2-1 各级别城市的人口的GDP占比

城市级别	人口（百万人）	占比（%）	GDP（10亿元）	GDP（%）	人均GDP（千元）	比全国平均（倍数）
一线城市	71	5.5	9 289	12.1	130	2.2
二线城市	185	14.4	18 174	23.6	98	1.6
三线城市	108	8.4	9 213	12.0	86	1.4
四线及以下	925	71.7	40 218	52.3	43	0.7
总计	1 289	100.0	76 894	100.0	60	1.0

下沉市场的居民特点

我国有2.44亿流动人口，其中22.8%的人群在回流低线城市，带动了产业转移，也带来了人口结构红利。小镇人口从一二线城市回流，带回去的不仅是房地产，也将大城市的品牌和业态形象带回小镇。电商在下沉市场的渗透率与手机渗透率都有提升空间，仍存在互联网红利。如果除去房贷，那么三线城市居民的可支配收入是最高的，其次分别是二线和新一线城市①居民。有一种观点是"原来的一线城市可支配收入是负的"，如果居民不买房只租房，那么除去房租之后，一线、二线和三线城市居民的可支配收入非常接近，为2 500～2 900元。

在小镇青年喜欢的明星中，刘德华永远排第一；张学友是小镇中年人最喜欢的明星；刘晓庆则是小镇老年男性最喜欢的明星。2017年同比增长2.5亿观影人

① 新一线城市包括成都、杭州、重庆、武汉、西安、苏州、天津、南京等城市。这是《第一财经周刊》根据商业资源集聚度、城市枢纽性、城市居民活跃度、生活方式多样性和未来可塑性五大指标综合评比后提出的名单。——编者注

次，其中 76% 的增长来自非票房前十名的广大的二线、三线和四线城市。2017 年新增的 1 200 多家影院共 9 000 多块大银幕中，其中有 58% 来自三四线城市。2017 年手机购票 App 的线上化率已达到 82%，且各线城市之间的差距并不明显；而在线上转化的下沉度方面，四线城市的增长更为明显，同比增幅居各线城市之首。《乡村爱情》自 2006 年连续拍摄 10 年，这样一部农村题材、从里到外散发着"土气"的低成本电视剧，却被业内视为"投入小、收益高、口碑好"的典范。这部电视剧在农村市场的收视率远超其他节目。

生意人、小镇青年、"即安男"、"广场舞大姐"基本涵盖了三线及以下城市的主要人口类型。生意人是小镇人群中的少数，他们年龄范围宽，支付能力较高。这类人群是下沉市场极少数的有钱人，消费能力较强，其中绝大部分人使用苹果手机或者华为高端手机，是这个市场总人群中为数不多的展现出对科技、财经和军事等内容有兴趣的人群，也是所有调研中唯一使用知乎 App 的样本。

小镇青年占下沉市场总人群的 31%，他们是支付能力一般的年轻人。尽管收入不高，但超过一半人使用苹果手机或华为高端手机。他们的消费意识较强，几乎所有人都喜欢娱乐资讯，同时也爱好体育和动漫资讯，是在下沉市场中听音乐和玩游戏的主要人群，平均每天手机使用时间是其他三类人群的 3 倍以上。63% 的小镇青年平时从不看书。

"即安男"占下沉市场总人群的 20% 左右，他们是收入中等和支付能力一般的中年男。"即安男"，意思是小富即安，这类人群支付能力比女性弱一些，年龄普遍偏大。他们收入不高，生活很有规律，一般爱好打麻将、看电视和散步等，闲暇时间很多，尽管没有达到富裕的水平，但生活非常安逸，几乎所有人都对社会新闻有兴趣，也是在下沉市场中唯一关心政治的一群人。

"广场舞大姐"是支付能力稍强的中年女性。她们幸福度最高，支付能力稍微高于"即安男"。其中喜欢跳广场舞、喜欢健康养生的人的比例是其他人群的两倍以上，喜欢在朋友圈晒照片，平时从不看书，跳广场舞、唱歌和带小孩儿是她们生活中的关键词。

小镇青年手机总使用时长占比较高。他们年轻，生活在小城镇，保持着尝鲜的心态，愿意尝试新的行为，但是有自主判断的能力能够决定及时卸载手机应用，这个人群才是消费的金矿。

下沉市场的消费特点

下沉市场的消费心理主要有三种类型：从众性消费心理、攀比性消费心理和廉价性消费心理。三四线城市消费者和一二线城市消费者的心态是相反的。在大城市，大家追求人无我有，讨厌重复，彰显自我。而在小城市，人们追求的是人有我也有，爱跟风是小城市居民的一个共同心理：当某件东西逐渐形成一种趋势时，他们会认为“别人有了这样东西，我也得去买一个”。

由于从众性消费心理的驱动，三四线城市商业的头部效应比一二线城市更明显。当地最好的商场、酒楼、酒店、洗浴中心、补习班和幼儿园赚走了所属行业最多的钱。经济越不发达地区的消费者，越在意别人的眼光。在大城市中相当一部分人的消费行为已经转变为把钱花在自己喜欢的东西上，小城市的大部分人却还在为别人的看法买单。其实很多产品对小城居民不一定有用，但是如果自己没有，就会感到低人一等。另外，有些产品一旦推广到某个爆发点，将更加快速地发展。

无印良品在中国的下沉道路看似一帆风顺，在三线城市每开一家分店都会吸引大量的人流，但从实际转化率来看却着实一般。究其原因是产品的定价过高，即使再高级，小城居民一般也只逛不买。因此过去 5 年，无印良品在我国经历了连续 8 次降价。

拼多多价格带正是四线城市线下市场的平均价格，拼多多促成了在下沉市场中同样水平的消费从实体门店向电商的转移。当一线城市的人们都在谈论特斯拉，被特斯拉创始人埃隆·马斯克（Elon Musk）的人格魅力所折服时，雅迪已经于 2017 年突破了年销 400 万辆的关口，再加上电动车使用 2 ～ 3 年后就需要更换，它的销售有很强的持续性。紧随其后的还有爱玛等品牌，均实现了连续性的快速增长。打开拼多多 App 搜索电动车，会出现很多 500 ～ 800 元的电动车，而且好评率非常高。

一二线市场的社会关系是半熟社交，市场功能性比较强，有较广的资讯覆盖范围，竞争激烈而且比较成熟。它是靠效率驱动的市场，意味着App需要能帮助用户解决问题或者满足需求。小城市的社会关系是熟人社交，圈子小，消费决策易受亲朋好友的影响。下沉市场主打消磨时间。下沉市场是基于特别亲近的熟人或完全陌生人的市场，内容较集聚，靠猎奇心理来推动，消费者的收入一般，兴趣的集中度很高，品牌认知有限，对价格敏感，往往有大把时间可消磨。

实体零售占据三四线及以下城市零售的绝对主导地位，而且夫妻店是主流。一个典型的县城零售市场构成往往有1家超大型商超零售大卖场、10家中型商超和300家夫妻店小卖部。三线城市网购比例接近二线城市，但四线及以下城市网购渗透率仍明显较低。在实体门店都不一定能买到优质商品的前提下，大部分人是不敢尝试网购的。下沉市场的商业氛围保守，所以商业的增长往往来自原有业态的同业竞争。很多人回到老家最大的印象是宾馆、餐饮、洗浴中心和洗脚城越来越多了，新的业态则进展缓慢。县城零售的竞争是存量市场的竞争。夫妻店本质上赚的是辛苦钱和投资溢价。比如小超市这种低利润的产业，往往由一对非常吃苦耐劳的夫妻自己经营。

三四线城市与一二线城市存在商业模式的代差，但前者要成功复制后者的商业模式需要本地化改良。过去20年中国完成了从海外到一线城市商业模式的复制，未来也存在系统性复制一线城市商业模式到下沉市场的机会。

背景三，社交商业的兴起

我们认为中国商业演化经历了1.0、2.0和3.0三个时代（见表2-2和图2-1）。回顾商业从1.0到3.0时代的变革过程，商贸行业的流通格局发生了重大的变化，分销体系从割据向融合转型，商业价值链中的参与者不断变换组合，出现新的群体，造就了众多创新的商业模式及其产物。这些新模式在消费分级的趋势下，为消费者提供了更好的体验，提升了流通业的效率和价值，这也是当下商业转型升级的核心要义。

表 2-2 中国商业的变革过程

商业阶段	商业价值链								
商业 1.0（传统商业）	品牌方	→	工厂	→	区域代理 / 批发商	→	零售商（线下）	→	消费者
商业 2.0（长尾商业）	品牌方	→	工厂	→	区域代理 / 批发商	→	零售商（线上 + 线下）	→	消费者
商业 3.0（社交商业）	品牌方	→	工厂	→	MCN（网红孵化中心）、KOL（意见领袖）	→	零售商（线上 + 线下 + 微商）	→	消费者

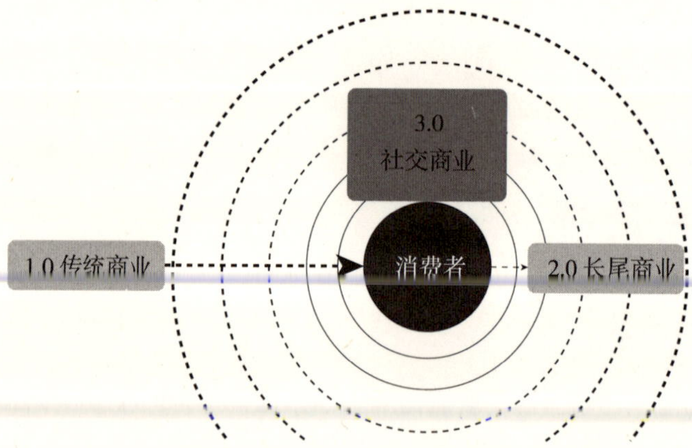

图 2-1 三个商业时代与消费者的关系

商业 1.0 与商业 2.0 时代

在商业 1.0 时代，品牌方委托工厂生产，并通过区域代理商和批发商进行贸易销售，经零售商售卖给消费者。代理商和批发商存在的意义体现在两个方面：一方面，它们完成了货物向终端的物流传递，在价值链中扮演了重要角色，优化了品牌商的现金流，消化了双方摩擦成本；但另一方面，它们的存在也使得交易环节增多，品牌商无法直接触达消费者。有研究表示，品牌商要经过 300 次的曝光以及足够长的时间才能使消费者产生购买行为，而且交易只能发生在线下，这导致了品牌商在销售和营销效率上的极大损失。

近10年来，电商的高速发展极大地冲击了传统零售模式，使得其产生巨大改变，商业随之开始进入了2.0时代。由于受到线上流量分流的影响，零售商只依赖实体门店进行销售的方式开始行不通了。因此，有一些察觉到先机的零售商和品牌商开始拓展线上渠道，在主流平台电商上开设旗舰店，这样可以在挽回线下所流失的客流的同时，承接更多的线上流量。

随着平台电商的发展，消费者开始主动使用搜索工具来寻找想要购买的商品，品牌商可以通过线上客服、短信等方式与来访的消费者进行互动，这些都使品牌商与消费者的距离大大缩短了。然而，平台电商庞大的SKU数量往往让消费者迷失在搜索的红海中，来自电视广告、杂志广告、明星代言、搜索排名等的推荐成为他们主要的购物决策参考。商家开始通过购买流量入口来提升店铺的访问数及获客数，互联网巨头们便抓牢这个机会，通过广告、关键词竞价排名、创造互联网节日（如“双11”“6·18”）等方式将流量迅速变现，获得可观的回报。但在过去3年，中心化平台的流量红利逐渐枯竭，品牌商开始无力应对流量入口规则的变化与日渐高昂的获客成本，线上获客成本已经高于原先线下地推的获客成本，而且，花费高额代价获得的新客在消费转化率上却持续低迷，用户黏性差，商家依然苦恼于获客与留客的难题。

商业3.0，社交商业的崛起

近两年来，拼多多、云集、蜜芽等一批社交电商头部企业快速崛起，标志着商业进入3.0时代，即社交商业时代。这些企业基于熟人推荐模式，将品牌与消费者之间的距离迅速拉近，传播的速度呈几何级数增长。

传统的代理商、批发商和零售商逐渐被手握巨大流量的网络红人、意见领袖所取代，更多的交易发生在微商渠道，也就是小b。创新的组织协同方式（S2b2c）模式让每个人都有成为小b的可能。小b充分发挥熟人的信任“背书”功能，可以直接触达消费者，了解其需求，做出精准的推荐，利用拼团、分享等方式实现二次传播。未来更成熟的 c2b2S 模式[①]将进一步倒逼品牌商和制造商提升品质，提高效率，带领产业升级，这也是商业 3.0 时代的标志特征与社会价值。

在商业 3.0 时代，社交裂变成为增长的核心逻辑。一二线城市居民是互联网的存量用户，而三四五线城市人口则是互联网（或移动互联网）的增量用户。在拼多多的用户中，女性占 70%，并且 65% 的女性用户来自三四线城市。拼多多早期利用微信平台，通过低廉的商品价格，让用户通过发起和朋友圈熟人、家人的拼团购买商品，从而实现裂变式传播，以非常低的成本获取了海量用户。更低的产品价格是以用户开放的社交圈为前提的，而且三四线城市的消费者和高冷的一二线城市的年轻人不同，他们愿意为了优惠牺牲自己的社交链。这颠覆了传统的“向媒体购买用户”的逻辑，拼多多选择向用户购买用户。

社区拼团的模式是以社区为中心，以团长（通常是宝妈、便利店老板等社区意见领袖）作为分发节点和信任代理，消费者通过微信群、小程序等工具购买商品。社区拼团的购物形式也是一种社交裂变机制，它建立在“轻熟人”和社群的基础上，通过关系、地域、利益驱动增长。

当流量红利消失，企业获客成本越来越高时，品牌商必须重视如何留住每一个新用户，如何促成新用户复购，使之变成忠诚顾客，以及如何实现用户的裂变。这就是AARRR模型[②]。流量多的传统营销只关注获客的环节，告知用户品牌内容、拉来用户到店，就算完成营销了。但新营销必须注重对用户的精细化运营，用户关系、留存率、复购率、口碑和向他人推荐的意愿都是关注的重点。企业必须尽力将每一位新获用户的收益最大化。

中国商业经历了 1.0 到 3.0 的蜕变，未来呼之欲出的新一轮浪潮将是商业 3.0

---

① c2b2S 模式即新电商创新模式，是 c2b 和 b2S 的结合，以消费者价值为导向，让消费者以不同形式参与到各环节中，让线下商务与互联网结合在一起，达成消费者、商家、加盟商和平台的多方共赢。——编者注

② AARRR 中的英文字母分别是指获取用户（Acquisition）、提高活跃度（Activation）、提高留存率（Retention）、获取收入（Revenue）和自传播（Refer）。——编者注

时代：社交商业。在历史上，商业本来就是从社交起步的，最初起源于欧洲一个小镇。这个小镇中央有一处广场，每逢周末居民就聚集到广场进行物品交换，于是便有了集市。这就是社交商业的初始阶段特征“口碑”，物品靠好口碑促进销量。现代城市生活方式发生了变化，广播电视、平面媒体、电商等新媒体兴起，从口碑转向预算、心智、定位、品牌等新阶段特征，这些变成新型大规模商业的必备能力。如今社交商业是比传统商业和电商更先进的模式，透过科技的手段，让大家不忘初心，重新回到相互信任的靠口碑立足的社交商业。与以往不同的是，如今的“熟人推荐 +AI 赋能”模式，让社交更懂各种类型的消费者，让口碑更符合用户所需要的，让商业变得更有温度。

社交圈有一条基本的原则，就是交换。用于衡量交换标准的就是社交货币。社交货币分为专业货币和人情货币，当你拥有绝对的专业知识时，比如你是医生、律师、教授，那你就拥有比别人更高的专业货币。人情货币则是指情绪价值，当一个人为你提供愉快舒适的感觉时，是在付出他的情绪价值，需要消耗他的时间和精力。每个人所拥有的专业价值及情绪价值都不一样，所以拥有的社交货币也不同，因此在社交商业中就形成了一条社交歧视链（见图 2-2）。

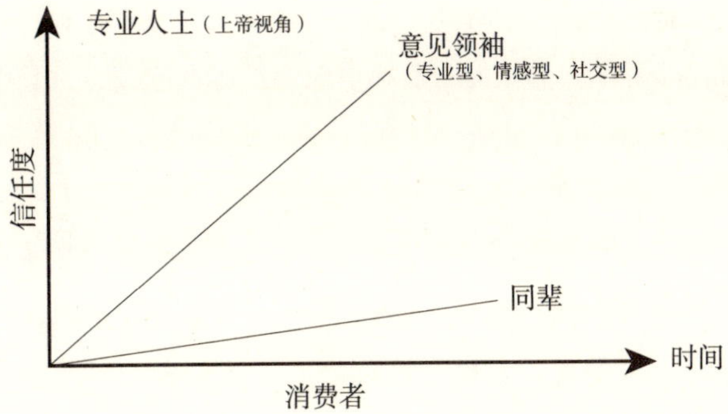

图 2-2 社交商业中的社交歧视链

消费者与另一个人的仰角差异形成了社交商业的歧视链，歧视链的顶端属于医生等专业人士，因为医生具有绝对的专业权威。对于医生所给予的推荐，消费者几乎 100% 会听从。往下看歧视链，意见领袖是在专业、情感、社交某个领域中具有一定话语权的人物，他们的意见也会很大程度上影响到消费者的选择。再往下看歧视链，是消费者的同辈朋友，因为他们的社交货币与消费者相近，因此同辈的意见对消费者只能起部分的参考作用。另外还有一类人，他们的意见不仅不会对消费者产生正面影响，相反可能还会令他们产生厌恶和拒绝的情绪。在过去，社交推荐和AI推荐（智能推荐）往往是相互排斥的，只会有一方的意见会被听取。现在，社交推荐与AI推荐已经可以相融合，AI可以为你找到最适合你的意见领袖或社交推荐，意见领袖也会参考AI的推荐内容。在未来，意见领袖与AI的关系可能会变得你中有我、我中有你，更精准、更智慧，也更靠谱。

社交商业的三种模式

社交商业分为三种模式，它不仅包含已久负盛名的会员社交电商模式，即拼多多、云集等商业模式，还包括社群运营模式和社区运营模式，这三种模式是对“SoLoMo”[①]空间、时间、社交的重构（见图2-3）。会员社交电商模式通过社交推荐与分享，让消费者快速找到可靠的商品，解决线上最稀缺的时间问题，同时也可以避免消费者因品牌过多而产生的选择焦虑；社群运营模式则在线下最有效地避免了空间差异产生的问题，让消费者无论身处何地都可以与圈子里的朋友分享、交流；社区运营模式完美地融合了时间、空间、社交三大维度，让消费者无论何时何地需要什么东西，都可以从信任的朋友那里获取经验和建议，并且很快就能收到送到家的商品。

社交商业之所以突然受到资本和媒体的关注，主要是因为它解决了在传统商业中一直非常困扰企业的效率问题。它将人以群分，并据此做到真正的分众传播，精准且免费地触达目标消费者；它也有效缓解了目前获客成本高昂的困境，将获客成本的支付结算推延至产品成功销售之后，让商家不再畏惧白白浪费掉的营销成本；它更是消费者摆脱选择焦虑和认知困难的良方，基于熟人口碑和AI推荐，购物不仅变得更为轻松有趣，还成为一种流行的社交方式。

---

① SoLoMo（social media, local and mobile search）即社交、本地化位置和移动网络，是由著名的工厂风险投资人约翰·杜尔（John Doerr）提出的一个概念。——编者注

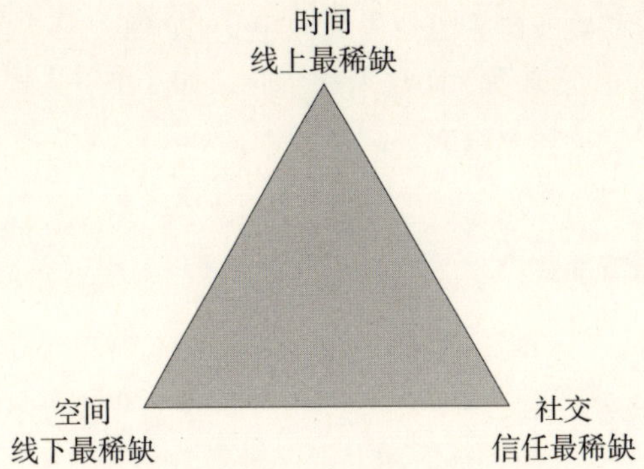

图 2-3 空间、时间和社交的特点

模式一，会员社交电商模式

随着微信的活跃用户数突破 10 亿，基于微信而生的社交电商的发展也越来越好。拼多多、云集等会员社交电商代表告别搜索型购物，改为会员推荐分享、社交拼团等方式，拼多多用擅长的游戏方式充分发挥了社交裂变的优势，云集则推崇“自用省钱”和“分享赚钱”的理念。社交电商将电商与社交相结合，同时满足消费者的消费与社交需求，为中国商业打开了新的局面。

社交电商的发展大致经历了四个时代，在野蛮生长的时代，开始出现微商（现在进化为很重要的一环，小 b），它也是社交电商的前身。随后出现了采用拼团模式的下沉市场孵化小巨头拼多多，淘宝客[①]则“攻占”了微信群和朋友圈。这个时代的“野蛮”也体现在分销层级上，常常多达三级分销甚至多级传销。之后，社交电商逐渐正规化。微信出台管理办法，封锁三级分销和外链口令（针对淘宝客），但微信的限制激发了更多创新模式的出现。从用户角度看，有礼包、锁粉、裂变、拼团模式等；从平台模式看，有库存分销、内容、社区、会员制等。社交电商的生态圈正在逐渐形成，包括小 b 团队、工具生态、后端服务等都反过来促进社交电商向更专业、更高效的方向发展，并且吸引了更多的资本进入这一领

① 淘宝客既指一种按成交计费的推广模式，也指通过推广赚取收益的一类人。其中有推广平台、卖家、淘宝客（推广人）和买家四个角色。——编者注

域。未来社交电商将在生态圈上进行更多的拓展，例如：线下导购进入，品牌利用小程序进行导购和会员分销等。而政策的影响，如《中华人民共和国电子商务法》或者合规运营的要求，必然会带来一阵洗牌期。

模式二，社群运营模式

“社群”一词正在成为世界互联网的高亮关键词。2017 年，脸书创始人马克·扎克伯格（Mark Zuckerberg）在一次活动上说，未来 10 年脸书的企业愿景将从“连接世界”转向“构建社群，拉近世界”。拼多多的创始人黄峥也说：“零售从‘物以类聚’进入‘人以群分’的时代。拼多多的快速发展源于它基于社交‘拼’的玩法，基于人与人之间的连接的扩散效应。”

人作为社会化的动物，天生就在寻求认同感，不断建立各种连接，因而人以群分是社会的必然。社群承载了社交功能、传播功能和交易功能，它以商业社会最稀缺的信任和分享为核心，打破人找货的惯例，让“合适的货”找到“合适的人”。社群运营模式为消费者提供了更值得信赖、更便捷、更有温度的选择，是一种社交商业新模式。

传统商业时代，品牌商（以化妆品为例）要花费 20% ～ 30% 的收入预算投放在媒体广告上，触达消费者后，消费者进店产生购买行为；而在社交商业时代，品牌通过社交传播推荐分享触达消费者，在传播路径中的社交推荐人获得了品牌商 20% ～ 30% 的收入预算，与此同时，这些利益相关人也与品牌进行了绑定（见图 2-4），他们自然就成了“品牌代言人”。这些“品牌代言人”在有意或不经意之间产生对品牌的传播与分享推荐，他们的社交圈就会受到不同程度的影响，从而实现品牌与更多消费者之间的连接。根据一项调查显示，对于陌生人的推荐，有 70% 的消费者会接受且购买，而对于熟人的推荐，有 90% 的消费者会接受且购买。社交营销的基础是信任和分享，而非传统的商贸流通关系，消费者和传播者之间的社交关系非常紧密，这一距离的缩短直接提高了推荐的接受率和转化率，既有助于用户黏性的养成，也大大降低了商家的获客成本。

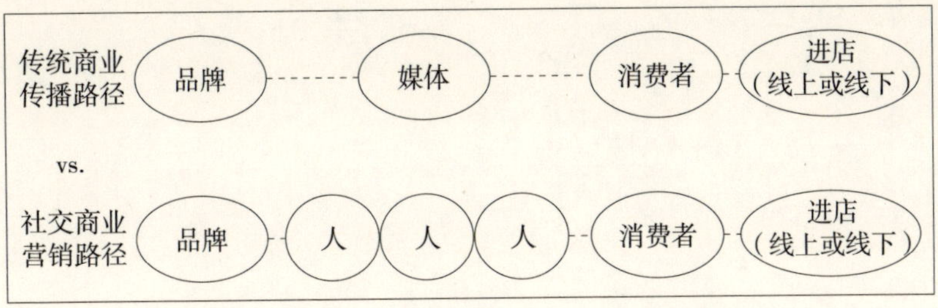

图 2-4　传统商业传播路径 vs. 社交商业营销路径

这种社群运营模式正在快速发展中，它推翻了传统的品牌价值链体系，用 SaaS（Software-as-a-Service，通过网络提供软件服务的平台）结合物联网技术进行重构，建立起小规模的自运营的社群组织。对于零售业而言，利用好这种连接，构建社群组织，发展社群经济，形成社群生态，将是商业 3.0 时代的主要竞争内容。

模式三，社区运营模式

社区运营模式是指围绕社区流量，针对周边社区居民的刚需，进行高频低值的商品交易。用户群所在的社区地理位置相近，有共同的社群以及相近的消费需求，社区电商在空间、时间、社交三个维度上都实现了与消费者的触达。

社区电商的兴起主要受益于四个方面：首先，移动互联技术的成熟和普及；其次，消费者越来越懒，不愿出门到店购物，线上购物不想等待太长的配送时间，社区电商送到家自然成为最能满足需求的方案；再次，实体店铺的租金负担让零售店不得不往“里”搬；最后，目前大卖场零售的商品结构老化也给了社区电商发展的机会。

但是社区电商也有其自身的缺陷，社区电商平台需要有广大的网点覆盖，而城市的扩张使得现代社区之间的距离变大，社区规模变小。尤其对于生鲜社区零售而言，降低损耗并提高周转率非常困难，“最后一千米”配送服务的成本过高，高频低值的生意难以盈利。社区电商对线下商超和传统电商的挑战，实际上也是消费者“到店”和“到家”两种选择的平衡。如果社区电商能解决好运营的问题，那么社区运营模式将是高效触达消费者并能精准提供服务与产品的一种模式。

The Future of New Brand

第3章

新流量下的用户运营催生新品牌

在商业的本质构成中往往有两大要素的融合，就可以实现商业效率。第一要素是流量的争夺，流量可以简单分为线下场景和线上虚拟场景。第二要素是供应链的迭代，供应链也可以简单分为实物供应链（商品和产品）与虚拟供应链（内容、体验和娱乐）。二者构成了四个象限的各种组合，形成了多层次的商业形态和内容。流量本质上是对有消费者信任感的时间的占据。新流量是多种流量形态的创新，新流量平台的快速崛起使得新品牌供应链有机会获得一个阶段的成本红利，打下新品牌崛起的基础。

新品牌运营消费者

既然提到“新品牌运营”，那么自然品牌运营就有新旧之分，二者的本质区别是：能否直接、大规模触达并深度运营消费者（见图 3-1）。传统模式是品牌商通过各种媒体投放广告让消费者知道自己的产品或品牌，再通过渠道或者平台把商品交付给消费者。线下渠道的运营一般通过层层代理把商品交付给终端门店，线上渠道的运营则通过各大电商平台售卖给消费者。

但近几年，随着数据和新技术的出现，品牌商可以直接把商品或服务交付给消费者，比如你可以在淘宝、京东、拼多多等平台电商开设品牌旗舰店，或者在微信开设小程序商店，抑或是在小红书、抖音等内容平台连接消费者。最近淘宝为了降低门槛开发了“淘小铺”，允许品牌商不开店也可以快速地上架商品直接销售。这些互联网技术发展所衍生的新工具，使得品牌商可以绕过传统的代理商直接触达消费者并把商品或服务交付给终端消费者。当然这也得益于中国的物流体系和支付体系等基础设施的高度发达与便利。

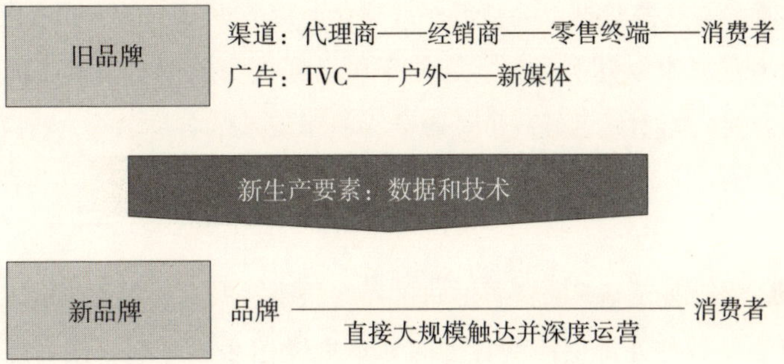

图 3-1　新品牌运营和旧品牌运营的区别

随着中产阶级群体数量的扩大和审美的提升，在消费升级的大背景下，消费者更加注重商品的颜值和品质。我们注意到很多传统品牌对品牌形象、产品品质、包装设计、线下门店都进行了升级，以贴合当下消费者的需求。在此过程中涌现出了一大批非常符合当下主流审美和品质需求的新品牌。

我们认为新品牌和旧品牌运营最大的区别在于，旧品牌运营必须依托平台或者代理经销渠道，才能让自己的产品或服务触达消费者，但货卖给了谁、消费者的画像是什么等具体问题，按照旧品牌传统运营方式是根本没办法解决的。

新品牌运营有两个前提条件，前提一：消费者的全面数字化和实时在线。得益于智能手机和移动互联网的全面普及，联网的消费者快速地实现了数字化。当你便捷地使用这些功能时，你的每一次消费、手指的每一次点击和滑动、眼球的视线落点都被记录并形成数据信息。你一生中的各种动态都是一个数字化的符号，把你所有的生活轨迹都数字化并记录下来是很多平台所追求的完美数字模型。以阿里巴巴经济体为例，它包括商品消费领域的淘宝、天猫，金融支付领域的支付宝，出行领域的高德地图，内容领域的优酷、微博、小红书、B 站（bilibili，也称为哔哩哔哩）等，娱乐和餐饮领域的大麦、淘票票、口碑网、饿了么，酒店旅行领域的飞猪、大家装领域的居然之家、红星美凯龙等，实际上是建立了一个消费者全域的数字矩阵，你会发现在中国生活似乎已经无法避免不使用阿里巴巴。据说阿里巴巴有一个工具，可以通过这些全域数据给一个人贴上成百上千个数字标签，从而达到用户的精准触达和营销。这些数据也会被很好地整合，以数据银行的方式有限地开放给商家进行消费者的精准触达和运营。智能手机已经成为消费者身体机能的延伸或者“外挂”，因为我们的生活已经高度依赖于手机里安装的各种 App，所以保持实时在线早已是常态。

新品牌运营的前提二：消费者运营工具的快速发展。品牌商把淘宝、京东等大平台的用户通过各种方法引流到自己的 App 或微信小程序端，或者把原来线下买完即走的用户沉淀在自有的线上平台，必须要有合适的工具对沉淀的用户进行运营。近两年平台商围绕微信生态圈建立了很多工具，比如有赞小程序就是很好的工具。同时淘宝也在整体新增流量放缓和流量越来越贵的情况下，为防止商家“薅羊毛”到私域流量池，基于微信生态圈的工具为商家在“淘系”内运营用户开发了一系列的工具，比如群聊、微淘、拼购、砍价、定制优惠券、会员体系以及构建的内容生态等。这些不断出现和迭代的工具给品牌商提供了可以直接触达用户与运营用户的手段。淘宝天猫宣布了天猫旗舰店 2.0 计划，核心就是帮助商家从对“货”的运营全面转向对“人”的运营，其中包括“分人群精细化运营”“全链路提升会员体感”“粉丝内容互动升级”等工具化产品的推出。这个计划使商家在完成用户数字化的基础上，能通过数据和工具对用户进行识别、触达和运营。

新品牌运营的核心是打造强关系。因为品牌运营的核心是运营用户，所以用户运营的核心就是关系。我们把商品简单分成高复购的快消品和相对低复购的耐用品，来看如何运营用户关系。这个过程是从建立关系到发生关系，再到进一步免费发生关系，最后到永久且免费发生关系。

品牌构建和用户关系的四个层面

品牌精神要帮助消费者构建“人设”

近些年，随着商品的极度丰富和以“90后”一代为消费主体的崛起，消费者只是简单地消费商品的功能的时代一去不复返，功能属性已经是最基础的需求，新一代消费人群开始通过消费来确认自己，通过消费来彰显自己的个性、主张和对生活的态度。保温杯和枸杞是“老干部”人设、无印良品是“佛系”人设、“Supreme”和“AJ”是潮酷人设。“每一次你花的钱，都是在把自己装扮成你想成为的那个自己，或是希望别人认为的那个自己”，这句话对新消费需求的描述再清晰不过了。

近几年，“潮”无疑是最受年轻一代消费者青睐的关键词，优衣库与KAWS的联名款引发的哄抢效应、毒App和CHAO社区的爆发，本质上都是因为“潮”已经成为一种社交货币，年轻一代开始通过消费来确认和确立自己，同时向其所在的圈子宣告自己是一个怎样的人，以追求个性的差异化来获得圈子的认同。从产品的材质、美学、功能看，我们是无法理解这种疯狂的消费行为的。这些品牌通过自身的设计语言去传达年轻人所喜欢、所追求的态度，获得了消费者的认可。同样也有很多传统品牌意识到只是通过好看的设计、有品质的材质已经很难吸引消费者了，于是推出了很多跨界的联名款，而且这些商品一经推出立刻被抢光。

产品设计要引发用户的共鸣

产品在做好品质的基础上，无论是采用的色彩，还是包装设计的样式，都要契合目标用户的审美。比如“泛95后”人群其实是一个很宽泛的概念，生活在一二线城市和生活在小镇的年轻人的审美是不一样的，即使是同样在“北、上、广、深”这样的大城市，由于成长背景不同、喜好不同、收入的差异，“泛95后”人群对于风格的诉求以及价格的敏感度也是完全不一样的。所以品牌方要能围绕最核心的那部分人群，尽可能细颗粒度地完成用户画像，以核心用户为原点逐渐扩散。

如果产品只是品质不错、包装精美、价格合适，那么难以打动年轻一代消费者。“好看的包装千篇一律，有趣的‘灵魂’万里挑一”，在产品或包装的设计上要添加乐趣，要能引起情感共鸣，才是未来的趋势。

员工是用户与企业之间的情感纽带

在高复购快消品行业，所有品牌都在思考一个问题：如何培养用户对品牌的忠诚度？忠诚度用数据来体现就是复购率。为了提高忠诚度，除了品牌内核符合目标客户群，产品和价格匹配之外，如何让用户对品牌产生黏性？构建一个有温度、有情感的品牌就显得非常重要。因为情感是最有温度的连接方式，而增进情感最有效的方式就是在人与人之间构建。

对品牌而言，直面用户提供服务的员工无疑是最好的角色，无论是与用户隔着网络和电话的客服，还是线下门店直面用户的导购人员，都能通过精心的设计建立良好的用户关系。

让用户与用户形成良好互动

在品牌精神方面，用户会随着年龄的增长或社会角色的变化对自我进行重新定义而抛弃原来的标签，比如从单身青年到为人夫为人父后，由于社会角色的变化，很多当初追求潮牌的人会偏向更稳重的品牌。在产品构建方面，比如服装行业，有可能因为更换了设计师或者风格的变化导致用户的迁移。在员工和用户关系方面，也有可能因为用户熟悉的员工离职，或员工服务水平的差异导致用户对服务不满意而迁移。

但用户和用户互动形成的关系却牢固得多。不管是小米的米聊、阿里巴巴的往来，还是各种陌生人社交工具、职场社交工具，这么多年始终无法撼动腾讯的社交地位。这是因为用户的迁移成本极高，个体用户不可能只自己迁移，他必须迁移整个关系网，而一个人的关系网是极其复杂的，有亲人、朋友、同事、同行等，这几乎是不可能完成的任务。如果一个品牌能够沉淀数量可观的用户，让用户和用户之间形成良好的互动，并在此基础上形成一定的社交关系，那么这时用户的迁移成本就会相对变高了。

对流量本质的思考

流量的本质是什么？我们认为流量是对有消费者信任感的时间的占据，因为商业竞争就是在竞争消费者的时间，所以我们按照这个维度思考流量。无论是线上还是线下的竞争，都是要占据消费者的时间。如何获客只是流量的起点，连同用户的购买力、客单量和频次一起，才构成了整个消费生意。现代商业迭代的主线就是流量成本和供应链的迭代。

商业的一端是各种新模式，它们的区别往往只是流量玩法的差异，核心问题都是流量成本；另一端是供应链的迭代，能不能有更好的商品满足消费者的需求。商业把这两者融合在一起，就是流量如何驱动品牌成长。新零售其实就是在试图创造双向流量，从而降低流量成本，传统模式的获客流量成本较高，我们要寻找出路，探索获得低成本流量的方式。新商业模式的兴起往往都是靠快速获取流量，但能否长期成立就要看供应链的迭代能力。社区拼团和前置仓模式的流量玩法不同，最后哪种模式能迭代出长期存在的消费者喜欢的供应链，简单来说判断标准就是：起势靠流量，生死供应链。

要先增加流量才能有一定的销售规模效应，资本往往在其中扮演重要的角色，也就是用融资性现金流来弥补经营性现金流的不足。最后这个模式反过来能不能长期留存用户，能不能迭代出有竞争力的供应链才是判断的核心依据。

我们认为社区拼团、无人零售、前置仓等模式还都没有实现规模性验证，但我们相信未来的零售模式是混合型模式。线下门店场景不会消亡，线下门店场景依然可以达到60%左右的收入规模，但是用爆品社区团购的玩法，用更多的社交属性流量玩法来完成消费者转换，这些非门店的新流量形成销售的比例就会上升。此外到家服务的用户黏性非常强，我相信它也是有价值的，但能否先形成可迭代的供应链往往决定了最后的成败。

私域流量和公域流量的概念

2019 年年初，私域流量这个概念逐渐变得热门起来。公域流量和私域流量是相对的，公域有自己的流量运营规则，私域流量是自己可以直接获客、制定规则的流量形态（见图 3-2）。比如，相对于公域流量平台京东和天猫而言，孩子王 App、瑞幸咖啡 App 就是私域流量。私域流量从某种角度来说能够把粉丝用户留存在可以直接触达的平台上，这些是商家追求的方向。这样，零售商或品牌商都可以通过消费者连接，形成触达、迭代产品、提高投放效率。公域流量的平台模式其实相当于大规模供需对接后在中间收取一点“税收”，也有更极端的描述说平台的盈利手段就是“吸血”。而私域流量相当于商家的自留地，私域流量是商家和核心粉丝互动的渠道，商家用工具沉淀流量。

图 3-2　公域流量与私域流量的区别

线上流量就是消费者在线花时间，但有信任感的时间才有电商价值。平台实际上变成了一种倒卖流量的生意模式，刚开始能够以较低成本获得用户的关注，然后通过广告等方式把关注的用户时间再“批发”卖出去。所以商业竞争本质上是对消费者有效时间的争夺。

目前私域流量经常和微信联系在一起。因此在大部分情况下，大家讨论的是裂变、朋友圈分享，探索的是微信对于诱导式分享的处理边界。微信政策的变动成为商家和创业者关心的对象。但从宏观的角度来梳理整个流量总盘的结构，会发现私域流量是一个极大的概念，而不仅仅是在微信生态圈内卖货的模式。

先来看消费品零售行业，很多人认为目前的公域流量费用过于昂贵，而私域流量是破局点，是商家的自留地，可以不用上交类似“税收”的流量费用。这个看法是从把自身作为平台型电商的商户这个角度得出的。从图 3-3 可见，算一下几个大数就能够发现，公域流量只是整个消费品零售中的一小部分而已。

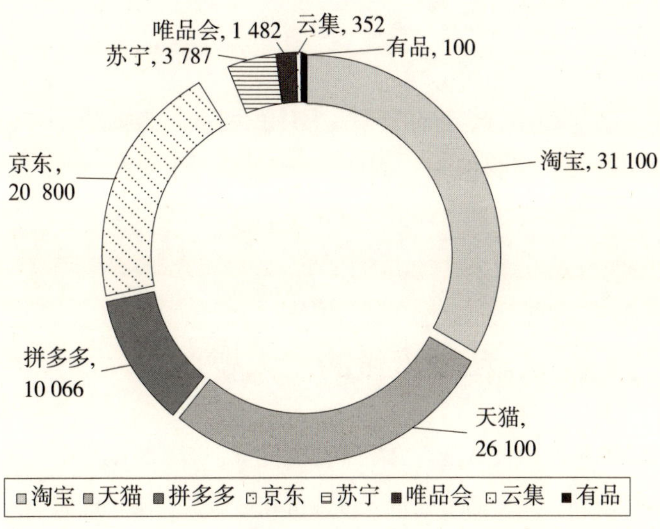

图 3-3　2018 年主流电商 GMV 结构（单位：亿元）

单独看线上零售的 GMV，淘宝达 31 100 亿元、天猫为 26 100 亿元，京东为 20 800 亿元，拼多多为 10 066 亿元、唯品会为 1 482 亿元。整个线上零售的变化是基于淘宝、天猫和京东进行的。而一些生态链企业、流量扶持型品牌，在整个流量的大盘中只是沧海一粟。

再来看流量部分，淘宝、天猫和京东是流量平台。同时，饿了么、美团也是流量平台。微博、YY、小红书、抖音、快手也是流量平台，肯德基、各种规模的超市、汉庭酒店都是流量平台。所以前几年，企业（特别是线下企业）都在尝试做数字化、做CRM[①]，其原因在于：流量只是关于PV[②]和UV[③]的概念，在线下一样适用，但用户是企业能够非常明确的藏在流量背后的用户真实画像。这是流量和用户比较重要的差异点。

新品牌的崛起往往依托于新的流量平台崛起过程中的成本红利，这是成长的一个大背景。比如小米生态链中的多个新品牌，用3年左右时间快速做到3亿～5亿元的小米平台销售规模，就是先用超级性价比产品快速获客、拉新再到复购，形成一个新的品牌认知，但品牌后续要实现在多个流量渠道的成长，不断增加与消费者的互动和触点。

私域流量满足了很多特定目标用户场景下的需求，能够形成一个会员制的流量池，它给新品牌提供了窗口期。因为品牌崛起依托于流量红利，所以定位很重要，认知很重要，而流量红利也许更重要。

私域流量的三大要点

如果说私域流量的出发点是对公域平台的抗争，那么长期来看，品牌商要拥有私域流量，需要做到对流量的可触达、可分析和可掌控，增长的驱动力由拉新增长转化为复购驱动。不然，从中长期看，将回归到“割韭菜”式的拉新增长，因为在对流量的渴求状态下，流量价格洼地的填平速度比任何时候都要更快。所谓的裂变只是解决了在短期的时间窗口下获得新增用户的手段，当平台政策变化后，现有的

① CRM（Customer Relationship Management），即客户关系管理。——编者注

② PV（Page View），即单页点击率。——编者注

③ UV（Unique Visitor），即独立访客数。——编者注

经验和可行的方案都将被改变。做好留存用户、拉升复购率才是在私域流量长期经营中最为重要的一部分。

第一，可触达

流量需要载体，而且具有特定的属性，其核心是对用户或消费者的触达。商家在电商平台上报活动、买钻展，在线下零售需要更好的开店位置，都是为了增加触达，即曝光量，并基于转化率形成 GMV。而流量的属性，则是用户为什么需要这些东西，消费场景是什么？消费者买大件贵重物品不太可能在拼多多上购买，出于对物流速度和品质的要求会更倾向京东，这就是流量的属性决定的。

但流量是需要载体的，有更多的用户覆盖量、更好的包容性和多元化以及拥有近 11 亿月活用户的微信成为流量载体的首要选择。随着小程序的开放度不断扩大，微信已经成为跨操作系统的超级操作系统。社交关系链条提供了点对点触达的可能性，这是跳过流量平台直接形成用户资产的重要基础逻辑。

从停留时长上来看，社交流量一直占据第一位；信息资讯类 App，如头条排在第二位；排在第三位的是百度系，第四位是阿里系（见图 3-4）。每一个人的时间都是每天 24 小时，对用户时间的占据永远是此消彼长的存量竞争关系。

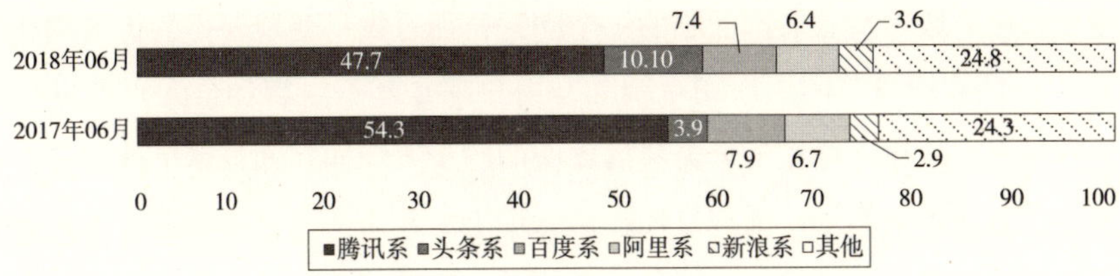

图 3-4　各类型流量分析（单位：%）

目前来看，微信生态内基于社交、裂变的流量价格会持续低于市场平均价格。我们来归纳一下流量的变化路径。早期互联网化贡献了第一波基于 PC 端的互联网红利；当红利初期见顶时，由于智能手机的渗透率不断提升，第二波高速增长的移动互联网红利出现了，延续了互联网红利。因为从卖货看线上化率不到20%，所以基于用户的全渠道触达，启动了第三波流量获取的红利期。这一次的流量红利变化，不是硬件和互联网化带来的，而是高效率、低价格的社交化传播形成的。因此，全渠道触达这件事情被提到了一个新的高度。

可预见的是，智能手机渗透率的不断提升带来的线上红利见顶已经是一个不争的事实。做好来之不易的用户存量管理和运营是大环境下的核心课题。不过，确实拼团等裂变形式（营销费用直接给到用户以示激励）能够快速获取用户，也确实社交流量的存量过于庞大，导致各类裂变手法的盛行。基于社交平台的流量获取，至少存在 1 ～ 2 年高速增长的窗口期。

第二，可分析

创新生意的核心是寻找相对低价格的大流量池。因为企业家对不同流量的观点不同，所以采用各种各样的手法（裂变只是其中之一），来寻找精准用户的流量价格洼地。

以近两年增长快速的国产护肤品牌 Home Facial Pro 为例，它早期的流量启动是通过公众号来完成的。一方面，公众号基于产品本身，随着单个用户关注公众号的数量越来越多，从整体来看单个公众号的打开频次是整体下降的。因此，公众号的流量变现是所有账号持有者都面临的一个问题，而且越早变现获得的价格越高。另一方面，公众号所覆盖的用户相对精准，用户都是基于内容和个人兴趣进行关注的，这种情况对于用户标签的分类要远比所谓的千人千面和大数据精准得多，毕竟用户要比平台更了解自己。所以，Home Facial Pro 做了一件很棒的事情，就是通过用户的兴趣标签进行精准投放。值得注意的是，用户的兴趣标签并不完全是平台所提供的标签，而是分析品牌的目标用户画像所得出的标签。例如，Home Facial Pro 的用户是相对年轻的女性，所以兴趣点的交集是美妆、时尚类等女性感兴趣的公众号。此外，这类目标客群也会关注其他公众号，例如快递收发（购物是女性消费者的主要生活场景）、电子书下载、情感电台也是这类群体存在交集的主要流量载体。首先筛选这些公众号，通过高强度投放，筛选高转化率的公众号，然后再建立企业内部的高效投放数据库，最后进行反复投放。总体而言，其早期流量获取的做法是，在一个有大流量基数且流量所有者存在长期变现压力的媒介中，基于对目标客群的分析，在目标客群生活场景的主要交集中进行公众号的筛选和投放试验，建立自有投放数据库，将分散流量拼凑成精准流量。

某食品电商品牌是一家创业公司，早期阶段的部分曝光来自向B站长尾UP主（在B站上发视频的人）寄送样品。一方面，此类UP主不是主要品牌预算关注的重点，因此缺乏有效的变现渠道。另一方面，品牌商容易通过运营手法，来支持UP主的内容创作。

分众传媒电梯广告对于白领人群的触达效率是较高的，比同类人群的线上触达成本更低。从这个角度出发可以发现获取流量的方式有很多，不是只有裂变这一种方式。总结来说，在中早期的流量竞争局面是“比谁砸钱多，比谁套路巧”；中后期则是“钱袋子深，全渠道的投放效率就高”。

第三，可掌控

回到前面提到过的话题，社交流量从停留时长看排在第一位。在这个前提下，对于新品牌而言，内容能力极为重要。在用户停留的有效时间内，能够更有效地输出更多信息量，建立用户对品牌的认知，甚至影响消费决策，是在社交媒介中必备且形成差异化的能力之一。目前的阶段相当于网购早期，较强大的运营能力和内容能力能够拉开几倍的效率差异。

但如今不同于网购早期的平台电商，那时中心化的流量存在对流量分发的绝对掌控力。而目前基于微信端的社交流量的去中心化性质，使得运营类服务商可以跳出原有的“牌照生意”，例如淘系的头部代运营被阿里巴巴入股，微博的mcn机构需要经过微博认证等。中间服务商的价值或者话语权被放大，与往日不同。商业的社会化分工更为明确，擅长流量的企业做流量获取，擅长运营的企业做好用户运营和服务，擅长后端供应链的企业就做好货物和物流保障。

因此，以前存在变现困难和压力的长尾流量群体，开始有了可变现的机会点。长尾流量被演化为点对点（个人号）的私域流量，用户的感知度得到提升。平台的运营能力、产品力可被服务商赋能，形成对用户端输出的可能性。长尾流量从大盘结构看，占比并不小。有效地撬动长尾流量可以获取以前难以实现的商业价值。

新流量下的新品牌成长逻辑和路径

品牌的成长有一个过程，先有了一个 Logo 和名称，然后成为一个广为人知的名牌，最后再发展成品牌，甚至成为品类的代名词。传播的力量伴随着品牌的形成。不论是线上的 to C 网站还是线下的实体店，销售转化及传播都离不开流量的助力。

商业历史上有一个有趣的现象，每个时代随着渠道的变迁，都会有新品牌的大量出现。例如：在大卖场时代，如今的快消巨头崛起；在电商时代，淘品牌拥有了诞生的机遇。因为随着消费者的迁移（渠道业态的变化），以及产品需求的演化，品牌崛起的机会出现了。

由于中国地域辽阔，各个城市的分层以及消费水平处于不同阶段，因此被忽视、未被触达的市场也同样提供了丰富的机会。从这个现象中可以发现，其实品牌商的成长和流量获取能力是高度相关的。一部分成长源于时代给予的机遇，另一部分则来自找到足够大的流量洼地进行获客和触达消费者。

在几十年之前获取线上流量的价格是非常便宜的。在 2010 年前后，移动互联网的出现，给增长趋缓的 PC 互联网续上了新的增长引擎。但在 2017 年前后，整个互联网的总体用户增量大幅放缓。

在这个过程中，在线化使得信息传递可以突破时空的限制，因而在线化的传播方式出现了几何级数的高增长，打破了原来电视、电台、报纸等传播媒介的高度垄断。而原有的传播手法，在大时代背景的变化下开始逐步失效。因为以前传播的媒介相对集中，所以企业打广告的套路比较趋同，都投中国中央电视台、广播电台或报纸。因此，在那个年代，但凡在营销上有能够“洗脑”的卖点，有足够资金投得起中国中央电视台广告，产品成为全国性爆款并非一个小概率事件。集中化的媒介带来了传播的高效性，而消费者获取信息的渠道增加后，信息的触达效率就降低了，所以互联网带来的媒介集中度降低的趋势难以逆转。

虽然B2C电商平台集中度越来越高，搜索引擎也一家独大，仿佛又回归到集中化媒介的阶段，但是每年层出不穷的新品牌，尤其是市场规模不少于10亿元规模的新品牌的出现，说明了依旧有新品牌成长的机会，而且会长期存在。

换一种方式找到集中化渠道（传播渠道或者销售渠道），或者挖掘流量价格洼地，是品牌成长的两个重要主线。对于消费品品牌而言，广义的流量是增长的重要因素。但国内的流量红利期存在太久，导致大部分品牌商并没有构建起线上线下一体化的流量获取能力，或者仅停留在以往行之有效的“营销三板斧”上。

消费品品牌对流量的理解程度和互联网企业相比，落后了一个时代。所以消费品品牌理解流量最直接的做法，就是效仿互联网企业对于流量的经营和战略思路。站在互联网企业（平台）的视角来看，其企业角色无外乎两个，一个是流量的生产方，另一个是流量的分配方。

流量的生产方，比如社交网站，通过构建网络效应，让用户形成持续内容并产生留存，视频网站和图片网站也是流量的生产方。它们是互联网流量的生产者，其核心目的是产生足够多的内容以及基于社交关系链的留存。

而流量的分配方，比如淘宝、百度，则持续地向市场购买流量，然后再卖给在自有平台上开展商业活动的企业。随着市场大盘流量增长趋缓，平台的流量采购成本变高，所以卖给企业的流量价格就越高。作为一个分配者，流量分配效率或者变现效率越高，其壁垒就越深厚。因此我们看到，阿里巴巴一手在布局各种可获取流量的企业（共享单车、外卖、视频、票务网站、线下零售等），另一手在不断提升流量分发的效率。

流量的战略视角

对于品牌商而言，其实同样可以借鉴流量的战略视角。从流量的生产方这一定位来看，2019 年上半年开始兴起的私域流量，在某种程度上而言，也是通过内容运营、群活跃度管理，通过微信反复触达用户形成的自有流量。但是品牌独立构建 IP，并没有产生非常好的效果。内容、社交不是为了输出内容而输出内容，关系链和场景才具有强黏性。流量的分配方存在两个同等重要的部分。一部分是寻找流量的价格洼地，尽可能多地获取新流量；另一部分则是把所获取的流量更高效地变现，这非常类似增长黑客的方法论。

寻找新流量的价格洼地，提供了一波新品牌崛起的机会。在 2017 年前后，一批“淘外”流量撬动“淘内”流量的新品牌，出现了高增长。这种做法是在电商平台之外获取便宜流量，再跳转到站内进行交易转化。

由于中国是一个叠层社会，下沉市场是一个明显的流量价格洼地。王老吉品牌的崛起就是一个典型的下沉市场案例，他们在四线、五线和六线城市，主抓春节营销（春节节点占全年约 60% 的销量），通过在批发市场、超市、宴席、集市、菜市场小店等场景做站台广告、地推广告，在批发市场门头搭建、刷墙、年例（粤西地区风俗）等手法，获取下沉市场的流量。

而互联网的模式相对更轻，所以流量价格洼地被填平的速度更快。品牌商在抖音、小红书、快手上的套路并不难复制，然而时机的把握以及流量池的大小决定了便宜增长的空间有多大，线下和下沉市场流量池的大小以及获取流量的多少取决于团队的下沉能力。

除了上述案例之外，还有一种更为高效地将所获取的流量变现的打法。目前这种打法相对比较少见，但从品牌在数据化方面较弱的行业现状来看，存在巨大的提升空间。这种更为高效的打法又由两种打法组成。

第一种打法是把在交易链路中的各个环节优化。例如，增长黑客的方法论，旨在说明一个产品的用户规模增长，在AARRR模式的各环节中，尽可能提升转化效率、减少流失，使最终的转化率实现可持续的提升。AARRR重点关注的是产品，但在品牌的传播方面，只要能够构建比行业平均水平更高的数据跟踪能力，也可以形成壁垒。例如，货架陈列位置、终端导购的促销话术、详情页跳转图的设计、产品好用性设计都是可以被复用和小步迭代的。对于一个产品而言，每个消费者触点都可以是重要的营销阵地。对于这一点，品牌商需要内部组织能力的支持以及模式的变革，大型企业是较难完成的。

举例来说，在传统的快消品流通链路中，品牌商无法直接触达终端消费者。终端消费者对产品的投诉，经过经销商反馈到品牌公司的“痛点”都是“不够痛”的。通常品牌商接到投诉后，退货、多补两箱货补偿就算解决了。但对于品牌而言，丢失了一次非常好的用户反馈信息，闭环的缺失非常可惜。

对于大企业而言，组织架构和产品开发并不能支持产品快速迭代，传统的市场总监对于流量的敏锐度是滞后的，随着营销和数据之间的边界日益模糊，对于人力和组织的要求被放大，这些因素导致大企业留出来的缝隙给很多细分领域的新品牌提供了诞生的机会。

第二种打法则是把品牌广告赋予营销转化，即2018年的热门词汇“品效合一”[①]，因为传统广告更多起到的是向用户传达“我们是谁”的作用，而难以形成交易转化。在注意力分散、广告投放成本高昂的当下，越来越多的品牌商都在营销广告中植入购买链接。在传统品牌宣传类广告中植入购买链接，是最快速且有效的收入增长方式。着力点从原先的品牌带产品转变为产品带品牌，用优质产品的良好体验和广告触点，来达到对消费心智的占领以及实现产品复购。当然，在营销链路上的设计，也应该参考增长黑客模型，以更好地利用每次来之不易的流量。

新时代的流量越来越分散，传统套路日益失效。只要企业存在增长需求，流量

① 品效合一是指品牌认知与销量效果的两全其美。这两者往往很难同时达到，但在大数据的驱动场景之下，品牌和效果已经出现了大量融合为一的趋势。——编者注

获取能力将显得越来越重要。在线上流量越来越贵、平台和大品牌之间关于营销预算的博弈日益激烈的当下，其实在平台外部尚存大量的、未被充分挖掘的流量价格洼地。

集中化的媒介和渠道，由于自身流量分配效率的要求，只会更加千人千面。高效的集中式传播媒介一去不复返，而挖掘平台之外的流量之海，或者更高效地利用每次来之不易的消费者触达机会，将是下一阶段品牌在流量之战中的主线。

消费品牌企业成长的四个阶段

消费品牌企业的成长过程并不是呈线性发展的，而是阶梯形的成长路径。因为企业在成长过程中往往会遇到阶段性的瓶颈，而且原因非常多元，既有创始人的格局问题，也有品类的市场空间问题，或是区域性难度问题等。但是如果能够跨越这些瓶颈，企业就形成了突破，从而进一步快速成长。我们把这种阶段性的瓶颈称为拐点，拐点是消费品行业成长路径中的核心。我们发现，不同行业及品类存在不同的成长路径。

我们根据销售规模的不同，把消费品牌企业的成长路径大致分为以下四个阶段。

第一阶段是消费品牌企业销售规模在 1 亿～ 5 亿元的阶段。这个阶段的消费品牌企业一般都尚处于单品牌或单业态阶段，往往已经充当了某个区域领导者的角色。企业依靠太小的品类很难实现 5 亿元规模，因而这个阶段的消费品牌企业选择的基本是一个中品类或大品类。品类选择靠运气，大品类往往是比较基础的消费需求，正如只有大海中才能有大鱼。这个阶段的消费品牌企业也一定拥有不错的产品力，才能从竞争中脱颖而出，并且积累了一部分忠实的消费者和用户。其商业模式能够证明他们的盈利能力。这个阶段的创始人往往是一个顶尖高手，具有强烈的“杀手直觉”，并且在企业发展历史上无重大误判。

第二阶段是消费品牌企业进入销售规模为 5 亿～ 10 亿元的阶段。这个阶段的消费品牌企业还是主要依靠单品牌深度影响消费者，但一般实现了跨区域，从线下零售方式看，一般已经深耕了三个以上的省市。其商业模式基本上已经被反复证明，管理团队一般已经比较完整、到位，具备一定竞争优势。这个阶段的消费品牌企业往往已经具备标准化、可复制、规模化的能力。消费者对品牌已经基本认同和接受，商品的复购率比较高。这个阶段的消费品牌企业往往是成长性最好的时候，但各种短板也会表现出来，需要通过快速调整组织的结构以及重新完善销售网络的团队来解决。另外，这一阶段往往前后台都会出现问题，数据 IT 等成为巨大的瓶颈。一般这个阶段消费品牌企业的线上收入已成为其重要的收入来源，企业从单一流量方式转向线上线下融合的方式。

第三阶段的消费品牌企业往往销售规模达到了 10 亿～ 30 亿元，品牌力非常强大，大部分消费者会形成明确的品牌认知。能达到 10 亿元收入的消费品牌企业往往已经实现了跨区域发展，而且会在一些区域省市拥有绝对优势。某些消费品牌企业会实现多品牌经营，因为一个品牌不再能够覆盖所有品类发展。这个阶段的品牌认同度已经非常高了，并且形成了很强的品牌认知，消费者会有很多转推荐机会。品牌力成为核心价值，销售和服务的配套也必须跟着品牌力提升。这个阶段对于创始人的要求其实非常高，要从一个产品高手向组织领导者进化。创始人要快速学习，突破过去“一人公司”的状态，要变成带队伍的领导者。一般的企业家很难突破 10 亿元的门槛，导致企业发展停滞。只有非常有格局的企业家才能突破某些瓶颈，形成自我迭代，形成更有战斗力的组织和企业文化。

第四阶段的消费品牌企业的销售收入往往突破了 30 亿元，走向更宏大的未来。这个阶段的消费品牌企业往往已经实现全国化布局，旗下的多个品牌形成了矩阵，具有多维度重复利用渠道的能力，能把各种品牌进行细分人群定位。这个阶段的消费品牌企业在公司整体组织方面已经高度系统化，做到多部门协同。最重要的是把品牌转化成了用户满意度和口碑。品牌不仅是一个符号，还往往开始和社会责任感挂钩，形成整体的企业文化和价值观的输出。这个阶段的创始人不仅是公司奠基人，还是一个重要的符号，往往反映在引领企业文化、价值观和精神方面。创始人开始对外输出整体的价值理想，从而连接集团所有的团队，未来一起发展。

总之，消费品牌企业在成长过程中会经历不同阶段的瓶颈，大部分企业在不同的周期中都会出现问题，只有那些能够穿越短周期的企业才能够走到下一个阶段。其中早期的突破依靠渠道流量和超级产品力，但后期的突破往往需要依赖组织构架调整和长期价值文化。大部分创始人都无法突破自我限制，导致在某个阶段就停止了成长。只有那些能够自我反省、具有创新精神的长期耕耘者才能不断地创造出消费者价值，不断地引领企业团队共同成长，适应复杂多变的市场玩法，才能够更上一层楼，形成长期的价值创造。从投资消费品牌企业的角度看，我们更倾向于在不同的拐点进行投资，帮助创始人实现瓶颈的突破，共同享受成长的乐趣和价值的提升。

The Future of New Brand

第4章

打造新品牌的七大策略

在今天的流量环境下，新品牌的具体打造有哪些策略？我们阶段性总结了七大策略。一是品牌忠诚度源于用户推荐率，二是品牌构建会员体系和订阅制，三是自有品牌也是新品牌，四是快速打造品牌矩阵的新品牌，五是用创新手法打造新品牌，六是海外 DTC 品牌的方法论，七是新品牌冷启动的方法。第七个策略包括线下超级场景与线上流量运营双向互动的众筹营销模式，通过制造冲突感来获得消费者注意力，多 IP 相互赋能 co-brand（联合品牌）形成新趋势。人格化品牌可以触发情感连接。

策略一，品牌忠诚度源于用户推荐率

在经济“护城河”要素中，用户黏性其实是一种核心的竞争优势和壁垒。商品销售一般只有三种路径：一是把新产品卖给老用户，二是把老产品卖给新用户，三是把新产品卖给新用户。大家都很容易理解老用户的成本低，获得新用户的成本高。最坏的一种情况是一边高成本拉新用户，一边不断流失有价值的老用户。所以，是否能够让老用户进一步产生价值，并且让他们帮忙获得新用户是一种重要的思维方式。往往对于利润指标来说，维持好老用户比保持市场份额和规模经济有更大的作用。因为目前来看获客成本会越来越高，所以老用户的价值就越来越大。获得一个新客的成本是保留一个老客所需成本的 4 ～ 5 倍。核心老用户流失往往是非常危险的信号。

研究者发现了一个和企业增长相对的精确的线性指标：净推荐指数（Net Promote Score，简称 NPS）。NPS 值就是推荐者占比减去贬损者占比（被动者[①]不用考虑）的差额，它的区间范围在 -100% ～ 100%。先根据答案的不同设置分值，比如 1 ～ 9 分或 1 ～ 7 分，每年保证分值一样以方便纵向对比。然后制定规则，比如 8 ～ 9 分表示“非常愿意”，5 分以下表示“不愿意”，用前者占总人数的比例减去后者占总人数的比例，得到的数字即是净推荐率。一般来说，NPS 值在 50% 以上的企业被认为是还不错的，如果 NPS 值在 70% ～ 80%，那么说明这家企业已经拥有一批高忠诚度的口碑用户。

用户忠诚度的核心是用户能够感受到品牌企业与消费者之间的情感联系，正是它给他们的那份独特的感受，才让他们成为回头客和推荐者。NPS 值排行榜可以作为消费者选择优质商品与服务的风向标。比如：海底捞通过 NPS 值测量了用户忠诚度，增加了满意度，有效地提升更多忠诚用户愿意去分享和介绍它的产品与服务品质。海底捞的行动可以称为营销套路，但的确让人感受到了商家的用心。有时商家的人文关怀比物质关怀（送免单券之类）更能让用户产生黏性。当然，因为人文关怀最终需要通过末端的员工来实现，所以确实很难学习，商家需要构建体系和强大的文化价值观。

对于非标商品来说推荐就更重要了，而相对信息比较透明的标品商品，用户推荐的重要性较低。比如，大快消品牌产品主要靠广告，可口可乐基本不用推荐。很多个性化的服务性生意非常不同，比如医院服务，消费者对于医疗基本不太理解，也对医生水平完全不了解。对这种生意模式而言，用户推荐和口碑格外重要。在市场部或销售部带来的用户中，大多数用户是被企业良好的产品和服务吸引而来的，其中口碑传播产生了影响力。

长期以来，用户推荐一直被视为获客的一种有效手段，不需要复杂的数据分析

① NPS 值理论假设客户分为三类：推荐者、减损者和被动者。——编者注

和高昂的营销支出。因而，我们需要重点培养好那些核心用户或资深用户。这些资深用户推荐的新用户往往可以给企业带来更好的回报。企业需要设计出系统的方法论来服务好这些核心用户，比如蓝月亮品牌重点打造科技洗衣的品牌认知，通过设立蓝月亮洗衣学院，吸引核心用户变成“洗衣达人”讲师进行传播，这些核心用户变成了转推荐最好的营销点。此外，产品越复杂，企业的潜在客户越难刻画，往往推荐越有效，因为通过营销很难找到目标用户。在推荐之后，推荐人往往会在很长时间内保持用户的身份。当家庭成员、朋友或熟人也是用户时，推荐人与企业的关系会得到强化。互联网社交平台的兴起，使转推荐将口口相传变成了一种工具化的传播，后者效率更高，影响更大。

总体而言，留住每一个有忠诚度的老用户可能是今天企业更需要思考的战略。通过培养“老忠粉丝”这类核心用户，甚至给予更多的利益来激发“老忠粉丝”进一步转推荐给潜在新用户，把用户之间的关系经营好是我们在营销方面的重要方法论。

策略二，品牌构建会员体系和订阅制

最初的会员体系是各种实物会员卡体系，常见的做法是先充值，消费后再打折，或者消费金额兑换积分，积分可抵现金或兑换小礼品。然而这种单一消费场景的会员制，已经无法满足目前消费者的多元需求。用户体验是消费者对未来会员权益的最大预期，例如优先级的服务、专享的“会员感”等。

会员体系是一种高效率激励用户、发展用户的手段，也是在市场品牌营销中越来越重要的一种打法。发展会员模式，可以让企业和消费者建立更长期的联系。会员是一种高级用户。企业通过加强会员洞察以及与会员的互动，可以进一步洞察消费者的内在需求，并且实现会员的转推荐和传播效果，增加整体的用户黏性以及提高用户忠诚度。在品牌企业和零售商这两者不同的商业模式下，会员模式是不一样的。会员体系的主要目的是通过对用户的激励，激发用户的高度黏性。

会员体系可以将用户分级，精细运营，促进留存和消费，让用户从互动中获取情感和利益点。会员体系就是充分利用人类的心理动机来诱导用户使用产品，对行为进行激励，对不同层级设置不同的激励成绩，利用不同级别之间利益的差异设置，吸引低等级用户向高等级用户转化（见图 4-1）。

会员权益是可以正向影响加强用户与平台之间关系的所有因素。多层级适用于会员基数大、产品价格体系负责或会员生命周期长的商业模式。

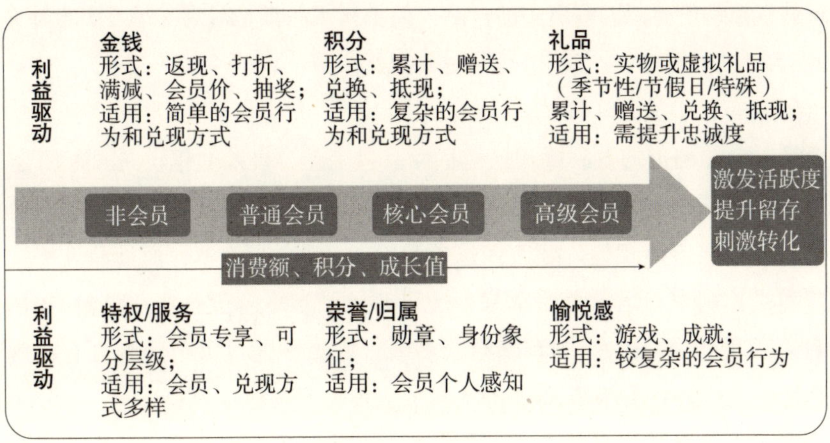

图 4-1　会员体系

所有超级品牌企业和超级平台企业都实现了差异化竞争。亚马逊、阿里巴巴等生态型互联网企业形成了超大流量的马太效应。垂直型企业则在特定的客群或需求类型内，通过聚焦建立自身壁垒。付费会员模式通过前端的用户筛选构建差异化的内容组合；自有品牌则重构后端供应链，创造差异化内容。会员体系本身是一种用户筛选机制，要通过这种机制筛选出更愿意支付溢价的客群，进一步深度挖掘这些用户。我们初步将会员的形式分为以下三大类。

（1）积分制：以消费量区分会员等级，与是否付费并无明确因果关系。积分制将难以替代的服务价值分解到一般产品的重复消费中，刺激弱势产品的销售。积分制的典型代表是丝芙兰。

（2）独享制：会员俱乐部模式。会员身份为购物的“门票”、不以消费量划分用户等级。独享制聚焦需求相对一致的群体，把拓展新用户和新品类的费用用于持续提升原有领域的运营效率，形成深厚的低成本壁垒。独享制的典型代表为好市多（Costco）。

一般来说，高频生意[①]和渠道平台性商业模式适合采用付费会员制，比如生鲜超市的一般消费者都愿意成为会员，甚至预付费，这也是零售商现金流健康的原因之一。稳定的付费会员体系建立在稳定的消费预期之上，稳定的消费预期使消费者可以评估优惠的价值感。好市多的食品、简单日用品都是每周或每月固定补充的商品。而购物频次较低的业态难以运营付费会员体系。

会员制仓储超市的盈利模式已经从商品进销差、级差地租转向服务佣金。好市多的经营目标是维持稳定的毛利率和净利润率，依靠单品规模效应持续降低终端售价、扩大供应链规模。好市多选择设定 2% 的会员费率，而商品几乎完全不盈利，商品毛利率与运营费用率基本持平。如果忽略运营差异，那么 2% 的设定意味着主动出让 1% ～ 2% 的利润给消费者。好市多通过大包装和自有品牌进一步强化性价比优势：①精简 SKU 和大包装批发，发挥单品规模优势，好市多单个 SKU 销售收入达是沃尔玛的 7 倍；②通过自有品牌建设优化供应链，降低商品成本，1999—2014 年好市多自有品牌销售量从约 15% 上升至约 25%，但公司整体商品毛利率始终维持在 10% ～ 11%。当然这个模式的前提是消费者对于零售品牌的高度信任。

根据亚马逊老板杰夫·贝佐斯（Jeff Bezos）致股东的信，2018 年亚马逊在全球拥有超过 1 亿会员，续费率高达 91%，2017 年 Prime 美国本土的会员渗透率达到 59%。Prime 会员核心服务为免费两日送达，而非会员订购的商品 4 ～ 5 日送达且需支付邮费，2018 年 79% 的用户为了配送权益而购买 Prime 会员。以物流体验为核心抓手，Prime 会员演变为亚马逊新业务孵化器：亚马逊每推出一项新业务，都会将权限加入 Prime 全家桶。国内的零售上市企业家家悦则采用免费积分会

① 高频生意是指以较高频率销售的生意。——编者注

员，2017年会员数量达到463.9万，销售占比76%，逐年稳步上升；与永辉超市试水的付费会员相比，免费积分对消费者的绑定较弱，但效果更稳健，不存在经营风险。积分会员对超市的意义在于绘制更精确的消费者画像，更好地预测销售、优化供应链。对比不成熟的付费机制，家家悦免费积分的会员模式看似保守，但实践效果良好。我们所期待的是优秀公司在会员理念与存量思维下，改变运营策略带来效率提升。

（3）“全家桶”制：零售及非零售（跨行业权益）优惠，适用于平台流量型企业。他们站在更高的立场上，从系统的角度考虑用户黏性和变现，在平台主页让渡给会员的权益将通过广告、内容等多种变现途径回收。“全家桶”制的典型代表如亚马逊。

对于会员体系的构建，差异化的权益或服务比折扣更重要。如何构建难以被对手复制的权益才是对用户最大的吸引力。黏性本质上是用户转换成本，如果各个渠道提供的商品和服务没有显著差异，不管是否有会员体系，理性消费者会综合计算各个渠道的优惠力度，最终倒向性价比最高的渠道。一旦性价比最高的渠道的优惠程度被超越，消费者将快速切换其他平台，前者的续费率就崩塌了。因而，最重要的是长期稳定的续费率要植根于差异化的商品或服务。

订阅制也是一种会员制在线上流量的演变。订阅制就是消费者一次性支付一定费用后，服务商或供货商按周期提供服务或配送特定产品。这种模式广泛应用于各类媒体，比如杂志、报纸订阅、电子邮箱咨询订阅等。由用户的订购需求，演变出了主要的三种玩法。第一种是相同产品，持续订购。比如消费者非常喜欢每日牛奶，于是在订阅电商平台上下单，每日送到家。第二种是不同产品，按喜好订购。第三种是由平台随机寄送产品。用户在订阅电商平台上交付一个月的费用，平台为其每周配送随机组合产品。第三种有点儿像玩惊喜，实际上这种玩法巧妙地利用了消费者在购买决策中的不确定性和感性认知模式，通常是平台利用算法等技术手段处理大量用户数据后的产物。订阅电商和以前支付品牌溢价一样，是一种降低试错成本的方法。从商家角度来看，可以说订阅制建立了商家和消费者在一定时间内的会员契约关系：商家可以提前准备产品和供应链，带来更好的服务体验。

策略三，自有品牌也是新品牌

自有品牌（Private Label，简称 PB），主要指零售商、渠道方定制的品牌，与其相对应的概念则是由品牌商或制造商面向消费者推出的全国性品牌（National Brand，简称 NB）。消费者经历了从没有品牌认知，到形成品牌认知，再到喜欢品牌商品，然后到迷恋品牌商品，但后来又回到追求性价比的阶段，对品牌商品从狂热最终回归理性。总体而言，品牌溢价能力往往是自有品牌和全国性品牌产品的主要差异点。从历史上看，消费者往往是在收入总体下降、经济萧条、消费者不愿意再为品牌付出更多溢价的大背景下，开始追求更多的自有品牌商品的。后来消费者开始对自有品牌产品形成了高度认知，当经济回暖时，这种品牌认知就深入人心了。所以，自有品牌产品往往是基于消费者对零售商或渠道的长期依赖所建立的信任，消费者把对零售渠道的信任转移到了商品上，形成了购买行为。

自有品牌的三种模式

品牌商品是在早年批量化生产技术改革后诞生的产物。欧洲最先开始出现自有品牌。当时零售商的销售能力远超制造商的生产能力，使得零售商开始进入制造领域，扮演更多上游角色，承担商品制造和管理的责任。

由于商品有很多口味的差异性，零售商最先开始开发自有品牌的品类是生活杂货（非食品），因为在 20 世纪人们购买生活杂货，更多是出于实际使用功能，而不是追求产品的设计性、美学感。自有品牌商品的主要品类是差异化比较小的日用品和一部分包装食品（如坚果类），再逐步发展延伸至小家电、餐厨用具等。因此，出现了很多专门为零售平台进行 OEM[①] 的中小企业，他们和平台之间形成了非常稳定的合作供应关系。

随着时代发展，生产商开始逐步向品牌商转型，品牌的出现意味着经营流通渠道变得更为重要。我们可以预测未来中国也将出现大量的零售商或平台商的自有品

---

① OEM（Original Equipment Manufacturer）定点生产，俗称代工制造。——编者注

牌，可能会对那些差异化比较小的品牌品类造成更大的冲击。

目前自有品牌大致有三种模式。

第一种是独立开发模式。由零售商自己定位、设计品牌，并且形成了产品开发团队，寻找和对接供应链工厂共同合作开发，生产零售商可以全面掌控的品牌产品，而且主要在自己的零售渠道中销售。

第二种是双品牌模式。以日本 7-ELEVEN 举例，其 Seven Premium 品牌的包装上经常印着“Seven & I Group”和某某作为联合开发者的字样。Seven & I 并不是整个总部集团，而是其下属的制造型公司。双品牌的差别在于另一方可以是制造商也可以是经销商。零售商早期缺乏商品认知和商品开发人才，承担的责任也仅限于销售，而不负责制造。这种模式是制造商和零售商之间阶段性妥协的产物。

第三种是零售商联合开发采购模式。对于大量缺乏规模优势的中小型零售商来说，独自做自有品牌很难。因为零售规模更小、相关人才结构更为匮乏，起订量往往不够制造商的要求，所以中小型零售商联合起来组织采购或建立自有品牌开发联盟。例如，最近刚刚兴起的蚂蚁联盟就是一个典型代表。

自有品牌的发展新阶段

在发达国家，自有品牌已经全面完成了消费者教育，并且已经开始向高质量、高价格的品牌转型。简单来说，早期自有品牌的核心定位是代替低品质、低价格的品牌产品，之后自有品牌努力向高质量全国性品牌的产品质量要求靠近。而最近开始出现高端特征的自有品牌并自由发展，再从上至下导入低价格自有品牌进行细分。

一般来说当零售商在市场份额中的集中度越高时，他们会把战略调整到自有品牌，导致自有品牌商品的占比越来越高。这就是渠道和品牌博弈的一个阶段性结果。当一个渠道垄断性越强、话语权越强时，零售商就具有极强的意愿和能力来开发自有品牌。

宏观经济的下行也是自有品牌流行的重要原因。①经济下滑严重，性价比高的商品更受欢迎。②品牌商开始实行商品降价、促销，同时缩减市场营销费用和研发投入，自有品牌的价值感在增强。③零售商的获客流量成本比较低，获取利润的手段比较多，对于品牌溢价要求比较低。整体上零售商和品牌商在长期博弈过程中处于更有利的位置。自有品牌兴起还有一个原因，就是本地形成了大量优质的供应链制造商。中国的工厂原来大多做外贸，目前转型为给流量平台公司生产商品，所以未来自有品牌总量将大大增加。

从欧洲和美国的经验来看自有品牌，非常有意思的是欧洲把自有品牌定义为“一场第一大品牌和零售商的合谋，一起把第三第四小品牌赶出零售渠道”。性价比的核心是“比”，是考虑对比的结果，而第一大品牌就是对标的基准。自有品牌就是在基准之下给予消费者认知上的感受：“更便宜”“价值感”。

从品类角度来看自有品牌渗透率，差异化认知越高的商品，自有品牌占有率越低；消费者认知差异比较小的品类，如原材料类、口味记忆度低的食品，自有品牌占有率越高；还有一类低自有品牌渗透率市场属于高度分散型，市场竞争极度激烈且头部企业规模较大，但总体较为分散。这类产品存在一个特征，即商品形式非常接近原材料，如矿泉水。

自有品牌将是中国消费领域的一个超级现象，会在很大程度上改变品牌商、制造商和零售商之间的博弈关系。自有品牌本质上也是新品牌，也需要按照品牌的逻辑去运营，而不仅是简单的包装就够了。

策略四，快速打造品牌矩阵的新品牌

消费者不一定从消费能力的角度衡量自己的偏好，主要是从商品的颜值、品质及其所赋予的精神内涵进行衡量。消费者对精神共鸣的认知力是比较强的。当品牌企业做到一定大的规模时，单一品牌力形成了目标消费者的认知，但也出现了一个新的问题：这个主品牌很难再继续覆盖更多的品类，特别是在一些人群特点不同的细分领域，消费者的认知力是下降的。于是，企业开始采用多品牌宽品类的细分市场模式，通过多品牌对多个品类细分市场进行覆盖，单品牌往往聚焦单个品类细分市场。有的企业采用多品牌主品类细分市场模式，以一个品类细分市场为主，兼顾发展其他品类细分市场。还有的企业采用多品牌单品类细分市场模式，聚焦一个品类细分市场，发展多品牌对该细分市场进行细分，即所有品牌都聚焦于一个品类细分市场。比如宝洁公司设计了五种品牌的洗发水：海飞丝（去屑）、飘柔（柔顺）、沙宣（专业美发）、潘婷（营养亮泽）、伊卡璐（天然果翠），五个品牌针对五个不同的市场，满足五种不同需求的消费者。

从获得来源来看，多品牌的获得主要有两大模式。

模式一：完全通过外部并购获得多品牌，基于集团或主体强大的供应链运营和整合能力，并购其他品牌。首先构建子品类细分市场的品牌组合体系，针对价位或者消费群建立不同的品牌组合，更多地占领品类细分市场。同时设立专门的投资团队，寻找和考察潜在的并购品牌，考察品牌的运营团队和扩张性。

模式二：通过并购、内部孵化和自创获得多品牌，基于精细化的能力，通过自身品牌团队的运作，以不同的终端品牌覆盖不同的渠道类型和消费者人群。首先，基于产品与渠道的细分，一个子品牌更多地体现设计师和买手想传递的风格；其次，各个品牌共享集团的采购和生产平台，但在营销、店铺运营和产品设计环节独立，这种方式可以降低成本。

总体而言，多品牌策略的优势主要表现为通过品牌在品类上的聚集效应，达到在整个产业的垄断，也可以提升自己在渠道拓展上的话语权。企业采用多品牌策略，更容易收购其他同类的优质品牌。其显著的优势在于通过市场垄断增加市场占有率和销售规模，同时多个品牌还可以共同分享企业的生产、采购、物流仓储和渠道资源，节约成本。

但除了以上所说的优势，多品牌策略也是一个巨大的陷阱。企业应审视一下自己是否具有多品牌管理的能力和技巧。多品牌比统一品牌的管理难度要高得多，因为各品牌之间要实施严格的市场区分，要具有鲜明的个性且足以吸引消费者。多品牌的最终目的是用不同的品牌占有不同的细分市场，联手对外夺取竞争对手的市场。如果引入的新品牌与原有品牌没有明显的差异，就等于自己打自己。

多品牌策略的风险还包括推出一个新品牌需要相当高的费用。对于缺乏实力的企业来说，如果品牌销售收入不足以支持它成功推广和生存所需的费用，就很难实施多品牌策略，这时不如只主打一个高知名度品牌，再逐步进行延伸，这样推出新产品的费用将大大减低。多品牌策略还可能会使企业资源过于分散。有时不同品牌之间的定位不够精准，可能自相竞争，落得分流双输的结果。消费者有时也会有对多个品牌混淆不清。

此外，应根据企业的经营目标来思考多品牌策略。多品牌的构建往往要经历一个很长的过程，并非是一蹴而就的。确定品牌线的最佳长度（即品牌个数）是一个重要而困难的问题。如果企业想要追求较高的市场占有率，有效防止竞争者的侵入，一般就需要有多个品牌一起发力。但企业对每一个品牌所投入的力量不应是均等的，应重点培育一个主品牌，其他品牌则处于相对从属地位。

采用多品牌策略可以为企业争得更多的场景空间，以保持顾客对企业产品的忠诚，使企业的美誉度不必维系在一个品牌的成败上，降低企业的经营风险。今天我们之所以再次思考多品牌策略，是因为如今的消费者变化是全新的，中国年轻人对品牌的忠诚度整体上是下降的，触点和媒介都越来越碎片化，总体过剩的商品填充了消费者的基础信任。也就是总体上，新品牌将是层出不穷的状态，不断有新玩家、新创业者进入品牌心智的竞争中。这使大品牌企业不得不并购或者孵化更多的品牌，来对抗更多网红新品牌对其所占市场的侵蚀。

策略五，多元创新法打造新品牌

我们整理了新品牌打造的一些具体手法，其中包括线下超级场景打造品牌、众筹营销法、制造冲突感来获得消费者的注意力、多 IP 相互赋能、人格化品牌触发情感连接等。

打造新品牌的五种创新手法

手法一：线下超级场景与线上流量运营互动

产品解决用户的认知，品牌解决消费者的选择问题，要提高消费者的认知效率必须和用户多互动，形成体验和用户触点。超级场景往往拥有最佳的用户触点设计。体验感也是形成更好的品牌认知的要素。超级场景的一些色彩、调性等要素会转移到产品品牌上，相较产品展示的美感来说，超级场景带来的美感或体验感会更吸引人，认知感会更强。触点就如同开关，一旦开启就能引发消费的认同感，形成购买行为。创建场景往往是触发一些念头的最佳手段，触点能够引发购买动机，而动机必然来自消费者尚未被满足的冲突。

手法二：双向互动的众筹营销模式

众筹平台为很多新产品提供了和消费者互动更直接、更有效的沟通渠道。制造商认为好产品的单向传播时代已经过去，仅依靠低价优势、广告垄断等促销手段将效果欠佳。今天碎片化的流量倒推出更柔性的供应链能力，需要将消费者的评价和建议信息快速反馈给制造商或品牌经理，从而快速迭代改良产品。所以产品众筹不是一个简单的销售行为，而是互动营销的战略，目的是迭代出更有生命力的超级产品。因而，众筹模式也是新营销。

手法三：制造冲突感来获得差异化营销点

冲突是品牌构建的重要方式。一定要善于发现消费者还没有解决的冲突，只有洞察了冲突，才能找到需求。找到消费者需求后，再去做产品设计、包装设计、品牌定位、产品诉求，以成就伟大的品牌。其实精明的消费者需要“贪便宜”的乐趣，觉得起码在价格的制定过程中有了参与感，有了那么一点儿主权。消费者的主要敏感点是相对差异，而非绝对价格。消费者会在能够解决生活冲突的品牌上花费更多的时间，形成更多的注意力。

冲突和痛点不同，冲突包含痛点。冲突越大，需求就越大；冲突越大，市场机会也越大。研究冲突就是研究市场的机会和需求，即研究卖点。以消费者为中心，研究消费者都有哪些冲突。然后以竞争对手为中心，研究有哪些尚未被竞争对手解决的冲突。最难的是以自己的品牌为中心，研究产品和服务到底解决哪一个冲突。

手法四：品牌联合多 IP 相互赋能

联合品牌成为新趋势，背后是新设计和审美的力量。这两年最火的案例就是故宫 IP 和多个品牌形成了互相借助流量、品牌互动赋能的势能。消费品品牌和 IP 内容进行跨界营销成了做新品牌的一种特色打法。一些不同类型认知的品牌通过联合赋能，给消费者带来了很大的新鲜感，使他们很愿意去尝试。联合设计师（Co-Designer）的玩法可以利用历史上的大量免费 IP 资源，这些知名内容可以给品牌带来更好的流量资源。此外，还可以演化出联合艺术家（Co-Artist）等联合合作的玩法。

手法五：人格化品牌触发情感连接

抖音开启了品牌营销从平面文字时代迈向立体视频时代的趋势。我们判断视频会是未来最主流的媒介形态，传播内容从简单的文字转型到异常复杂的流媒体，虽然信息内容更多了，但消费者的认知效率更低。视频内容的风格和过去硬广告时代的视频风格非常不同，因为营销的效率相差太大。我们总结了几种视频风格。第一是段子手风格。在各种搞笑的段子中，如职业吐槽、办公室日常等，植入产品的功能，或幽默，或卖萌，或放荡不羁，加深品牌形象，这种方式非常具有场景化思维。第二是围绕自己产品的功能来做视频，有明确的风格。如阿迪达斯视频针对“小鲜肉”，搭配抖音特有的不停转换镜头的节奏，再加上时尚穿搭指南文案，很有感染力。这种手法是基于自己品牌内容的高级打造。第三是品牌人格化。这是一个品牌人格化的时代，品牌与用户应该是朋友的关系，平等地互动交流，是“人与人之间的互动”，而不是“单向的机器输出”，要让内容活起来。人格化的互动可以触发更深层次的情感连接，从而带来更长久的消费复购和忠诚度。

策略六，DTC 品牌方法论

我们可以将以上提到的新品牌创新手法，对比海外 DTC 品牌一些类似的手法。2019 年海外市场开始流行一个新的品牌词汇，DTC 品牌。DTC 品牌就是从研发、设计、生产、市场到销售、物流，全流程没有中间商的直达消费者模式。在美国从美妆食品、家清个护到时尚鞋服，都有较大规模的知名 DTC 新玩家涌现。海外头部 DTC 品牌流量的起源往往是亚马逊、脸书、谷歌、照片墙（Instagram）、Kickstarter 这些电商、社媒和众筹平台。头部 DTC 品牌依托这些流量平台的基础设施，实现了直达消费者模式，本质上就是新流量对接新品牌。

海外 DTC 品牌方法论主要包括：品类创新爆款打造、聚焦单点打爆占领心智、用户中心加强体验和社交媒体低成本传播。DTC 通常在谷歌搜索引擎占据关键字排名前列，把自己照片墙官方账号的粉丝转化成KOC达人[①]，同时在脸书平台完成针对目标用户的精准广告投放。

1. 品类创新爆款打造

流量平台的不断涌现，客观上为新品牌的爆红创造了历史性的机会。新流量平台在快速崛起的过程中，需要优质供应链的支持，所以我们今天说的电商平台和

① KOC（Key Opinion Consumer），译为关键消费领袖，指能影响自己的朋友和粉丝，产生消费行为的消费领袖。与 KOL（关键意见领袖）相比，KOC 是垂直领域的 KOL，虽然影响力较小，但在自己的细分领域中，拥有更高的粉丝信任度和更强的变现能力。——编者注

7 年前的 B2C 电商往往不是一回事。零售商取胜的策略是尽可能陈列最热销的货品、下架卖不出去的商品，而今天的电商流量平台都在抓取细分人群的共性，试图在最短时间内有效对接具有网红气质的爆款商品。绝大部分顶尖 DTC 品牌聚焦于少数差异化的爆款产品，许多品牌甚至以销售单品起家。比如美国互联网床垫品牌 Casper 起家靠的是一款完美床垫，给它打上了“最佳产品”标签。当你从粉丝那里获得反馈后，你可以持续优化调整产品，不断迭代新版本。

区别于过去品牌创业的思路，DTC 品牌通过流量平台的转化可以快速获得粉丝的反馈，从而反向优化供应链，数据是其核心武器。聚焦于打造极致爆款是 DTC 品牌的基本逻辑，也是这些新品牌企业能够成功的重要原因。化繁为简是核心起点，DTC 品牌的做法正是去除了对用户没有必要的选项，从各零件和材料入手，对标一线大牌的产品功能，突出消费者能够感知的性价比，从而快速获得足够庞大的粉丝人群。

2. 聚焦单点打爆占领心智

作为挑战者的新品牌，因为完成第一步品类创新之后，在市场营销初期往往缺乏足够的资金资源和能力，所以第二步是采用单点打爆的方式以及高举高打的市场造势，迅速抢占目标用户心智的某一个聚焦点，从而实现市场的破局之战。其他可比品类的大品牌商，每年在广告营销上投入巨大资金；而初创阶段的 DTC 品牌实力悬殊，只有选择集中火力在某个点上打透。借助对手失误的漏洞或全面出击的策略，通过聚焦单点迅速改变不对等局面，快速成长，打击竞争对手，形成一定程度的市场波澜，为能够站稳脚跟继续生存发展打下基础，迅速建立起自己的品牌声誉。

3. 用户中心加强体验

如今做品牌的手法是多元的，简单运营流量能够增加一定的销售量，但很多时候消费者的复购率会逐步下降。在品牌手法上，如何让消费者更持续地形成复购，提高忠诚度？以用户为中心，并且通过构建超级线下场景不断强化体验，是非常有效的第三步。线下超级场景意味着给消费者带来更直接的感官体验和享受，如果有更好的服务，就可以把场景感受转化到产品的购买。无论是订阅制还是线上流量运营，都可以快速获客，形成比较高的复购率。相较缺乏持续性的硬广告，超级线下场景打造可以视为一种有一定回报的广告投入，超级线下场景类似好位置的广告牌。在某些选址较好的线下场景，经营还有可能是盈利的。所以，在 DTC 品牌中有连锁场景的快消品牌是我们最看好的。

4. 社交媒体低成本传播

DTC 品牌大多借助成本较低的社交媒体进行传播和获客，这种实现品牌认知的手法是非常创新的。美国的 DTC 品牌非常熟悉脸书、谷歌和照片墙这些社交媒体的流量特点和玩法，传播非常迅速，有些类似病毒式传播的特征，加上一些吸引注意力的营销点，可以快速吸引粉丝。而中国有不少品牌通过微博快速获得意见领袖的支持，最近很火的抖音、快手短视频社交媒体的流量处于红利期，效果比较好。此外，淘宝直播获客和主播带货能力也是很惊人的，消费者把与主播的情感交流转化到商品上。相比传统渠道的转化率而言，这些新社交媒体平台的能量非常惊人，的确助长了 DTC 品牌的“网红气质”，帮助它们快速成长到一定规模阶段，品牌 ROI 还是很不错的。

策略七，新品牌冷启动的方法论

对于一个在各方面资源有限的新品牌，如何进行冷启动是一个非常有趣的话题。我们将“品牌冷启动”定义为：在预算有限的前提下，企业通过洞察和拆解目标用户与场景，利用新的流量红利机会低成本触达用户，并且有效经营这些优质的种子用户。

第一，给品牌起一个好名称。对于一个新的产品来说，有一个容易被消费者记住并有调性的品牌名称是非常有价值的，消费者会快速被吸引，品牌传播成本降低了。品牌名称最好比较短，太长不容易被记住。有些中文名称可以带来丰富的联想，能够传递给消费者一些良好的感受，因而非常有价值。例如，清洁洗衣品牌“蓝月亮”就很有调性，蓝色有清澈干净的颜色符号感，月亮本来就是柔美的、女性化的象征，这个名称把品牌层次和情感内涵充分表达出来了。此外，有些品牌名称可以快速透露出目标用户或行业，比如“孩子王”很明显是和母婴有关的连锁品牌。此外，好的品牌名称往往有比较宏大的情感连接点，比较大气，有格局，比如纸业品牌心心相印，不仅适合家庭用纸的场景，还能够体现一定的情感诉求。

第二，在包装设计上形成突破点，这是投入相对低但收效很高的品牌策略。品牌商可以通过富有新意的包装设计快速吸引用户，并且区别于老品牌，促使用户进行尝新和体验。先要确定新品牌的目标客户有哪些审美喜好和人格标签，进而从包装设计角度看如何与之相匹配。消费者会从包装上对产品功能、口感等价值点进行预判，看是否能满足自己的消费需求。尤其女性消费者，她们非常重视产品的颜值，容易被好看的设计俘获芳心。品牌商还可以通过高水平的产品包装来制造社交话题，特别是联名款和礼盒，消费者收到包裹和第一次打开包裹的过程都是营销的重要步骤，他们愿意拍照并在朋友圈进行分享和传播。好的包装设计很容易成为社交传播的第一步。包装设计不仅突出了商品形象，而且从品牌的角度来说也是无声的代言人。此外，好的包装还对商品有保护的作用。

第三，对标国际市场和电商数据进行选品。品牌冷启动的核心在于产品品类，如果产品力只是和其他产品类似，那么很难形成对老品牌的突围。在历史上，每出现一个新品牌几乎都是一场品类创新的逆袭战。在品类规划研究的过程中，其实国际市场热点可以给我们很多参考，一般来说发达市场的流行品类，往往会在之后 1 ~ 3 年在我国开始流行。著名品牌蓝月亮洗衣液，其实就是一次非常经典的新品类创新案例。当时中国市场基本还是洗衣粉的天下，而 2010 年左右，在美国的洗涤产品中洗衣液已经快速开始替代洗衣粉，成为增长最快的新品类。蓝月亮开始投入全部资源和产能，逐步教育消费者，培养洗衣液品类的第一批忠实粉丝，从而用 10 年时间成为一家 100 亿元收入规模的超级品牌公司。此外，中国电商平台是非常数据化的，我们可以通过平台数据来持续观察哪些新品类有较高的增速，再来分析其增长背后的品类创新逻辑，然后快速找到一些可以进一步差异化的要点，通过供应链的优选，形成新的品牌机会。

具体的选品逻辑有四点。①具备社交话题性：联名款、设计、产品故事性、创始人故事、味道等，都是可以成为在社交媒体上传播的话题点。②符合未来流行的趋势："成分党"、自然主义、携带方便、定制化和高端化。根据美国时装技术学院 FIT 公布的《2018 FIT 透明度感知评估》(*2018 FIT Transparency Perception Assessment Survey*) 显示：42% 的消费者认为，对于购买的产品，自己没有从品牌商那里获得足够的成分安全信息；72% 的消费者希望，品牌商能向他们解释产品成分究竟具备什么功效；超过 60% 的消费者希望，品牌商能认证产品成分的来源。③产品功能卖点足够突出。技术所带来的有效性是核心产品力的来源，这是长期能否形成大生意的关键。品牌商要让消费者能够明确感受到这种功能性和有效性。比如：人的味蕾是非常敏感的，产品的好味道能够驯化味蕾，形成高壁垒的忠诚度；发酵技术所带来的口味差异性就是非常核心的功能诉求点。④价格带定位给消费者的价值感。很多品牌商以为性价比就是便宜，这是极其错误的看法。其实，性价比的核心要素是"基准"和"对比"，世界上没有"绝对便宜"这个概念，因为始终有更便宜的价格。对于新品牌，我们更喜欢那些"立高端"的运营模式，但高端意味着你要给消费者创造出更多的价值感。如果在相同的品类中你具备更明显的价格优势，或者增值感更高，抑或是降低了用户试错成本，那么就很容易促成用户购买。

第四，小步快跑，低成本试错，对产品进行反复试错。选出几款数据不错的产品，小额度、低成本、多渠道地测试和测款，了解市场的真实反应。低成本试错是新品牌存活必须要经历的阶段。

第五，内容种草。品牌冷启动最有效的策略就是在各个内容平台"种草"，进行内容营销。内容"种草"绝对是成本最低、持续时间最久的流量入口。在这方面，要根据目标用户的特点，尽可能地精炼卖点。"种草"的逻辑是站外全渠道引流，在淘宝系平台内实现收割。站外种草引进来的流量比较精准，容易实现高转化率，不仅平台算法会认为产品好，而且淘宝系平台还会匹配站内的流量，让你的产品有更多的曝光机会。现在主流的"种草"流量平台是微信、微博、抖音、快手、小红书、B 站和知乎。小红书是消费决策非常重要的平台，且流量分配去中心化，内容足够好也有机会实现阅读量喷发。因而很多品牌在招募粉丝时，粉丝数的门槛会定得很低，甚至没有门槛。此外，头部微信自媒体有很好的示范效应，如果你与他们进行了合作，那么中腰部自媒体就会主动找你合作。

第六，聚焦流量资源，打突破战。聚焦资源，放大单品，力求突破，尽一切可能获取用户。不要怕品类分得太细，而要怕分得不够细。集中引爆，新品牌才有一点点机会。新品牌大多预算有限，流量承接和“种草”要高效、协调好，才能快速带起销量。在淘宝系平台外大力宣传“种草”，在淘宝系平台上提前进行预售，让消费者有一种期盼之感，通过利益点和礼物的刺激，加深消费者的品牌认知。此外，预售可以降低库存压力。然后，借助店铺本身流量引导加购。

第七，爆款单品打透策略。品牌商在自己的核心单品或者某个细分类目快速增长之后，千万不要扩充生产线，增加大量 SKU，而要坚持持续投入，继续深挖，可以在爆款的基础上，通过礼盒、联名款、节日款等方式进行对外衍生。

The Future of New Brand

第5章

新品牌的新营销

在今天流量极其碎片化的竞争环境下，渠道和品牌的博弈关系发生了深刻变化。传统定位理论的局限开始显现，发生了明显的认知效率下降的新情况。消费者不是被动地接收信息，而是能通过多种渠道辨别信息。今天的数字化精准营销，让每一个消费者都能更轻松地对接并体验产品。数据是重要的生产力，企业越来越重视数据资产和数据价值。新营销助力品牌发展将以“技术 + 数据”为双驱动，依靠开放的数据中台核心资源，借助数据算法，进一步改造数字化营销平台与服务。

营销理论的思辨

定位理论与超级符号

在过去 10 多年，营销方法论中的定位理论迅速被中国企业界视为重要的理论依据。杰克·特劳特（Jack Trout）对于“定位”的定义是：定位是确立产品在潜在顾客心智中的位置。过去大多数企业将产品作为战略的出发点，因而都围绕产品进行谋篇布局。而定位理论认为，企业竞争的战场不应该是产品，应该围绕潜在顾客的心智进行，企业的实力来自其品牌在潜在顾客心智中占据的位置，而非产品本身。谁在潜在用户的意识中确立最具优势的位置，做到与众不同，谁就能在竞争中赢得更优势的地位。

消费者每天会面对海量的信息和广告，绝大多数人基本没有时间去仔细研究这些信息。消费者购买产品的决策是由他们脑海中形成的产品认知决定的，而且一般人的认知形成后有一定的稳定性。所以，让消费者形成固定认知的速度和方法论成了营销的核心：认知效率。企业面对信息过剩的现状，要通过营销推广，将品牌概念快速有效地刻在顾客的大脑中，形成认知效率。所以，高效的认知，就是要把复杂的信息简单化、符号化。因为人的大脑容量是有限的，所以心智也是有限的，企业传播的信息必须尽可能多地占领顾客的大脑，填充其心智。

我们认为定位理论只是企业战略和营销理论中的一种，肯定不是万能的，更不能用膜拜的心态来看。一家企业的成功、一款产品的成功，肯定存在多种因素，比如流量成本、渠道运作、团队组织、竞争环境等。在不同历史阶段，成功因素的权重会不同。在中国营销界，定位理论也遭到很多企业家的吐槽和批评。把某个品牌的定位变成一两句被施了魔法的口号，一旦这个品牌不再红火，就再也不提这个案例；而一旦这个品牌火爆起来，所有的成功又变成都是定位的功劳。

我们认为企业家需要在寻找定位的过程中不断取舍，使思路变得清晰专注，并且在落实定位时持续投入，集中资源进行有影响力的宣传，将产品认知成功地植入消费者的认知中。

在今天流量极其碎片化的竞争环境下，渠道和品牌的博弈关系发生了深刻变化。传统定位理论的局限开始显现，特别是过度强调攻占潜在顾客的心智是最重要的，产品本身不是重点。但今天发生了明显的认知效率下降的新情况，产品本身的差异化、功能化的意义变得更突出。消费者不是被动地接受信息，而是能通过多种渠道辨别信息。今天的数字化精准营销，让每一个消费者都能更轻松地对接并体验产品。消费者的认知效率本质上是消费者的信任感所产生的快速决策，但信任感获得的方式从广告传播逐步转到了渠道信任，以及最新的社交信任。渠道信任产生了大量的自有品牌效应，在欧洲零售市场上，已经出现了超过 50% 的零售商拥有自有品牌的现象，消费者把对零售渠道的信任转移到商品上。而社交信任则是消费者把对朋友圈的信任转移到商品上。

在中国营销圈还有一个比较知名的理论，就是华与华营销咨询有限公司提出的“超级符号”。“超级符号”的经典营销就是找到一个清晰、易记忆的符号，然后通过高密度的投放强化认知，最终达成目标。超级符号是大家都看得懂的符号。超级符号有两类：自然符号和文化符号。文化符号可以解构为两类：一类是传统的文化符号，另一类是社会公共符号。符号的信息量很大。比如中国传统的文化符号——脸谱，从脸谱的颜色可以判断它所代表的人物形象和性格特征，如正派和反派。符号不仅仅是一个 Logo。颜色也是一个非常重要的符号，比如洋河的蓝色经典系列，通透的蓝色包装就是这个品类的符号，蓝色形成了消费者的强认知。我们认为符号学是有价值的，它不断累积的品牌资产使品牌成为社会的一个公共符号。这一营销理论也是围绕消费者的认知效率展开的，让超级符号在与受众接触的每个机会中得以全方位地展现。超级符号的价值是一套体系，即使产品更新换代，符号体系依旧会留在消费者的心中，它比实物具有更强的生命力。

内容生产的新方式

我们认为今天的营销理论应该有更多新的方法论，围绕消费者的变化、渠道的分散化、媒介的碎片化，提高消费者的认知效率是所有营销手法的核心，特别是中国新崛起的线上多平台流量，很多爆红的新品牌已经无法简单地用定位或者符号学解释。这些新品牌大大分流了传统大品牌的流量和消费者认知，新品牌用最快的速度对接了流量，高效率、精准地吸引了消费人群的注意力。这也是国际大品牌今天在中国市场遇到的困境，随着中国线上销售占比越来越高，大品牌的运营体系对于快速变化的平台玩法不适应，很多大品牌与代运营公司合作，但代运营公司大多缺乏系统的营销支持，并且不敢做出比较特色的大胆的投入策略去堵平台的规则缺陷。对于品牌企业来说，不仅仅是流量对接的难度大大增加，公司组织也面临大量的挑战，因为不同流量的玩法非常不同，需要构建不同的销售事业部去精细化运作，而传统的市场品牌部门完全不能适应这种组织结构的变化。

当下 CMO（首席市场营销官或者品牌总监）这个职位的处境开始变得尴尬。这个岗位不停变化着称呼，在不同时期曾经先后有企划部经理、企划总监、市场部总经理、市场总监、市场副总裁乃至 CMO 这样的称呼。CMO 需要负责定义和传播客户价值，但在实践中，传统市场部门的作用已经逐步变得非常有限，仅用作一种沟通和销售的工具。传统市场部（或品牌部）与销售部的职责权限很清晰：市场部做用户认知，销售部做渠道（交易、关系）。可以说，市场部是“空军”，销售部是“陆军”。过去市场部的认知手段是传播、PR（公关），依托载体是大众传媒，营销结果是品牌形象。搞活动也许是市场部最繁忙的事。但目前市场部的尴尬之处是销售部正在抢市场部的工作。销售部正在变成对接多种渠道和流量平台的扁平组织，由于每一种流量平台的成本和运营逻辑都不同，销售功能正在非常细分化，市场部很难用一种统一的品牌营销方式去支持细分化的销售部。品牌企业越来越要求“品效合一”，市场营销手法越来越内嵌到细分化的销售渠道部门中。

此外，现在的内容生产模式多半是 UGC（用户生成内容）。多数行之有效的市场活动不是由市场部发起，而是营销中心率先实践。市场部很难面对全新的流量玩法拿出一个成熟的营销方案。新媒体形态下，每个人营销的创造力无限，不再局限于专业人员，很多人都可以是“空军”。

2017 年阿里巴巴集团正式发布品牌数据银行，帮助品牌管理全域消费者数据资产。如今品牌企业出现了一种新的重要职务：品牌数据分析师。品牌数据分析师是品牌市场增长的重要岗位。电商运营的快速崛起，使得品牌商把品牌数据研究运营变为品牌消费者运营必备工具。电商运营从原来的流量运营转变为人的运营，品牌营销需要更多洞察人的数据工具。未来随着线上数据和线下数据的打通，整个商业体系以前的“拍脑袋”决策，将发展为有底层数据支撑的决策。

其实在电商运营过程中，最初很多品牌都是从线下做大的，线上只是补充而已，他们大量采用了外包的方式，代运营公司应运而生。最初很多代运营公司只是资源性代运营，只代运营美工、服务、客服等方面。但是随着代运营能力加强，品牌商开始也外包一部分营销和品牌功能，代运营公司随之变成线上的经销商，开始“吃货”了。最近已经出现了头部品牌的线上收入占总收入的比例越来越高的现象，品牌商开始考虑重新构建企业运营组织结构。传统的市场部功能也受到另外一种外部服务商的挑战，也就是越来越强大的代运营公司，特别是那些最了解平台规则和线上数据的代运营公司，他们最了解如何影响线上多平台的用户。市场营销的内涵正在快速被打破、迭代、分化。

新营销连接消费者的三组关键词

品牌与产品本身的特性，决定了它们适合哪种营销方式。根据多年来的经验，我们总结出三组关键词来判断产品适合用什么样的方式与消费者连接，分别是：高显性（实物产品）与低显性（服务）、高认知与低认知、高情感倾注与低情感倾注。新营销方式如图 5-1 所示。

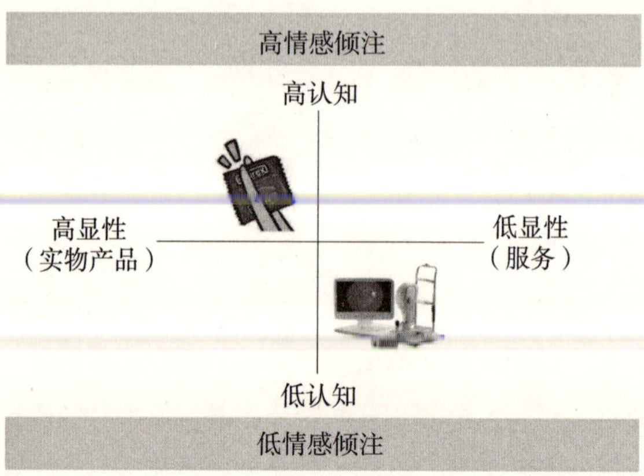

图 5-1 产品新营销方式

如果把实物产品和服务按照认知度的高低放到四维象限中看，我们将发现特定的商品所适用的营销方法是不同的。以高认知的实物产品举例，知名品牌杜蕾斯的产品为实物产品，并具有较高的社会知名度，无论在线下还是在线上，抑或是微商（S2b2c 中的小 b）都可以无门槛销售，不需要特别的培训与服务。但是，低认知的小众品牌一般没有很高的广告预算，那就必须通过社交裂变来打开市场，用社群或社区运营的方式来触达消费者，产生购买行为。对于视力筛查这样低认知的服务产品，则需要通过社群营销来提升人们的认知，将专业内容经由意见领袖进行传播，通过“种草—养草—拔草”的过程来逐步占领消费者的心智。

如果把四个维度增加到六个维度，我们会有更多不一样的发现。新增的两个维度是高情感倾注与低情感倾注，高情感倾注是当决定是否要进行某件事情时，有没有高情感的投入，比如买房、买车、领养宠物，这些都是需要较高的情感参与度才能做出最终决定的。而诸如购买口香糖、卫生纸等产品则不需要，它们就是低情感倾注购物决策的对象。高情感倾注的购买决定往往需要更长时间的消费者教育与影响，才能让他们下决心，而这就是社群运营所擅长的。但如果产品是高情感、低认知的实物产品，那也许只能依靠低价策略了。

数字化创新驱动新营销

数字营销时代更强调的是快速反应、创造品牌个性化形象的能力。年轻人更喜欢与鲜活的、价值观一致的人打交道，而非冰冷的信息。用户喜欢与有个性特征的、有血有肉的人打交道，而官方账号像是个机器号。社交媒体就像一场社交晚会，那些个性突出、又帅又风趣的人很容易吸引大众的眼光。视频和直播带给我们一个全新的世界，其中的带货逻辑和流量逻辑是全新的，也意味着在这个世界中的营销是由创新驱动的。所有新的玩家都可以和平台一起迭代，共同探索出更高效率的转化。

数据进化是新营销的核心驱动之一。数据是重要的生产力，如今的企业不仅重视现金流价值，还越来越重视数据资产和数据价值。新营销助力品牌发展将以“技术+数据”为双驱动，依靠开放的数据中台核心资源，借助数据算法，进一步改造数字化营销平台与服务，持续挖掘用户真实需求，最终满足需求。新品牌在流量平台的竞争过程，就是一场寻找平台漏洞和比拼数据运营能力的比赛。

传统零售场景比较重视物理空间的打造，通常缺乏对数据资产的敏感性，不了解消费者在场景中的行为和趋势，使得商品和用户的消费行为比较脱节。电商平台比较看重平台数据资产，而新零售时代场景和数据两者紧密融合。随着用户、产品、场景三者实现无缝连接，消费者本身成为被数据化赋值的数字生命。到这个阶段，竞争差异化会进一步缩小，最后只有在供应链端进行改变。商品内容化意味着不再仅提供功能，内容、功能、服务和体验的差异化集合体，将形成新的竞争优势。

用户直连制造（Customer-to-Manufacturer，简称 C2M）时代将数据引入生产要素。基于品牌的广告推广、门店扩张、面对面接待体验、形象和陈列、新客带老客，以及基于会员系统、数字内容推送、千人千面营销等，对用户画像进行数据解析，对用户数据进行最小颗粒化拆解，以满足用户直连制造时代更精准的匹配度。

通过数据细化标签捕捉用户需求并进行多维度分析后，将数据引入生产要素，优化生产效率，使匹配更及时、精准。从选品、铺货、补货三个环节，全面提升产业供应链效率。通过补货策略分析，通过市场人群需求分析与偏好分析，预测不同地区对于产品的需求量，从而指导分销渠道的建立。同时，通过一系列的产品销量数据分析并整合店铺的实时数据，对市场补货做出最快速的反应。从选择稀缺到选择过剩的时代，如何以最简单快速的方式选择最合适的产品与服务，为用户创造时间价值，成为提升竞争力的因素之一。这就要求基于用户兴趣标签和行为数据进行主题矩阵搭建与内容推送。

通过数据勾勒人群画像，定义差异化的本质需求，如高品质、高颜值社交、消费未知、高适配等。以海量“种草”、单品推荐、社交裂变三种模式进行海量信息匹配型推荐，重构用户浏览效率体验。同时帮助用户推荐适配信息，赋予其高颜值社交，从而帮助他们建立与自身需求强关联的高效社区。大数据的共享与打通使数字化消费者拥有多维清晰画像，品牌企业可清晰辨识和提供个性化服务，通过网状互联实现裂变获客。数字化整合消费场景，线上线下随时随地零售（即体验服务），精准沟通，提升坪效。按需智能供货，按需组合产品，数字优化供应链，提升库存管理效能。

新营销时代，我们从原有的关注用户终身消费价值延伸到关注用户终身营销价值。以汽车企业为例，数据智能赋能汽车企业实现创新突破。汽车企业通过用户线上行为数据和厂商自有数据，优化用户终身营销价值，了解用户真实需求，从单一场景引导用户完成单次消费延伸到连带场景，促使用户交易数据与商品要素结合，帮助提升消费者黏性，然后扩充品类形成多次消费，再创造衍生场景，实现用户数据的大协同，结合外部趋势数据，使得更多品类和服务形成商业闭环。从满足需求到激发需求，实现精准连带与衍生消费场景的精准内容匹配，不断提高生命周期渗透率，挖掘用户终身消费价值，从一次性消费到全生命周期消费，创造用户的全生命周期依赖。

媒介碎片化导致用户注意力极度分散的同时，带来了无比发达的媒介触点。如何抓住人性与人心，利用消费者数据分析，做好精准营销是制胜的关键之一。针对当前消费者痛点，前端体验改良，后端数据跟踪，促使到店流量有效化，驱动成交转化，提升客单，多场景营销覆盖，引领消费者注册会员并提高黏性，使其消费并分享、复购。

新数字化营销的一些趋势和探索

移动端流量从人口红利向时长红利转型。社交领域和内容领域 App 占据主要使用时长，同时前 15 名的 App 几乎都来自超级巨头。

内容驱动流量

内容正变得越来越重要，只有好的内容才能驱动流量价值的最大化。营销需要通过内容与口碑植入消费者的内心和社交圈，激发消费者的兴趣和购买欲。传统超级品牌一直是“大生产＋大品牌＋大媒体＋大渠道”这一商业模式的典型代表。通常超级品牌先通过市场细分来清晰定义品牌，然后通过主流媒体和明星代言进行推广，最后通过在大渠道（如各大商超）进驻、展示和促销，实现向消费者购买的转化。

新营销模式在很大程度上改变了超级品牌的玩法，往往通过内容强化话题制造，或者通过情感连接实现与用户的互动交流。“内容种草”在社交媒体上频繁被消费者提及，小红书已经成为“内容种草”的最佳平台，年轻人在小红书上分享生活方式，探索生活灵感和消费信息。新品牌的构建通常要在内容平台上通过话题型和互动性的内容来展示品牌人格与品牌价值观。时尚、个性、小众、原创是年轻人所体现的显著消费偏好，娱乐业的繁荣为营销注入新的消费元素，偶像文化使明星流量效应可与广告流量相媲美。新代际的消费主力群更需要品牌充当潮流引领者，甚至体现品牌的偶像职能。品牌可以通过内容加互动的方式来传递品牌故事以及建立用户联系。

视频 + 网红直播是新品牌的机会

“视频 + 网红直播”是 2019 年内容发展的最大特点，占据了消费者越来越多的时间。通过快手、抖音、淘宝直播等视频平台的超高速发展，重新分配和吸引了流量，甚至对微信流量生态形成了新的威胁。视频在功能上嵌入体验优化，可以直观地展示“种草内容”，用户由此获得了高黏性的体验。短视频内容 PGC（专业生产内容）化，吸引用户参与内容制作，更多的平民化内容提高了活跃度，延长了留存时间。未来我们认为信息传播承载的量将不断加大，从文字到图文再到视频，目前看视频内容是未来最高效的沟通方式，特别是 5G 时代来临后，视频和直播的基础设施不再是问题，更加有趣的流量模式迭代也许将在不远的未来实现。

品牌从核心社交媒体延伸到垂直媒体内容合作。社会化媒体重关系、轻内容的特性体现为用户关系双向共享，双向交换各自的生活体验或交友、兴趣、新鲜事、即时通信等。而衍生社会化媒体则重内容、轻关系，其用户更偏向单向交流，通过内容获取感兴趣的信息并互动反馈，包括在人们日常生活中出现的多种垂直媒体，如资讯、问答等平台。“内容为王”在碎片化信息时代掌握更多的主动权，头部效应更加明显。

网红直播成为 2020 年最火的新赛道，是各流量平台主推的方向，头部网红已经可以把卖货效率提升得非常高。头部网红通过严格的选品团队，构建起消费者的“优惠划算”认知，并且将消费者对主播的高度信任快速转化为购买下单。从我们的初步实践来看，头部网红的效应是可以持续的，对于有一定影响力的新品牌，网红直播也是一种品牌露出的方式，而且可以在网红宣传中快速传播品牌的差异化卖点。此外，新品牌可以通过中腰部主播持续“种草”，构建自己的私域流量，培养粉丝的忠诚度。

长期的粉丝经营

粉丝已经是品牌营销重要的参与者与助力者，以偶像为内容的粉丝经营模式经历了从“全民选秀”到“偶像养成”的过程。品牌商从始于 2004 年的“超级女声”选秀节目的粉丝经济中获得极佳的传播效果，如今直播等专业视频平台进一步推动粉丝经营的多样化。更多的“素人”和“草根”获得了大众化的膜拜，一方面出现了超级网红，另一方面也出现了网红整体去中心化的趋势，出现了大量中腰部网红，从大明星发展到平民化小网红，甚至从真人网红发展到虚拟 IP 形象。IP 电视剧受到市场的热捧后，获得文化认同感的同时将 IP 转化为商业价值。IP 的经营从声量借势向品牌资产转变，将 IP 内容嫁接品牌形象才能引起消费者的内心共鸣。

传统营销的逻辑是流量，通过媒体曝光实现获客，向媒体购买用户。新营销的逻辑是连接（即社交），通过内容连接用户，通过用户连接更多用户。在天猫“双 11”成交额中，微博网红、B 站 UP 主、小红书达人、快手红人这些外部内容社区的流量显然成为卖货的重要力量。网红意见领袖把粉丝的信任转移到他所推荐的商品上，形成了推荐购买转化。此外，消费者越来越愿意为人格化的情感寄托而买单，通过消费商品来探索自我格调，打造自己的专属人设，为获取独特体验支付溢价。新网红的个人特色越鲜明、越突出，如中性人格、滑稽幽默等特质，其对粉丝的连接力和带货力就越强大。

明星、大咖等流量明星开始进驻淘宝直播，带来一波大流量红利。据 Quest Mobile[①] 数据，淘宝直播截至 2019 年 6 月的整体流量占比从 2018 年同期的 14.3%

① 中国专业的移动互联网商业智能服务商。——编者注

上涨至 15.6%。据相关负责人透露，2019 年 4 月淘宝直播日活跃用户数量（DAU）达 900 万。每日开播场次由 2018 年上半年的不超过 2 万场，增加到 2019 年上半年的 6 万场以上。这些全新的媒介触点的兴起带来流量的巨大波动，同时也提供了机遇。营销手段开始针对媒介变化出现了数据驱动变革的特征。

The Future of New Brand

第6章

新品牌案例研究

本章通过对几个新出现的品牌现象和案例的重点剖析，比如潮玩艺术新品牌泡泡玛特、注重构建关系的宠物品牌好命天生、硬件带耗材的新体验品牌小卫科技、搭上国货复兴顺风车的宝鼎天鱼、超级场景打造小罐咖啡的鹰集咖啡品牌、挖掘文化价值的猫王等、代表国潮文化的气味图书馆、精致唐风的中式糕点品牌唐饼家等企业，从不同维度介绍了新品牌的运作手法和思考。

泡泡玛特，生活潮玩艺术中的新品牌

艺术追求绝对的独特性，而商业设计追求一定程度的普遍性，设计的普遍性是更理性的。如何把一些很独特的东西结合理性的商业设计变得普世化，这就是生活潮流艺术的品牌创建之路。好的商业是满足各种分层的消费者的心理和内在需求，即满足隐藏的不同的人性，如对“便捷”的满足产生了电商购物、对“刺激”的需求形成了软性瘾品。现在消费者的偏好越来越个性化和小众化，艺术感和设计感是形成差异化商品竞争的一种重要战略。消费者不再满足于解决基本温饱，他们需要更丰富的精神生活产品。在基础生存需求获得满足之后，消费者开始追求精神上的满足感、追求更好的情感表达，而且希望与众不同的精神文化认同。在日本市场中广泛流行手办文化、扭蛋文化、小额赌博，其市场容量是非常大的，而且成长性也非常好。这种潮流文化不仅在年轻人中间流行，还广泛渗透到中年人甚至老年人。最近在中国特别流行的盲盒玩法也迎合了类似的消费者心理。

潮流品牌具有明显的人格化特征，消费者把对人的感情寄托到玩具等物件上。单一的玩具形象不容易形成稳定的消费流量，但潮流品牌集合店通过连锁门店的场景构建，把潮玩亚文化直接带到了主流文化中，吸引了大量粉丝，通过大型潮流玩具活动来宣传和推广。其实是通过各种营销手段，把情感附着在产品上来换取精神文化认同。

从人群研究的角度长期来看，人总体上会进入更孤独的状态，人对人的感情寄托变得越来越难维持，这时大多数人会需要一些短暂的、让自己快乐的东西或场景来转移消极情绪。人们可能通过养宠物来获得精神和情感寄托，宠物的互动性比较强，所以宠物通常会被视为家人，而不是动物。每个人的内心深处都住着一个孩子，很多成年人也都喜欢玩具，所有人都需要一个不设防的平静的原点。越来越多的人会把精神寄托到一些美好的、勾起回忆的物件或玩具上，这种情感物化寻找那种短暂的情感依恋的感觉是在人性中一种长期的深层次的需求。每个人的内心都想像个孩子一样去寻找一种简单的快乐。具有设计感的人物形象可以引起每个人内心的共鸣，回忆起很多小时候的游戏和场景，带来短暂的美好记忆。

潮流品牌构建的内核是品牌娱乐化，从销售商品变成连接情感传递娱乐。“无用之物”只是功能上的无用，这些玩具恰恰给人带来了精神安慰。IP 的设计往往是艺术家的杰作，这种设计源自某种文化精神，所以 IP 潮流的形成并非是确定性的，而是偶然的。“文章本天成，妙手偶得之。”艺术灵感的多元化成功往往是由很多艺术家创造的，而不是一个人的贡献。

如何对商品赋予文化精神的连接能力？答案是“圆梦”，创造一个梦想并帮你保护梦想。文化和情感的连接直观地表达为文字、图案、色彩和 IP 的视觉。包装也在营销策略方面扮演重要的角色。从消费者看到包装、拆开包装那一刻开始就开始实施营销，最佳案例是三只松鼠品牌的营销玩法，为消费者设计了很多贴心的小惊喜，如以仆人口吻和顾客沟通的漫画卡片、收拾果壳的袋子、去壳的工具……消费者购买的是一种心情，具有情感附加值的商品。在现实生活中我们很难有“仆人”来提供服务，而三只拟人化的卡通松鼠来帮我们“圆梦”。梦想是需要来守护的，不能轻易地打破它。这个原理和奢侈品的模式是相同的，奢侈品与购买者建立了一种情感连接，购买者向其他人炫耀了某一种“高贵”的形象。所以奢侈品一定不能轻易打折，要保护好这个梦想。这个梦想连接了虚荣、炫耀、喜爱、崇拜等复杂情感，也以商品来体现了购买者的经济能力和社会地位。

泡泡玛特是在潮流文化中一个非常特别的品牌。它经历了多年的连锁经营，在2018—2019年实现了爆炸式的成长。它在形成潮流品牌的过程中完成了以下成长路径。

首先是签约多名创意艺术家。因为潮流单品到底是否受欢迎是不确定的，所以泡泡玛特不断推出新品，同时还要保证每一个产品都受欢迎。泡泡玛特最初是一家零售连锁企业，可以帮助创意者销售IP衍生商品。泡泡玛特作为渠道资源者，可以支持艺术家不断进行创意创作，并且用方法论把IP玩具进行了工业化、商品化的改造。它通过标准化的商品，使这个品牌能适合更多的人。这有点像风险投资，需要进行多个IP创意的组合，通过零售门店的实践来验证其中的真正爆品。

过去这种潮流玩具的目标受众更多是以男生群体为主，比如变形金刚、机甲类战士、怪兽类玩具。而泡泡玛特重点开发女生喜欢的产品，这些产品具有更加萌化、公主化、可爱化的形象。女生在冲动购买方面的力度远远超过男生。

盲盒类产品是泡泡玛特高速成长的重要策略。盲盒的本质是小额赌博，这种玩法会激发年轻人的搜集欲望，类似于集邮。而且泡泡玛特会定期推出限定款、隐藏款产品，增加收集难度，年轻人非常喜欢这样的过程。那些限量版的IP产品形成了一个小圈子内的价值共识，进而衍生出了溢价能力。有一些产品变成了收藏价值的产品，并且有些购买行为形成了线上的收藏交易行为，甚至一部分金融行为。这些衍生的价值共识使销售变得异常火爆。

泡泡玛特的文化特质给一线城市比较高档的购物中心带来了年轻的人群。门店场景使紧跟潮流的年轻人群快速接触到品牌文化，并形成传播效应。有时候泡泡玛特的爆款会吸引很多人来排队购买。其实线下的场景塑造是帮助泡泡玛特形成品牌认知的一个重要方式。此外，形成品牌认知的另一个大招就是举办潮玩大展，既售卖潮玩，又推广了中国潮玩文化。

在潮流品牌打造方面，虽然过去没有可供学习的经验，但是泡泡玛特通过不断试错，自己搭建了整个产业链的基础设施，大部分流程都是独自完成的，线上、线下的直营门店渠道以及所有中间环节都形成了重要的壁垒。

好命天生，注重构建关系的宠物品牌

随着人们生活水平的提高，宠物行业逐渐崛起，宠物进入更多的家庭，成为不可或缺的一位“家人”。从新养宠人群的年龄来看，“泛95后”人群（指“90后”至“00后”）已经成长为新养宠人群的主力军。宠物行业之所以出现，正是因为人与宠物关系的递进，由工具、伙伴到朋友、家人，关系越近，为它消费的欲望就越强，频次越高，客单价也会越高。

进一步看，近几年来宠物行业的飞速发展，还与整个社会数字化、智能化的高速增长有密切关联。如今人越来越孤单，作为情感型、社交型生物，我们的情感需要寄托，而宠物是一个很好的选择。再加上短视频等内容渠道的爆发以及与宠物相关的话题、内容的传播，带动了一批人养宠物。在“人宠关系”的基础上，宠物行业开始快速增长。好命天生这个品牌一开始就紧紧抓住这个行业最核心的本质，从品牌的内核精神、形象、产品到用户运营都围绕“人宠关系”展开。图6-1展示了好命天生这个品牌对产品、用户、员工关系的经营逻辑。

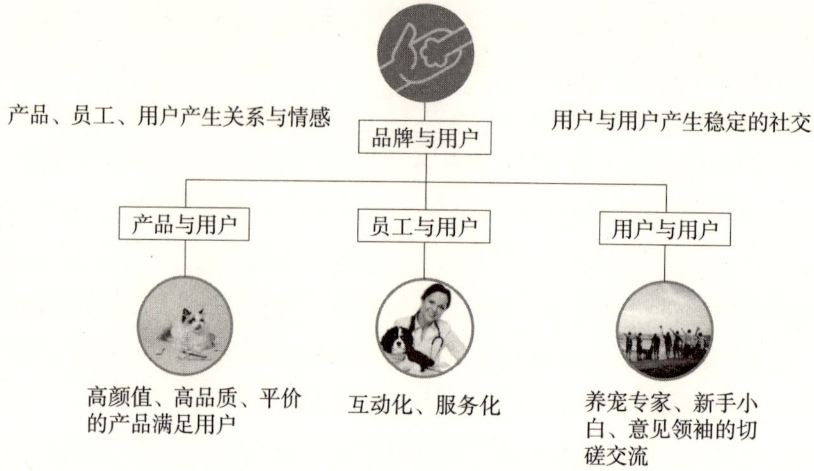

图 6-1 好命天生品牌关系的经营逻辑

品牌内核精神与目标消费人群的契合

目标人群圈定

我们通过分析数据发现，近几年新增的养宠人群主要集中在“泛 95 后”年轻一代。根据主流电商平台的消费数据反馈，他们在养宠人群中的占比为 46%，其中在养狗的人群中女性占了约 60%，在养猫的人群中女性的比例更是达到了 70%，且主要集中在一线至三线城市，因而好命天生品牌将目标人群主要锁定在一线至三线城市“泛 95 后”的人群，品牌调性偏向女性。

打造由内到外一致性的“品设”

就像人有“人设”一样，品牌也需要打造自己的“品设”。“人设”最重要的是由内到外的一致性，从人的思想内涵到语言表达、穿着、消费的产品、社会行为都要有一个统一的调性。“品设”同样如此，不管是品牌传达的理念，还是品牌形象体系、产品、营销、内容的发布以及和消费者沟通的语言都要在同一个层面和频道，并且由一个核心的点向外延展。

品牌形象和用户的关系

品牌故事和名称

好命天生不是一个传统意义上的宠物品牌名称，这个名称是出于对“人宠关系”的思考而起的。宠物的一生都是被动选择的，它被一个好主人选择，这是其一生好命的第一步。第二步是在宠物成长的过程中，主人能够帮它选到合适的品牌和产品，让它健康快乐地陪伴主人生活。因此，好主人、好产品和好服务共同组成了宠物一生的好命。反过来，主人在孤单寂寞时有宠物的陪伴，也有了情感的寄托，宠物和主人遇见彼此都是因为天生好命。同时由于女生为养宠人群的主力，女生普遍都有两个美好的愿望，出生在一个条件好的家庭和遇见一个好的男生，天生好命作为品牌名称再贴切不过。

品牌符号和 Slogan

品牌 Logo 是人的大手和宠物的小手搭在一起，小手被大手托在掌心上，充满爱意，很好地诠释了人和宠物的关系。同时以一个红色的圆圈覆盖，这是一个很强的品牌符号，特别像一个红章，消费者看到它的第一眼就有一种“认证过的正品”的感觉（见图 6-2）。

好命天生!
HONEYCARE

Well
Chosen

世界好物
萌宠钦选

中文名称	Logo	
人与宠物两个灵魂彼此映照，遇见彼此，就是天生好命	新 Logo 的形象，是大手牵着小手，象征着宠物主与萌宠之间的纽带	全球优选供应链，打造高颜值、高品质、价格适中的产品

图 6-2 好命天生的品牌符号和 Slogan

好命天生团队以小手搭大手作为 icon，Slogan 则定为“遇见彼此，就是天生好命”，这些要素和品牌名称都围绕关系去构建，同时又彼此呼应。

产品和用户的关系

好命天生品牌核心目标人群的特点是有极强的消费意愿，喜欢尝试新产品，追求高颜值、好品质的产品，但是他们一般刚毕业，或事业正处于爬坡上升期，加上在一线至三线城市，收入不高。围绕这些特征，团队把产品定义为“高颜值、高品质、平价”，让目标人群相对没有压力地为宠物购买各种物品。简单来说就是好货不贵。

在包装设计上，同样围绕关系去设计，所有的包装形象都是小人、大宠物。此外，在保证颜值的同时，强调“人宠关系”和人宠互动，还加入了年轻人喜欢的“彩蛋”，比如一款狗狗的尿垫上印着这一句话“稳住，我还能吸”，这句话来自《王者荣耀》这款游戏。

为了满足高品质的“好货不贵”这一理念，好命天生品牌采用 SPA① 模式，产品采用“自主研发、原创设计、全球供应链选品”的方式。在产品文案出炉后，找到垂直品类排名靠前的几家工厂进行产品打样和比价，生产出产品后在线上直接销售给用户，省去了中间渠道流通的费用，这样在确保高品质的同时仍然能保持较高的性价比。

员工和用户的关系

宠物行业和母婴行业有些类似，都是在养育一个小生命，而且购买者和使用者不是一个主体。对于新妈妈和新宠物主而言，都需要养育知识和及时的养育指导，再加上宠物的寿命一般在 10 年左右，非常值得和适合进行深度的用户运营。

① SPA（Specialty retailer of Private label Apparel），自有品牌专业零售商经营模式，是一种从商品策划、制造到零售都进行了整合的垂直整合型销售形式。——编者注

好命天生品牌一开始就将企业定位为："以数据和技术为驱动，深度经营用户关系的宠物用品精选消费品牌。"企业价值观（见图 6-3）也非常简单，可以说是为了贴合目标用户的价值观去设定的。团队经过分析发现近几年，Real（真实）、Love（爱）、Young（年轻）这三个词是"泛 95 后"年轻一代使用频率非常高的词，加上本身品牌也强调真实客观、有爱、保持年轻，贴近年轻顾客，索性将企业价值观定义成："Be Real""Be Love""Be Young"，只有员工的价值观和用户的价值观是贴合的，才能在产品、品牌调性和用户的沟通语言上才能达成一致。

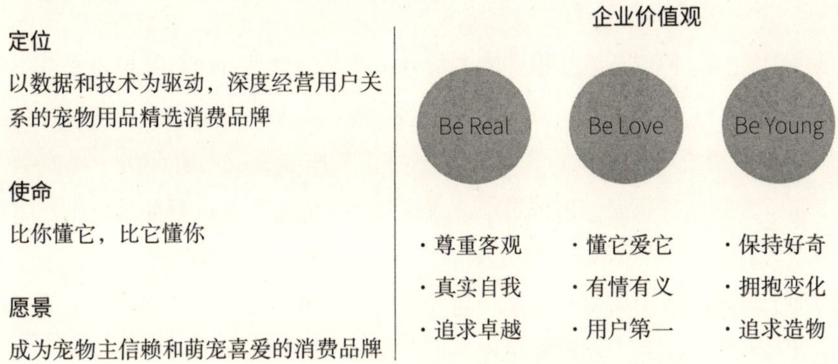

图 6-3　好命天生品牌企业价值观

由于以正确的价值观为基础，好命天生品牌很快上线了育宠顾问项目，在用户的社群中进驻了一批经过资质认证的育宠顾问。他们不卖货，每天只在社群给用户推送精心准备的养宠小贴士，同时在线实时回答用户提出的各种问题，给出合理的意见。这一招把育宠顾问项目生态化，连接了更多的外部资源来服务好用户，给用户提供除了养育知识之外的更多有价值的服务，同时也在布局全渠道会员体系，通过工具更好、更深度地运营用户。

所谓新品牌的运营，就是在围绕目标用户解决了基础的产品、价格、渠道等问题外，在通过大数据和工具解决了用户基础运营外，最核心的要素就是要围绕用户去经营关系和创造价值。正如那句话"价值万岁！关系永恒！"。

小卫科技，硬件带耗材的新体验品牌

在过去几年国际新品牌涌现的模式中，有一类通过硬件带耗材模式实现了新品类的迭代、创新，并且通过新渠道流量快速形成了消费者的认知和信任。所谓“硬件带耗材”其实就是基本功能加更好的体验，耗材满足基本功能需求，硬件帮助体验升级，这也意味着更高的用户黏性。硬件带耗材类的产品，因为本身产品体验就比传统产品要好，再加上硬件天然具有渠道属性，所以其用户黏性会大大高于传统的产品形态。

硬件带耗材这种形态就是很好的消费升级产品。消费升级产品应该是真正在产品的功能或体验上有所提升，同时价格相对合理。在某些特定品类，硬件带耗材已经被验证了是很成功的模式，比如胶囊咖啡机 + 胶囊耗材、打印机 + 墨盒等，都出现了非常大的品牌玩家。这种思维方式在某种程度上也是一种降维打击。以前品类的创新都体现在产品的配方、包装、香味等方面，消费者已经习惯了这样的产品；但加上硬件后，大家看到原来产品创新的方向可以完全不一样，未来一定会有更多硬件带耗材的创新产品形态出现。

2010 年后，“80 后”“90 后”消费者逐渐成为主流，大品牌发现以前的打法没有作用了，在电视上打广告越多，年轻消费者越觉得这是妈妈们用的产品。而“00 后”的年轻消费者是更加挑剔、追求体验和个性化的一群人。流量端随着科技的兴起，将变得更加多元化，家里任何一个可以联网的设备都可能成为最终端的渠道。这些改变就是硬件带耗材类创新产品的机会。更好的产品体验、个性化定制的机会以及硬件自带的渠道属性，促进了硬件带耗材类产品的出现。

这种模式的核心是找到消费者未被满足的痛点和痒点并加以解决。这就要求产品经理一定要慢下来，重新去感受我们在日常生活中使用的每一个产品，思考是否有可以提升体验的点。消费者不是产品经理，很多时候并不知道自己到底有哪些未被满足的需求。这时就需要产品经理去更深入地思考，可能很细小的点的背后就潜藏着一个很大的需求，意味着一个新的产品方向。

米家洗手机的制造商是小卫科技，也是小米的生态链企业。优秀的性价比、简洁统一的设计语言、新奇有趣的使用体验，小米生态链企业通过创新撬动了很多行业的变革。小卫科技是小米生态链旗下专注日用品领域的代表企业，除了米家产品，其自有品牌 Simpleway 也推出了不少优秀产品，如洗手机、洗洁精机、洗衣凝珠等。其中多款产品在推出不久后就成为细分领域排名前列的爆品。

小卫科技的产品都有一个特点，就是将传统的日化耗材加上智能硬件，通过硬件来赋能千亿级市场的大日化行业，帮助行业实现产品升级和体验升级。传统的日化耗材满足基本功能需求，小卫科技则是在做好耗材的基础上，通过硬件改善产品的使用体验。比如小卫洗手机，用户只需要伸手感应就能获得绵密的泡沫。第一，定量出泡沫，用量容易控制，同时也更环保。第二，免接触，避免手部细菌的交叉感染。第三，无须按压，使用轻松不费力。

小卫科技是一家产品导向和用户导向的公司，发现消费者现有的痛点和痒点，然后再针对性地去做产品创新与研发。小卫洗手机产品的灵感来自团队中的一个妈妈。她发现小朋友特别讨厌洗手，每次给他洗手，他都要经历一番挣扎。有一次在带孩子外出时，商城有自动出洗手液的皂液器，孩子觉得这个皂液器很新奇有趣，不需要家长的督促就愿意主动洗手。当时这位妈妈就联想到，如果家里也有这样一台机器该多好。团队讨论后都觉得这是一个很好的切入点，于是团队决定把这款产品做出来。

Simpleway 是小卫科技的一个系列品牌，顾名思义，简单的方式。其设计目的是希望用户通过使用 Simpleway 的产品，能够在日常生活中的各个瞬间，体会到简单便捷所带来的幸福和愉悦；同时也希望传达这样一种理念：幸福可以很简单，也许是洗手时不用按一下摁钮的体验，也许是洗碗时不用再面对脏兮兮的洗洁精瓶，只要用心就能体会到这种生活中的小确幸。Simpleway 不是传统的日化品牌，而是一个有科技感的日化产品品牌。

Simpleway 的核心竞争力体现在以下三个方面。第一，通过创新带来产品力的提升。日用消费品行业一直以来注重品牌和渠道，产品本身的差异化较小。而其他品牌不关注的事情，恰好就是机会点。Simpleway 始终立足于产品创新，带来超出消费者预期、有惊喜感的产品。第二，性价比合理，门槛低。最新发布的新品洗手机，价格已经很接近洗手液了。作为消费者，花同样的钱就能有一次消费体验升级，相信大多数人都会愿意。Simpleway 一直坚持做合理性价比的产品，降低消费者的使用门槛，让更多人能享受到科技创新带来的幸福和便利。第三，高颜值，注重设计感。因为日用品摆在家中，每天都会用到，所以消费者对外观和颜值的要求越来越高。

宝鼎天鱼，搭上国货复兴的顺风车

近年来有不少老字号企业获得资本市场的投资，开始升级品牌，吸引年轻人，将老辈人用的产品变身为年轻人的国货潮牌。这是一个非常有意思的新现象。2018 年，弘章资本也投资入股了上海著名的老字号企业——宝鼎酿造公司。

国货复兴的两个步骤

如今渠道和消费人群的变化，的确为本土品牌创造了非常好的时机。同时，外资品牌的光环正在退却。“80 后”“90 后”成为新的消费主体，他们一点儿也不排斥国货，甚至热爱国货。目前老字号企业有机会搭上国货复兴的顺风车，实现了快速增长。

老字号企业复兴的第一步是唤醒消费者的品牌记忆。从年龄上看，对国货老品牌有感情的用户大多数是“70 后”“80 前”，年龄在 40 ～ 50 岁。这些消费者习惯于线下购物，注重性价比，超市便利店也是他们日常社交、休闲的场所。一二线城市的渠道竞争过于激烈，受线上购物冲击最大，因此三四线城市反而成为渠道获利最多的地方。老字号企业复兴的重点在于通过渠道触达曾经的用户，以三四线城市的线下为主。对于老字号企业来说，重建品牌既是一个唤起目标消费者认知的过程，也是重建渠道和运营体系的过程。

老字号企业复兴的第二步是品牌形象和包装升级。消费品牌必须是持续年轻化或不断迭代的。在品牌重塑方面，比如需要和年轻人对话，就用他们可以理解的方式和包装，吸引新的消费人群。产品必须找到差异化的点。通常我们希望能够在场景或功能方面做细分，专业化是一种重要的路线。品牌要保留老字号一部分最难忘的印记，重新触达用户的情感，把老字号中最经典的某些元素保留下来。

如何突出现代人喜欢的趋势是核心定位，比如食品往往要突出健康化的概念，少盐少糖少脂肪，控制甜度。但食品又必须把“好吃”作为第一要务，口感是非常有差异度的。国货老牌一般都有历史情怀，有机会通过新的内容和年轻消费者建立情感连接。原料要更透明，让消费者有机会了解配方的先进性，进而产生信任感。在传播时要给消费者讲明白，我们的老字号产品也是有科技含量的。让消费者通过宣传教育实现对品牌的高度信任，甚至主动寻找产品的差异点。

老字号产品的颜值一定要提升。老品牌更新的巨大机会在于包装方面，今天的消费者都开始更重视颜值和视觉感受，产品在还没使用之前都是靠颜值来打动消费者的，而传统的审美往往不能打动今天的新人群。审美的形成有时代和人口结构变化的诸多因素。过去大家庭时代，经济刚刚起步，大多数人的审美倾向是美式文化，可口可乐之类的大红色是超市的主流。之后小家庭时代，人们富裕起来，审美倾向开始更加小资和欧式文化，法国的浪漫、英国的风雅变成主流审美，并且往往和本地文化融合出一种新的审美观念。当社会经历金融危机，人越来越独立生活，出现了大量单身族时，审美开始更加本土化，偏向素华和简约，更有科技感。包装技术的突破，也可以提升产品颜值和包装。

上海宝鼎酿造有限公司（原上海醋厂），是目前上海历史最悠久的专业食醋、调味品生产企业，创始于清道光二十年（1840 年）。公司产品与中国四大名醋之一的镇江香醋同祖同源。历经时代的变迁，传统的食醋酿造产品和技艺在上海得到了长足的提升和传承。

1840 年，丹徒区西彪村人朱兆怀开设酒坊生产百花酒，取字号“朱恒顺糟坊”，寓意“永久顺遂”。当时百花酒兼具香、甜、苦、辣、醇之特色，被清朝宫廷采为贡品。上海酱园业在1840年间已开始发展。上海作为重要的商业城市，万商云集。油、盐、酱、醋与百姓生活紧密相关，酿造业在当时的上海快速兴起，形成了宁（宁波）、盐（海盐）两帮。酱园业规模较大的商家六作具全，即：酱作、酒作（黄酒）、吊坊（烧酒）、醋作、水作（乳腐）、酱菜作。1850年，朱恒顺糟坊开始生产香醋和酱，其中采用固态分层发酵生产的醋具有“酸而不涩、香而微甜、色浓味鲜、愈存愈醇”的特色，作坊于是更名为朱恒顺酱醋糟坊。之后，企业发展沿革如下。

1909年，在南洋劝评赛中荣获国际金牌奖，香醋成为中华名特产品之一。

1956年公私合营开始，朱恒顺酱醋厂、张鼎新、新万豫、万康酱园等百年老字号企业合并，改名为公私合营上海市酱醋厂，厂址：上海徐家汇路350号（原317号）。

1961年，改名为国营上海醋厂。

1986年12月，上海醋厂成功注册了天鱼牌商标，30类，注册号第272204号。

1988年10月，上海海鸥酿造公司成立后，于1993年将下属企业上海醋厂，改为上海海鸥酿造公司上海醋厂。

1997年，上海海鸥酿造公司上海醋厂迁往上海市闵行区中春路进行技术改造和扩大再生产。

2002年8月，上海海鸥酿造有限公司上海醋厂实行整体改制，扩展注册了天鱼牌商标，宝鼎天鱼、BEAUIDEALD等一系列注册商标。

上海宝鼎酿造有限公司自原上海醋厂整体转制至今已有很长的历史。它秉承了原上海醋厂百年酿造技艺，对接全新渠道流量，从而使老企业在新的机制下重新焕发了活力。

作为中国的时尚前沿、品牌之都，上海在消费品领域沉淀积累了大量的老字号品牌，每个品牌都伴随了一代人甚至多代人的记忆。宝鼎天鱼品牌的两大原创产品康乐醋和糟卤，占据上海大街小巷的店铺货架，也是上海老阿姨们厨房里必不可少的调味料，酸甜、糟香是传承百年、穿越时光的上海老味道，历久弥新，回味悠长。

重塑内在与外在

曾经主要依赖产品品质自我表达的老品牌，在物质极为丰富的今天，存在被时代忘记、被新生代消费者抛弃的忧虑和风险。宝鼎天鱼亦是如此。弘章资本在进入宝鼎天鱼的第一阶段，借助小米有品平台对产品做了一次突破性的尝试，针对小米平台的消费群体特征，围绕小米生态产品的形象特色，推出“1840 匠造小蘸醋”的黑白经典小瓶套装，简约大气，广受好评，成为小米电商与老品牌合作的典范之一。

从长期来讲，宝鼎天鱼希望能将品牌和产品从上海乃至华东地区真正地跨出去，面向新的区域、新的渠道和新的消费者并获得认可。这就要求宝鼎天鱼在充分理解和挖掘品牌核心要素的基础上，对产品的内在和外在进行重塑升级。

通过 20 年的消费者教育，上海人对康乐醋的认知已经非常深刻，而宝鼎品牌就是康乐醋的创始者和鼻祖。从内在品质来说，宝鼎康乐醋的特点是：品相呈浅棕色、澄澈通透，口感是轻柔的酸、淡淡的甜，场景是面点小菜、海鲜虾蟹的蘸食绝配。这些特点确定了宝鼎天鱼品牌独特于四大名醋体系之外，根植于华东饮食偏好的江湖地位。在传承这些优势和特点的同时，在口味研发和酿造工艺上有所突破，通过创造一个新的子品类去重新塑造品牌，通过高品质、好口味、高颜值传递给新生代消费者健康、简单生活方式的理念。新的子品类要具有区别于现有竞争者的必备要素。它的方向是以米醋为基底的升级和创新，比糯米发酵的香醋更清爽、比高粱发酵的陈醋更清透、比普通的米醋更有风味、更有品质。宝鼎天鱼创新品类会有一个简洁响亮、易于传播、产生丰富而美好联想的名字，它不仅符合宝鼎天鱼产品的形态和口感，清澈、透亮、清爽、轻柔，还会让人联想到它所传承的古法酿造工艺，历时 60 天自然、微妙的慢发酵过程。

目前宝鼎天鱼的产品包装在原有消费者心目中的形象已经固定，消费者已经形成一定的忠诚度，冲着产品本身购买而忽略产品外观。但产品外观往往是消费者接触产品的第一要素，一个审美不合格的形象会将新的消费者拒之千里。宝鼎天鱼以传达简约和品质感为前提，围绕“一盘江南的好菜”概念重新设计了玻璃瓶、标签和商标。瓶子是产品的“身材”，属于江南的“身材”应该是纤细、小巧，又不乏现代感。产品应该从外观和触感都可以帮助消费者形成记忆，终极目标是在形象和品质的多次反复记忆后，品牌成功占领消费者心智。标签是产品的“外衣”，简约时尚、有亮点是产品的诉求。整个标签的核心是突出产品关键词和品类名称，用江南菜的元素作为辅助。在追求“有亮点”上，宝鼎天鱼创造性地将产品特点提炼成两个字的关键词，通过标签与消费者形成直接沟通。无论是在店铺货架还是在电商产品页上，关于产品特点的亮点提示，让新的消费者尽管不了解产品和品牌，但可以直接对产品的口味产生联想。从包装形式上，宝鼎天鱼也会推出小巧便携的连杯包装，满足多样的消费场景。

以上只是品牌本身的创新升级，是老品牌新玩法的第一步。重塑了内在和外在后，同样重要的是在新的流量方式下，与消费者建立多维的沟通方式，传播宝鼎天鱼的品牌理念，从满足消费者到引领消费者，最终到创造消费者，这才是品牌真正的价值。

小家电德尔玛，超级产品力的爆款新品牌

年轻人购买小家电的欲望和消费力很强，都以为自己会上得厅堂，下得厨房，迷你电饭锅、多功能吸尘器……一人使用、外形美观、价格合理，小家电的种种关键词都表明了它的主打人群——年轻人。CBNData（第一财经商业数据中心）发布的《2018 全国小家电线上市场发展报告》显示，在厨卫、个护和家居小家电用户群体中，近半用户年龄分布在 19 ～ 30 岁。当独居成为一种常态时，年轻人对小家电的热衷也就不难理解。

通过小家电的崛起，我们还能看到更多关于年轻人消费观念的现状。比如冲动消费和信贷消费。全球知名市场调研公司尼尔森在 2019 年的最新调查显示，86.6% 的年轻人都在使用信贷产品，从过去的“月光族”晋级为负债人群。从用途来看，提升生活品质是年轻人借钱花的最大动因，坐实了“年纪轻轻精致穷”的形象。对于中国超过 2 亿的单身人口、7 700 万的独居成年人而言，小家电就是他们愿意为生活品质付出的溢价，拥有与众不同的创新功能的小家电也是年轻人用来炫耀的重要工具。

德尔玛（Deerma）的创始人蔡铁强洞悉了小家电行业发展的大趋势：中国产品全球化，有线家电产品无线化，大型家电产品小型化，单品产品系列化，单一功能产品多功能化，好产品爆款化。最好的产品必须自带流量。

德尔玛总部设于“中国家电之都”的广东省佛山市顺德区，主要产品有加湿器、吸尘器、挂烫机等，产品有设计感、实用性强、性价比很高。德尔玛品牌的建立源于对消费者创意生活格调的向往，秉承“创新、诚信、负责、共赢”的企业原则，致力于向全国供应时尚、创意且性价比高的生活电器。

家电市场可以说是一个完全开放竞争、高度白热化竞争的市场。格力、美的、海尔、TCL、创维等都是行业巨头。在传统的小家电领域，有美的、苏泊尔、九阳，“美苏九”的格局很稳固。因而，德尔玛只能另辟蹊径，在现有的市场边界外面寻找新的机会点。因此，德尔玛从一开始就选择了做“非刚需、改善型”的小家电，以此为切入口。对于初创品牌，寻找生存的机遇是第一位的。“改善型的产品”具体怎么定义？蔡铁强认为就是“改善生活细节”的产品。因为人们对生活品质的追求一定是持续不断的，人们一定有追求某个细节更好一点儿的心理，接下来就是寻找市场上有没有产品刚好能够满足自己“改善得更好一点儿”的需要。因为在生活中有很多细节是可以通过小家电来改善的，所以德尔玛就从“品质生活无死角”的场景方向去构建。

德尔玛生产的果汁摇摇杯，为什么一年能销售 70 万台？因为现在很多人注重健康，需要喝鲜榨的果汁。虽然家里有果汁机，但你只能在家里现榨。而摇摇杯充一次电，就可以榨 7 ～ 8 杯，也很方便携带，上班族、经常出门的人、带小朋友出门的父母，都可以随时做一杯鲜榨的果汁。摇摇杯改善了鲜榨果汁的这个细节，所以人们会愿意买。

设计、品质、性价比这三个标签是德尔玛这几年通过产品和市场选择“打”出来的。初创品牌时，要赋予商标一定的含义。蔡铁强从公司英文名称“Deerma”中抽出了三个字母并做了解释：D 代表 Design，设计；R 代表 Reliable，可靠的品质；A 代表 Attainable，可以获得的性价比，给德尔玛品牌赋予了设计、品质、性价比的精神内涵。之后，就得做出符合这些精神的产品。产品积累多了，时间久了，德尔玛打出了几款成功的产品，“设计、品质、性价比”就从创始人定义的精神，开始在市场层面得到了强化，成为品牌的标签。

近几年，网易严选、小红书、云集等新兴的电商平台，从平台定位、产品选择上，都在强调一些相似的特点，比如“高颜值、好品质、性价比”。新兴的平台、新“种草”社区，基本上都在宣扬这样的主张。平台的诉求肯定是来自消费者的反应，因此德尔玛选择“设计、品质、性价比”的路线，恰好很直观地反映了新一代消费者对产品的需求方向。所以当新兴的社交电商、内容电商随着消费者新的需求变化趋势一起涌来时，德尔玛的产品很好地契合了这种需求。只有持续地准备能力，才能在机会到来时抓住它。

产品力并不是要靠回到工厂来解决的，主要是靠组织力来保障。当然，制造体系是在产品组织中的重要一环。组织力来自“过渡地带”的生存法则。在“过渡地带”生存，公司才能保持自我否定、自我迭代，才能持续促进创新。“过渡地带”不是“中间地带”，不容易固化，容易保持组织的活力。“过渡地带”一直在和各种环境交互，容易促进新的思考，促进创新。因为“过渡地带”处于过渡区，所以我们不容易产生安全感，它会一直逼着我们经常自我否定、自我迭代。

德尔玛创始人蔡铁强早期经营设计公司，然后从设计公司转到电商代运营公司，在这个“过渡地带”找到了可以发力的地方。他把设计创意能力用于产品的表现，然后通过产品的销售来实现创意的规模化复制。他从事电商代运营将近两年后开始做自有品牌。电商代运营虽然赚钱，但还是让人有不安全感。自创品牌虽然不确定性很高，但是有长期发展的可能。于是，德尔玛最终进入电商代运营和自有品牌的“过渡地带”中。借助代运营品牌的影响力，公司和平台渠道已经建立了一定的联系。一家电商代运营公司为什么要涉足制造业？为什么要收购工厂？蔡铁强这又一次把自己推到了“过渡地带”。电商是轻模式，制造是重模式。从自有品牌跨入自有工厂的时候，德尔玛团队在这个过程中学到了很多。要推出一个产品，一端是消费者的需求变化，决定了市场容量以及自己的定价逻辑；另一端是供应链端的风吹草动，决定了成本结构和响应效率。德尔玛在两端不断寻找合适的动态均衡状态，寻找可以持续优化的地方。这种“过渡地带”的生存，让团队一直保持危机感，去发现新的产品机会和发力点。

产品力的重要方面是组织的整体战略，来自组织团队的结构。组织力也来自“年轻世代”的组织法则。蔡铁强始终强调团队的进取心、求知欲和正能量。首要原则是“让年轻人来做适合年轻人市场的产品”。德尔玛首席产品设计师是 1989 年出生的，一直是年轻人担纲产品的主力。年轻人与上一代人看待生活的视角是不一样的。他们要比上一代人对生活改善的体验感更强，审美眼光也不一样。年轻人消费升级的内容是什么？是和以前不一样的东西，是有趣、好玩、高颜值。比如新品牌薇新的美颜仪刮痧板，它改善脸部护理的生活体验。这些是年轻消费群体需要的、喜欢的。只有在年轻人之间，才容易找到这种同频共振。真正的年轻不是身份证上年轻的年龄，而是心态的年轻。团队要保持年轻化的心态。“年轻化”的定义就是：要保持永不自满的进取心、永不熄灭的求知欲和永不衰竭的正能量。

德尔玛是具备持续的爆品能力的公司。当你在做单点产品突破时，可以依靠一对一地对机会的判断，这是机会的红利。如果能做到持续的单品爆品，能够从单品爆品形成一个爆品集群，那其实只能依靠组织的能力，这样才有系统性和可持续性。总而言之，德尔玛的产品力来自组织力，而组织力来自“过渡地带”的生存法则，以及“年轻世代”的组织法则。

鹰集咖啡，超级场景打造小罐咖啡品牌

咖啡品牌的未来在于精品咖啡。新品牌在差异化、行业领先性及创新力方面需要有更为突出的特点，而这些特点恰恰是脱颖而出、塑造新品牌的关键因素。近期比较火的上海精品咖啡品牌鹰集，用超级场景塑造新品牌，就是这方面的完美案例。精品咖啡作为一个专有名词，用于彰显“只有在最有利的微型气候与水土中，才能栽培出风味独特的精品咖啡”，是为了与纽约期货交易市场的大宗商用咖啡区分开。精品咖啡是指由“一颗咖啡种子到一杯咖啡”的所有过程，管理好每个环节，了解源头到末端，才得以称为“精品咖啡”。因为它既有狭义的品质的定义，又有广义的全面精品化的含义，所以对于新品牌在自我定位、消费者定位等方面就有更为清晰的系统性描述。

咖啡起初广泛盛行于第二次世界大战前后，在战争年代为了让士兵提神而大量使用高萃取率低成本的罗布斯塔咖啡豆，同时，速溶咖啡的制作技术得以成熟，大量速溶咖啡品牌进入市场热卖，形成第一波咖啡浪潮。而后以星巴克为代表的意式浓缩咖啡为基础产品的连锁咖啡馆在全世界广泛流传，咖啡逐渐被应用于多重场景中，形成第二波咖啡浪潮。当喝咖啡不再仅仅作为一杯提神醒脑的饮品和简单社交场所被需要时，更多人开始追求回归咖啡本身的风味，专注于让咖啡细腻雅致的地域风味散发出来。咖啡爱好者开始谈论咖啡的产区、处理方式、萃取方法，同时更加关注消费体验感，第三波精品咖啡浪潮随之而来。

国人饮用咖啡的习惯也随着这几波变化而发生转变，从最开始好入口的三合一速溶咖啡，转变到了模仿欧美的商务功能咖啡简餐馆，再到标准化的美式韩式连锁咖啡馆。随着近年来精品咖啡这一概念广泛应用于大小咖啡馆，经营者大多执着于咖啡豆烘焙、咖啡品鉴、制作方式和技术知识。而当大家都着眼于把精品咖啡馆做成独立、小众的小型空间时，鹰集咖啡出场了，它致力于打造一种新型消费体验，在为顾客制作一杯高品质、好口味咖啡的基础上，还在空间环境和消费体验上进一步升级，用场景塑造精品咖啡的形象。这样消费者不仅能够从味觉上得到满足，还可以从视觉层面获得更直观的愉悦感，充分享受场景烘托出的精品咖啡的美好氛围。

主题与思想是场景的灵魂

用超级场景打造超级品牌，但风格不是场景的灵魂，主题与思想才是场景空间的根本。新天地店作为鹰集咖啡的第一间旗舰店，背景是上海 1920 年间为主的石库门建筑群，自然而然地与本土化形象形成纽带。因为地处全上海乃至全国最好的商业中心新天地，背靠 11 栋 5A 级办公楼，又处于新天地商业圈和淮海路商业圈的腹地，常年本地上海人、国内外游客络绎不绝，从视觉及传播力度方面来说，每天有数以万计的人流，既减轻了硬广告的尴尬，又充分利用地理及建筑优势对品牌做了实用的宣传。但新天地商业圈的消费结构需求极其复杂，鹰集咖啡较难定位，于是把新天地旗舰店定义为“城市驿站”，由此生成主题、风格，再深入空间与专业化的表达。在鹰集咖啡新天地店，一入门映入眼帘的是专业设备，最顶尖的磨豆机、咖啡机、手冲及冰滴咖啡，向所有顾客最直观地展示着咖啡制作的专业度及仪式感。以钢琴黑白键为元素设计的圆弧形旋转楼梯，用留白的方式，将石库门的特色与核心商业地带需要的空间感进行了最巧妙的结合。店内上方悬挂着一台拆解咖啡机，使整个环境通透、别致，自然地展现了以石库门为文化核心的上海元素。消费者通过专业化的产品、展演与空间文化的结合，自然形成对新品牌的热爱并产生情感共鸣，这里值得注意的是专业性的内容输出和空间文化的结合，而非简单的布置及装饰，前者对于品牌能力的打造尤为重要。

独特场景拓展品牌

鹰集咖啡通过上海不同区位的店面场景设计，在消费者和大型商业客户中建立 了专业精品咖啡品牌、深度生活方式内容制造的品牌形象，从而进一步拓展了品牌。鹰集咖啡在咖啡生豆贸易方面以主流消费市场为数据指导，与三大洲（拉美、非洲和亚洲）咖啡农场建立上游直接贸易关系，并且为了长期对企业提供服务以及出于自身发展需求，建立了咖啡学院培养优秀咖啡管理及制作人才，咖啡产品也从咖啡豆、咖啡挂耳包、咖啡萃取液及精品咖啡冻干延展开来。

鹰集咖啡和阿里巴巴共同打造了天猫理想生活咖啡馆，实现品牌延展新突破。上海是国内咖啡馆环境最友好的城市，咖啡文化亦是上海文化的重要组成部分。鹰集咖啡通过超级空间的打造，与知名品牌联合合作，打造快闪展览的经验。2018 年曾与知名雪糕品牌梦龙在新天地店联手打造 pleasure store 快闪店，与日本知名甜品师小山进大师联合打造甜品快闪店，还在奥黛丽·赫本展中也作为唯一指定饮品供应商露出。鹰集咖啡主要借助天猫的力量为品牌赋能，同时为鹰集的天猫旗舰店引流，天猫会为品牌做线上整体的曝光，实现线上线下会员的打通，推送给高净值人群，进行更精准地营销，实现真正的流量与品牌的结合。

鹰集小罐咖啡采取高科技低温凝结冻干技术，相对于普通速溶咖啡的高温萃取处理，能够完全保留咖啡原本的口感和营养，三秒即溶，冷热均可，自 2019 年上线以来，增速迅猛。鹰集小罐咖啡尽可能将门店咖啡的风味还原，让消费者随时随地都能有门店一样的高品质咖啡口感体验。此外，小罐咖啡方便携带、多种喝法、随时随地、无限解锁，果咖、黑咖、奶咖等咖啡饮料可随机搭配。小罐咖啡将有机会成为速溶及胶囊咖啡产品的升级替代产品。

猫王收音机，文化价值的迁移

经典著作《品类战略》认为要占据用户心智就要成为某一品类的代表，通过技术创新对产品功能的突破来创造细分品类，从而达到创造蓝海市场的目的。而《文化战略》的作者道格拉斯·霍尔特（Douglas Holt）和道格拉斯·卡梅隆（Douglas Cameron）通过数百个品牌案例分析以及与品牌管理者、消费者的访谈，发现了功能主义创新模式的缺陷，即忽略了社会和历史变迁产生的意识形态机遇。在物质极大丰富的背景下，文化战略主张利用原有的产品，借助一直在发生的社会变革，提出新的价值主张，找到全新的商机。

品类战略与文化战略共生

当前是品类战略与文化战略共生的时代，过去品牌更多通过技术创新的方式来实现品类细分，从而达到创造蓝海市场的目的，如今品牌还可以通过洞察新兴文化这一路径找到新品类。文化战略则更适合初创时期的品牌，可以帮助企业更顺利地完成从0到1的发展阶段。比如知名滑板鞋品牌Vans，它诞生于20世纪60年代，以鞋底厚重、价格低廉以及穿着舒适的优势，迅速征服了冲浪爱好者及滑板运动爱好者的心。Vans曾一度是滑板鞋的标志。20世纪80年代，Vans品牌的决策者们开始尝试多元化品牌扩张之路，推出大批标有Vans标志的篮球鞋、足球鞋，但是不同的品类并没有增加产品销量，巨大的成本反而拖垮了Vans。1984年，Vans宣告破产。2004年，Vans被威富集团收购后，选择不再局限于最初的专业滑板鞋品类定位，而是将滑板文化（街头运动文化）转化为潮流文化并与年轻人沟通连接，在这一品牌战略下将更多流行元素纳入品牌，并将"off the wall"（不能想象的）重新演绎为年轻人生活方式的新主张。Vans依靠潮流文化成功转型为运动潮牌，不仅避免了与耐克等专业运动品牌的正面对抗，还在耐克和匡威的双重夹击下赢得了市场的热捧。2018年Vans销售收入超30亿美元，成为母公司威富集团旗下增长最快的品牌。

还有许多品类也在悄然发生着变化，比如在打火机品类中，出现了随处可买到的一次性打火机，然而Zippo的销量却越来越好，2018年Zippo的销售收入超过10亿美元，那是因为它在今天已经开始代表与众不同的男性文化。日本人发明的水性笔比钢笔更加实用，但人们依然愿意选择一只凌美或派克，来重温钢笔时代有温度的表达。这些案例预示着这个时代品类战略与文化战略正在和谐共生。社会变革与技术发展促使许多品类的实用价值正在向精神价值迁移，最终这些品类产品的属性也将由工具化向人格化转变（见图6-4）。

在许多人心中，收音机是老一辈人了解外部世界的工具。但随着科技的进步，收音机已经从大众传媒设备变成小众玩家的发烧单品，它的实用性逐渐被弱化，而其文化价值渐渐涌现。在电台与音乐爱好者中流行着一部电影《海盗电台》，这部电影讲述了知名的"海盗电台"的由来。1966年的英国BBC垄断着播放流行音乐的重地，每周留给摇滚的时间只有2小时。一群不满BBC的摇滚乐爱好者，将大功率电台设备建立在一艘轮船上驶入公海，每天24小时夜以继日地播放摇滚乐，"海盗电台"因此闻名，鼎盛时期英国有超过一半的人都在听这个电台的音乐。这部影视作品给猫王团队带来了巨大的灵感，在电影中所传递的年轻人对音乐的热爱、向往自由的信念以及反主流的生活态度等，正是电台所传递出来的文化特征，而这也正是当下年轻人稀缺又向往的时代精神。“年轻”的猫王收音机在其中找到了属于自己的文化根基——电台文化。如今电台文化不仅传递出一种反主流的价值观，还用温暖的声音感动了一代人，这种温暖的陪伴也正是当下年轻人稀缺的情感。因此，收音机已经不再仅仅指代一个品类，它已然成为一种情绪共鸣；收音机也不仅仅是一种收听的工具，它已然成为一种彰显自我生活方式的仪式感标签。

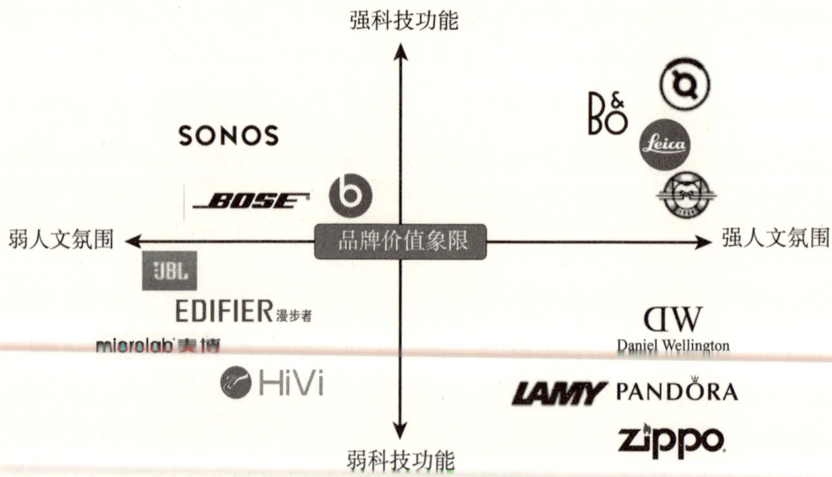

图 6-4 品牌价值的迁移

根据马斯洛需求理论，当人们已经充分地解决了基础生存需求，必然将开始追求实现真我。“复古”就是其中一种比较典型的文化现象，而复古的源头正是怀旧。从心理学角度看，怀旧是一种大众化心理现象，几乎每个人都会产生怀旧心理。怀旧作为一种记忆功能和心理安慰的手段，产生的满足感能使人生更加充实，这恰好对应了电台文化中“温暖陪伴”的情感。年轻人群对自我个性的追求将复古变得潮流化，使之成为表达自我的方式，这恰好与电台文化中反主流的精神信念不谋而合。

至此，电台文化与复古潮流文化便成为猫王收音机品牌战略的两大文化根基。纵观猫王收音机 4 年来的产品发展脉络，不难看出其产品逐渐从最初的情怀复古到今天的潮玩复古过程的迭代。在2019年3月猫王收音机春季新品发布会上，猫王团队明确了其“精致复古潮玩”音响品牌的战略定位，这简单的六个字为其打造蓝海市场奠定了扎实的基础。

猫王创始人曾德钧在创始团队中发起了关于如何打造现象级品牌议题的大讨论。经过那段时间的深度探讨，猫王团队渐渐意识到，现象级品牌并非品牌的终极目标，比现象级品牌更有生命力的、更能带来品牌价值的是文化级品牌。很快，猫王团队一起总结出了产品五个级别的阶梯图，并以此指导今后的产品创新（见图6-5）。

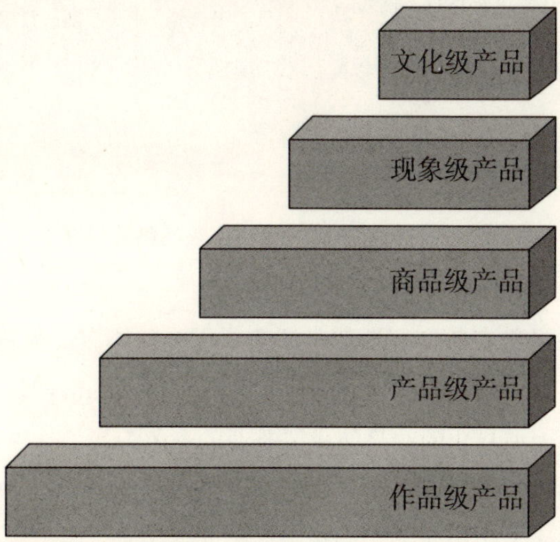

图6-5 猫王团队产品观

在那场大讨论中，大家发现许多现象级爆款产品在红极一时后便烟消云散，生命力极其短暂且无以延续，而像MINI汽车、Zippo打火机甚至是“007”系列电影这样的产品却能历久弥新。顺着这样的洞察，猫王团队找到了两者背后的不同，现象级品牌与文化级品牌在共性上虽然都具有显著印记符号与高度差异化的特征（可被快速识别，见图6-6）。比如在“萌即正义”网络文化的带动下2015年火爆全国的“长草发夹”，几乎在瞬间占领了各大景区礼品热销排行榜之首，甚至连明星们也来凑热闹，这是一个现象级产品的极端案例，很快便淡出人们的视野。这样的产品案例还有很多，可以看出现象级产品背后往往只有“情理之中，意料之外”的惊奇感，高度标榜性特征和低门槛的体验能让人们创造羊群效应话题，而像 MINI 汽车、Zippo 打火机这种文化级产品的背后却是可沉淀的人文基因、较强的再创造性，以及可延续的普世价值观。这个发现让猫王团队快速达成了共识，要坚定地把品牌的终极目标设定为文化级品牌。

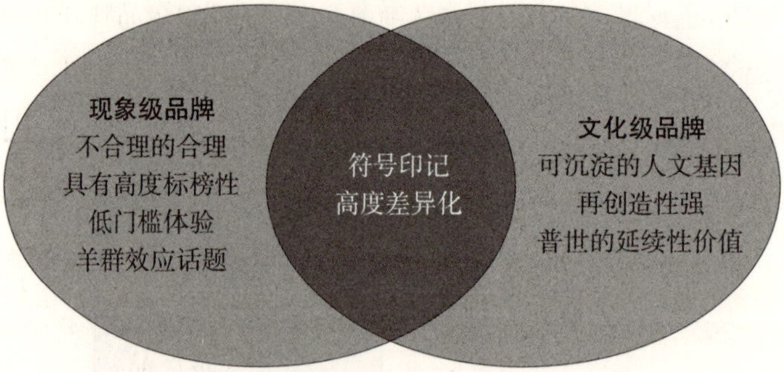

图 6-6 现象级品牌与文化级品牌的异同

猫王团队成员最常说的一句话便是“我不做有我不多、无我不少的产品”，其言外之意便是无论如何我要跟别人不一样。在今天安全的微创新理论盛行各行各业的时候，要做出极大差异化的产品便成了企业的竞争门槛。在许多人看来这的确风险很大，而猫王团队认为他们宁愿接受有缺点的产品也永远不能接受没有特点的产品，虽然这样的做法大幅增加了一个新产品的试错成本，但因此可以站在差异化竞争策略的角度占有市场主动权。

猫王团队崇尚感性设计原则。他们认为审美能力是企业重要的竞争力，将复古潮流文化定义为品牌的重要文化根基，近几年猫王的设计常常成为同行抄袭模仿的对象，这都有赖于其感性设计原则。曾德钧经常带领他的团队学习与探讨哲学、美学，甚至社会学问题。在王强老师《美学的凝视》课程中，猫王团队找到了这一重要工具，王强将“真、善、美”分别对应了人类的理性能力、道德能力与审美能力，基于这一思考，他们提出了感性设计原则。这个时代的主流思考是理性的，大家都理性地设计产品时必然走向趋同，而感性设计的出发点是审美能力，这意味着当设计可以不拘泥于纯粹实用与功能视角时，作品反而更加性感。

猫王产品遵循“四好、三有、两独、唯一”十原则。“四好”原则是在猫王小王子系列众筹大获成功后提出的，仍然对应品牌文化战略。“四好”原则也是有逻辑次序的，分别是“好看、好听、好用、好玩”。当一个用户收到产品时，第一体验是视觉上的好看。要把好看提升到一个新高度，猫王产品的颜值已经成了流量的入口、转化率的保证。而好用与好玩则是用户在使用过程中所体验到的感受。基于“四好”原则，猫王团队开始由“硬到软”，在2018年8月发布了OhPlay猫王妙播App，通过软硬件联控技术及内容算法可以让用户经过简单的初步设定后，拥有“打开就有好音乐”的使用体验。曾德钧常说，传统收音机那种“一开机音乐就像自来水一样源源不断”的简单体验是现在许多音响设备做不到的，你永远不知道DJ要播放的下一首歌曲是什么。这种邂逅式的体验感是“四好”原则的体现，也是电台文化的魅力。

“三有”原则是：产品要有灵魂、有故事、有格调。产品要像人一样有生命感、有个性、有温度，这样才能打动人心；产品要有故事，才能够被人理解和传播；产品在一个物资过剩的时代，要满足用户在非物质层面的精神需求。

“两独”原则是：产品要独特、独有。这是讲做产品需要创新，不能和别人的产品差不多或好一点儿，比其更好不如不同。

“唯一”原则是：如果做好了上面九点，你就有可能自创品类，做成唯一，或者做到原有品类中的第一。

在明确了猫王的文化品牌战略后，曾德钧决定为猫王的电台文化竖一面鲜明的旗帜，借助对电台文化的宣扬让核心受众关注猫王，也重塑人们对于电台的记忆。由此出发，猫王团队想到了“造节”，2017年，首届电台复活节应运而生。电台复活节由电台文化衍生而来，聚集全球优秀的电台DJ和音乐爱好者，以每年一次24小时马拉松式电台直播，用温暖的声音陪伴大家，唤醒人们对电台和电台文化的关注。

电台复活节的独特文化魅力，撬动了包括QQ音乐在内的多家平台资源的关注，获得了马世芳、万芳、张有待等一众社会名流的支持，猫王收音机也通过电台复活节在核心用户群体心中建立起“电台文化＝猫王收音机＝反主流态度”的品牌认知。2017 年至 2018 年，猫王已成功举办两届电台复活节，足迹遍布撒哈拉沙漠与敦煌大漠。两届电台复活节让全网超过 1 100 万用户听到了来自电台真实有温度的声音。活动本身还受到了主流媒体的关注，2018 年电台复活节从策划到落地的全程被 CCTV9 频道拍摄成纪录片《电台守望者曾德钧的“不老理想”》，获得无数关注。

电台复活节是在文化品牌战略指导下创造的文化事件，以电台文化为核心获得顶级音乐人与广播人的认同，撬动大平台的流量资源，用电台头部意见领袖影响核心用户群，建立用户对猫王品牌的认知。

气味图书馆，重现鼻尖上的国潮风

“国潮”这个词在近些年成为人人追捧的热词。那何谓国潮？顾名思义，就是中国的潮流。它崛起的背后是中国传统文化自信的提升与绽放，在坚守传统与容纳百川的冲突与协同中，改变了中国文化的刻板印象，让独具中国精神的匠人艺术作品在众人面前崭露头角。当文化瑰宝走进大众生活，被更多人尤其千禧一代的消费主力人群所熟知时，热度袭来，自然跟风的人不少。国潮元素的运用应该基于潮流中的情感诉求、价值归属感和社群认同感。首先，要秉持传统文化的核心内涵，沉淀口碑的质量，不能单单拿文化做外壳，过度堆砌元素符号而不深耕其核心价值；其次，要加入创新元素，将传统文化与时下潮流相融合，满足年轻消费者的时尚追求，同时还不忘传承文化的内涵。所以传承与创新，才是国潮品牌的核心。

故宫的文化底蕴深厚，今天故宫的开放区域已经达到 80%，绝大部分文物都被展示。故宫的 IP 具有眼球效应，知名度高并且可供开发的元素较为多元，加上一直热播的清宫剧，让故宫天然就有流量。另外，所推出产品的创意性与实用性都还不错，是故宫文创能红火起来的主要原因。故宫在做文创产品开发时，遵循三要素：元素性、故事性、传承性。它的每一件产品都要突出故宫元素；有故事与寓意且能被公众接受；以传播文化为出发点，让几百年的故宫文化与现代人生活对接，通过“用”使顾客感受到故宫文化。正是这些严苛的要素，极大地提升了消费者对其产品的期待值。

对于这一现象，气味图书馆称之为文化消费。很多人可以为看一眼《千里江山图》《清明上河图》这些故宫的馆藏作品，排队五六个小时，这就是典型的文化消费。由故宫文创领头，各个博物馆、展馆的二次创新联名营销，都为气味图书馆带来了高品质、个性化、有创意的文化产品。

中国作为古代四大文明的发源地，使用天然香料的可考历史可以追溯到 3000 至 5000 年前。春秋战国时期，香木、香草的使用方法已经非常丰富；到了秦汉时期，由于丝绸之路的活跃，西域的各种奇香被王公贵族收藏使用；长沙马王堆汉墓出土的熏陶、香茅，说明熏香在西汉早期就被各个阶层的人广泛使用。古代的香应用于各个场景，最早的用途就是药用和祭祀。随着用香文化发展，香也被用于日常生活当中，甚至用途更广，包括室内熏香、衣物熏香、驱虫、养生等。香还经常被用于读书参禅、抚琴品茗，是文人大夫家中必不可少之物。很多制香方法都被记入《本草纲目》，这些都表明在用香文化中，中国人有着得天独厚的文化底蕴。

现代的香氛市场尚有大片空白，国产品牌的香氛用品少之又少。近 10 年来，中国香水市场的规模上涨很少，甚至在 2016 年下跌了 1.2%。从 2017 年开始，香水市场规模有加速扩展的势头，说明这片蓝海开始被挖掘，消费者有这方面的需求，商业价值和潮流也都在推动发展。有了文化基础，恰逢风口的机遇，再加上中国香氛市场的需求，消费者也蓄势待发，“天时地利人和”聚齐，造就了气味图书馆。气味图书馆创始人娄楠石决定了两个方向：一是做一个有大众基因的品牌；二是做中国人的产品。嗅觉，顾名思义，是人类通过鼻子接触到外界分子后传达给神经的一种感官行为。那么气味图书馆的产品拥有了天然的大众优势，因为每个人都喜欢美妙气味带来的感官刺激。

2017 年气味图书馆推出了第一个明星产品——凉白开系列。从国人生活中汲取灵感，融入香氛产品的创作中，凉白开系列就这样诞生了。凉白开贯穿中国人的童年记忆，妈妈用铝壶烧开水后，倒入玻璃杯里等待放学回家的孩子。它有柔和、纯净的味道，带有家的熟悉与温暖。为了寻找回忆，气味图书馆邀请调香师用铝壶煮水的方式来寻觅气味灵感，经过一年的反复打磨，最终找到了这“杯”特别的凉白开。令人欣慰的不是凉白开系列的战绩有多好，在市场的影响力有多高，而是这种平淡、朴素的味道真的可以打动人。从此气味图书馆进入正轨，不断去发掘国人鼻尖上的国潮香。也正是在同一年，气味图书馆进军洗护市场。洗护产品更容易让人们接触到香味，使用率会较高，而且气味图书馆用香水的原材料来做洗护产品，所以洗护产品中香氛的成分一点都不比香水低。这也就是其洗护产品的留香很久、味道还原度很高的原因。气味图书馆香水的原材料和爱马仕是同等预算。调香师很爱气味图书馆的品牌，因为在制作过程中预算部分没有过多的限制。很多人的刻板印象是觉得既然名字是“凉白开”，那成本肯定也很低，但其实做一种高度还原、耐人寻味的味道是要付出成本的。在这件事情上，气味图书馆从来没有一丝一毫的吝啬，只要做出来的是一种能感动用户的味道就够了。紧接着，气味图书馆在 2019 年六一儿童节推出与大白兔品牌联名的香氛产品，大白兔奶糖更是陪伴了几代国人的成长，其品牌得天独厚的大众属性带来了有关童真与爱的回忆。

为了确保气味图书馆想传达的味道的意境，就一定要找到那个“唯一”。所以气味图书馆的开发团队对产品质量的要求近乎苛刻，每一位员工都发挥着无可替代的作用。很多品牌都在思考消费者的喜好，然后做出迎合的产品，而气味图书馆不推崇这样的价值观。如果一味地附和需求，很快就会失去自己的品牌特色。气味图书馆认为用户在产品开发过程中所扮演的角色不再是过去单一的接收者，还逐渐成为企业创新的主要来源。气味图书馆要做的是深度挖掘集体意识的共鸣，从大众生活中汲取灵感，再回归大众生活中去。从来没有一个消费者告诉气味图书馆会喜欢一瓶叫凉白开的香水，但是不代表这个味道不可以打动人心。因此，气味图书馆一向坚持做的事是如何寻找下一个打动人心的味道。

气味图书馆于 2009 年成立，从线下的零售和代理品牌做起，2014 年创立同名自主品牌。从代理走向品牌，从线下走到线上线下兼顾，一路走来，遇到过挑战，但同时与挑战机遇并存。其实线上零售通常推崇爆品思维，要打折、促销，气味图书馆也经历过迷茫期。但是最终气味图书馆还是回归到原点——做打动人心的味道，这一点是不变的。人都有经历诱惑的时刻，都有徘徊在边缘的时候，而气味图书馆的优点就是总能找回初心。

气味图书馆坚持发掘在国人心中的味道，仍在探索将文化底蕴和国产潮流完美融合的道路。故宫的 Slogan 也悄然转变为“让故宫成为一种生活方式”，时代在改变，国人对于文化的热爱却一直不变。气味图书馆的使命愿景是将中国五千年历史中诞生的一个个瞬间永远留存在大众的鼻尖，给每一个热爱生活的人们带来新的嗅觉体验，向中国和世界的人们展示中华文化与香水文化的融合与创新。不管未来会如何，气味图书馆开创了一个新的艺术品类——中国香水。气味图书馆的初衷也从未改变：让生活因气味而美好。

唐饼家，精致唐风的中式糕点新品牌

2017 年中国烘焙市场规模达到 1 945 亿元，且增速较快，2012—2017 年复合增长率为 12.7%，预计 2020 年将达到 2 800 亿元，市场呈现规模大、增长态势稳健、集中度较低的特点，对标成熟海外市场，目前正处于培育期。我国糕点行业规模 515 亿元，同比增长 14.7%，预计 2022 年复合增长率为 14.1%。中式糕点品类稳定，以手工产品为主，可走零食化、高端礼品化的线路，销售集中在节庆、假期，季节性较明显。但是，中式糕点的区域性口味特征、冷链配送半径是制约行业跨区复制的主要原因。

对比与我们饮食习惯相近的日本，日本本土糕点食用量达到 3 000 亿吨，是排名第一的品类，超过了西式甜点，展现出日本人对本土糕点的深度喜爱。观察中国市场，虽然西化时间比日本短得多，但是中式糕点行业规模已经被西式产品超越。日式糕点在经过西式产品的冲击后，不断演变，现存的品类及品牌有供中式糕点发展的可借鉴之处。现存的日式传统糕点依赖研发，手工为主，不断推出新品，主要是在外观上创新，原料基本不变。另外，日式糕点零食化、礼品化，礼盒美观，成为节日伴手礼的首选，吸引了年轻消费群体。中式糕点整体尚停留在初始的形态和包装，与日本变迁后的产品相比还有较大差距。中国老字号糕点品牌以区域性产品为主，且多以“传统手工”作为传播主力点，整体上糕点产品偏于传统，形象不够突出和鲜明。

在过去的 3 年中，由多家电商驱动，获得快速成长的聚合类休闲食品品牌的产品线非常丰富，零食品类快速电商化，主要针对大众年轻市场，线上线下渠道共同作用，以消费者自食为主，物美价廉。其中烘焙糕点品类获得高速发展，还出现了一些爆品品类，如蛋黄酥系列。

唐饼家是一家拥有近 20 年历史的专注中式糕点零售连锁的领先品牌，产品主打高端中式糕点，包括酥饼系列、牛轧糖系列、沙琪玛系列等。唐饼家蛋黄酥产品的单品增长也非常迅速，成为深受消费者欢迎的爆款产品。整体产品定位于中高端，结合中式与西式的选材和工艺，是融合健康与美味的糕点伴手礼。唐饼家多年坚持精选、优选原料，大多选取日本和中国台湾的原料，在这方面比竞争对手重视得多。在生产工艺上，唐饼家继承和发扬了唐代细酥工艺，透过口味和口感提高产品的差异化程度。

在消费者对唐饼家品牌综合印象中，排名靠前的标签是：不甜不腻、产品众多、工艺讲究、原料精选。在产品的选择上，除了核心的美味外，更多的消费者选择了低脂减糖的产品。根据消费者洞察，唐饼家把最核心的认知打造聚焦于“不甜不腻，匠心美味”。整个品牌的核心目标人群定位在消费中坚力量的白领精致女生（新锐）、中产精致族（资深）。精致的生活方式、健康美丽是她们共同关注的核心要素。

唐饼家的品牌最终定位于“唐风匠心，精致糕点”。近 20 年的匠心创新精制，传承唐代高超的细酥工艺，糕点颜色都是基于食材本身的颜色形成组合，创造不甜不腻恰到好处，以及美味、颜值与爱皆具的精致糕点系列。在品牌的表现手法方面，以现代简洁的设计手法和国潮风格，融合唐朝特有的宫廷元素，同时结合丰富关联或者有趣的唐诗，演绎唐朝独有的精致韵味。在表现年节气氛方面，唐饼家融入了唐诗中的多首诗句，快速触达消费者的情感连接点，把诗的意境融入人情中（见图 6-7）。

图 6-7　唐饼家的广告图

唐饼家在华东有 50 多家连锁门店，它不仅仅是产品品牌，还构建了精致唐风的场景，通过服务消费者来获得长期消费黏性。所以，唐饼家的理念是进行产品、服务和场景的创新。用更好的服务方式、更好的场景化表达方式把新产品更完美地呈现给消费者。此外，唐饼家非常重视会员体系搭建，建立了以经营顾客价值为中心的会员管理体系，解决了企业与顾客之间的价值交换问题。

新品牌的关键是围绕目标用户的营销，重构一套经营人的营销体系，让消费者获得实实在在的价值。

The Future of New Brand

上篇总结

新流量驱动用户运营成就品牌

品牌是一种认知。我们总结品牌最主要的功能有两点：第一，构建信任；第二，彰显不同。构建认知就是强化消费者对品牌形成的认知，认知形成的维度可以是多元的，包括视觉、听觉、图形符号，甚至文化审美等。"营销"的"营"字代表用各种各样的手段去构建这种认知，"销"则是指与之相配套的渠道和流量对接。

对于高端消费品来说，品牌是更本质的部分，渠道能力弱都没关系，彰显不同是核心，送礼往往需要"彰显贵气"的心态；对于中端消费品而言，渠道能力则是更本质的部分，是核心，考验渠道铺设的深度和广度，突显"渠道为王"的特点，品牌力的权重可以略低些；在低端消费品领域，消费者往往有"讨便宜"的心态，所以性价比就是硬道理了，消费者对价格的敏感度高，往往等品牌促销才购买，这时品牌往往表现在信任度上，消费者对于大快消商品的品牌忠诚度表现在品牌信任上，优先选择大品牌。

消费者洞察是品牌逻辑的起点

现在一个大品牌要覆盖更多的人群会越来越难，因为文化、社会等因素的影响使人们的信息获取越来越碎片化，品牌企业很难用一种认知去覆盖多个品类，所以打造品牌就要细分精准人群。

从年龄层来看，未来的老龄化社会带来了巨大的消费变化。过去两年，中国轮椅的销量大幅上升。老人鞋是一个非常细分的品类，可以在这个品类打造独特的品牌。今天的初老人群对于互联网已经不陌生了，他们不仅有大量的时间，而且有很强的社交属性。

过去很多只讲品牌定位的咨询师们不分析流量和渠道。因为过去 10 多年间，渠道非常集中，流量也比较集中，而制造端是分散化的。但是演化到今天，流量渠道已经变得碎片化，而且未来会更加碎片化。因此在未来，要维护和做一个大品牌的难度更高了。现在做一个小品牌相对容易，而维护一个大品牌比较困难。所以一定会有很多大型快消品牌公司收购小品牌，形成多品牌战略。在欧美都发生过这样的变化，也就是超级品牌收购很多成长较快的小品牌，用资本的力量去推动做大。当内延增长模式有限时，大品牌往往通过收购来实现外延增长。

中国的新品牌总体上在过去 3 年是高成长的，在从 0 到 1、从 1 到 10 的过程中都有很多机会。未来可能通过运营用户和流量的方式以及更多场景的构建，来打造品牌。

品类创新是新品牌的基础

调研消费者以后，要进行关于品类的深度思考。你要制造商品，要切割别人的市场，就要通过很可能的品类突破点找到品类差异。比如蓝月亮，它当年是第一个宣称自己是做洗衣液这个品类的龙头，洗衣液能替代洗衣粉，因此它本质上是一次品类的创新。新品类创新本质上是存量竞争的结果。

产品路径

研究产品路径的一个好方法是构建全球视野，对标国际发展潮流。在快消界，很多品类的成长路径在国际市场都曾发生过。当时我们判断洗衣液将替代洗衣粉的依据是在 2009 年，美国的洗衣液已经占据了半壁江山，它已经替代了洗衣粉的大量市场份额。我们认为类似的品类迭代会在中国发生，只是时机的差别而已。

用全球视野观察会发现有很多有趣的东西，在国际上都有可比的基准。要做增量是很难的，但通过品类创新，切割一块存量市场进行博弈则比较容易。比如虽然整体洗涤行业增长是很慢的，但洗衣液对洗衣粉的替代是很快的。

传统的定位理论告诉你一套方法论：你要强化消费者的心智认知，然后进行集中化的媒介轰炸，把想表达的东西简要快速地反映到消费者的心智中，最后进行集中化的渠道铺货。这是过去非常成功的简单粗暴的传播方式。但今天形成购买决策的链路变得非常长，消费者不再容易被一个品牌洗脑，构建消费者心智这件事越来越难。

定位理论整体上不能持续解释消费者信任是如何构建的，它只是不断告诉你要快速占领消费者的心智，你要用更强的方式反复表达，无论何时何地。如今有大量碎片化的媒介触点，有大量的内容途径，头条、小红书、各种直播平台都是全新的传播路径。

定价体系

定价体系的重点就是性价比，性价比要有基准。以前京东说他们的家电有 5% 的毛利，他们就敢卖，这是以线下为基准的。过去线下零售商的竞争往往是以隔壁邻居为基准，他们有专人调查价格，隔壁什么价，我们什么价。在牙膏领域，5 年前的国际大品牌往下做定位，都是偏大众型的，但云南白药反过来做 40 块钱的功能型牙膏，向上定位。构建品牌体系的时候，要思考定价体系的切入点在哪里，这个点是不是一个成立的点，既可以往上，也可以往下，还可以居中。

产品在不同平台上的信息已经越来越透明，其他平台会问你能不能换个包装、换个规格，尽可能不要同质化。实在不行，Logo 还是原来的，但是改个规格，让消费者不可比。如果信息太透明，消费者很容易认知这些产品，容易货比三家，你就很难形成价格的模糊地带。

流量平台的博弈

我们都知道流量肯定是碎片化的，目前平台流量渠道的重构太明显了，几乎每年规则都有变化。新品牌往往要猛攻渠道成本效率最优化的点，这是增长的重要来源。做新品牌的一个核心难点，就是如何快速学习多个平台的规则。平台商为了终极的竞争都在改变套路，品牌商也都很辛苦，除了在产品上下功夫，还需要学习多个平台的玩法。

从平台商的逻辑来看，它构建了一个巨型虚拟的购物中心，相当于一个开发商，根据商户的颜值、定位、差异化、流量吸引力等因素决定把什么位置给品牌商。对于一个平台商来说，怎么赚钱，怎么不断地收更多的费用？很简单，不能让一家品牌商独大。如果一家独大，平台商就不可能收到更多“压榨”的钱，因此平台的逻辑是既要维护好有生命力的头部品牌，还要不断地让中小品牌商交“买路钱”，缴纳各种各样的费用维护平台金字塔的层级关系。

因为品牌商在一个平台上达到 10 亿销量是非常困难的，所以要选择是否再拿一部分精力入驻另外一个平台，但平台商的逻辑都是一样的，他们要在这些入驻的商家中找到博弈的力量，这就是平台商的傲慢。

因此，在一个大型流量平台与入驻品牌博弈的过程中，品牌商会试图构建自己的私域流量，为今后自己创造场景、直接抓取和经营用户创造一种可能性。不过，品牌商为了维护基础盘，势必会在各个流量平台开店。整体品牌商和平台商博弈的逻辑就是这样的。

视觉识别和设计感

现在做新品牌的重点就是颜值和设计感，因为颜值和营销点的可差异化，决定了品牌和流量平台博弈的机会。其实线上平台和线下购物中心的逻辑都一样简单，就是“我把大家招进来，品牌要帮我们带更多的流量，我们共同营造一个消费者喜欢的氛围”，这是它们的角度。而怎么把这个场景打造得更好，涉及很多视觉层面的问题。

品类的周期性

品牌是品类的结果，品类决定了命运，命运如何取决于你选择哪个跑道。有些品类本身就很小，从创业成功的维度来看，肯定是基础的品类价值更大。所以大生意就是使基础的品类差异化。比如，能够把水这个品类做得有差异化，是特别难的一件事。其实越基础的生意越难做，因为构建消费者认知这件事本身就特别难。而越小众、越细分的品类越容易流行，越是具有创意越容易引起消费者的敏感和关注，这类生意自然就比较容易做。品类都有周期，你需要研判这个品类的周期有多长。

流行类和休闲类品类的好处都是增长得快，反过来下降也快。基础的品类很难形成差异化，但是如果你能赋予它差异化，就会有很大的机会。但是要小心竞争，基础品类是天生的巨兽，往往有超级老大，超级老大不会选择在 0 到 1 的阶段打你，因为它的博弈方法就是后发制人，它不去测试新品类，不赌 0 到 1，它等你把这个品类做到 8 亿～ 10 亿元的规模时再出手。简单来说，它开始模仿，你做这个品类它也出这个品类，然后用成熟的营销渠道猛推，在巨头的狙击下，很多新品牌就会停止在 10 亿元收入的体量，甚至还会下滑。新品牌只有经得住巨头的狙击，才能闯到下一个境界。只要新品牌能够抗住巨头的三板斧进攻，就会接到巨头伸出的橄榄枝，“我出个高价把你收购了”，如果你还不想被它收购，就要再跟它继续博弈，也有机会。这时一个收入体量大概在二三十亿元的品牌诞生了，已经是一个小巨人了。

品牌的定位和再定位是核心

老品牌复兴战略其实就是在做一个新品牌，核心是定位问题。往往老字号需要重新对品牌进行定位，目前最成功的老字号再定位案例是百雀羚。本来它是爷爷奶奶辈使用的品牌，但在化妆品行业重新守住自己的品牌调性，还教育消费者形成了全新的认知，这是文化潮流的体现。品牌可以相互赋能，因为品牌都是在经营消费者的信任，所以大量的品牌进行联名，相互带流量，出现了很多跨界联合品牌的现象。

国潮品牌是一个最近比较火的概念，反映了一个文化层面的问题。如今最信任外资品牌的往往是“70后”，那是被外资品牌洗脑最深的一代人；对本土品牌认知度最高的就是今天的“00后”，大国崛起以后，年轻人对本土制造的认知开始提升。国潮的崛起，也是本土文化重现辉煌的结果，弘章投资现在比较想做的事情就是进一步提升和传播更多的老字号文化的内核。

数字化营销和传播

品牌商越来越喜欢新的营销渠道，因为在解决认知问题之后，就要解决路径问题，也就是低成本运作，如何用比较低的成本找到目标人群然后连接他们，构建更多的触点。数字化营销是一种非常重要的学问，能够相对低成本地找到更精准的用户，比如抖音、快手、小红书，就是在内容维度与用户建立连接。大家都在摸索，但很多传统品牌商基本不了解这些流量内容的玩法。新品牌成长路径的起点是品类创新，但成长高度依赖于当年的流量红利，这是弘章资本的核心观点。任何成功一定是多因素的，我们不希望一个理论的核心角度是把所有成功因素都归因为“定位”这个因素。一个理性的角度是：一家企业的成功是多因素的，但各因素权重是不同的。我们的观点更注重渠道红利，因为一旦进入某一个渠道的红利期，只要你的产品确实不错，销量的增长速度是非常可观的。

过去营销体系的整体效率在下降，因为媒介发生了很大的变化，消费者获得信息的方式发生了很大的变化，所以我们认为传统营销体系逐步失效以后，更多的是通过运营用户来做品牌。当然我们不认为构建认知效率这件事本身有问题，但从经营的实际效果来看，构建私域流量也是做品牌的一种重要方式。比如宝岛眼镜也是一个会玩新流量的老品牌，它让用户形成流量池，形成体验感，配合它的一整套营销方式，最终把用户拢在手里，构建了自己的私域流量。

消费品有三个长期壁垒：第一个是产品力，就是产品好不好，这是起点；第二个是流量网络，即通过什么渠道卖这些产品，网络构建成本如何；第三个是构建品牌认知，低成本获得消费者的认知体验。

超级场景的构建是一个相对低成本做品牌的方式。比如很多连锁品牌根本没有做广告的意愿和认知，但是它做得很大，因为门店即场景，门店即广告。有没有可能构建虚拟的场景，用很多内容视频构建虚拟的场景，连接用户的认知？要关注用户喜欢的是什么。有的快消品比较容易打造场景，而且这个场景本身是生意，也就是“我开个店，店本身是带流量的”。品牌商进行消费者教育并且承担费用，这个场景还不亏钱，然后把场景构建的消费者信任感赋予自己的爆款，使之能够在多种渠道里进行分销，这就是一个大生意。

海底捞就是具有场景特质的典型代表，还把自家调味品做成了快消品牌，它用门店、场景教育消费者，形成了心智的构建，同时赋能给自己的火锅底料，上市后增长了十倍市值。这就是做新品牌的一个思路。日本已经开始在线下的地标创设典型的场景，因为一栋楼本身就是品牌，然后用这种品牌认知和社交传播来寻找机会。

新营销概念的提出

简单来说，营销就是解决如何把产品卖得好、卖得多的问题。以往做好营销需要三大动作：品牌推广、渠道建设、终端助销。品牌推广解决消费者的认知问题，渠道建设解决市场覆盖问题，终端助销解决终端动销问题。因为在以往的技术环境下，品牌商的营销无法实现直接面对海量的消费者，面临对手竞争的压力后，就需要用营销手段树立自己的产品优势和市场优势。

如今做好营销，要用新的传播手段、新的技术手段重构一套新的更有效率的新营销体系。新营销是由以商品为中心的营销转换到以顾客价值为中心的营销，然后围绕这一理念的变革重构一套新的营销模式体系和工具方法。

长期以来，品牌商主要解决了产品规模化的问题，通过技术、工厂能够很快地实现产品规模化，而通过连接平台能够很快实现用户规模化，用户可以连接规模化的产品或者个性化的产品。以前的营销实现了快速的产品规模化，而如今科技实现了快速的用户规模化，互联网的传播逐步变成了平台化的传播方式，比如公众号、抖音、头条等。

对新营销来讲，内容平台有两大价值：一是用内容影响品牌的目标用户，起到找到用户、建立连接、产生影响的作用；二是用内容平台把目标用户连接到内容平台上，不断地用一些好的内容去影响他们，推动消费者对品牌认知的深化、关系的紧密和交易的发生。内容平台已经成为当前非常重要的营销工具，而且内容平台的营销逻辑不只是内容的传播对目标用户的影响，还包括连接环境，并且逐步走向“在传播中实现销售，在销售中产生传播”的新营销模式。

社群平台也是非常有价值的，其价值在于连接，可以把你的目标用户连接到群里。可以借助群的社交交互方式，逐步实现企业与用户之间的关系变化。群还可以不断产生社交传播裂变。目前看，渠道社群化、社群渠道化是未来营销一个非常重要的发展方向。

商品极大丰富的市场环境下，消费者对产品的认知也在改变，消费者不只是关注产品的基本功能，更关注一些场景化、个性化的需求因素。所以，如何重新定义品牌，用新的品牌内涵打动目标用户成为新营销的重点。代表性的新品牌是江小白。江小白针对年轻消费群体，用一套新的品牌定位创造出了一个白酒市场空间。江小白不仅是酒品牌，还被打造成了一个符合年轻人社交、表达诉求的品牌。

所以，产品创新在逐步变成“产品 + 服务 + 场景”的创新。如何用更好的服务方式、更好的场景化表达方式，把新的产品更完美地呈现给消费者，是整体产品创新的完整体系。建立以经营用户价值为中心的会员管理体系，可以解决企业与用户之间的价值交换问题。营销本质上就是要解决品牌与用户之间的价值交换问题，要么是心理价值的交换，要么是直接的价值交换。心理价值交换就是要形成品牌认知，让用户愿意为品牌溢价付费。

最终新品牌需要围绕目标用户的营销，重构一套经营人的营销体系，让消费者获得实实在在的价值是其中关键。

下　篇

超级品牌企业成长的全球案例研究

The Future of New Brand

第 7 章

日化行业的超级品牌

The Future of New Brand

花王

重新定义新品牌矩阵

花王发展至今已有 130 多年的历史，最早是由长濑富郎（Tomiro Nagase）在 1887 年创立的，取名为 Kao（face）Soap Company, Ltd.。之后在 1890 年推出了公司的第一款肥皂产品，并采用新月标志作为品牌的标志。1940 年 5 月，公司更名为“花王”。

随后，花王常常被称为“日本宝洁公司”，是化妆品、护肤护发、健康护理用品和衣物洗涤及家居清洁用品事业领域的全球领先企业。另外，花王还在工业化学用品事业领域提供多种优良产品。目前，花王旗下拥有 49 个品牌产品系列，知名产品包括化妆品品牌苏菲娜（SOFINA）、佳丽宝（Kanebo）；护肤品牌碧柔（Bioré）及护发品牌（Oribe）；婴儿用纸尿裤妙而舒（Merries）及口腔护理品牌（Pure Ora）；衣物洗涤品牌洁霸（Attack）等（见表 7-1）。其产品在全球 30 多个国家及地区开展业务销售。近些年来，花王业绩一直处于稳定增长态势，截至 2018 年年底的合并销售收入已达 15 080 亿日元，营业利润率在 14% 左右，集团合并员工数达 33 560 人。花王的主要财务指标见表 7-2。

表 7-1 花王产品概况

产品品类	细分产品（产品个数）	明星产品
洁肤护理用品	洁面产品（14）、卸妆产品（13）、化妆水·乳液·乳霜（10）、美容液（2）、美白（6）、面部防晒产品（1）、鼻贴（8）、唇部护理（2）、面膜（1）	碧柔系列产品、珂润（Curél）系列产品
身体护理用品	沐浴产品（2）、身体防晒产品（11）、手部护理（1）、身体护理（3）	碧柔系列产品、珂润系列产品
美发护理用品	洗发水·护发素·护发产品（6）	珂润系列产品
家庭清洁用品	洗衣产品（27）、家居清洁产品（7）、进口衣物洗护（4）	洁霸系列产品
卫生用品	婴儿纸尿裤（30）、生理卫生巾（49）、护垫（12）、吸水呵护巾（4）、成人失禁护理用品（17）	妙而舒系列产品、乐而雅（Laurier）系列产品
温热贴类用品	蒸汽眼罩（10）、蒸汽贴（4）	美舒律（MegRhythm）系列产品

表 7-2 花王的主要财务指标（2014—2018 年）

指标	2014	2015	2016	2017	2018
营业收入（百元美元）	12 904.1	13 549.3	13 418.7	13 711.6	13 882.7
净利润（百元美元）	732.7	910.1	1 165.0	1 353.4	1 414.9
总资产（百元美元）	11 030.9	11 800.9	12 320.5	285.8	425.3
净资产（百元美元）	6 190.0	6 325.7	6 365.6	7 543.1	7 691.7
营业收入增速（%）	6.6	5.0	1.0	2.2	1.2
净利润增速（%）	22.9	24.2	28.0	16.2	4.5
毛利率（%）	54.9	55.3	56.3	44.0	43.4
净利润率（%）	5.7	6.7	8.7	9.9	10.2
收入 / 总资产（%）	117.0	115.0	109.0	55.0	62.0
总资产 / 净资产（%）	208.0	187.0	194.0	4.0	6.0
净资产收益率（%）	12.2	14.6	20.6	15.0	49.3
资产收益率（%）	7.1	8.3	9.1	9.4	9.3

资料来源：标准普尔金融数据库（Capital IQ）

品牌发展路径

纵观花王的整个发展路径，集团主要通过强大的自主产品研发、上下游整合、海外并购战略拉动销售增长，打造品牌矩阵。

依靠肥皂崛起、不断变脸升级的月亮脸

在花王母公司 7 000 人中，约有 1/3 的员工拥有研究人员背景，而且公司年均研发费用保持在 400 亿～ 500 亿日元，占公司总销售的 3.5% 左右，且每年都有上升趋势，远超行业平均占比 2% 的水平（见表 7-3）。

表 7-3 花王研发费用占比（2009—2015 年）（单位：%）

年份	2009	2010	2011	2012	2013	2014	2015
研发费用 / 总收入比例	3.6	3.8	3.8	4	3.8	3.7	3.5

早在成立之初，花王就将至少 25% 的人力资源投入产品的深入研究，并且将产品研发与其品牌塑造紧密相连。花王的前身长濑商店，最初经营进口国外商品。当花王创始人接触到海外的肥皂时，深刻认识到日本本土制造的肥皂无论在品质还是在设计方面都无法与海外竞争，于是他找来当时的友人村田亀太郎合作。花王肥皂之所以能称王，是因为其自主研发的高品质的花王石碱。随后，从自主研发的卫生巾产品乐而雅开始，到 1982 年苏菲娜系列化妆产品、1983 年的一次性纸尿裤品牌妙而舒、1987 年的洁霸，花王通过自主打造研发各种划时代功能的产品，从最初的肥皂制造领域，不断扩充至其他领域。

花王发展至 1990 年左右，在旗下 10 个主要子品牌产品中，有 8 个产品都成为日本市场细分领域的领导者，在洗衣剂、织物柔软剂、漂白剂、洁肤剂和家用清洁剂这五大类产品市场中更是占有一半以上的份额。

正如花王的产品研发理念在其“花王之路”核心战略中所表明的，公司的使命是立足于消费者和顾客，竭诚提供优质产品，力求充分满足和丰富世界各国人民的生活。

上下游整合，加深品牌壁垒

从20世纪60年代开始，随着日本国内市场的竞争加剧，再加上原材料价格的上涨，花王在保持新产品的研发之余，开始向上下游拓展，从而实现了运营成本的降低并获得了更强的产品议价能力。

一方面，为了与新品类的横向拓展紧密相连，花王当时开始向上游垂直拓展，力求原材料的自给自足。花王通过与日本国内拥有垄断技术的化学公司和外资企业合资建厂来实现原料的自主采购，同时与国内外的上游高端原材料生产厂家建立排他的供应关系或者在当地建立子公司，以此来建立上游稳固、有竞争力的供应体系。

另一方面，花王开始说服其批发商共同出资建立合资公司，为花王产品销售建立专门的分销渠道。该系统极大地简化了产品从制造商到消费者之间的复杂销售方式，并为花王节约了成本，提供了竞争优势。1970年之后，花王又对实力较强的销售公司注资，逐步强化内在联系，采取广域集约与合并化的方式，成为更加独立的销售公司，纳入花王自有的销售网络。2004年，花王实现了下游渠道的子公司化与垂直整合，显著提升了销售渠道的控制力。

除此之外，花王还主动寻求物流改革，重视减少物流成本。1980年左右，花王开始构建一个从原材料调配到生产、销售再到零售店铺的一整套完备的物流管理及垂直整合系统，即供应链管理系统。正是在该套体系的帮助下，花王不仅能够向市场有效推广旗下产品，还可以极大降低产品从生产加工到销售整个过程中的运营成本，提升效率，为花王赢得了强大的市场竞争力。

通过并购拓展海外市场

20世纪80年代后期，花王开始重点进入北美、欧洲和非日本的亚洲市场。1988年，花王收购了美国的Andrew Jergens公司，将其并入花王美国主要子公司。另外，High Point化工企业于1987年被花王收购，用于为Andrew Jergens公司的化妆品和护肤品提供原材料。2001 年，Andrew Jergens 公司又以 1.35 亿美元的价格收购了博士伦公司的皮肤护理业务，从而为花王带来了珂润皮肤保湿和 Soft Sense 保湿乳液产品系列，使 Andrew Jergens 在美国皮肤护理市场位列第二，仅次于联合利华，至此建立起了其重要的北美业务。

在欧洲市场方面，1989 年，花王通过收购歌薇[①]75% 的股权，顺势进入德国及欧洲市场，并且在 1990 年，花王获得了歌薇的完全控制权。2005 年 7 月，花王以 1.7 亿英镑的价格收购了英国奢侈沐浴、护肤和化妆品制造商摩顿布朗（Molton Brown）。

花王在非日本的亚洲市场进行的拓展则更为成功，整体业绩表现良好。1990 年开始，花王分别在中国香港、中国台湾、马来西亚、菲律宾、新加坡和泰国市场与宝洁和联合利华并肩发展业务。随着最初 10 年的发展，花王对中国和越南等新开放的新兴市场越来越重视，从 20 世纪 90 年代早期到中期，这些地区每年的总收入增长率达到 15%。2001 年，花王的四种核心品类被选中进入中国市场，包括面部清洁剂、女性卫生用品、洗发水和洗衣剂。次年，花王（中国）控股有限公司成立，加强了中国市场的广告宣传力度。

在 2006 年年初，花王完成了其发展历史上规模最大的收购交易，以 37 亿美元收购了陷入财务困境的佳丽宝化妆品公司。这次交易的完成，使花王一跃成为日本第二大化妆品生产商，并使其能够更好地与市场领导者资生堂竞争。佳丽宝是一家年收入约为 18 亿美元的公司，其产品在全球约 50 个国家和地区销售，而且拥有广泛的零售网络。并购之后，花王立即制订计划，更加积极地进军中国化妆品市场，而佳丽宝化妆品作为花王的全资子公司则继续独立经营。目前，佳丽宝在中国大陆地区市场销售的主要品牌有日月晶采（LUNASOL）、芙丽芳丝（Freeplus）、开架彩妆凯朵（KATE）、雅呵雅（AQUA）、金炫光灿（COFFRET D'OR）、印象之美（Impress）等。

---

① 歌薇（Goldwell），一家为世界各地专业发型师提供美发和美容产品的德国制造商和销售商。——编者注

此后，花王又经过了多年稳定增长的发展期。直到 2017 年 12 月，花王收购了 Oribe 护发品牌。Oribe Hair Care 公司成立于 2009 年，是美国美容品牌孵化器（Luxury Brand Partners）旗下的高级专业护发品牌资产，主要通过高端沙龙，包括美国高端连锁百货尼曼（Neiman Marcus）、巴尼斯纽约精品百货（Barneys New York）和波道夫·古德曼高档百货（Bergdorf Goodman）在内的知名零售商，销售奢侈护发产品。Oribe 护发品牌在 2017 年创造了超过 8 000 万美元的收入和约 3 000 万美元的 EBITDA（税息折旧及摊销前利润）。此次交易推动了花王沙龙部门产品组合的增长，其中包括歌薇和 KMS，并促使花王成为专业护发行业领域内的优质品牌。

这些海外收购及投资合作大大增加了花王在日本本土市场以外的销售收入。2018 年，花王在日本国内的销售占比为 65%，而其他海外地区的占比为 35%；其中，美洲占比 9%，欧洲占比 9%（见表 7-4 和图 7-1）。花王未来海外业务的增长情况可能将如其提出的 2030 年计划目标，海外销售收入要突破万亿日元。目前，海外市场销售收入已经占花王集团总收入的 35% 左右。花王集团公示，在 2030 年前，花王要突破 2.5 万亿日元，其中海外市场销售收入将占据 40%。

表 7-4　2018 年花王各地域收入对比（单位：亿日元）

地域	2015	2016	2017	2018
日本	7 954.0	8 264.7	8 328.4	9 048
亚洲	2 062.1	—	—	2 435
美洲	1 116.4	—	—	1 266
欧洲	1 112.1	1 033.3	1 145.7	1 209
亚洲其他地区	—	1 267.1	1 361.4	—
中国	—	885.2	1 196.4	—
美洲其他地区	—	236.7	279.3	—
美国	—	797.8	912.4	—
总收入	12 244.6	12 484.8	13 223.6	13 958

资料来源：Consolidated Financial Results 情报公司

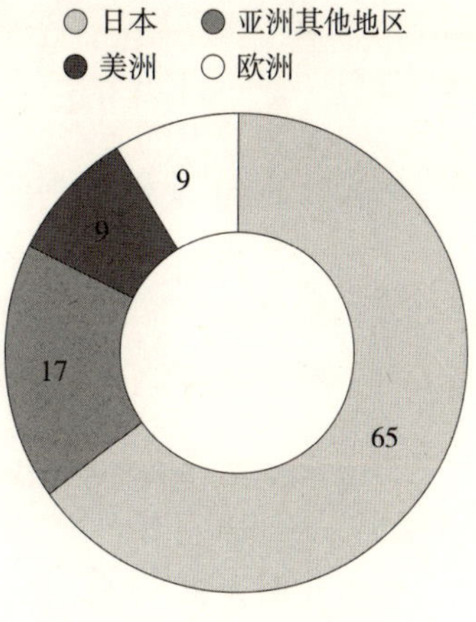

图 7-1　2018 年花王地域收入占比（单位：%）

“G11+R8”战略，重新定义新品牌矩阵

在全球美妆行业市场迈向高端化的趋势下，花王集团于 2018 年 5 月 18 日制订了“11 个全球战略品牌 +8 个本土战略品牌”（简称 G11+R8）品牌战略计划，准备重新梳理和调整旗下 49 个品牌的美妆业务部门。目前，花王集团美妆业务有佳丽宝、e’quipe、苏菲娜、珂润、摩顿布朗五大板块，但各业务板块均为独立运营，导致各业务板块品牌数量众多，各品牌之间定位不清晰。花王集团计划将旗下 49 个化妆品品牌削减 40%，淘汰销售增长乏力的品牌，包括护肤品牌 DADA、RAPHAIE 等。同时，为了应对全球美妆市场高端化以及日本本土市场年轻群体消费行为的变化，花王集团筛选出“G11+R8”品牌，创建了新的全球投资组合，打造了个性鲜明的品牌矩阵（见图 7-2），以此促进其包括日本在内的亚洲及欧洲的业务增长，力争在 2020 年实现销售收入 3 000 亿日元以上、营业利润率 10% 的业绩。

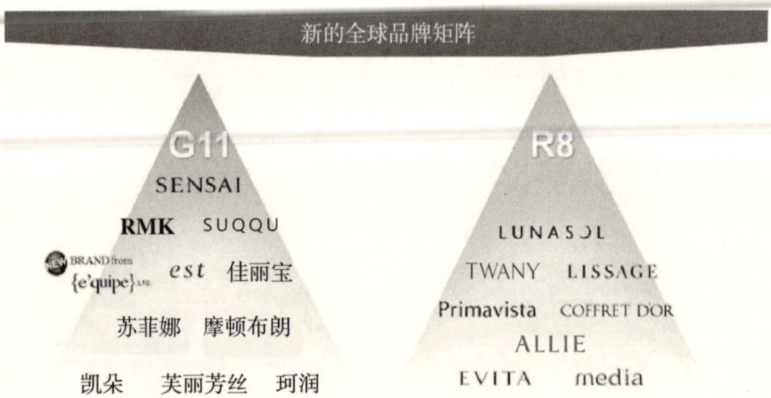

图 7-2 “G11+R8”战略

资料来源：化妆品财经在线网（www.cbo.cn）

G11 分别为 SENSAI、RMK、SUQQU、est、佳丽宝、苏菲娜、摩顿布朗、凯朵、芙丽芳丝、珂润及新品牌 e’quipe。

近年来，花王集团在中国内地市场的化妆品零售业务以中低价位品牌为主，相比其他竞争对手在高端化妆品领域的扩张速度来说，步伐缓慢。因而，为了应对中国高端化妆品市场的高速增长，花王集团于 2018 年 9 月将旗下高端品牌苏菲娜投入中国市场，并计划于 2020 年把 SENSAI、佳丽宝也投入中国市场，可以看出未来中国市场将是花王集团高端品牌的核心发展方向。

除了强化高端品牌矩阵，花王集团还将三款在亚洲市场表现亮眼的大众护肤品品牌珂润、芙丽芳丝和彩妆品牌凯朵持续扩大。凯朵将不断扩大在亚洲的实体店；芙丽芳丝在中国业绩抢眼，后期会陆续在日本本地及东南亚进行培养；而珂润今后将往欧洲和美国发展。

R8 分别为 LUNASOL、LISSAGE、TWANY、Primavista、COFFRET D'OR、ALLIE、EVITA 和 media。在日本本土业务方面，花王集团将以往的高、中、低三个品牌分类，重新定义为专柜品牌和自助品牌。专柜品牌由受过专业培训的美容师，通过咨询的方式为顾客提供更精确化的服务；自助品牌将围绕明星产品，利用电子商务的红利快速扩张市场。

财务分析

从花王近 10 年的业绩情况看，公司销售收入一直处于稳步提升状态，虽然有两波小幅的降低，但整体增长趋于稳定（见图 7-3）。值得注意的是 2012 年之后的一波下降，主要是因为当时日本与美元的兑换汇率大幅降低，外加花王有近七成的业务是日本国内业务，所以在折合成美元指标后，销售收入受到了不小的影响。

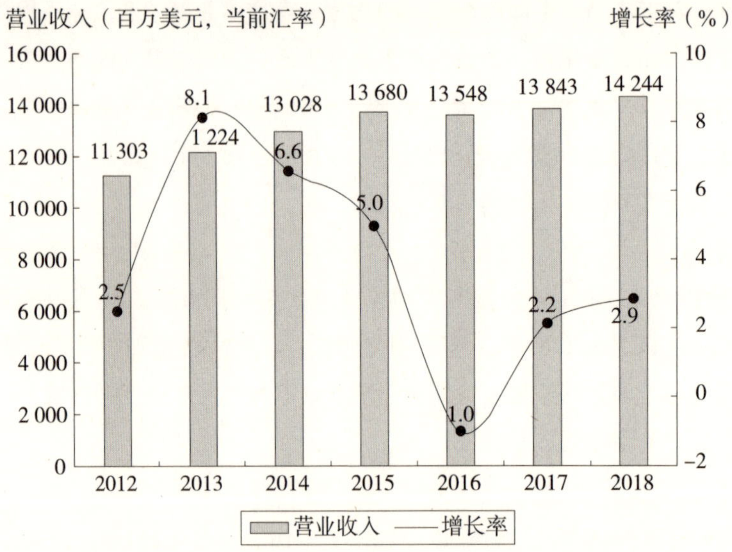

图 7-3　花王营业收入及增长率（2012—2018 年）

资料来源：晨星资讯公司（MorningStar）

收入占比情况

目前，花王主营业务主要分为化学品业务和消费品业务，占比分别为 20% 和 80%；而在消费品业务中又分为三大块，分别是个人健康护理业务（占比 19%）、织物和家庭护理业务（占比 22%）和美容护理业务（占比 39%），如图 7-4 所示。

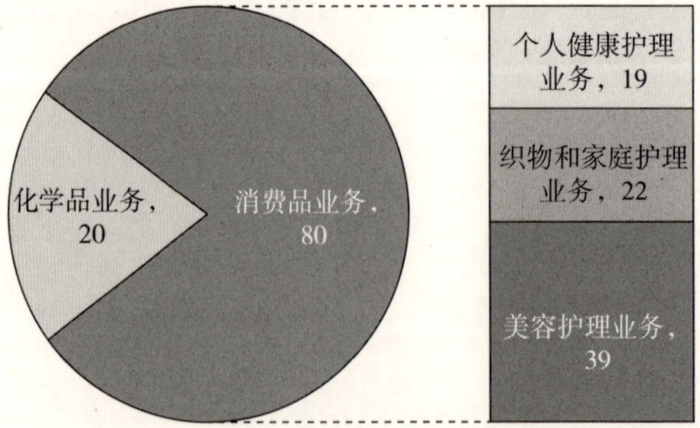

图 7-4　花王主营业务占比（单位：%）

竞争对手分析

我们分别挑选了花王在日化国际与国内市场中最主要的行业竞争对手——宝洁公司和狮王公司，进行对比分析。

从利润率表现上来看，2014—2016 年，花王与狮王的毛利率都处于较高水平，基本稳定在 45% ～ 60% 的区间波动，较宝洁高出接近 10 个百分点（见图 7-5）。近两年的毛利率均有所下降，主要原因是市场竞争加剧，消费者不再为品牌溢价买单，企业不得不通过价格战占领市场。

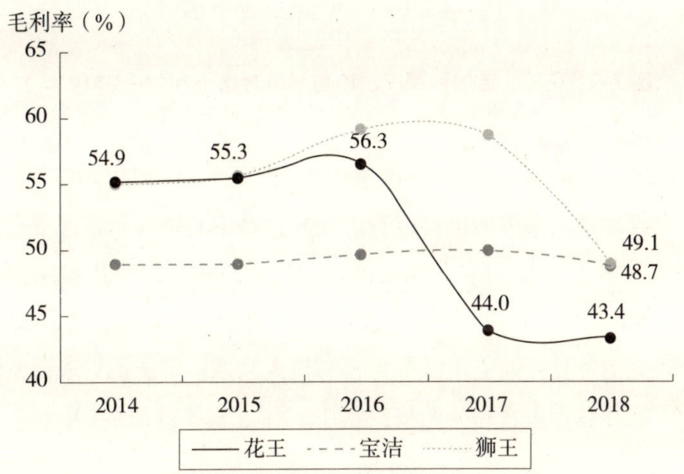

图 7-5　花王、宝洁和狮王的毛利率对比（2014—2018 年）

资料来源：晨星资讯公司

而从净利润率水平来看，整体表现最好的是宝洁，明显高于花王与狮王，平均净利润率达 15%，2018 年更是达到了 14.8%，可见宝洁的盈利能力要明显强于其他两家公司；其次是花王，从 2010 年以来，公司净利润率一直处于上升状态，到 2018 年，公司净利润率已经突破 10%；而狮王的净利润率一直处于 5% 以下，不过近几年一直在缓慢增长，到 2018 年出现了大幅度增速，达到了 7.3%（见图 7-6）。

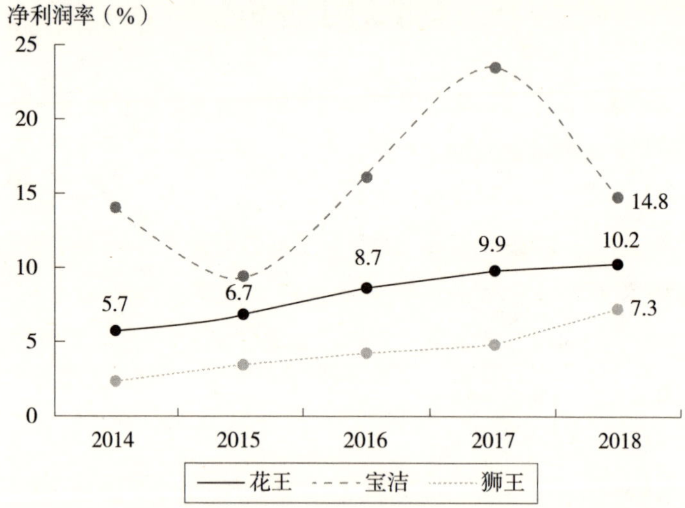

图 7-6 花王、宝洁和狮王的净利润率对比（2014—2018 年）

资料来源：晨星资讯公司

从销售和管理费用率方面也可以看出差异，狮王的销售和管理费用率最高，一直居高不下，在接近 50% 的水平线上波动；其次是花王，但其销售和管理费用率在不断降低，到了 2018 年出现小幅度的上升，达到了 29.5%，这和公司一直主张产品自主研发定价并且控制上下游主导权有很大关系；宝洁相对来说整体表现最为优异与稳定，销售和管理费用率始终控制在 30% 左右（见图 7-7）。

而从三方的经营业绩数据表现来看，三方的差异也较为明显，宝洁始终位居第一，EBITDA 利润率在 25% 上下波动；花王表现其次，EBITDA 利润率在 15% ～ 18%；而狮王最低，EBITDA 利润率在 8% ～ 13%（见图 7-8）。

而从净资产收益率表现看，宝洁整体表现较优，在 14% ～ 18% 波动；而花王净资产收益率一直上升，在 2015 年超过了宝洁，2018 年达到 18.9%；狮王最低，但从 2014—2018 年，净资产收益率也稳定上升至 13.9%（见图 7-9）。

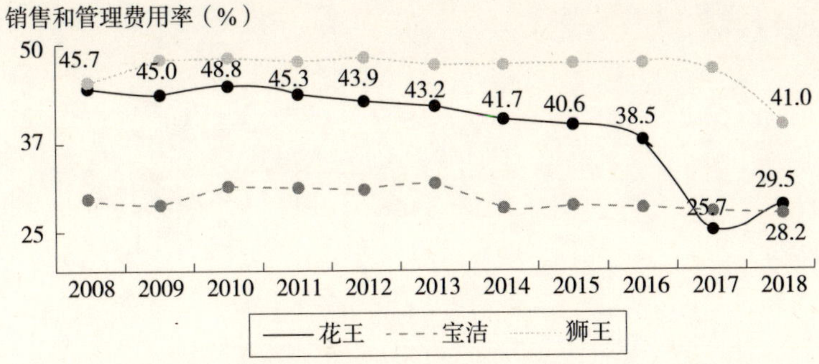

图 7-7　花王、宝洁狮王的销售和管理费用率对比（2008—2018 年）

资料来源：晨星资讯公司

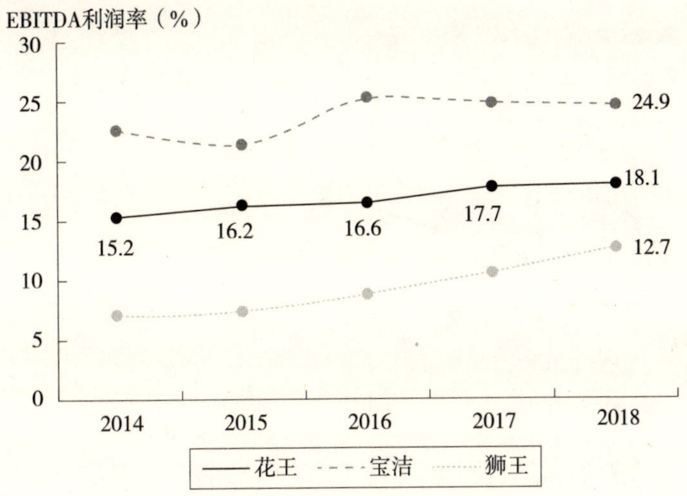

图 7-8　花王、宝洁和狮王的 EBITDA 利润率对比（2014—2018 年）

资料来源：晨星资讯公司

从存货周转天数看，在三家公司中，花王的整体天数最多，在 80 ～ 90 天区间变动，变现速度最慢；狮王的近期表现和花王相近，周转天数已升至 85 天；而宝洁的存货管理工作效率高，且有逐年降低的趋势，到 2018 年已降至 50 天（见图 7-10）。

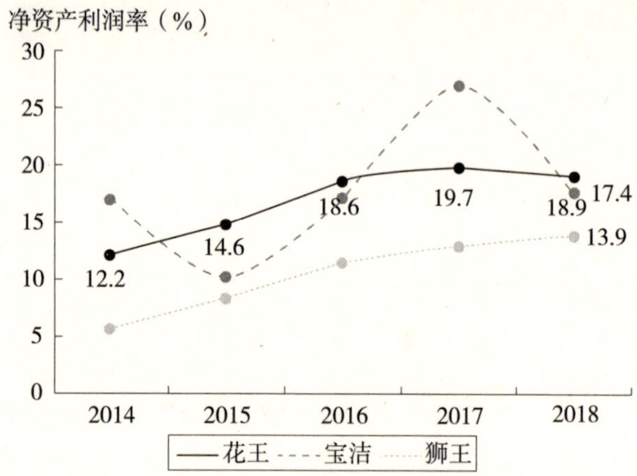

图 7-9　花王、宝洁和狮王的净资产利润率对比（2014—2018 年）

资料来源：晨星资讯公司

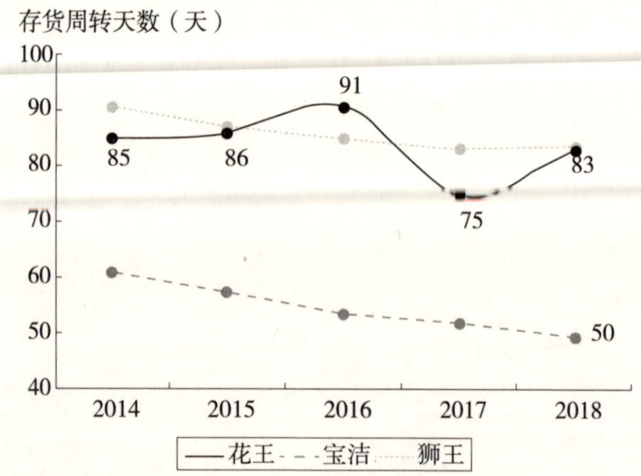

图 7-10　花王、宝洁和狮王的存货周转天数对比（2014—2018 年）

资料来源：晨星资讯公司

股价和估值

从花王的股价来看，到 2012 年年底之前，股价走势比较平稳，2009 年前在 3 000 日元上下波动；2009—2013 年，股价经历低谷期，平稳在 2 000 日元左右。2013 年年初开始，公司股价开始大幅上涨，从 2 290 日元上涨最高至 2018 年 10 月的 9 290 日元，涨幅达 4 倍以上。这和公司业绩在日本国内下行的经济环境中的逆市稳定增长并符合市场预期有较大关系。花王股价走势如图 7-11 所示。

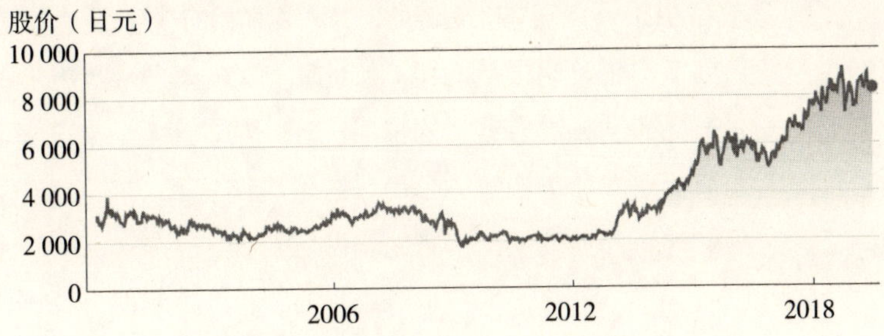

图 7-11　花王股价走势（2006—2018 年）

资料来源：晨星资讯公司

在估值方面，花王近两年的估值整体处于平稳上升状态，市销率倍数从 2 倍升至 3 倍左右；市盈率倍数则从 25 倍左右向 30 倍增长（见图 7-12）。

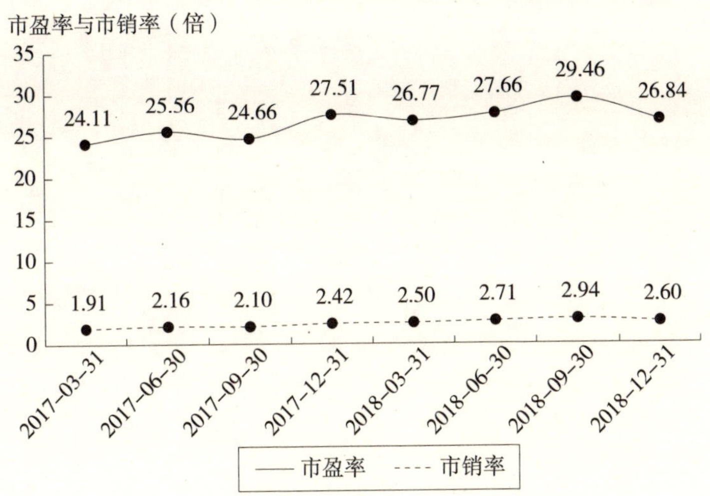

图 7-12　花王市盈率与市销率（2017-03-31 至 2018-12-31）

资料来源：标准普尔金融数据库

The Future of New Brand | 新品牌的未来

小结和启示

花王纸尿裤无论在中国还是日本，都被誉为纸尿裤界的“硬通货”，即便在日本，妈妈们也要凭借宝宝出生证明限量购买。如此简单的一款产品却出现供不应求的现象，说明花王在产品研发和供应链上的长期沉淀。整体来看，花王一直以来都是一家非常注重后端产品研发和供应链的公司。在供应链层面，花王会选择在主力品类上自建工厂，虽然这个周期较长，但有助于做好品控。

在研发层面，对于花王来说，研发一款新产品需要达到五项原则：①造福于社会的原则，产品应真正对社会有用；②创造性原则，含有创造性的技术；③性价比原则，性价比优于竞争对手；④彻底调研原则；⑤流通适应性原则，确保将商品特征在所有流通环节传达给消费者。这五项原则决定了花王的产品竞争力，也成就了消费者心目中的众多经典品牌。

任何一个新品牌的成长从长期看都是一个积累的过程，其中，产品力和技术的差异化是核心。有些网红品牌追求快速的营销手法，但在产品本质上缺乏壁垒，往往仅是一时增量，品牌很快就会陨落。

The Future of New Brand

DSC

超越吉利的线上第一剃刀品牌

在美国，剃须刀的购买体验普遍较差。此外，在全球许多地方，为了安全防盗，产品大多放在锁柜中，导致它们不能被直接从货架上取下，更不用说被近距离地观察和体验。此外，事实上大部分美国人理解的高端剃须刀，本质上只是在剃须刀上增加一个可振动把手和一个刮片，通过营销渲染，价格被大幅拉升，以吉利为例，其毛利率超过 60%。更有甚者，卖场为了确保毛利而普遍拒绝直接销售刀片，这让消费者被迫花更多的钱来重复购买造价极低的产品。

美国的剃须产品市场长期被吉利称霸。由于吉利市场营销得当，消费者将吉利品牌定义为剃须刀中的奢侈品，因此在以前如果男士一同在澡堂镜子前刮胡子，使用吉利的男士就被视为有身份。此外，吉利成为送礼者的首选，女性在选剃须刀作为礼物时，首选大品牌，比如吉利，吉利剃须刀因此成为拥有社交货币属性的产品。所以，吉利剃须刀以前在美国除了有常规的男士护理功能外，还能为消费者提供情感需求的满足，使其品牌影响力之于该市场的地位毋庸置疑。2005 年，宝洁斥资 570 亿美元将其收购，经过持续发展，在 2010 年时，吉利已占有超过 65% 的美国剃须产品市场份额。

按传统来看，如果市场出现垄断性极高的寡头企业，那么其品牌及在渠道上的强势必将让众多初创企业望而却步。不过，再有垄断能力的企业在时代变迁的大潮中也难免尴尬，因为消费者变得越来越理性，不再对大品牌盲目崇拜，进而产生了新品牌的机会。在美国，传统大品牌在年轻一代的心目中成为老套和过时的象征，加上男士在公众场所展示剃须刀的场景已经消失，个人身份及品位无法通过剃须刀获得认同。当购买剃须刀的行为回归理性后，吉利在新时代的品牌影响力和竞争力相对以前有所下降。

马克·莱文（Mark Levine）和迈克尔·迪宾（Michael Dubin）看准时代变迁引发的市场机会，于 2012 年共同创立 Dollar Shave Club（以下简称“DSC”），DSC 采用用户订阅制模式，用户先付费，企业为用户提供相应服务。最开始，订阅用户每个月花 1 美元即可按时收到 DSC 寄来的新刀片，这项举措有针对性地解决了市场上剃须刀价格高昂以及消费者需重复购买刀身的痛点。此外，随着消费者生活习惯的改变，送货上门这项服务也成为一大吸引力。同时，对互联网的善加利用帮助 DSC 有效地与用户进行较频繁的互动，理解用户剃须习惯，以便日后开发符合市场需要的产品，提高用户复购率，增强用户黏性。

品牌发展路径

在北美市场中，DSC 不是第一家提供剃须刀送货上门服务的企业。一家名为 Manpacks 的企业是首家提供产品送货服务的平台，产品包括剃须刀、男士内裤等，品类及 SKU 较多。但由于需求过于分散，企业无法精准分析顾客需求，导致销售不理想。而 DSC 则专注男士剃须刀市场，采取精准的客群定位，成为首家在剃须刀市场突破常规的公司。DSC 利用精准的营销及顾客管理系统，最大化发挥线上订阅会员制这种商业模式的优势。

DSC 为了理解用户的消费习惯可谓费尽心思，通过互联网打通了与用户的连接，而 DSC 的最大对手——吉利，则继续沿用传统的经销商模式，因此 DSC 在顾客运营上比其他传统剃须刀企业有明显优势。DSC 利用此优势，尽可能地开发用户，与他们形成强连接，进行共创。DSC 的顾客管理案例包括启动了一项名为 Club Pro 的服务，功能为透过邮件、电话、社交软件、社交媒体等较容易触达的渠道为用户解答关于剃须的问题，通过交流对市场进行深度分析及提出洞察。此外，DSC 在深入了解美国各地的剃须习惯方面持续投入，力求先了解消费者的真实需求，然后有针对性地提供产品满足他们。比如，了解到用户使用粗糙的纸巾会引起疼痛，DSC 专门为此研发能解决该痛点且高性价比的湿纸巾，提高用户的消费体验，增加满意度。

DSC 营销

2012 年 3 月 6 日，DSC 在视频网站上发布了一则仅有 90 秒，由迈克尔·迪宾亲自出镜的视频，视频中经典的句子包括“你每个月花在剃须刀上的 20 美元，其中 19 美元给了网球明星费德勒”（因为吉利偏好用大牌名人代言，所以销售费用极高），以及“在电视广告中，帅气的男人拿着 10 层刀片剃着胡须。还记得你帅气的爷爷只用刀片就刮得很干净吗？”（所谓的技术革新并未向消费者提供具有巨大差异的服务）。视频内容除了批评剃须刀巨头企业的暴利以及不符合市场需求外，更重要的信息则是向消费者宣布 DSC 的创立。这则耗资 4 500 美元制作的广告大获成功，视频发布当天便引来 1.2 万个订单。时至今日，该视频的总观看次数已达到 2 600 万次。相对于吉利的明星效应及强调技术革新的营销模式，DSC 让消费者把目光投放到充满男人味的生活氛围中，弱化过分宣传产品技术革新，使用户能专注于情感的满足并感受轻松购物的心理。

由于 DSC 具有较强的互联网属性，通过互联网及口碑传播的速度远比传统企业快，加上消费者对传统剃须刀企业的价格、购买途径等不满其实蓄积已久，所以当 DSC 的视频开始在网上火爆，并与大多数消费者产生心理共鸣后，其粉丝及大众便通过各种渠道宣传品牌，帮助 DSC 完成快速推广及裂变。由此可见，互联网属性强且懂得运营的企业可借助渠道进行有效传播，提高品牌曝光度。

与此同时，由于话题性的红利周期极短，为提高用户留存率及复购率，DSC 每月为用户制作富有性价比、有关产品使用方式及相关搭配等信息的杂志作为附加礼物，一方面让用户更容易熟练掌握使用 DSC 的所有产品，另一方面则向用户进行享受精致人生的思想教育。后者使用户感觉贴心，更愿意主动向朋友圈及生活圈等分享其订阅该服务的体验。目前，DSC 在脸书、推特（Twitter）、照片墙

（Instagram）、Vine 等社交媒体上已有很强的影响力，而且将继续通过以上渠道投入更有效的营销策略，获取更多订阅用户和消费用户。由于得当的运营及营销，DSC 在 2015 年获得近 15% 的美国剃须刀市场份额；其线上市场份额超过 50%，超越吉利成为线上剃须刀第一品牌，DSC 从此一跃成为剃须界的强大企业。

供应链

DSC 与供应商的紧密合作也是其关键资源。DSC 采用的策略是向其他供应商购买剃须刀手柄和刀片，公司生产部门基本不干涉，只需要把控产品研发及成品质量。

尽管不能通过自主生产将成本降至最低，但可以确保公司把精力投放到运营及顾客管理上。同时，因为 DSC 并未涉及生产，在考虑产品设计的出发点时从来不用考虑自身工厂的生产线，所以 DSC 在其现有产品竞争优势消失的情况下，可以灵活地改变产品组合。

市场地位

吉利尽力地模仿 DSC 的模式，针对性地推出了采取类似商业模式的吉利俱乐部，其服务同样为线上剃须产品的订阅及送货上门，与DSC进行直接竞争，图 7-13 展示了二者俱乐部产品与服务的异同。吉利俱乐部对外宣称已有超过 200 万名会员表示不再选择其他网络平台订购剃须刀，但由于整体服务与价格未能与 DSC 相媲美，再加上吉利在直接面对顾客的经营方面有所欠缺，无法有效进行原有客群的转化及留存，结果吉利在设立吉利俱乐部的措施方面未能阻止 DSC 开疆拓土的步伐。目前，DSC 在美国线上剃须刀及其周边产品的市场中已经处于垄断地位，发展相对稳定。但剃须刀市场终归有“天花板”，为更好地实现收入增长，DSC 有意扩充产品品类。

DSC产品与服务

- 提供三种订阅选项：Humble Twin、4X和Executive；根据档次区分，每月定价分别为3美元、6美元、9美元
- 同时提供各种个人护理产品，包括Dr. Carver的剃须护理产品系列、Big Cloud的面部护理产品系列、Boogie美发产品系列，还有Fresh by Charlie湿纸巾等
- 新订阅用户可以在第一次购买后免费获得一个剃须刀手柄，还会收到打折的入门包裹，包含相关的个人护理产品；会员可以随时更改其订阅细节或取消会员资格

吉利俱乐部产品与服务

- 提供三种订阅选项：Mach 3 Turbo、Fusion Pro Glide和Fusion Pro Shield；每3月定价分别为17.5美元、18美元、22.49美元
- 虽然宝洁提供了许多个人护理和美容产品，但除了吉利剃须俱乐部的剃须刀盒外，没有其他选项可以捆绑订购
- 针对成员赠送产品，并有机会赢得娱乐和体育赛事的门票
- 订阅者可以随时更改或取消其会员资格，公司承诺会为不满意的客户退款

图 7-13　DSC 与吉利俱乐部产品与服务的对比

销售业绩

DSC 在成立之初的 2012 年收入为 600 万美元，在 2015—2016 年增长势头迅猛，2015 年销售收入达 1.5 亿美元，2016 年达 2 亿美元，用户约 300 万人（见图 7-14）。截至 2017 年，DSC 已拥有美国剃须刀刀片市场约 10% 的份额，其线上剃须刀销售市场占比更是超过 50%，年销售约 2.5 亿美元，同比增长约 25%。从 2016 年开始由于联合利华的介入，双方处于磨合期，企业整体精力分散导致增速放缓。2018 年，行业竞争激烈，因此该年度较 2017 年销售同比增长只有 10%，销售增速持续放缓；尽管美国全国用户已增至 390 万人，但新用户的增速也在放缓，DSC 需进行较大规模的内部调整并尝试推出更多扩张计划，重拾高速增长率。

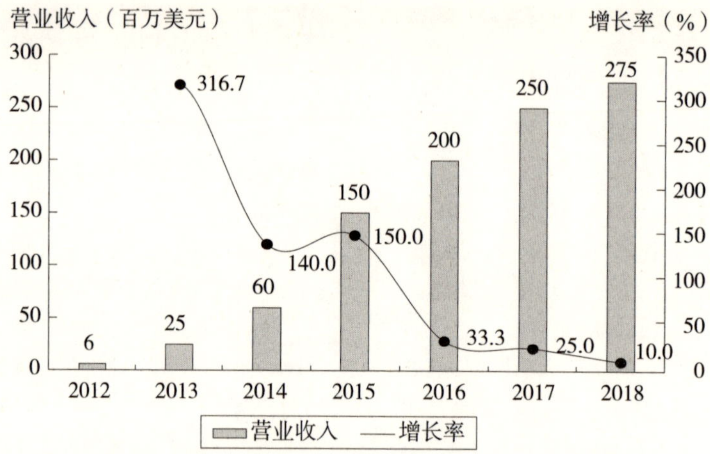

图 7-14 DSC 营业收入及增长率（2012—2018 年）

资料来源：彭博社（Bloomberg）

新业务规划

男士香水市场主要被传统奢侈品品牌，如雨果博斯（Hugo Boss）、CK、香奈儿等掌控，市场需要新鲜血液，而正积极拓展业务的 DSC 瞄准该市场，于 2018 年推出了一款名为 Blue Print 的香水产品，打算进军男士香水行业。另外，自动售货机也为 DSC 的一大尝试，自动售货机将分阶段于洛杉矶、旧金山、纽约等地的购物中心及交通枢纽进行安装，在为品牌获取更多新用户之余，也能为老用户提供更多产品和服务。

目前，DSC 的服务已从剃须刀产品扩展至用户日用护理全品类产品线，用户能够享受 DSC 提供的 Full Service 服务，新用户将收到价值 15 美元的产品，包括剃须刀、护发和口腔护理产品；一个月后，用户会收到另外一套价值 48.88 美元的补充装产品以及无时间限制的购物优惠券。DSC 表示，Full Service 服务有望成为 DSC 促进销售增长的一种方式，预计市场反应较好，其销售业绩可能会是预期的 4 ～ 5 倍。

为了丰富男性日用护理产品线，自 2019 年以来，DSC 的员工规模已扩大 25%，共有 300 人。与此同时，DSC 已经开始在加拿大和澳大利亚开展业务，下一步将以登陆欧亚市场为目标。其中一大挑战将是美国男性与欧亚男性的个人护理需求、习惯以及仪容仪表的审美均存在较大差异，因此 DSC 在进入以上市场前，需要进行大量基础调研工作，确保 DSC 在每个新业务地区都能一炮而红。

财务分析

联合利华在 2014 年收入下降至 544 亿美元，同比增速为 –2.7%；但在 2015—2017 年收入有所改善，平均年销售均超过 590 亿美元，但在 2018 年因全球整体经济下滑导致营收大幅回落 5.1% 至 570 亿美元（见图 7-15）。2019 年 1 月 1 日，新的 CEO 艾伦・乔普（Alan Jope）上任，于 2019 年带领联合利华再创辉煌。

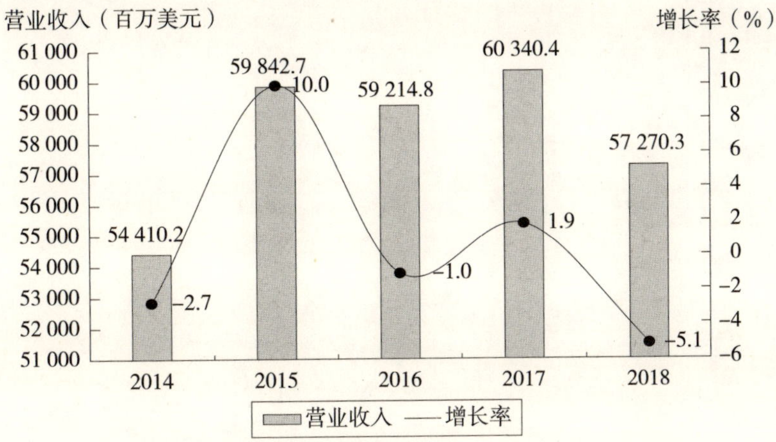

图 7-15 联合利华营业收入及增长率（2014—2018 年）

资料来源：标准普尔金融数据库

竞争对手分析

联合利华最大的国际竞争对手是雀巢和宝洁。另外，联合利华还面临当地市场或众多公司某些产品系列的竞争，包括 Beiersdorf、ConAgra、达能、汉高、火星、百事可乐、Reckitt Benckiser 和 S. C. Johnson & Son。联合利华、雀巢和宝洁作为跨国消费品巨头，下文将就三者进行对比。

毛利率 & 净利润率对比

从利润率来看，近期以消费日用品为主营业务的宝洁与主要做食品饮料业务的雀巢的毛利率均接近 50%，覆盖这两种业务的联合利华的毛利率也稳定在 40% ～ 45%，且从 2015 年开始，毛利率有稳定增长的趋势。在净利润率方面，雀巢与宝洁波动较大，联合利华则处于稳定上升态势。2018 年，净利润率在近几年首次超越雀巢及宝洁（见图 7-16）。

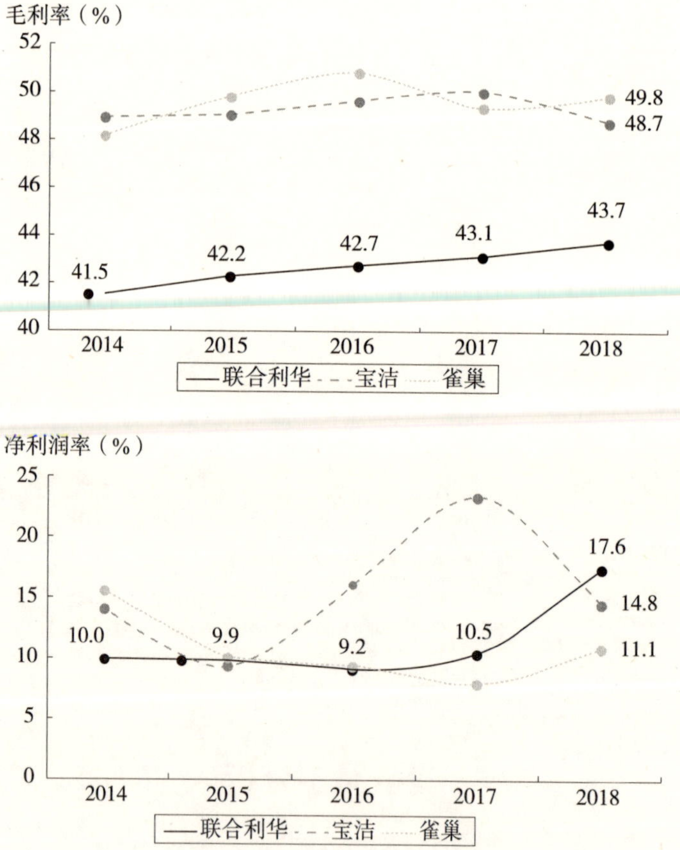

图 7-16 联合利华与宝洁、雀巢的毛利率和净利润率对比（2014—2018 年）

资料来源：标准普尔金融数据库

从销售和管理费用率数据来看，雀巢的营运成本费用率最高，年均超过 30%，而联合利华则控制得最好，2018 年更把比例降至 17.3%。联合利华的 EBITDA 利润率整体呈上升趋势，反映营运能力的把控表现良好。联合利华在销售和管理费用率的下降及 EBITDA 利润率的上升，均显示其在资源整合及营运上持续进行良性调整，期待联合利华将有更好的表现（见图 7-17）。

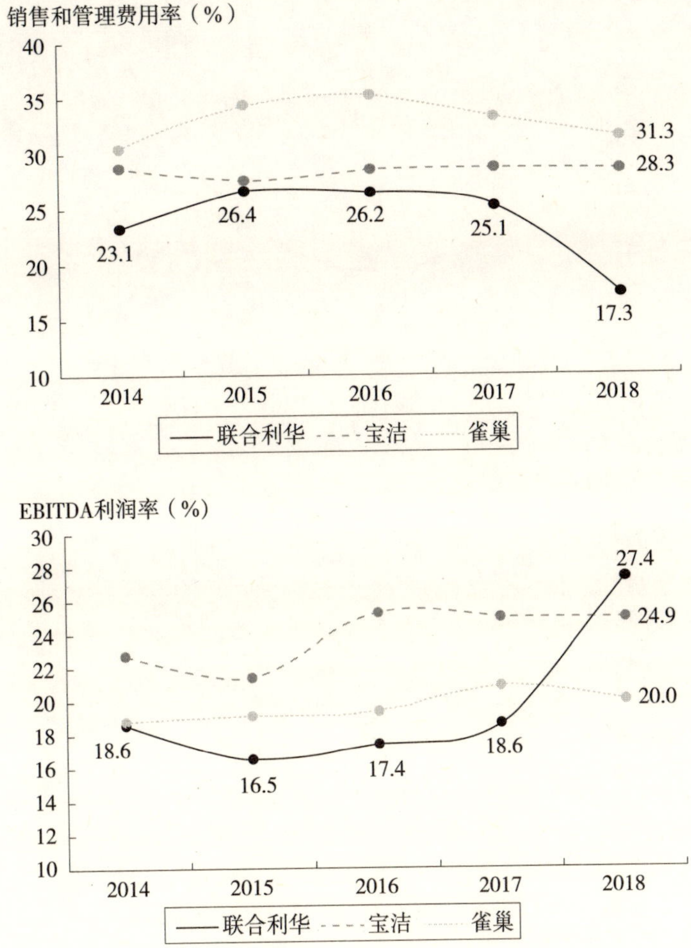

图 7-17　联合利华与宝洁、雀巢的销售和管理费用率及 EBITDA 利润率对比（2014—2018 年）

资料来源：标准普尔金融数据库

从投资回报率上来看，联合利华长期以来表现优异，在净资产收益率与资产收益率方面比宝洁和雀巢均具有较明显优势。2018 年，其净资产收益率与资产收益率分别高达 74.51% 和 15.7%，净资产收益率比宝洁高出几倍，比雀巢高出 1 倍，显示联合利华的盈利能力有所改善（见图 7-18）。

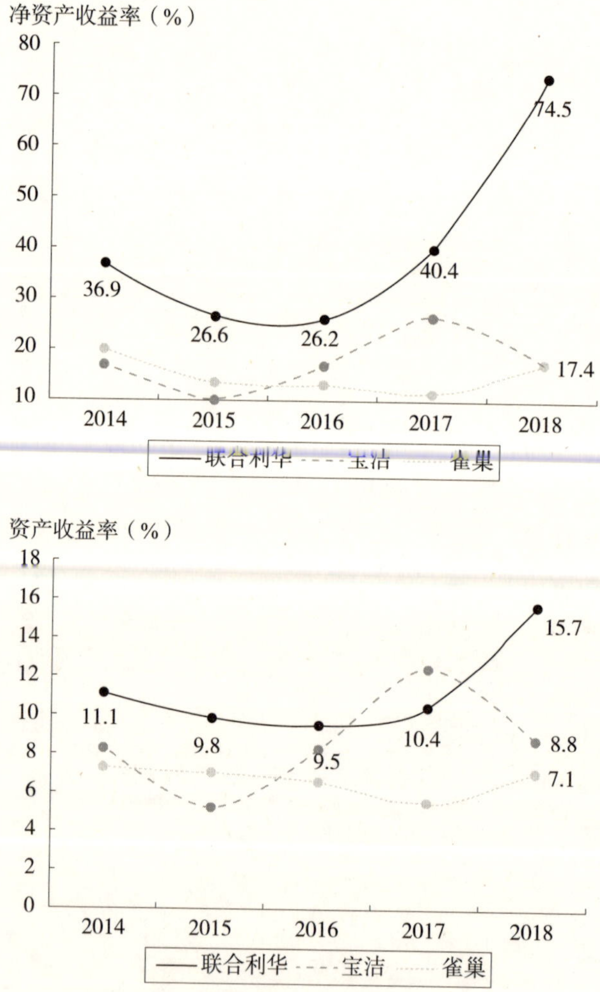

图 7-18 联合利华与宝洁、雀巢的净资产收益率及资产收益率对比（2014—2018 年）

资料来源：标准普尔金融数据库

股价与估值

从联合利华整体股价走势图来看，股价从上市以来一直处于稳定波动上升状态，2017 年第一季度开始升高，并持续于 50 ～ 60 美元徘徊；2019 年年中，股价升到每股超过 62 美元（见图 7-19）。

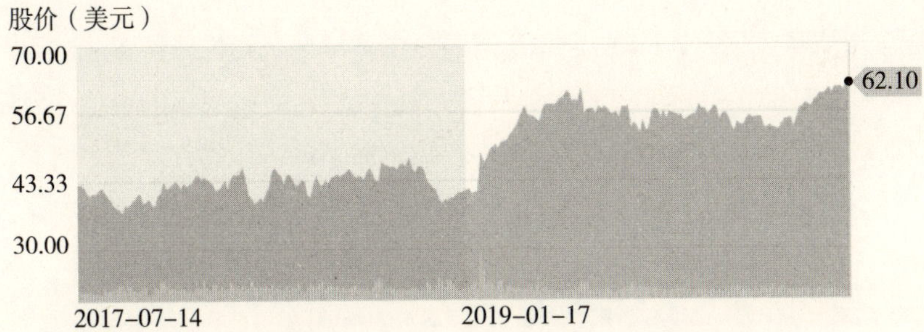

图 7-19　联合利华股价走势（2017-07-14 至 2019-01-17）

资料来源：雅虎财经

在估值方面，近年来，联合利华的市盈率和市销率呈稳步提升状态，市盈率从 10 倍波动上升至最高 16 倍左右，市销率则在 1.15 ～ 1.46 倍的范围内徘徊（见图 7-20）。市盈率与市销率均低于宝洁及雀巢。

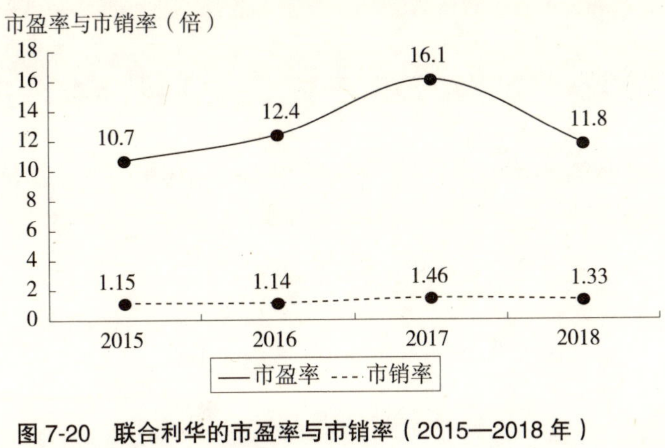

图 7-20　联合利华的市盈率与市销率（2015—2018 年）

资料来源：标准普尔金融数据库

小结和启示

剃须刀行业的特性

剃须刀市场与服装市场本质上有所不同，主要体现在男性消费者同时拥有多个品牌产品的概率不高，他们一旦对某品牌形成认同后，更换品牌的可能性极低。因此，在剃须刀市场中，极有可能出现单一品牌垄断某种市场细分领域的情况。这意味着每位 DSC 的订阅用户未来出于对剃须刀的需求，很可能会直接选择购买 DSC 旗下产品，自然形成强黏性，DSC 有成为行业垄断企业的可能性。

DTC 模式让企业绕开中间商，从传统层层经销商的模式中释放利润空间并以高性价比产品吸引用户。此外，由于并无中间商的存在，DSC 采取与用户直接建立连接及防止用户被传统下游渠道掌握的模式，能有效增强用户黏性。

互联网宣传是年轻人的主要触点。聚焦资源渗透年轻人群市场，利用 Youtube 及其他社交媒体进行传播，引起关注及共鸣。在产品及品牌形象得到用户认同后，部分用户便会自发性宣传，形成良好的口碑效应。

与传统老牌企业竞争

由于大部分传统老牌企业领导者为职业经理人，他们偏向追求稳定发展，对于创新业务的尝试较为保守。此外，老牌企业长期依赖传统广告渠道，在线上投放资源的速度相对年轻品牌慢，间接为年轻品牌提供了弯道超车的机会。

差异化产品

DSC 的产品强调简单及实用，与吉利的部分产品被过度开发的情况形成明显的反差。

技术进步将带动产品及服务的提升

由于 DSC 从创立第一天就开始收集数据，随着科技的发展，对于消费者的分析精准率将越来越高，在产品研发上也会更有效地解决用户痛点，用户黏性随之提升。

在中国快速崛起的小米生态链企业中，8H 品牌也是一个非常类似的案例。趣睡科技公司从床垫供应链倒逼产品创新，对接小米平台的优质流量红利，从一个月几百万元的销售收入快速提升为一年 10 多亿元的销售收入，并且从单一平台扩展到多个平台，从单一床垫品类扩展到多种家居品类。8H 品牌就是一个超级性价比、在研发上解决用户核心痛点的新品牌。

The Future of New Brand

贝亲

全球第一的儿童护理产品制造商

贝亲公司成立于1957年，是日本知名母婴用品品牌。贝亲以奶瓶产品起家，目前已经延伸至包括哺乳、断奶、清洁、卫生和食品在内的五大类400多种产品，成为享誉全球的知名品牌。1988年贝亲于纳斯达克上市，2002年进入中国市场，中国目前已成长为贝亲全球第二大市场。

贝亲创始人仲田佑一（Yuichi Nakata）创立贝亲之前，上过战争前线，第二次世界大战后立志帮助和平国家的儿童健康成长，因此从和平鸽中获取灵感，以Pigeon（鸽子）命名，研制开发专业的婴儿用品。目前，贝亲拥有3 875名员工，公司主要财务指标概览见表7-5。

表7-5 贝亲主要财务指标（2014—2019年）

指标	2014	2015	2016	2017	2018	2019
营业收入（百万日元）	77 465.0	84 113.0	92 209.0	94 640.0	102 563.0	104 747.0
净利润（百万日元）	6 985.0	8 451.0	10 197.0	11 118.0	14 515.0	14 238.0
总资产（百万日元）	57 955.0	72 367.0	73 943.0	78 889.0	84 467.0	86 006.0
净资产（百万日元）	39 979.0	47 295.0	50 792.0	53 736.0	62 811.0	66 582.0
营业收入增速（%）	19.0	8.6	9.6	2.6	8.4	2.1
净利润增速（%）	9.0	10.0	11.1	11.7	14.2	13.6
毛利率（%）	44.5	45.5	47.0	47.2	49.3	51.4
净利润率（%）	9.0	10.0	11.1	11.7	14.2	13.6

续表

指标	2014	2015	2016	2017	2018	2019
收入 / 总资产（%）	134.0	116.0	125.0	120.0	121.0	122.0
总资产 / 净资产（%）	194.0	178.0	182.0	176.0	163.0	157.0
净资产收益率（%）	19.9	19.8	21.3	21.7	25.3	22.6
资产收益率（%）	16.3	16.2	16.1	17.2	19.9	18.9

资料来源：标准普尔金融数据库

品牌发展路径

贝亲公司的历史也是奶瓶产品不断研发和精进的历史。1949 年，贝亲的前身——Dofu Boeki 公司在日本首创革命性的旋盖式宽口奶瓶，与以往将奶嘴直接罩住奶瓶的直插式奶瓶相比，显得尤为清洁卫生，开启了奶瓶奶嘴的新纪元。随后在产品研发上不断精进，1954 年率先推出聚乙烯材料奶瓶——S 型奶瓶，瓶身呈六角形，便于婴儿捏握。1956 年推出 F 型奶瓶，玻璃瓶身上绘有可爱动漫插图，使育儿变得轻松愉快。1965 年通过改良瓶口部位的成型方法，内驱内侧丝口部位的凹凸，推出具有划时代意义的 W-8 型奶瓶。1979 年推出新型 K 型奶瓶，末端的独特外观设计非常平稳，也利于奶粉的搅拌。基于长期进行的哺乳研究，2002 年推出母乳实感型奶瓶和奶嘴，奠定品牌最接近母亲乳头的好口碑。基于对婴儿吮吸运动的研究成果，2011 年推出自然实感奶瓶奶嘴系列。

1969 年，贝亲遇到“福尔马林事件”危机，是其重要转折点，当时在贝亲奶嘴中检测到少量的福尔马林残留。为了挽救公司形象、承担社会责任，贝亲免费向日本的 4 万～ 5 万家药店免费派送奶嘴，因此贝亲奶嘴在日本全国范围内获得大量传播，获得了消费者的信任，业务稳步增长。

基于在母婴用品的生产技术和知识沉淀，贝亲不断追求开发更优质的婴儿用品，围绕奶瓶推出周边产品，比如奶瓶清洁剂、安抚奶嘴、婴儿牙刷等，并扩展到婴儿及孕妇的日常用品领域，包括洗护用品、婴儿食品和孕妇用品。

贝亲是一家成功的护理产品制造商，更是一家优秀的育儿服务商。从 20 世纪

90 年代开始，在日本低出生率的大背景下，贝亲开展了品牌增强策略，将品牌力扩展到托儿与老人照护领域。当时日本政府推动在企业内部实行托儿机制，鼓励员工生育，贝亲凭借在育儿领域的专业产品和人才，和大型企业合作承接开设婴儿照料中心，如今包括丰田、日立等企业内部的托儿所都属于贝亲公司规划负责。此外，贝亲还开办学院课程及提供保姆调度服务。贝亲还进一步意识到日本社会的老龄化现象，将婴幼儿照料服务的专业经验复制到老人照护业务。

除了专注本国产品和服务，贝亲管理层很早就开始筹划海外业务，1974 年成立新加坡子公司，逐步推进在亚洲其他国家的扩张步伐。20 世纪 90 年代初期，日本国内市场增长放缓，1996 年贝亲开始向中国出口，2002 年正式成立中国子公司且在随后的发展中取得巨大成功。2004 年通过收购美国兰思诺（Lansinoh）实验室进入欧美市场，在北美以及英国、德国等欧洲国家推进兰思诺业务，2010—2011 年相继并购 mOmma、Earth friendly baby 品牌。

60 年来对婴儿喂养及成长过程的研究和耕耘，成就了贝亲在母婴产品和服务细分场的地位和口碑，“母婴用品专家”的品牌形象深入人心，成为全球妈妈最信赖的品牌之一。图 7-21 展示了贝亲历史沿革。

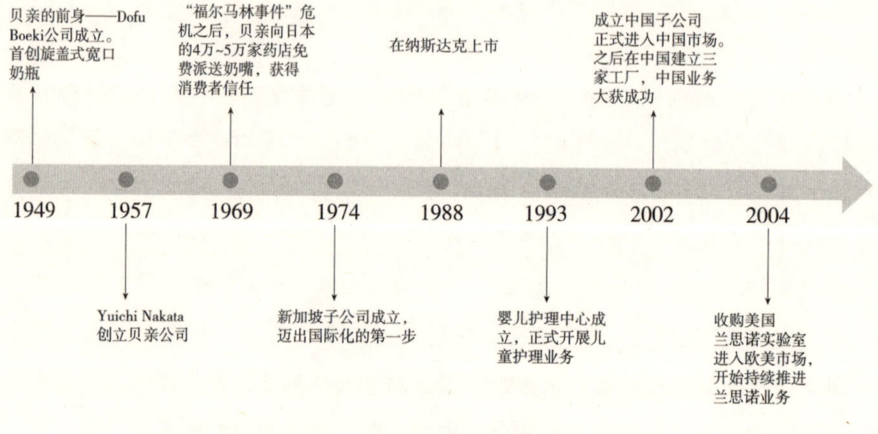

图 7-21 贝亲的历史沿革

资料来源：贝亲公司官网，弘章资本整理

贝亲的Logo是两颗心合在一起的形状，象征母亲和孩子之间的纽带，也代表了贝亲（Pigeon）的首字母——“P”，这颗双心代表贝亲通过分享产品和服务来体现爱的承诺。虽然贝亲不能取代孩子的母亲，但贝亲集团的管理理念——爱，象征着母爱，坚信只有爱才能产生爱。

核心成功要素分析

注重研发，产品驱动

贝亲的历史主要就是奶瓶的发展史，公司创始人仲田佑一在20世纪50年代初期作为经理人接手贝亲时，贝亲已经到了极为严峻的境地，奶瓶大量滞销，现金流入不敷出，同时还欠着巨大的贷款。面对困境，仲田佑一赌上自己的全部私有财产，下决心要造出世界上最好的奶嘴，因此他亲力亲为，在新品研发上倾注全力。

仲田佑一花了6年时间周游日本，询问哺乳期的母亲是否可以喝她们的奶。他有时会主动提出付钱，但经常遭到拒绝，甚至被扇耳光。据说他为了造出尽可能接近真正乳头的奶嘴，试吮过大约1 000名产妇的乳房。

于是，贝亲在1952年后相继推出B型奶瓶、C型奶瓶和S型奶瓶，这些奶瓶率先使用了聚乙烯材料，划时代地革新了业界标准，成为现代奶瓶的原型。如今，贝亲早已成为国际著名母婴用品品牌，不需要再为资金周转而挣扎，仲田佑一也早已离开经营岗位，但贝亲仍然没有放弃基础研究，不断推陈出新。为了试图弄清婴儿在母乳喂养时是如何喝水的，贝亲对婴儿行为连续进行了60多年的观察。如今在东京的产品实验室中，贝亲还招募了200对母婴，仍在为了开发出最接近真实母乳的奶嘴而努力。

为了能在国际市场销售和日本本土同样品质的产品，贝亲在重要的海外市场也建立了产品供应、开发系统以及员工培训系统，以研发出满足当地需求的产品，并建立一个高度可靠的质量控制体系。比如在中国的三家工厂，引进国外先进生产流水线，严格按照PQS（Pigeon Quality Standard，贝亲质量标准）来执行管理，产品出厂前必须要通过中央实验室严格的质量检验。

适应老龄化社会，多品类战略齐头并进

日本在生育率下滑的同时，迅速进入老龄化社会。当 1947—1949 年出生的婴儿潮一代全部进入 65 岁以上年龄段时，这一群体人口已经增长到 3 500 万以上，这意味着超过 1/4 的日本人至少已经 65 岁。2015 年，日本政府对养老体系做出调整，将政策从机构养老转向家庭养老，并且增加了老年护理保险承担的费用。

贝亲早在 1975 年就成立了 Habilis 事业部，目标指向老年市场。1983 年，开始在 Habilis 品牌下推出护理产品。进入 21 世纪以来，贝亲凭借先进的质量控制体系和零售店、机构医院等多渠道的优势，又上线了抗衰老产品、老年口腔护理产品和老年移动设备等新的产品线。

目前在贝亲的老年护理业务中，提供包括洗漱、沐浴、卫生、膳食、移动工具等产品，老年护理业务板块年收入在 70 亿日元左右，占集团总体营业收入的 6.7%。未来还将通过护理轮椅、可调节高度的桌子、洗护系列等新产品来提高盈利能力。

寻找第二增长曲线，积极开展海外业务

日本生育率在经历 30 多年的下滑后，母婴用品市场空间在不断缩小，而且贝亲在日本已经高度渗透，国内市场已经饱和。为此贝亲放眼全球，40 多年前就开始了国际化战略，相继在新加坡、泰国设立办事处开展业务。2002 年，正式进入中国市场，先后在上海、常州建立三家工厂。2004 年，又加快国际化步伐，收购了美国兰思诺实验室，进军美国、印度及欧洲市场。

自从 2015 年中国全面放开二胎之后，母婴用品市场迎来黄金发展时期，贝亲在战略上把目光投向了市场空间高出日本十几倍的中国市场，持续加大对中国市场的投入。中国区业务收入在 2018 财年已经追平了日本国内的收入，2019 财年会成

为贝亲的最大业务部门。

财务分析

2018 财年，贝亲营业收入为 1 047 亿日元，运营利润为 196 亿日元，经常性利润为 204 亿日元。归属于母公司股东的净利润达到 142 亿日元。2009—2018 财年，营业收入年平均增长率 7.7%，而净利润增速远超收入增长，9 年平均增速达到 19.6%（见图 7-22）。

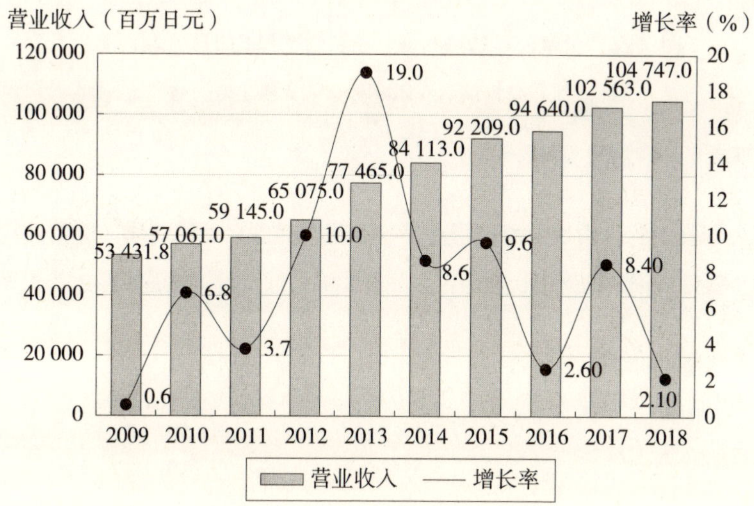

图 7-22　贝亲公司营业收入及增长率（2009—2018 年）

资料来源：标准普尔金融数据库

品牌的不断积累构建了贝亲强大的“护城河”，其盈利能力逐年增强。相比 2009 财年，2018 财年毛利率提升了 51.4%，净利润率提升了 13.6%（见图 7-23）。

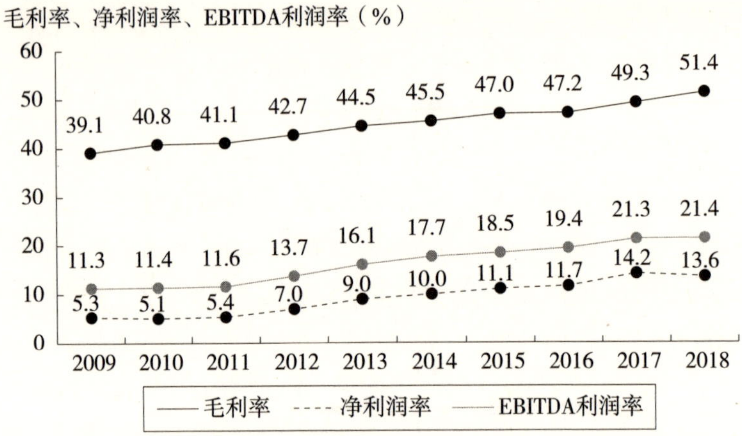

图 7-23 贝亲公司的毛利率、净利润率和 EBITDA 利润率增长情况（2009—2018 年）

资料来源：标准普尔金融数据库

贝亲公司强大的自由现金流也呈现了一家优秀品牌企业的特质。经营性现金流随着收入稳步提升，资本性支出长期稳定，品牌影响力的贡献价值越来越大（见图 7-24）。

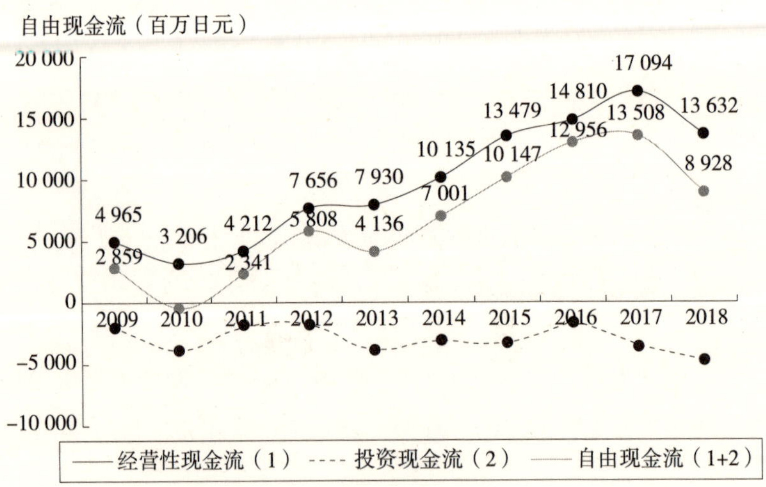

图 7-24 贝亲公司现金流（2009—2018 年）

资料来源：标准普尔金融数据库

在 2010—2012 财年，贝亲公司因中国业务出现短暂的库存周转缓慢的问题，2013

财年解决后周转效率提升。长期来看，公司业务规模持续扩张并没有降低资金周转效率，现金循环周期得到有效下降（见图7-25和表7-6）。

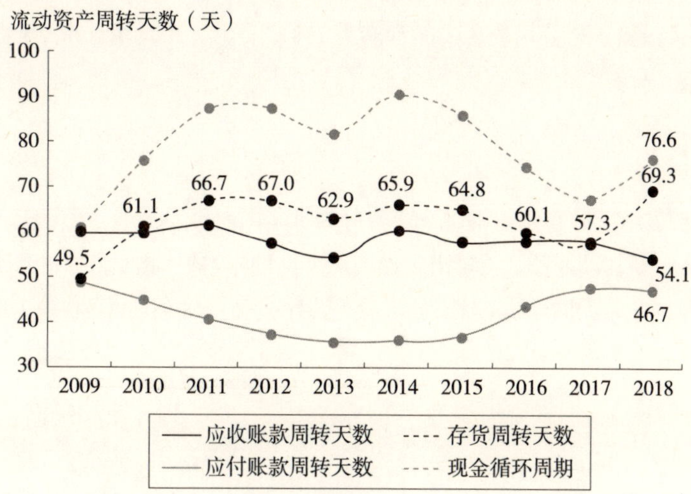

图7-25 贝亲流动资产周转天数（2009—2018年）

资料来源：标准普尔金融数据库

表7-6 贝亲现金循环周期天数（2009-01至2018-01）

现金循环周期	2009年1月	2010年1月	2011年1月	2012年1月	2013年1月	2014年1月	2015年1月	2016年1月	2017年1月	2018年1月
应收账款周转率（%）	5.2	6.1	6.1	6.0	6.3	6.7	6.0	6.3	6.3	6.3
应收账款周转天数（天）	69.6	59.8	59.6	61.3	57.6	54.4	60.4	57.7	57.8	57.9
存货周转率（%）	7.1	7.4	6.0	5.5	5.4	5.8	5.5	5.6	6.1	6.4
存货周转天数（%）	51.4	49.5	61.1	66.7	67.0	62.9	65.9	64.8	60.1	57.3
应付账款周转率（%）	7.0	7.5	8.1	9.0	9.8	10.3	10.2	9.9	8.4	7.7
应付账款周转天数（天）	51.8	48.4	44.8	40.6	37.3	35.6	35.8	36.7	43.5	47.5
现金循环周期（天）	69.2	60.9	75.8	87.4	87.3	81.8	90.6	85.8	74.4	67.6

资料来源：标准普尔金融数据库

在 2017 年 3 月，贝亲公司发布了 2018—2020 年 3 年中期发展规划。对于中期管理计划最后一年的 2020 财年，目标销售收入为 1 100 亿日元，计划 3 年内平均增长率为 5.1%；营业利润 200 亿日元，平均增长率 7.7%，经常性利润 200 亿日元，平均增长率 6.7%；归属于母公司股东的净利润为 138 亿日元，平均增长率 7.5%。

业务模式

公开材料显示，贝亲公司将旗下业务分为日本国内母婴护理、儿童护理、老年护理、中国业务、新加坡业务、兰思诺业务及其他。下面以收入贡献最大的日本国内母婴护理业务及中国业务为例详细阐述，两大业务合计贡献了 68% 的销售收入（见图 7-26）。

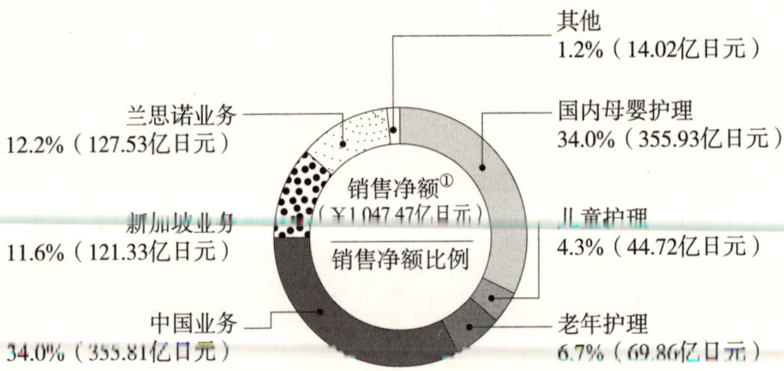

图 7-26　贝亲公司 2018 财年年报

资料来源：贝亲公司年报

国内母婴护理业务

国内母婴护理业务是贝亲公司的核心业务，2018 财年贡献了 34% 的销售收入，同比增长 5.2%。贝亲日本国内业务长期依赖的因素是人口出生率，而 2018 年日本的出生人数为 91.8 万人，比上年的 94.6 万人减少了 2.8 万人，且预计将持续下降，加之贝亲在日本国内业务发展成熟多年，渗透率高度稳定，来自本土消费者的需求增长很小，这一增长更多来自入境游客增加的需求增量。图 7-27 体现了日本近

① 销售净额指消除部门之间的交易后的金额。各分项销售收入之间有所重叠，所以相加大于销售净额，百分比相加大于 1。——编者注

几十年来的新生婴儿数量。

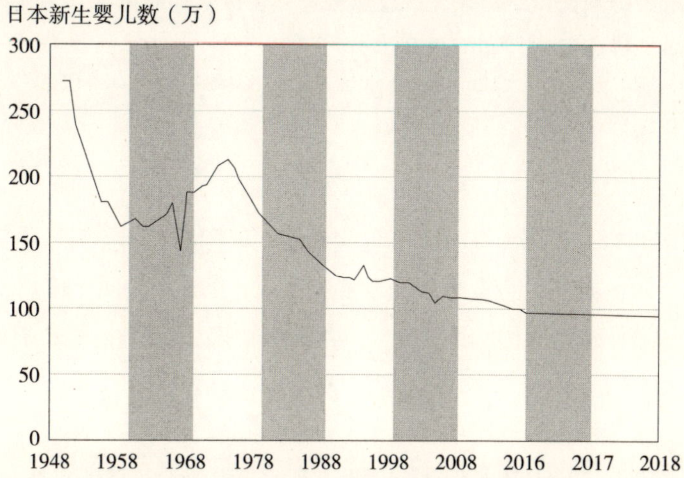

图 7-27　日本新生婴儿数持续下降（1948—2018 年）

资料来源：日本厚生劳动省

奶瓶和奶嘴是贝亲的两大核心产品，这两种产品类型约占 18% 的国内销售收入，估计占 25% 的合并销售总额，包括海外销售收入。其他主要产品包括护理垫、婴儿湿巾、护肤品、孕妇用品、婴儿推车和吸奶器（见图 7-28）。

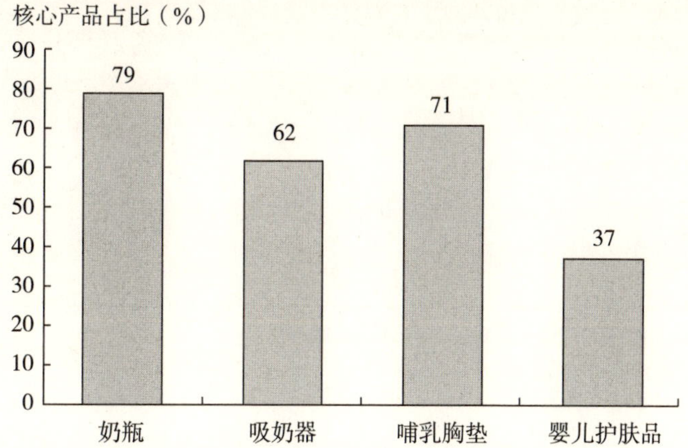

图 7-28　贝亲核心产品占日本国内市场份额

资料来源：贝亲公司年报

在日本国内，贝亲品牌在消费者心目中拥有强大的影响力，贝亲公司多个产品在细分市场所占份额保持绝对领先，反过来进一步夯实品牌形象，避免陷入产品同质的低价竞争，持续保持较高的盈利能力。

中国业务

2016 财年开始，中国业务分类下包含韩国、俄罗斯、菲律宾、中国台湾和其他一些公司。2019 财年，该业务板块营业收入 356 亿日元，同比增长 3.7%，实现营业利润 120 亿日元，同比增长 23.2%，营业利润率达 33.6%，远高于日本国内母婴业务（见表 7-7）。

表 7-7　贝亲中国业务的收入情况（2014 年 1 月—2018 年 1 月）

指标	2014 年 1 月	2015 年 1 月	2016 年 1 月	2017 年 1 月	2018 年 1 月
销售收入（百万日元）	21 980.0	26 302.0	31 688.0	30 533.0	34 494.0
年度增长率（%）	—	19.7	20.5	–3.6	13.0
海外市场销售收入（百万日元）	21 684.0	25 776.0	31 195.0	30 315.0	34 171.0
年度增长率（%）	—	18.9	21.0	–2.8	12.7
内部交易或转移（百万日元）	296.0	525.0	493.0	218	323.0
毛利润（百万日元）	9 430.0	11 490.0	14 130.0	13 620.0	19 730.0
年度增长率（%）	—	21.8	23.0	–3.6	44.9
销售毛利润（百万日元）	42.9	43.7	44.6	44.6	57.2
销售和管理成本费用（百万日元）	3 390.0	3 970.0	5 540.0	5 270.0	10 010.0
年度增长率（%）	—	17.1	39.5	–4.9	89.9
销售和管理成本占销售收入比例（%）	15.6	15.4	17.8	17.4	29.3
营业利润（百万日元）	6 041.0	7 525.0	8 587.0	8 355.0	9 716.0
年度增长率（%）	—	24.6	14.1	–2.7	16.3
营业利润率（%）	27.9	29.2	27.5	27.6	28.4

注：2017 财年收入下滑源于日元在 2016 年内大幅升值。

资料来源：贝亲公司年报

贝亲 1996 年开始出口至中国，2002 年建立中国子公司，将中国列为最重要的潜力市场，高度重视品牌在中国的传播和知名度。2006 年，贝亲在上海设立第一家工厂，生产奶瓶、奶嘴、洗涤剂和洗漱用品，2011 年在常州工厂投产，主要生产乳垫和婴儿湿巾，2013年开始切入婴儿尿布品类。目前，贝亲在上海外高桥、青浦和常州拥有三家工厂，除了生产本土化，研发部门和管理团队的本土化也相对其他外资品牌更为突出，力求在产品研发、品牌传播和销售思路上都更加理解中国消费者，更加贴近和符合中国消费特色。

在销售渠道方面，相比强生等欧美品牌，贝亲进入中国稍晚，因而贝亲避免在商超渠道的正面竞争，专注开发母婴店渠道，赶上了母婴专业店发展的黄金10年。根据公开数据，贝亲2016年覆盖终端门店1.3万家，其中3 482家终端设立了贝亲品牌馆。

因为管理团队高度本土化，针对中国零售渠道的变化，贝亲公司反应迅速，2010年即在天猫开设贝亲官方旗舰店，抓住了中国电商，特别是天猫平台的高速发展期。目前，中国地区线上业务占比超过40%。此外，贝亲也深谙线上流量的玩法，充分把握年轻消费者的喜好及倾向，利用合适的网络红人在微博、微信、小红书等社交平台通过直播、短视频、软文等形式传播品牌最新状况，提高曝光率，获取“90后”“95后”年轻一代母婴用品主力消费群体。

在品类方面，贝亲公司在中国地区将盈利能力较强的奶瓶、奶嘴和护肤产品定位为重点品类。2018财年，重点品类销售收入增长4.0%，达到119亿日元。2013年，基于在中国积累的品牌深度，贝亲在中国市场推出中高端婴儿纸尿裤——真绵实感系列（零售价格2～3元/片，其他公司常规产品1.5～2元/片），强化了产品线，而这一品类在日本本土并未推出。2018财年，“桃子水”保湿乳和母乳实感my precious系列奶瓶继续稳健增长，两款新产品——带把手的奶瓶和蒸汽灭菌器，也引起了热烈反响。

资本市场

依赖于在中国市场的持续高速增长，贝亲公司的股价自2013年以来持续走高，2018年创下6 490日元的历史最高价格，2019年之后有所回落。最近6年以来，上涨近6倍，目前股价4 335日元，市值5 192亿日元（见图7-29）。

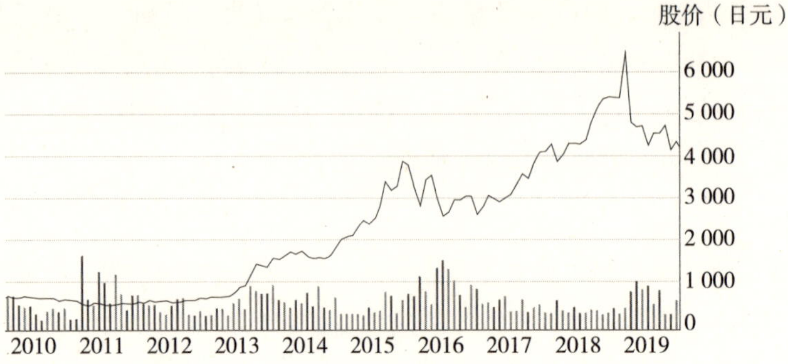

图 7-29 贝亲的股价走势（2010—2019 年）

资料来源：雅虎财经

股价与估值

贝亲公司估值常年保持较高水平，5 年平均市销率为 4.52 倍，5 年平均市盈率为 37.7 倍（见图 7-30）。总体来看，贝亲 TEV/LTM EBITDA（过去 12 个月公司总价值 EBITDA）和市盈率走势大致相同，2013 年以后市盈率与净利润同步上涨，推动股价飞速上涨。2015 年市盈率达到 26 倍的历史高位，之后一直保持在 17 ～ 25 倍，此时段股价由净利润单方面驱动。贝亲公司当前 TEV/LTM EBITDA 为 22.53 倍，市盈率为 37.52 倍。

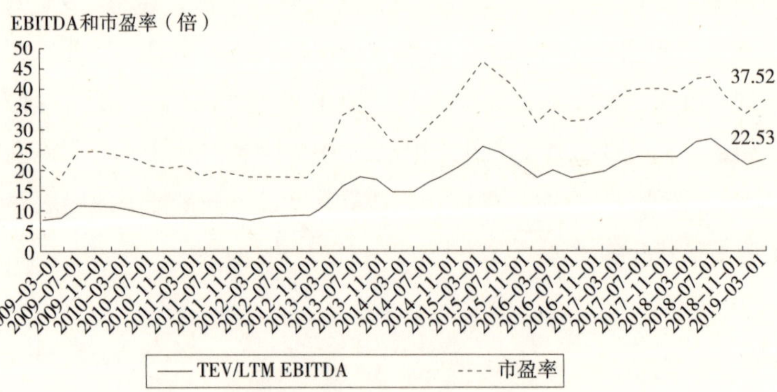

图 7-30 贝亲的 TEV/LTM EBITDA 和市盈率走势

（2009—2019 年）

资料来源：标准普尔金融数据库

小结和启示

很多国外品牌在中国的营销都遭遇了水土不服的困境，如何在中国市场找到精准的受众群体成为他们的难题。相对于其他品牌在营销和渠道上的高举高打，贝亲更在意社群化精准营销，建立自己的私域流量。

从一开始，贝亲就非常重视在中国市场的品牌传播和知名度，但很少投放广告，包括电视广告和杂志广告，针对产品的特殊适用人群——妈妈和婴儿，贝亲将品牌传播的重点放在医院渠道。2009 年，作为与中国卫计委的联合项目，贝亲在 34 家主要医院开设了母乳喂养咨询办公室，截至 2018 年 1 月，已经与全国约 280 家医院建立了合作伙伴关系，通过专职的育儿专家团队，提供与母乳喂养相关的教育活动，协助政府提供育儿支援。这样的公益活动，一方面打造了企业的社会责任形象，提升品牌影响力，另一方面通过医院和医生的权威推荐获得了妈妈的认知和信任。虽然这一渠道受众基数较小，却是完全精准的受众，传播效果显著。

此外，贝亲非常重视与消费者的互动。第一，贝亲在原有针对医院活动的基础上，加强通过微信、微博直接与用户沟通，并利用合适的网红进行内容生产和分发，再加上官方打造的社群“妈咪俱乐部”，频繁推出免费试用活动和咨询服务。通过与消费者的互动，不仅让消费者了解新品，也可以第一时间获取消费者的试用效果和评价。第二，通过形式多样的推广活动，如婴童展览会（CBME）、全国巡回的亲子活动、母乳喂养宣传活动、话剧等丰富多彩的活动形式，普及健康正确的育儿知识和技能，保持与消费者的持续情感沟通，强化品牌的专业性，潜移默化地促进消费者对产品的认同和消费。

从价值观的角度来看，中国市场的一系列营销战略是贝亲“爱”的理念一脉相承的体现。从战术的角度来说，贝亲在集团层面深刻认识到中国新一代家庭已经从

"80 后"转移到了"90 后""95 后"，以及媒介传播去中心化特点，把握住年轻一代的妈妈习惯通过互联网获取科学育儿知识、分享育儿经验并为自己和宝宝选购母婴用品的趋势，选择了通过线上线下立体式的传播来构建自己的私域流量，这类私域流量必定是认同贝亲品牌价值并愿意付费的精准用户。

The Future of New Brand

Church & Dwight

超级品牌战略的日化品牌

Church & Dwight Co.,Inc.（以下简称“CHD”）是一家专业开发、生产和销售一系列家庭、个人护理和专业产品的美国制造商，于特拉华州注册成立，总部位于新泽西州尤英。公司知名品牌产品包括艾禾美（ARM & HAMMER）小苏打、TROJAN 安全套、XTRA 洗衣粉、OXICLEAN 洗衣添加剂、Nair 脱毛剂、FIRST RESPONSE 验孕棒、Orajel 口腔护理止痛剂和 Spinbrush 电动牙刷等。在公司生产的众多产品中，艾禾美是其历史最悠久、最被外界所熟知的系列产品，也是世界领先的小苏打品牌。这种化学品具有广泛的功能，包括清洁、除臭、发酵和缓冲的效果，适用于制作小苏打和各种相关功能产品。2017 年，CHD 在《财富》世界 500 强公司名单中排名第 652 位。CHD 2018 年销售收入约为 41 亿美元，员工数约为 4 700 人，主要财务指标如表 7-8 所示。

表 7-8　CHD 主要财务指标（2014—2018 年）

指标	2014	2015	2016	2017	2018
营业收入（百万美元）	3 297.6	3 394.8	3 493.1	3 776.2	4 104.6
净利润（百万美元）	413.9	410.4	459.0	743.4	831.4
总资产（百万美元）	4 359.2	4 256.9	4 354.1	6 014.8	5 967.3
净资产（百万美元）	2 101.9	2 023.2	1 977.9	2 218.0	2 353.4
营业收入增速（%）	3.2	2.9	2.9	8.1	8.7

续表

指标	2014	2015	2016	2017	2018
净利润增速（%）	4.9	0.8	11.8	62.0	11.8
毛利率（%）	44.1	44.5	45.7	45.8	45.0
净利润率（%）	12.6	12.1	13.1	19.7	20.3
收入 / 总资产（%）	76.0	80.0	80.0	63.0	69.0
总资产 / 净资产（%）	207.0	210.0	220.0	271.0	254.0
净资产利润率（%）	18.8	19.9	22.9	35.4	38.6
资产利润率（%）	9.4	9.8	10.6	9.3	8.5

资料来源：标准普尔金融数据库

品牌发展路径

CHD 公司最早于 1846 年在纽约市由奥斯汀 · 丘奇（Austin Church）博士和其妹夫约翰 · 德怀特（John Dwight）共同创立，起名为 John Dwight & Co.，销售他们在厨房里加工和包装的粉末状小苏打，这种小苏打主要用于家庭烘焙。

1867 年，丘奇博士的两个儿子创立了 Church & Co.，开始与 John Dwight & Co. 竞争；同时通过收购获得了艾禾美的商标，并开始用来宣传其小苏打产品。

1896 年，Church & Co. 与 John Dwight & Co. 合并。1915 年之后，Church & Dwight Co. 开始将小苏打作为药物、牙齿清洁剂以及洗衣房和厨房表面清洁剂进行宣传。同期，公司又推出了超级洗涤苏打作为大型洗衣和家用清洁产品引入市场。

CHD 名为日化品牌，实为并购平台，其旗下有好几个核心品牌（见图 7-31）。

ARM & HAMMER　OXICLEAN　FIRST RESPONSE　Orajel　XTRA

TROJAN　Spinbrush　Nair　Batiste　L'il critters & Vitafusion　Waterpik

图 7-31　CHD 旗下的 11 个核心品牌

资料来源：CHD 公司年报

CHD 的品牌并购有以下五大原则。

- 市场份额第一或第二。
- 高增长、高毛利。
- 轻资产。
- 在生产、物流和采购上有协同效应。
- 可持续的竞争优势。

自 2001 年以来，CHD 开始紧跟市场趋势并实施相应的收购扩张战略（见图 7-32）。

2001 年，CHD 收购了美国洗涤剂品牌 XTRA，使公司在液体洗衣剂业务方面有了更多的发展。2004 年，XTRA 推出“热带激情”产品系列，为洗衣市场首次带来了新香味。目前，XTRA 品牌可以提供 8 种独特气味的洗衣液，吸引了众多忠实用户。

2001—2004 年，CHD 收购了 Carter-Wallace 旗下的消费品业务，包括个人护理品牌 TROJAN 安全套、FIRST RESPONSE 验孕棒，Nair 脱毛剂和 Arrid 干喷剂。自被收购以来，这些品牌在业务和产品供应方面都表现出了巨大的成长。例如，TROJAN 已从过去的安全套品牌（也包括振动器和润滑剂），成长为美国性健康的第一信任品牌。FIRST RESPONSE 验孕棒 30 多年来一直是美国女性的首要选择，自收购以来，该品牌扩展了妊娠和排卵期测试产品的供应范围，同时推出了润滑剂和产前维生素类产品，大大丰富了女性怀孕期间所需的产品品类。

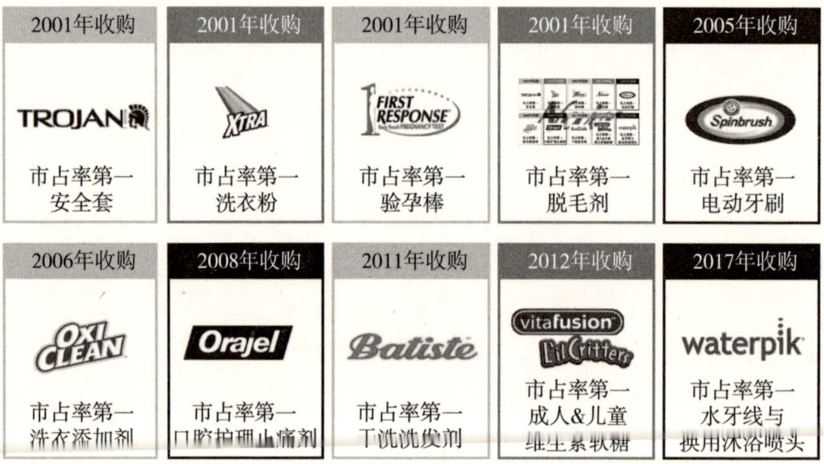

图 7-32 CHD 近代 10 个重要的品牌收购案例

资料来源：CHD 展示材料

2006 年，CHD 收购 Orange Glo International 有限公司后，扩大了其家居品牌组合，其中包括 OXICLEAN 洗衣添加剂、KABOOM 浴室清洁剂和 Orange Glo 家居清洁剂。其中，QXICLEAN 是快速增长的洗衣添加剂品类中的高价位领导品牌。此次收购不仅为 CHD 提供了新的产品类别，也为公司品牌推销提供了全新的方式。因为 Orange Glo 品牌运营的直接反馈模式已被证明是一种高效接近消费者的方式。

2008 年，CHD 收购了 Del Labs 公司的 Orajel 品牌业务，其产品主要包括针对牙疼、口腔溃疡和出牙的市场排名第一的止痛药，以及市场排名第一的不含氟牙膏。自收购以来，Orajel 通过推出单剂量唇疱疹治疗剂和一系列儿童口腔护理产品来扩大其产品组合。

2011年，面对80%的女性不会每天洗头的市场机会，CHD选择收购了Batiste干洗洗发剂品牌。这是一家年轻的品牌公司，推出了让女性能够在洗头发时不需要用水的洗发产品，率先在英国开始流行。另外，这是CHD第一次将旗下产品安排在国外制造，同时推广至美国市场。

2012年，CHD发现目前12%的成年人在维生素摄入方式上会选择软糖，而不是药片和胶囊。因此，CHD收购了Avid Health, Inc，该公司是快速增长的儿童和成人维生素软糖业务的领导品牌。其产品营养丰富且美味，旗下Vitafusion和L'il Critters系列产品可满足各家庭成员的维生素摄入需求。

在2015和2016年，针对40%的男女在40岁之后都会出现脱发的问题，CHD收购了一个创新品牌Toppik护发产品的制造公司Spencer Forrest；还从Lifes2good收购了Viviscal增发产品品牌。这两家分别是护发和增发领域的优质品牌公司。

2017年，CHD以约10亿美元的价格收购了Waterpik品牌，扩展了其在口腔护理领域内的产品组合。该品牌拥有55年开发个人口腔保健产品的历史经验，是目前美国市场排名第一的水牙线和换用淋浴喷头制造商，致力于改善55%的人群用牙线费时和16%的人群用牙线疼痛的用户观念和体验。Waterpik的产品除了在美国和加拿大销售外，还出口到全球80多个国家和地区，其国际业务约占其销售收入的20%，未来将为CHD海外市场的拓展提供助力。

值得注意的是，截至2018年年底，在CHD旗下现已拥有的11个拳头产品品牌中，有10个品牌是自2001年以来通过收购获得的，每个品牌在各自细分领域的市占率都是第一名。其中，艾禾美更是在美国当地家喻户晓的品牌，超过80%的美国家庭都在使用这个牌子的产品。

集中资源，打造超级品牌战略

自2014年开始，CHD着手实施超级品牌战略，对艾禾美、TROJAN安全套、OXICLEAN洗衣添加剂、L'il critters和Vitafusion这四大品牌聚焦了更多资源。最终这四个品牌贡献了 CHD 60% 的收入，市场推广费用占了整个公司的 75%。

相比较其他核心品牌，四大超级品牌的优势在于市场投入和研发的协同效应更强、在品牌授权上获利更多、组织管理成本更低，最终带来更高的利润增长。

超级品牌艾禾美涉及十几个品类，包括烘焙用小苏打粉、地板清洁、衣物清洁、空气清洁、除臭用品等，价格定位覆盖从平价（如衣物柔顺剂）到高端（如口腔护理产品）。艾禾美是美国最著名的五大品牌之一。

从 20 世纪 80 年代开始，CHD 就开始使用艾禾美这一成名品牌来销售小苏打，并开始创新推出小苏打相关的各种功能性专用产品，例如用于消化不良的小苏打片、用于口腔清新的薄荷片、基于苏打灰（纯碱）功效的无磷洗衣粉，以及烤箱清洁剂等，都很畅销。

艾禾美这一品牌的崛起来源于两大优势。其一，目前市面上顶级天然的小苏打仅存在于美国和加拿大少数的矿藏中，而艾禾美的小苏打就是产自世界顶级三大小苏打矿藏之一，拥有极高纯度的明尼苏达州小苏打矿。艾禾美的小苏打因其拥有食品级安全性的特点，被广泛运用于医药、食品等可食用产品中。其二，CHD 的顶尖技术，帮助企业成为世界领先的小苏打品牌。

CHD 收购艾禾美后，净收入随即从 1969 年的 2 240 万美元增加到 1975 年的 7 700 万美元，在此期间净利润增长了 4 倍多，达到 380 万美元。

到了 1981 年，CHD 小苏打的基本款黄盒子产品销售已占公司总销售收入 1.271 亿美元的 1/3 左右。艾禾美品牌产品更是得到了 97% 美国家庭女主人的认可，几乎所有杂货店都存放其品牌的黄盒子产品。经调查发现，大约有 95% 的美国家庭会使用一个或多个该品牌产品。

在 20 世纪末期，CHD 发现一些消费者将该产品加入洗衣粉，另一些人则将它掺在牙膏里，有的人把它撒在地毯上，还有些人将打开的盒子放在冰箱里。虽然艾禾美小苏打在清洁、除异味等方面有诸多功效，但大多数顾客只知其一。一件产品能有这么多的用途，却没有给顾客提供他们需要的使用指南。于是，CHD 根据调查推出了针对不同用途的黄盒子包装的小苏打业务，从而使小苏打的产品品类得到极大的发展。到 1998 年，CHD 净收入已达 6.844 亿美元，净收入为 3 030 万美元，其中消费产品占 CHD 收入的 82%，包括牙膏、牙粉、凝胶、牙垢去除剂、两种腋下除臭剂等。除此之外，还有特种产品系列，包括用于商业烘焙食品的碳酸氢钠、用于制药的抗酸剂、动物饲料食品添加剂、奶牛缓冲剂或抗酸剂等。毫不夸张地说，是小苏打成就了初期的 CHD。

平价策略帮助获得更多市场份额

众所周知，CHD 所在的个人和家庭护理用品行业竞争者众多，不乏宝洁、联合利华、利洁时这样的国际大牌公司，他们之间的竞争主要体现在产品研发（新品推出）、品牌知名度（市场推广）、价格、品质等方面。

在衣物及家庭清洁用品上，更显著的是价格竞争。特别是 2008 年以来的后经济危机时代，美国购买家庭用品的消费习惯从高溢价、中等价位更多地转变为追求高性价比的品牌。正是洞察到这样的消费趋势，在部分高频次消费的品类上，CHD 采取平价策略，销售价格比市场同类产品更具吸引力，如洗衣液，价格比宝洁旗下的汰渍低 50% ～ 65%；织物柔顺剂，价格比邦氏（Bounce）低 50% 以上；牙膏，比高露洁或佳洁士低 50%。目前在公司产品组合中，类似的高性价比产品约占 40%。

衣物洗涤剂产品的平价策略帮助 CHD 在细分行业获得了更大的市场份额。从 2009—2014 年的衣物洗涤剂行业格局变化来看，前 5 名中仅 CHD 市场份额实现增长，由 2009 年的 10.6% 提高到 2014 年的 14.2%，增加了 3.6 个百分点，排名仅次于宝洁。

财务分析

2007—2017 年财报数据显示，CHD 的整体业绩呈逐步上升态势，可以看出近 10 年来的每次收购都为公司收入增长提供了不小的助力，当年增速都在 5% ~ 10%（见图 7-33）。

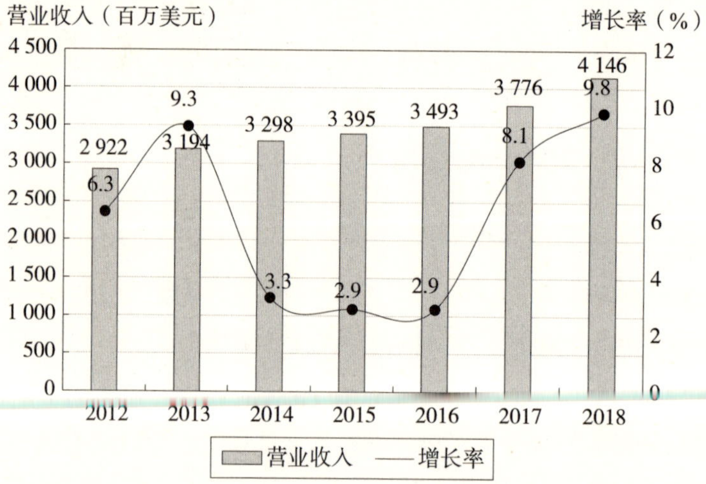

图 7-33 CHD 营业收入及增长率（2012—2018 年）

资料来源：标准普尔金融数据库

CHD 业务仍以美国本土为主，收入占比 84%。海外业务占比较小，占比 16%。CHD 进入的海外市场包括加拿大、法国、澳大利亚、中国、英国、墨西哥和巴西，其中欧洲和加拿大的销售规模占海外整体的 70% 左右，中国的销售份额不超过 10%。

不过，近几年 CHD 海外销售增速明显，2015 年、2016 年和 2017 年国际消费业务的增速分别为 8.1%、10.0% 和 7.8%。CHD 目前在东南亚培训了 200 名经销商，并与上海家化签订了长期合作，预计未来在亚洲会有强劲的增长。

品牌收购后，CHD 凭借自己在研发、生产和营销上的快速整合，获得更大的市场份额。如通过持续不断的广告营销，2001 年收购的 TROJAN 安全套在美国市场份额由 68% 增长至 76%，不断巩固市场第一的领先地位，就连大名鼎鼎的杜蕾斯也无法撼动。同年收购的 Nair 牌脱毛剂通过不断扩展品类和消费人群（如男性使用的 Nair Men 和少女使用的 Nair Pretty），市场份额由 23% 增长至 53%。

竞争对手分析

现从众多的快消品跨国巨头公司中挑选两家历史悠久且主营业务接近的公司做对比分析，分别是英国的利洁时（Reckitt Benckiser，RB）和美国强生（Johnson & Johnson，JNJ）。

从利润率水平上看，CHD 比两家公司都弱一些，收入水平也与两家规模百亿元以上的公司有一定差距（见图 7-34）。毛利率方面，强生最高，保持在 68% 左右；利洁时其次，平均在 60% 左右；CHD 近几年来有一定上升，在 45% 左右。CHD 管理层表示，毛利率的提升主要来自四个方面：①产品成本优化，如简化包装、减少 SKU 数量、产品革新、原材料套期保值等；②供应链重组；③收购后的协同效应，如收购更高毛利的产品、原料采购的规模效应等；④产品提价，如推出更高毛利的新品。

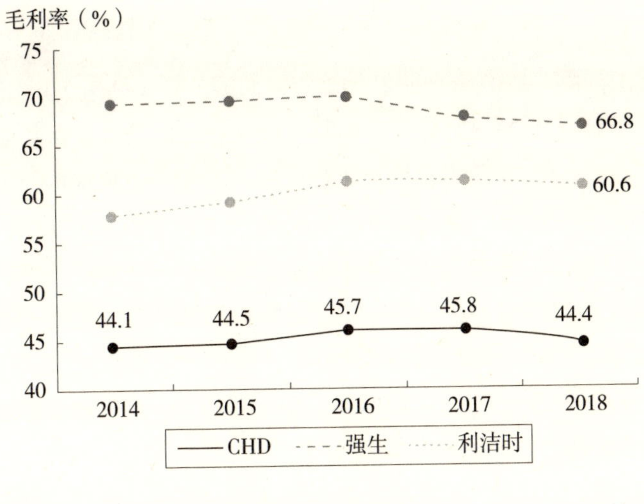

图 7-34　CHD、强生和利洁时的毛利率对比（2014—2018 年）

资料来源：标准普尔金融数据库

在净利润率方面，CHD 每年保持增长，从 2007 年的 7.6% 上升至 2017 年的 19.7%；2018 年净利润率有所下降，净利润率的下降主要受无形资产评估减值的影响（见图 7-35）。而强生和利洁时近期都有较大波动，平均净利润率在 20%。强生 2017 年波动主要受强生爽身粉致癌的诉讼影响，利洁时净利润率上升主要受 2017 年英国企业税收优惠政策影响。

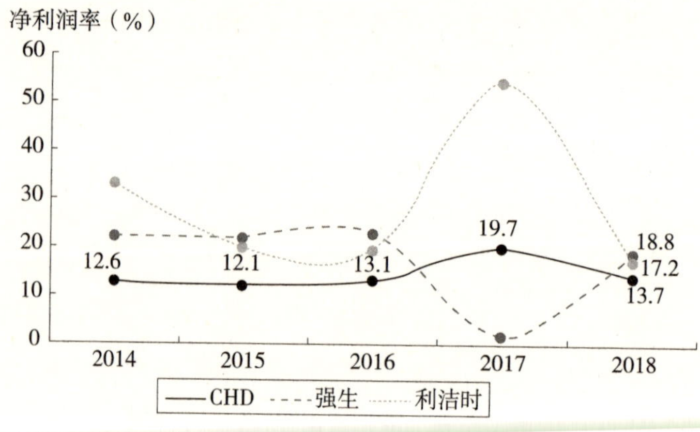

图 7-35 CHD、强生和利洁时的净利润率对比
（2014—2018 年）

资料来源：标准普尔金融数据库

在成本支出方面，CHD 表现明显优于其他两家公司（见图 7-36）。平均销售和管理费用率水平控制在 25% 左右，且近期有继续降低的趋势；而其他两家公司整体都在 30% 以上。CHD 在费用管控上张弛有度，更聚焦品牌宣传，而压缩总部的管理成本。2014 年市场推广费用为 4.17 亿美元，占销售收入的 12.6%。Syndicated Media Research 研究公司对 2012—2014 年跟踪数据显示：一方面，CHD 广告费用排名第 13 名，高于可口可乐、金佰利等知名消费品公司；另一方面，尽管其收入 10 年来增长了 113%，而雇员却仅增加了 350 人，增幅 9%，人均收入产出达到 79 万美元，高于宝洁的 69 万美元、高露洁的 45 万美元。CHD 对管理层也颇为严格，工作中限制乘坐头等舱、打高尔夫球等奢侈行为。

在 EBITDA 利润率方面，2007—2018 年，三家公司的变化都呈上升趋势，强生业绩表现最优，利洁时其次，CHD 第三（见图 7-37）。

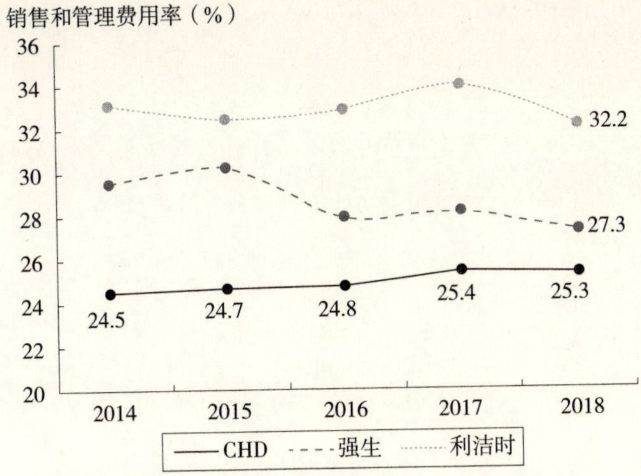

图 7-36　CHD、强生和利洁时的销售和管理费用率对比（2014—2018 年）

资料来源：标准普尔金融数据库

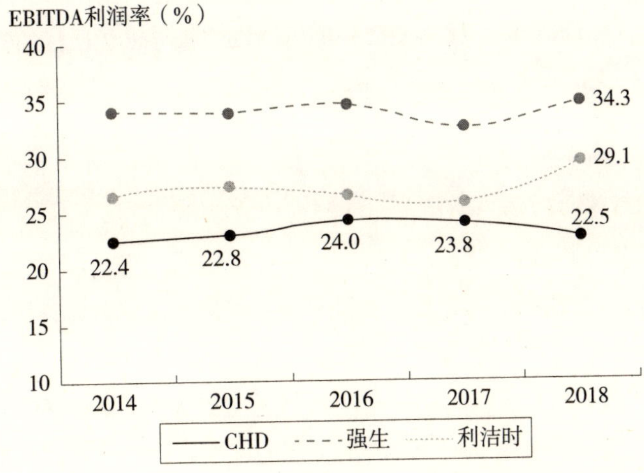

图 7-37　CHD、强生和利洁时的 EBITDA 利润率对比（2014—2018 年）

资料来源：标准普尔金融数据库

从投资回报率上看，近期强生和利洁时都呈波动降低态势；相比之下，CHD 的投资回报率则逐年上升，近几年的表现更是超过其他两家公司（见图 7-38）。

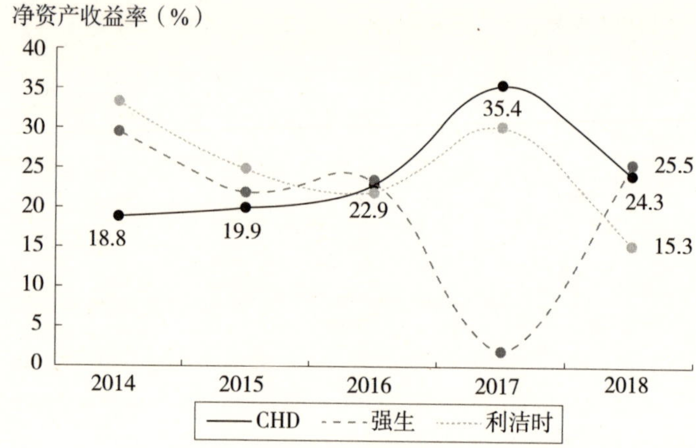

图 7-38 CHD、强生和利洁时的净资产收益率对比（2014—2018 年）

资料来源：标准普尔金融数据库

从存货周转天数方面看，CHD 的表现也明显好于强生和利洁时，始终保持在 50 天左右，在行业内属于较高水平（见图 7-39）。预计在未来 3 年，CHD 将产生大约 20 亿美元的自由现金流，这将使公司能够继续积极寻求优质标的资产进行收购与投资，并继续支持现有业务的盈利增长。

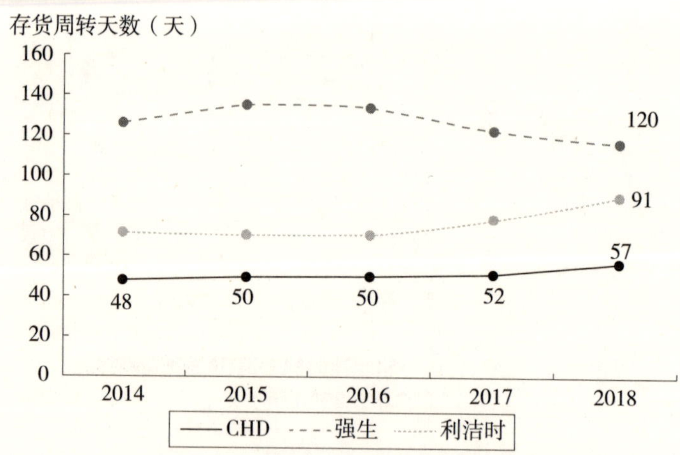

图 7-39 CHD、强生和利洁时的存货周转天数对比（2014—2018 年）

资料来源：标准普尔金融数据库

股价和估值

从 CHD 股价走势图（见图 7-40）可以明显看出，自从进入 2000 年以来，公司成功实施了多品牌收购战略，业绩表现优异，股价也随即开始不断上涨，从 2000 年的 2 美元左右上涨至 2018 年年底的约 65 美元，涨幅 30 多倍，说明市场给予了高度关注与认可。

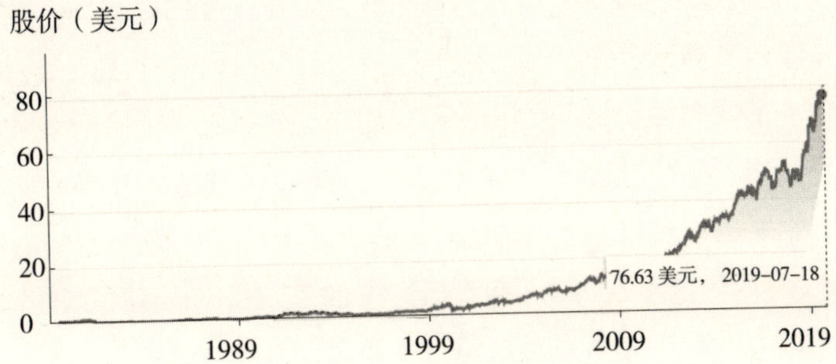

图 7-40　CHD 股价走势

资料来源：雅虎财经

从 CHD 近 10 年估值变化看，随着不断的收购扩张，公司市销率倍数从 1.87 升至 4.41 倍，涨幅 2 倍多；市盈率倍数则从 20 倍左右逐步增长至 30 倍左右，2018 年市盈率倍数有所下滑（见图 7-41）。

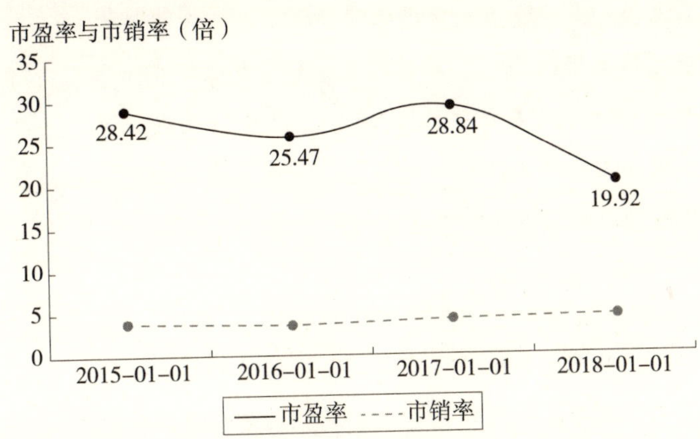

图 7-41　CHD 的市盈率与市销率（2015—2018 年）

资料来源：标准普尔金融数据库

The Future of New Brand | 新品牌的未来

小结和启示

现在来总结 CHD 并购策略的核心价值。

虽然大部分消费品企业均采用并购策略作为企业发展的核心，但 CHD 在实施并购时有别于其他消费品企业，偏向于打造超级品牌的路线。首先，CHD 针对性并购在细分品类中的领先品牌，不主张进行较大风险的投资，对于需要长期培养的品牌兴趣较小。其次，在打造超级品牌的过程中，CHD 会详细评估品牌优势，结合自身的开发能力发展出更多与业务相关的产品线，而不是在同类产品中持续收购其他品牌。从 CHD 的广告投入占比中可以看出，CHD 追求品牌影响力的决心非常坚定。

此外，CHD 有丰富的市场分析经验，更重要的是，CHD 在非常早的时期便崇尚从消费者角度出发的企业思维，该思维贯彻于所有并购案例中。CHD 对于消费者习惯的洞察非常精准，经常在市场仍然处于萌芽或上升阶段便果断出手，此类案例包括干洗及脱发产品项目等。此外，大部分收购在后续发展中均有良好的表现，而成功并购的关键在于后期融合及运营，CHD 在这方面明显比其他消费品企业的整合能力更强。因此，虽然 CHD 的规模及收购数量不如宝洁、利洁时等企业，但其并购项目的表现比大部分竞争对手好。CHD 基于用户需求深度研究，针对性研发解决用户痛点的产品，从一款产品逐渐延伸至满足全方位需求的产品品类。以验孕棒品牌 FIRST RESPONSE 为例，从验孕棒产品开始，发展至目前孕前、孕中的维生素补充解决方案。所以，CHD 在并购及后续运营整合阶段的核心都是从消费者角度出发的思维模式。

中国的品牌企业刚刚开始通过并购整合品牌来发展，但很多企业的思维模式都只是简单的财务合并报表逻辑，缺乏对消费者的研究认知，特别是缺乏对投后管理和运营的投入与能力。在这方面，中国的品牌企业特别需要向国际顶级品牌学习，从消费者的角度出发。

The Future of New Brand

欧莱雅

并购品牌成就世界美妆龙头

欧莱雅（L’Oréal S.A.）是一家法国的美妆公司，也是世界上最大的化妆品公司，专注于染发用具、皮肤护理、防晒用品、化妆品、香水、护发等领域内的产品研发、生产及销售。同时，欧莱雅还从事高档消费品经营、皮肤病研究以及制药发明。目前在全球范围内，从低端到高端再到终端，欧莱雅旗下已经拥有包含34个子品牌的产品组合，实现了全产品线及产业链的覆盖，各类产品都广受欢迎，畅销全球。旗下知名品牌包括赫莲娜、兰蔻、乔治·阿玛尼、碧欧泉、卡尼尔、希思黎等。目前，其销售网点遍布全球约150个国家及地区，拥有员工总数为89 300人，并在2018年世界500强企业中位列392位。2018年，欧莱雅总收入为302.6亿美元，净利润为43.8亿美元。欧莱雅主要财务指标情况如表7-9所示。

表7-9 欧莱雅主要财务指标（2014—2018年）

指标	2014	2015	2016	2017	2018
营业收入（百万美元）	25 311.0	27 286.0	27 990.0	29 234.0	30 260.0
净利润（百万美元）	5 516.0	3 704.0	3 489.0	4 023.0	4 376.0
总资产（百万美元）	36 013.0	37 869.0	40 025.0	39 698.0	43 201.0
净资产（百万美元）	22 688.0	26 530.0	27 527.0	27 880.0	30 256.0
营业收入增速（%）	1.8	7.8	2.6	4.4	3.5
净利润增速（%）	66.0	32.8	5.8	15.3	8.8
毛利率（%）	71.1	71.2	71.6	71.7	72.6
净利润率（%）	21.8	13.6	12.5	13.8	14.5

续表

指标	2014	2015	2016	2017	2018
收入 / 总资产（%）	70.0	72.0	70.0	74.0	70.0
总资产 / 净资产（%）	159.0	143.0	145.0	142.0	143.0
净资产利润率（%）	12.9	14.8	12.8	15.5	15.1
资产利润率（%）	7.7	8.2	8.1	8.2	8.3

资料来源：标准普尔金融数据库

品牌发展路径

1909 年，天生具有企业家精神的年轻化学家欧仁・舒莱尔（Eugene Schueller）创办了这家公司，随后慢慢演变成今天的欧莱雅公司。这一切都始于舒莱尔为巴黎理发师配制、生产和销售的世界上第一款染发剂。继这款产品之后，舒莱尔打开了公司基因中的第一个重要环节：利用研究和创新为美妆业服务。

1957—1983 年，是欧莱雅的成长期。在弗朗索瓦・达勒（Francois Dalle）主席的鼓舞下，欧莱雅集团开始向国际扩张业务。战略性收购品牌公司，标志着欧莱雅蓬勃发展时期的开始，各种具有象征性的细分领域产品应运而生，在丰富公司品牌产品组合的同时，也使欧莱雅的整体实力不断变强。正如欧莱雅的信条："Savoir saisirce qui commence"（紧握新机遇）。

1984—2000 年，在这 16 年间，欧莱雅经历了一段长足的发展期，成为美妆行业第一名，这主要得益于它在研究领域的巨大投资。除此之外，公司还发布上市了许多战略性的新产品，不仅颠覆、改进了许多化妆品的行业历史，而且成功地提升了公司整体的品牌形象。1988 年，弗朗索瓦・达勒的继任者，公司研发部门的先驱者查尔斯・兹维亚克（Charles Zviak）将公司的管理权移交给琳赛・欧文 – 琼斯（Lindsay Owen-Jones），一位真正杰出的决策者。在他的管理下，欧莱雅的整体规模发生了质的改变与提升。另外，透过全球化战略布局、大量品牌投放及品牌收购，使欧莱雅成为化妆品行业的全球领导者。

进入 21 世纪以来，欧莱雅凭借强大的国际品牌组合，把品牌多元化的优势融入其发展规划。自 2006 年起，公司在琳赛·欧文－琼斯主席和随后于 2011 年被任命为董事长兼首席执行官的让－保罗·阿贡（Jean-Paul Agon）的领导下，仍继续进行其全球品牌收购的核心战略，以满足世界各地差异化的化妆品需求，同时有效运用新品牌的渠道进行市场渗透及业态补充。

通过不断的并购发展，欧莱雅至今已经拥有强大的全球化的美妆品牌组合，面向不同消费水平的客群，通过提供完整产品线的美容产品来满足消费需求。欧莱雅将旗下的品牌产品划分为四类，包括专业品牌、消费品牌、奢侈品牌及活性美容品牌，每类品牌均有专属的产品研发部门及销售渠道以满足各类消费需求（见图 7-42）。

图 7-42　欧莱雅的四类品牌

资料来源：欧莱雅公司官网，弘章资本整理

专业品牌

专业品牌的目标是为每一个专业美容美发沙龙及专业人士提供前沿的专业产品，产品类别包括护发、造型、美容、护肤，主要向全球美发店销售其多元化产品。2018年，该业务占总收入的12.1%，比2017年下降0.9%，收入占比相对稳定。旗下培训工作室在全球范围内发展至 250 家，每年经过工作室培训的美发师达到 45 万人，目前已累计150万名理发师成为欧莱雅的合作伙伴，同时与全球2.4万家美发店达成紧密合作。欧莱雅会定期举办专业商务论坛，召集多个国家的著名美发店管理者共同参与，进行行业及产品交流，促进行业发展及增加与欧莱雅的连接。

消费品牌

欧莱雅旗下的消费类品牌共有19个，由国际性及地区性品牌组成，产品面向全球的消费者，为其带来优质的创新化产品以及拥有高竞价能力的科技产品，产品品类主要有护发和染发产品、化妆品及护肤产品。消费品牌主要通过大众零售渠道销售，例如百货商场、商超、传统化妆品店铺、药店等。2018年，消费品牌占总收入的44.7%，同比下跌约2.5%。电子商务业务得到38%的增长，而在电子商务中有一半的收入来自中国，可见中国对欧莱雅的重要性极高。在消费品牌中，巴黎欧莱雅在中国成为美妆第一品牌，而美宝莲纽约和巴黎欧莱雅分别成为美国美妆市场的前两名，二者稳占中美市场的领导位置。

奢侈品牌

奢侈品牌的产品主要包括皮肤护理、化妆品和香水。该业务的产品基本都是国际上有较高声誉的品牌，品牌总数达22个，旗下产品主要在百货公司、化妆品店、旅游零售、专卖店、自有品牌精品店和网站上销售。2018年，奢侈品牌占总收入的34.8%，同比上升近2%。目前在奢侈品牌中，年销售超10亿美元的品牌包括兰蔻、希思黎、乔治·阿玛尼及科颜氏，均有两位数的增长。奢侈品牌业务的高速增长来源于亚洲市场对皮肤管理产品的认可，加上电子商务及线上宣传营运得当。2018年，奢侈品牌业务线上销售同比增长42%，同时照片墙粉丝超过3 700万人。

活性美容品牌

活性美容品牌拥有专业医疗机构、专家学者的技术支持及认可，主要提供高互补性的健康美容护肤产品，销售渠道和合作伙伴遍布全球各药房和医学机构等，是医学护肤界的领导者。目前，欧莱雅已经与全球10万名医美医生保持良好合作关系。该业务占总收入的8.4%，与2017年持平。其中线上销售占比同比上升3%～13%；理肤泉成为全球医学护肤品的第一品牌，同时修丽可（SkinCeuticals）也成为引领美国美容医学护肤品的领导品牌。

研发部门是支撑以上四大品牌业务群的核心，欧莱雅每年在研发工作上花费大量资源，致力革新产品技术、质量等，在为消费者提供更优质产品的同时，还提高了公司的市场竞争力。欧莱雅在全球共设立21个研发中心，2018年握有505项专利，专利数量大幅领先竞争对手，为欧莱雅建立了更高的技术门槛，也为公司旗下品牌赋予了高速发展的条件。

总体看来，与其他业务相比，消费品牌业务的收入占比最高，并在尖端科技创新的驱动下，正在不断加强其在充满潜力的护肤品市场的领导地位。而奢侈品牌业务正在制定新的战略，大力开拓专业及高端美妆市场，该业务有明显的上升趋势，将为欧莱雅带来更多收入及忠实用户。另外，专业品牌及活性美容品牌业务的表现稳定，透过高度专业化的产品及培训，在各自领域获得更多专业人士与机构的青睐。

核心成功要素分析

1965年以来，欧莱雅的增长战略主要是通过其内生增长和不断并购化妆品行业内运营成熟的公司来实现的。更重要的是，收购带来的外延增长是欧莱雅长期战略的重要组成部分，长期以来的年增长目标为10%。收购更多的行业内公司可以使欧莱雅在研发活动、市场营销和分销方面，快速促进突破其所需要达到的临界规模。另外，收购促使欧莱雅迅速扩大了其全球市场的地理范围，还帮助它深入发展了全新的细分市场。

目前，欧莱雅旗下超过30个品牌的产品组合是通过近50多年来的收购战略完成的，其中包含8个年销售收入超过10亿欧元的超级品牌，分别是巴黎欧莱雅、兰蔻、卡尼尔、美宝莲、伊夫·圣洛朗、巴黎欧莱雅专业美发、乔治·阿玛尼和科颜氏。在所有子品牌中，除了巴黎欧莱雅和巴黎卡诗属于公司自创品牌，其他品牌均是通过并购获得，可见后者对于欧莱雅收入的重要性。更重要的是，欧莱雅具备收购品牌后能有效对接并持续发展品牌的能力。

通过总结欧莱雅以前的收购案例，我们发现它对于收购项目共有三大目的，包括区域拓展、品类拓展及技术补充。标的公司通常具有以下的理想特征。

- 在欧莱雅已经存在的各地域市场中，可以实现产品及品类的多样化。
- 在具有发展前景的市场开展新业务，帮助欧莱雅在该市场占据领先地位。
- 能够为欧莱雅现有产品或品牌组合嫁接更多资源及渠道。
- 针对产品及细分市场，在技术和研发方面对欧莱雅有着相辅相成的效果。

并购带来的市场、品牌、技术、渠道等资源，能直接帮助欧莱雅不断提升整体规模，丰富品牌多样性，快速融入海外市场，提高全球市场占有率。

图 7-43 体现了欧莱雅收购的品牌均为国际性品牌，尚有众多地区性品牌未显示，但地区性品牌也是公司重要的收购对象，比如为迎合亚洲市场，收购了韩国品牌 STYLENANDA。随着欧莱雅并购战略的不断进行，其整体销售规模基本保持稳定且快速上升的趋势。欧莱雅的并购节奏在变快，并购方向也变得更加多元，此外，相信随着亚太地区的重要性不断上升，将有更多亚洲品牌加入欧莱雅的大家庭。近 30 年来，其收入和净利润涨幅分别高达 11 倍和 27 倍。通过持续地在各地进行品牌收购，目前欧莱雅已然成为美妆行业第一大公司。

在欧莱雅并购历史上的 50 个案例中，法国本土案例仅占 11 个，而美国则占据 24 个，中国有 3 个，巴西有 2 个，其他如韩国、日本、澳大利亚等地各 1 个（见图 7-44）。通过外延并购，欧莱雅快速实现了全球市场的扩张。

2018 年，欧莱雅亚太地区的收入占比已达 27.5%，超越北美成为仅次于欧洲的第二大市场，相信亚太地区在未来几年内将成为欧莱雅收入最高的地区。此外，新兴市场的收入占比已达 43.2%，表示市场潜力巨大，为欧莱雅提供了持续增长的条件。图 7-45 体现了欧莱雅各市场的收入情况。

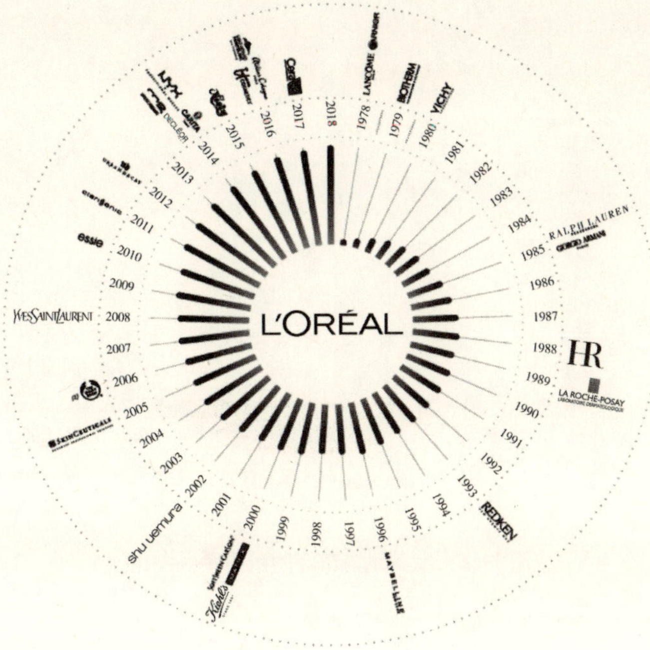

图 7-43　欧莱雅收购的国际性品牌

资料来源：欧莱雅公司官网，弘章资本整理

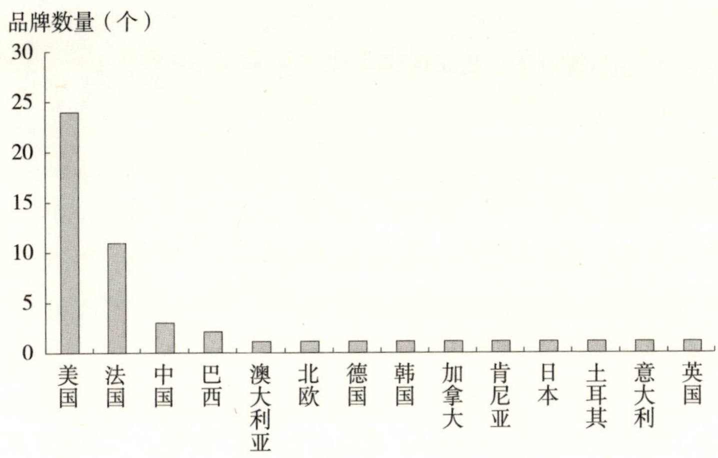

图 7-44　欧莱雅收购品牌的区域分布

资料来源：欧莱雅公司资料单（Fact Sheet），弘章资本整理

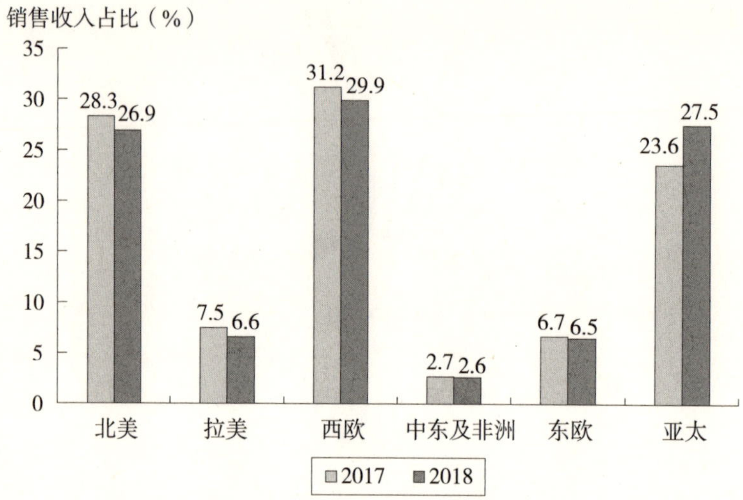

图 7-45 欧莱雅各市场的销售收入占比

资料来源：欧莱雅公司资料单，弘章资本整理

从目前欧莱雅的全球美妆市场发展来看，通过并购扩张，2017 年其品牌销售已占据了全球 12.6% 的市场份额，排名第一。从该行业的年收入角度进行对比，欧莱雅比世界第二的联合利华高出 80 亿美元。2018 年，欧莱雅在各市场的占比分别为：北美地区 26.9%，市场份额第二；西欧地区 29.9%，市场份额第一；中东及非洲地区 2.6%，市场份额第六；拉美地区 6.6%，市场份额第四；东欧地区 6.5%，市场份额第五；亚太地区（除日本）27.5%，市场份额第三。两者差距较大。

从市场深入角度发现，如今在美国、中国、德国及法国本地市场中，欧莱雅旗下的产品品牌占据各市场排名前五美妆品牌中的至少 2 ～ 3 个席位。收购当地公司之后，欧莱雅很容易克服进入新兴市场面临的困难，例如一些文化障碍和关税壁垒等。对于标的公司而言，部分品牌在被收购后可以实现快速发展，与欧莱雅之间有明显的协同效应。例如美宝莲纽约、理肤泉、科颜氏，在被并购后至 2015 年，销售复合增速分别达到 10.8%、15.7% 和 21.7%，从 1995 年开始，销售累计增长倍数分别为 7.7 倍、51.9 倍和 23.3 倍，销售增幅效果显著。

财务分析

欧莱雅自 2010 年起始终保持收入增长，从公司近几年的收入及增速图（见图 7-46）看，整体保持了波动增长的表现，从 2014 年的 253.1 亿美元增长至 2018 年的 302.6 亿美元。欧莱雅在 2013—2014 年受到汇率变化拖累，业绩有所下降。2015 年由于大环境重回稳定期，加上电商增速同比上升 60%，直接带动全年收入增长。2016—2018 年是欧莱雅的平稳发展期，收入持续上升。消费品牌及专业品牌增长稳定，均超过 2%，而奢侈品牌及活性美容品牌收入增长迅速，分别为 14.4% 和 11.9%，原因包括亚太电商销售增长与新品牌的推出，如活性美容品牌旗下的美国品牌 CeraVe 于全球约 30 个国家和地区销售，带动业务大幅增长。从收购战略看出，预计亚太地区或出现多起收购，此举将成为欧莱雅收入增长的一大动力。

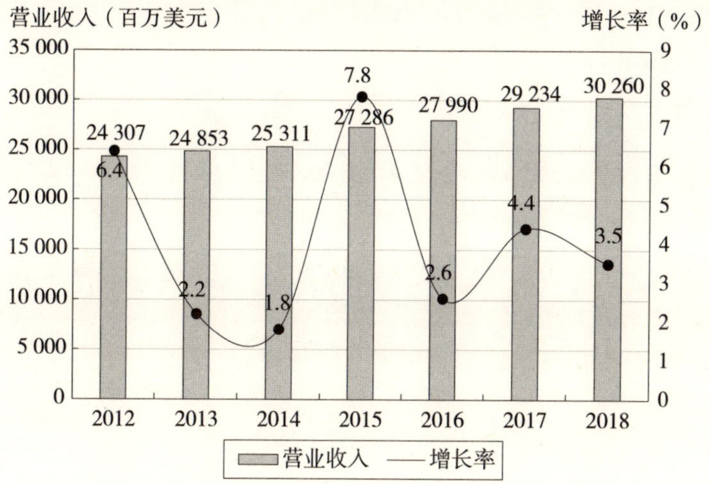

图 7-46 欧莱雅营业收入及增长率（2012—2018 年）

资料来源：标准普尔金融数据库

竞争对手分析

在国际市场中，美国雅诗兰黛和日本资生堂作为全球知名的强劲化妆品公司，是欧莱雅一直以来的竞争对手，因此将这三家公司的数据进行对比分析（见图 7-47）。

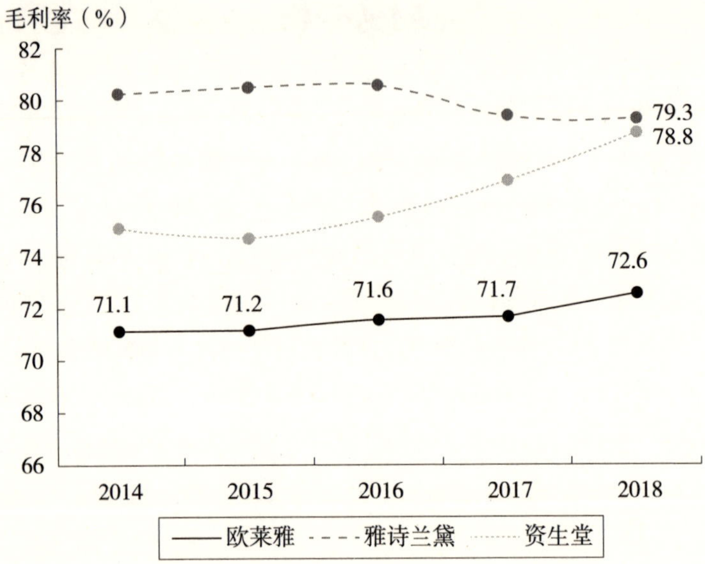

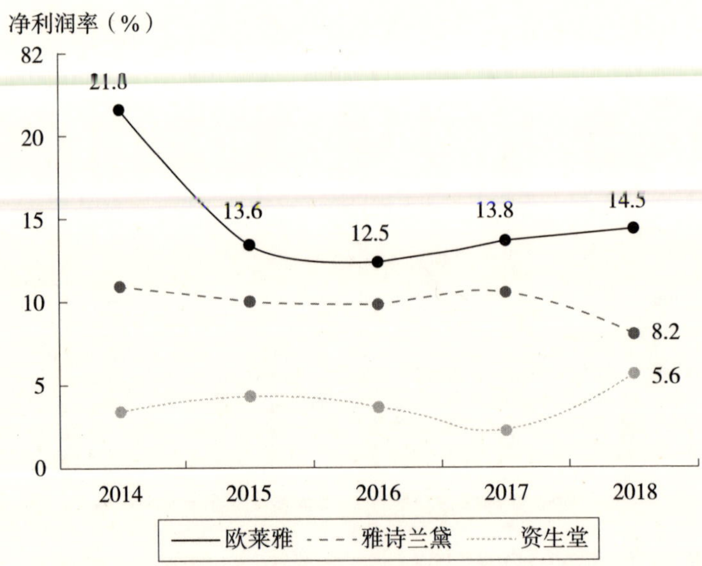

图 7-47　欧莱雅与雅诗兰黛、资生堂的毛利率和净利润率对比

（2014—2018 年）

资料来源：标准普尔金融数据库

从净利润率和毛利率方面来看，三家公司都表现出行业头部公司的水平，历年来的整体毛利率都在70%以上。其中，雅诗兰黛整体表现最优并保持稳定增长，平均毛利率均在80%上下；其次是资生堂，经过2015年的小幅度回落后重新上升到2018年的近79%；尽管欧莱雅的毛利率在三家公司中最低，5年平均毛利率在71%～72%，但伴随着供应链效率的提升及高端品牌占比的增加，从2014年以来毛利率每年有所进步，2018年相比2014年已上升1.5%。因此可期待欧莱雅的毛利率能每年持续上升，收窄与竞争对手的差距。

在净利润率方面，欧莱雅的表现则优于其他两家，2016年由于受到政治事件等因素的影响，净利润率跌穿13%至12.5%，但近年净利润率持续上升。值得一提的是，欧莱雅每年投入大量费用进行产品研发，占总收入的3.4%，扣除高昂的费用后仍然常年保持高净利润率，代表其营运及费用控制能力较好。雅诗兰黛2018年同比净利润率大幅下降至8.2%，形势不容乐观。而在三家公司中，资生堂整体表现较差，净利润率波动较大，2017年净利润率下跌后，2018年明显回升至5.6%。

从整体费用率表现看，欧莱雅优于其他两家公司，历年来费用率保持相对稳定，一直平衡在50%左右；而雅诗兰黛和资生堂的费用率整体要比欧莱雅高10%～20%，雅诗兰黛费用率虽然仍较欧莱雅高出10%以上，但有明显的下降趋势，可持续实施近年对于费用的控制措施，降低费用，增加利润。而资生堂在费用控制能力及效率上相对另外两家公司差，费用率在70%上下浮动，严重影响净利润率。

费用率直接影响EBITDA利润率的表现，欧莱雅的业绩表现最好，每年基本在20%左右，近期有略微上涨。雅诗兰黛表现与欧莱雅接近，正在平稳增长，逐步提升并追赶欧莱雅。资生堂EBITDA利润率表现较差，平均在10%左右，尽管近年来有所改善，但就目前看来，与以上两家公司仍然有较大差距。三家公司的销售和管理费用率及EBITDA利润率对比如图7-48所示。

在投资回报表现方面，雅诗兰黛最好，欧莱雅次之，资生堂最差（见图7-49）。欧莱雅的净资产收益率与资产收益率均相对平稳，因为其资产周转率常年保持在0.7左右，而财务杠杆也长期保持在1.4上下。综合以上数据，盈利能力、营运能力及资本结构上长期保持高度的稳定性。雅诗兰黛近5年的净资产收益率基本在30%，2018年下跌至24.4%；同时，其资产收益率表现较净资产收益率平稳，保持在11%上下。资生堂净资产收益率及资产收益率的表现差，但近年有改善的趋势，两项数据均升至与欧莱雅接近的水平。

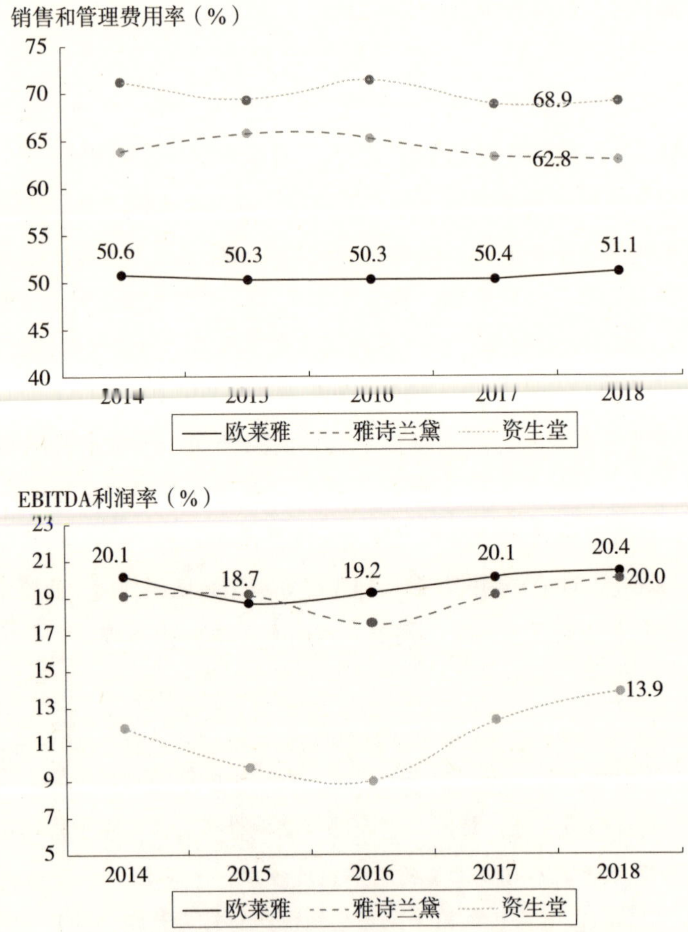

图7-48 欧莱雅与雅诗兰黛、资生堂的销售和管理费用率和EBITDA利润率对比（2014—2018年）

资料来源：标准普尔金融数据库

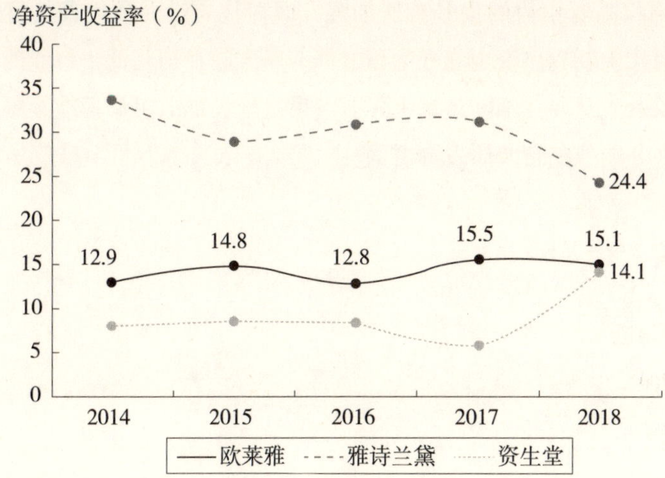

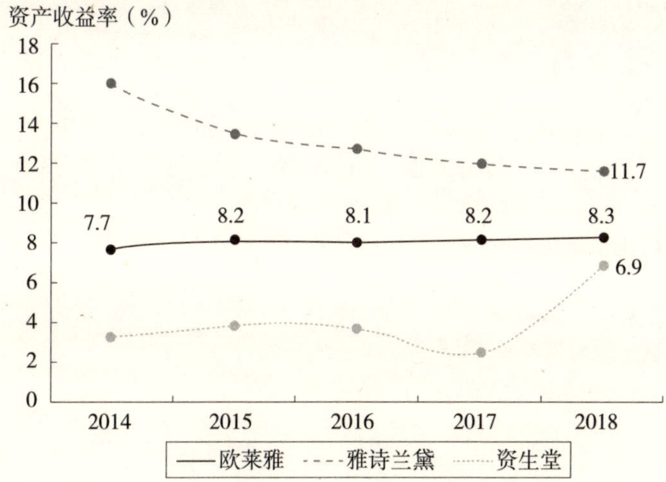

图 7-49　欧莱雅与雅诗兰黛、资生堂的净资产收益率和资产收益率的对比（2014—2018 年）

资料来源：标准普尔金融数据库

从存货周转天数及存货周转天数的数据来看，欧莱雅对于上游供应商及运营能力远比雅诗兰黛与资生堂强（见图 7-50）。尽管 2018 年欧莱雅的应付账款周转天数下降至 207 天，但整体仍然呈上升趋势。随着跨国美妆企业纷纷进入发展中国家，开拓新市场后获得大量收入，行业整体的应付账款周转天数均在上升，即供应链端的话语权随着销售的提升有所加强。而存货周转天数代表其营运及销售能力，从该项对比中能看出资生堂在运营方面有所欠缺，与其低于行业的净利润率较为吻合，如果资生堂要在国际市场上保有一席之地，那么可参考欧莱雅提升其营运能力，包括在并购、整合及研发等方面。

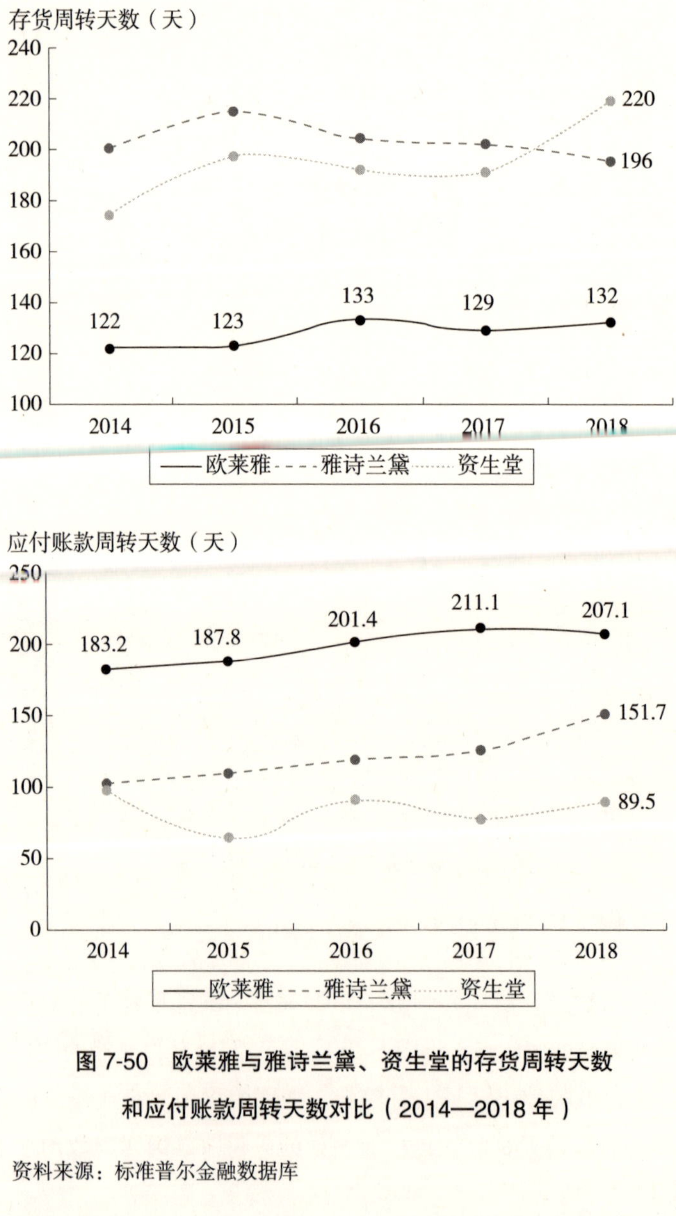

图 7-50 欧莱雅与雅诗兰黛、资生堂的存货周转天数和应付账款周转天数对比（2014—2018 年）

资料来源：标准普尔金融数据库

股权与估值

从欧莱雅历史股价可以看出，进入 2000 年以来，股价一直处于稳定上升态势，从每股 16 美元左右，上升至近期每股 45 美元左右（见图 7-51）。虽然在 2009 年“金融风暴核心年”有一波下行，股价一度跌至每股 12 美元左右，但是随后由于其优秀的业绩表现，整体股价回升显著，保持着增长趋势。

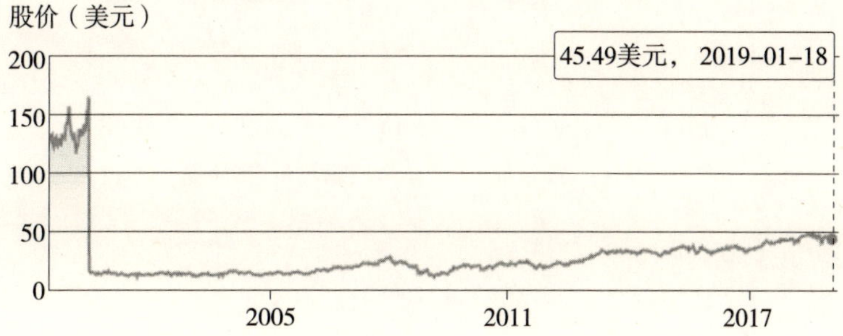

图 7-51　欧莱雅股价走势（2005—2017 年）

资料来源：谷歌财经

从估值水平看，随着业绩的稳定增长，欧莱雅的市盈率倍数从 2014 年的 16.6 提升至 2018 年的 30 倍左右。同时，其市销率超出另外两家公司的表现并且持续每年稳步上涨，从 2014 年的 3.6 倍升至 2018 年的 4.2 倍，表示市场对于欧莱雅的发展及盈利前景保持较乐观的态度。回看雅诗兰黛及资生堂的表现，雅诗兰黛市盈率相对资生堂平稳，只于 2018 年有明显的增长，超越资生堂成为三家公司中市盈率倍数最高的公司。而资生堂市盈率则出现大幅度的波动，经过 2017 年的大幅上升后，于 2018 年出现断崖式的下跌，这与其盈利及运营能力的不足有较大的关系。以上两家公司的市销率均大致保持稳定，正处于逐步上升的阶段。三家公司的数据如图 7-52 所示。

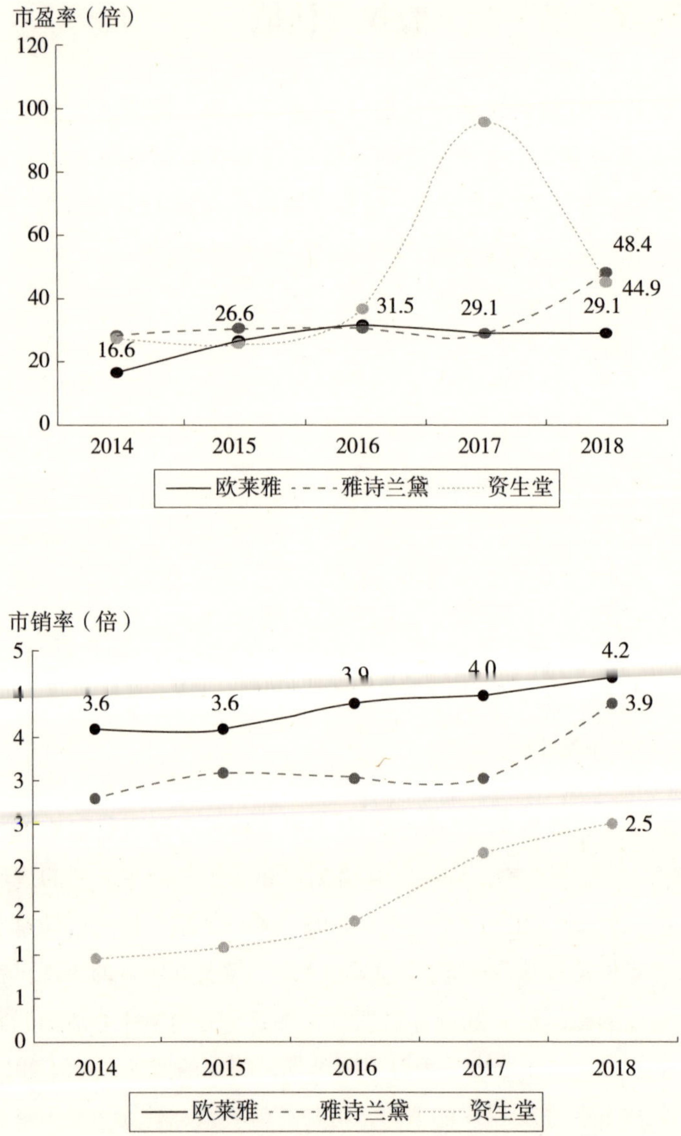

图 7-52 欧莱雅与雅诗兰黛、资生堂的市盈率和市销率对比

（2014—2018 年）

资料来源：标准普尔金融数据库

The Future of New Brand ｜ 新品牌的未来

小结和启示

2018—2022 年，中国化妆品市场年复合增长率预计为 8%，2022 年市场规模将达 5 300 亿元。其中的驱动力包括化妆人群越来越多，化妆品在下沉市场的渗透率正在提高。此外，化妆品行业有着“口红效应”，即在经济增速放缓的时期，化妆品的安慰剂属性为行业提供了保持稳步增长的条件。另外，化妆品具有典型的消费升级属性，即消费者一旦使用了优质产品后便会对产品质量有更高的追求，这个现象导致国内高端产品销售占比持续上升，人均消费金额持续上涨，继而直接拉动了行业规模增长，为大量新品牌提供了良好的发展空间。

自 2013 年起，国产品牌市场份额持续增长。通过多年的产品研发，部分国产品牌的产品质量已不输国际品牌。加上部分国产新品牌有效利用互联网快速进行从 0 到 1 的积累，通过良好的用户运营已经出现如完美日记、Home Facial Pro 等高速发展的品牌。其中，完美日记在 2019 年天猫“双 11”活动中成为首个销售破亿元的彩妆品牌，为满足顾客体验，完美日记开设了线下实体店，形成线上线下联动，提升了品牌影响力。未来国产品牌通过用户运营、产品研发、新渠道运用等一系列手段，与外资品牌的市场占有率差距将会显著缩小。

纵观历史，由于单一化妆品品牌覆盖的年龄层及其品牌定位的局限性，导致每个单一品牌均会出现明显的增长瓶颈，而建立品牌矩阵是企业持续发展的最终形态。目前，国产化妆品企业已有多品牌发展的趋势，如国产市场占有率第一的品牌——上美集团，旗下品牌包括韩束、一叶子、吾尊、韩粉世家等；上海家化旗下品牌有佰草集、美加净、高夫等。预计未来更多国产品牌将通过并购或内部孵化等方式进一步完善各自的品牌矩阵。

The Future of New Brand

第8章

服装行业的超级品牌

The Future of New Brand

加拿大鹅

小众崛起的抗寒王者

加拿大鹅（Canada Goose）公司成立于 1957 年，总部位于加拿大多伦多，是近 5 年成长最快的服饰品牌，主营羽绒服、保暖夹克、保暖背心、手套等保暖御寒服饰，工厂位于加拿大温尼伯（Winnipeg），员工总数 1 716 人，占全加拿大服饰用工数的 6%。其近几年的主要财务指标如表 8-1 所示。

表 8-1 加拿大鹅的主要财务指标（2015—2018 年）

指标	2015	2016	2017	2018
营业收入（百万美元）	172.5	224.3	303.0	458.4
净利润（百万美元）	11.4	20.4	16.2	74.5
总资产（百万美元）	217.0	272.2	285.8	425.3
净资产（百万美元）	90.4	110.0	109.7	188.9
营业收入增速（%）	25.1	30.0	35.1	51.3
净利润增速（%）	—	79.3	20.5	358.7
毛利率（%）	41.9	50.1	52.5	58.8
净利润率（%）	6.6	9.1	5.4	16.2
收入 / 总资产（%）	79.0	82.0	55.0	62.0
总资产 / 净资产（%）	240.0	247.0	261.0	225.0
净资产收益率（%）	—	20.6	15.0	49.3
资产收益率（%）	—	8.2	6.9	18.6

资料来源：标准普尔金融数据库

加拿大鹅往往成群结队，是一道有趣的风景线（见图 8-1），但行人最好要躲着走，大鹅翼展可达 2 米，攻击力极强。

图 8-1　加拿大鹅

资料来源：谷歌图片

品牌发展路径

1957 年至 20 世纪 70 年代，小服装作坊起家

萨姆·蒂克（Sam Tick）移民至加拿大后，于 1957 年在多伦多的一个小仓库开了一家运动服饰店。10 年后，蒂克的女婿戴维·瑞斯（David Reiss）加入公司，并带来了他发明的羽绒填充机。从此，小仓库运动服装店开启了新的篇章，并有了自己的品牌名——Snow Goose，也就是加拿大鹅的前身。

20 世纪 80 年代至 90 年代，从功能性切入，成为极寒天气下的必备装备

派克（Parka）是加拿大鹅最被人熟知的品类，相当于羽绒风衣，派克最早被研发出来时，主要服务于南极洲 McMurdo 考察站的科学家。此后，加拿大鹅在抵

御极端严寒环境的道路上越走越远，1982 年第一位登上珠穆朗玛峰的加拿大人穿的便是一件加拿大鹅定制的派克。

20 世纪 90 年代至 2010 年，走高端化实用性品牌路线，影视曝光下品牌快速成长

1997 年，萨姆·蒂克的外孙，戴维·瑞斯的儿子丹尼·瑞斯（Dani Reiss）加入公司，并于 2001 年成为 CEO。丹尼上任后，明确了高端化实用性品牌的路线，提出了“Made in Canada”（加拿大制造）的标签，逐步爆发出了强劲的能量。

通过免费赠送给剧组和影视明星，加拿大鹅于 2001—2010 年被在影视作品和明星的各路街拍中广泛曝光。通过明星和部分政客的高效带货，加拿大鹅整体的品牌形象和知名度快速提升。2001 年的加拿大鹅还是一个小众品牌，收入仅约 300 万美元；到了 2010 年，收入已经接近 1 亿美元。更重要的是，品牌力不断上升，在消费者心中已经成为奢侈品。

2010 年至今，资本助力，开启新篇章

“加拿大制造”具有天然的产地好感，为加拿大鹅品牌提供了优质的产地背书。为了兑现“加拿大制造”的承诺，2010 年，公司在加拿大温尼伯增设新工厂，产能大幅提升。同时，加拿大鹅在品类上不断延伸，2011 年推出了轻便式羽绒服，满足非极端天气和高运动性需求，并于 2017 年进入针织品市场。在此之前，加拿大鹅给人的印象还停留在极端寒冷环境下的功能性装备，而新品类的延伸则更多地加入了时尚设计的元素，切入的市场变得更广。以前，人们往往很难把羽绒服和时尚结合在一起，羽绒服给人的印象往往是长得拖到地上、臃肿肥大、毫无时尚感可言，但加拿大鹅在设计上不断创新，将功能性和时尚结合起来，爆款短款派克更是在女性中掀起了一种上身短派克、下身轻薄打底裤的“上重下轻”的冬季穿搭法。接着，加拿大鹅成功推出了数款爆款，实现了快速成长，并于 2017 年 3 月在多伦多和纽约同时上市。

加拿大鹅有鲜为人知的三大特点。①官方渠道从不打折，由于价格昂贵，在加拿大很多人会跟经销商搞好关系，用现金购买，从而可以免掉 13% 的营业税。②加拿大鹅产品全部在加拿大本土生产。③加拿大鹅的全球风靡引来大批假冒仿品，每年数以万计的冒牌加拿大鹅在市场上流通，甚至有的国家每年新出售的仿品的件数约是正品每年总产量的 3 倍。

加拿大鹅羽绒服帽子上的那一圈绒毛是加拿大森林狼尾巴上的狼毛，保暖效果很好，永远不会结冰，但产量极少，且加拿大森林狼数量不断下降，导致成本较高。同时，自 2014 年来，北美有多个动物保护组织抗议加拿大鹅使用狼毛，甚至在加拿大鹅旗舰店门外阻挡前去购买的消费者。对此，加拿大鹅快速推出了“全皮草产品可追踪政策”，确保在供应链端没有动物受到非人道伤害，这一事件才被慢慢平息下来。

核心成功要素分析

60 年技术沉淀，打造全世界最暖羽绒服

加拿大鹅羽绒服并不便宜，每件零售价在 600 ～ 1 500 加元，且从不打折，而一件哥伦比亚（Columbias）类似规格的羽绒服售价只要 300 加元左右。但当冬天来临时，在纽约或者多伦多市中心的大街上，几乎人手一件加拿大鹅。你肯定会很好奇，为何这么多人会愿意多花 4 倍的价格买一件羽绒服，答案很简单，所有人都会告诉你，因为加拿大鹅最保暖。不得不说，60 年技术积累、特有森林狼的狼毛帽圈、众多明星政客加持、加拿大本土全手工生产制造、南北极科考人员品质认证等特点，使得加拿大鹅成了“保暖”的代名词。简单来说，既然加拿大鹅能保证在南北极的科学家不感冒，自然也能保证在纽约、多伦多生活的人的温暖。

但随着技术不断成熟，竞品如 Moose Knuckles、OSC Cross、Arctic Bay 等在保暖功能性上和加拿大鹅的差距正在不断缩小，而且竞品都相继推出了仿加拿大鹅派克的款式，单纯在功能性上进行差异化其实已经越来越难了（见表 8-2）。因此，营销能力和渠道能力显得越来越重要，下文详细分析这一点。

表 8-2 加拿大鹅与竞品的产品指标对比

品牌	蓬松度（立方英寸 / 盎司）	含绒量
哥伦比亚	顶级产品 900，其他产品 700 ～ 800	主要产品在 90% 左右，灰鹅绒产品可达 95%
盟可睐（MONCLER）	600 以上	90%
加拿大鹅	625 ～ 700	90% 以上
北面（The North Face）	600 ～ 900	70%
Moose Knuckles	650 ～ 800	90%
波司登	600 以上	90%
鸭鸭	500 以上	90%

资料来源：加拿大鹅公司官网，弘章资本整理

资本进入，补足营销能力

2013 年之前，加拿大鹅虽然也有一定的曝光度和知名度，但主要集中于加拿大本土，且都是被动曝光，基本未做过主动营销，每年的市场营销费用几乎可忽略不计。2013 年，美国的贝恩资本对加拿大鹅进行了 2.5 亿美元的增资，主要对其营销进行帮助，包括在 2015 年由著名导演保罗·阿吉（Paul Haggis）指导的加拿大鹅宣传片《在哪里》（*Out There*）就是贝恩资本牵头计划的，短短 4 分 11 秒的宣传片记录了品牌在过去 60 年的真实历史故事，产生了一定的影响力。在资本加持下，加拿大鹅的业绩快速增长。

定义高端实用型羽绒，构建品牌“护城河”

抗寒性是加拿大鹅的重要品牌价值，传达真实加拿大鹅故事，增加消费者品牌印象。最近几年，奢侈品牌在年轻人中的形象有恶化的趋势，即使年轻人消费能力不弱，但越来越多人将奢侈品与沉溺、放纵、不公平、高人一等的优越感、过分夸张、自恋等贬义词联系起来。同时，传统奢侈品牌原有的优点——高品质、风格、设计感、匠人精神等优点在越来越多的新品牌上出现。传统奢侈品牌的生意在年轻人中越来越难做。

因此，加拿大鹅没有将自己完全定位为小众的奢侈品牌，而是定位为高端实用

型品牌，更多地与实用性连接，从而迎合越来越多的年轻的实用主义消费者。加拿大鹅羽绒服虽然价格不菲，但它并不是明星专属品牌，对于真正需要它的人而言，其价格还是完全可以接受的。

加拿大鹅的主要营销策略可总结为通过文字（书籍）与影像（电影）传播，让真实的人传达真实的加拿大鹅故事，核心策略是留下印象，而不是卖货。加拿大鹅从未请过任何明星代言，对于它而言，最好的代言人其实是就是那些有故事的消费者——本·桑德斯（Ben Saunders），在无任何辅助下完成横穿南极和北极第一人；玛里琳·霍夫曼（Marilyn Hofman），战地护士，在丘吉尔河（Churchill River）执行任务时不幸掉入冰冷的海水中，在加拿大鹅的保护下捡回一条命。这些真实的故事被如实收录在加拿大鹅的宣传片和宣传手册中。

另外，加拿大鹅提出分级指标，加强线下体验，进一步提升品牌形象。加拿大鹅在羽绒服外套上都标注了 TEI（Thermal Experience Index）温度体感指数，从 5℃到 -30℃分成 5 个等级，消费者可根据所处地区、用途来自行选择，这是加拿大鹅的一个特色（见表 8-3）。

表 8-3 加拿大鹅产品分级指标

分级	1 级抗寒	2 级抗寒	3 级抗寒	4 级抗寒	5 级抗寒
等级	轻量级	多用级	基础级	持久级	极限级
抗寒能力	-5℃～5℃	-15℃～0℃	-10℃～-20℃	-15℃～-25℃	-30℃以下
特点	轻量舒适	保暖性、舒适性及多用性的终极结合	提供基础保暖，满足日常需求	灵感源自北极，提供持续保暖	经过实地测试，可应对极寒之地

资料来源：加拿大鹅公司官网，弘章资本整理

加拿大鹅近年来重点发展线下自营门店，陆续在北美、日本创建多家线下旗舰体验店。比如在东京等气温极少低于摄氏零度的地区，加拿大鹅在旗舰店内设置气温达 -25℃的“冷房”供顾客试衣。创新的体验式营销带动了品牌在当地的传播，将传统门店从单纯的商品陈列展示变为真正的商品体验，使消费者能够身临其境地感受在特定环境下的产品表现。

最后，采用意见领袖带货和街拍示范的高效方式，进一步将产品推入大众视线。加拿大鹅在许多电影中都有出现，近期的如《海边的曼彻斯特》和《X战警2》，更早期的如2004年的电影《后天》和《国家宝藏》，加拿大鹅在其中两度出镜，片中冰雪环境下必有加拿大鹅经典的派克出现，派克在白雪的承托下显得格外醒目，为品牌带来了大量曝光。丹尼尔·克雷格（Daniel Craig）在2015年的《007》中身穿加拿大鹅的形象成为经典。

更有意思的是，加拿大鹅不仅出现在银幕前，也出现在银幕后。由于其产品特性，加拿大鹅一直以来是影视剧组在寒冷地区拍摄时的非官方装备，因此在很多非官方的照片中可以看到明星身披加拿大鹅的身影，比如大卫·贝克汉姆和克莱尔·丹尼斯（Claire Danes）。相关的剧照同样为大鹅带来了大量曝光，而非官方的属性使得大众更愿意买单，带货效果极佳。

财务分析

加拿大鹅自引入资本后业绩大幅上升，2014财年收入1.52亿加元，而2018财年收入已经达到5.91亿美元，复合增长率达到40.4%。对于其高增长的现象，我们重点关注两方面：分地区的增长和DTC渠道的增长。

从分地区的增长来看，加拿大、美国和其他地区基本均分（见图8-2）。其中，自2016财年以来，加拿大市场保持了55%的复合增长率，本土地区高增长的主要动因是渠道扩张，一是其官方电商商城，二是在多伦多和卡尔加里的实体店都获得了不错的市场反响。通过直营和分销渠道的双重引擎，加拿大鹅在加拿大本土已经从小众轻奢品牌成长为人手一件的国民品牌。分渠道的收入增长情况见图8-3。

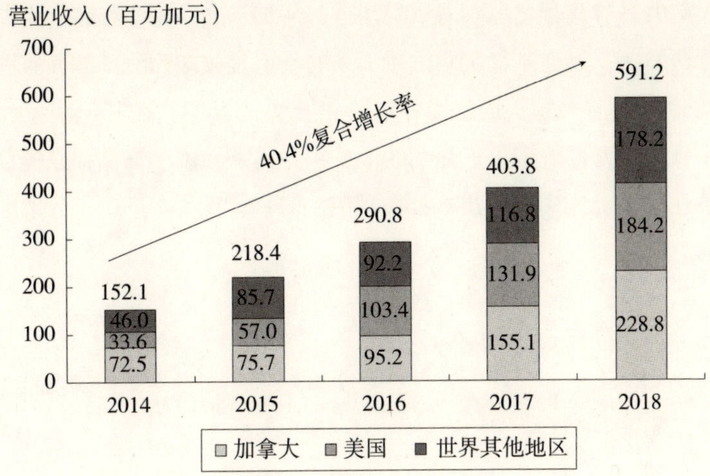

图 8-2　加拿大鹅的分地区营业收入及增长率（2014—2018 年）

资料来源：标准普尔金融数据库

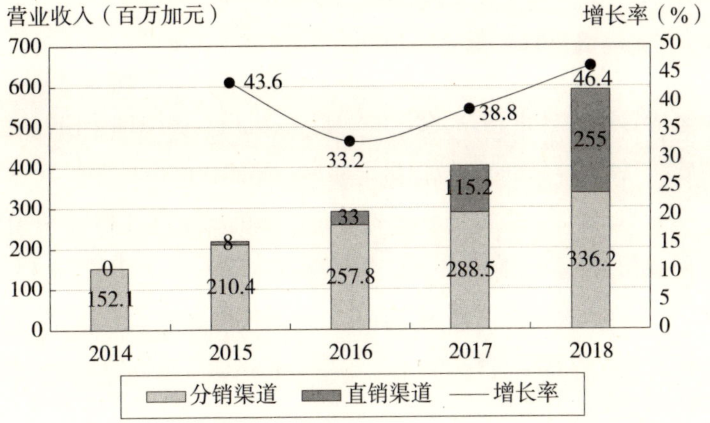

图 8-3　加拿大鹅的分渠道营业收入及增长率（2014—2018 年）

资料来源：标准普尔金融数据库

加拿大鹅的品牌流行之风随着候鸟南迁，从加拿大多伦多飞越五大湖来到美国纽约、新泽西地区，迅速站稳脚跟。接下来的重点是美国西北部的西雅图及周边地区，飞往该地区的“大鹅”们已经在温哥华蓄势待发了。在其他国家和地区，西欧、韩国、日本市场都表现出极强劲的增长，尤其是韩国，该品牌已经成为韩星的标配，几乎在每部韩剧中都会出现加拿大鹅的身影。图 8-4 呈现了分地区的收入增长详细数据。

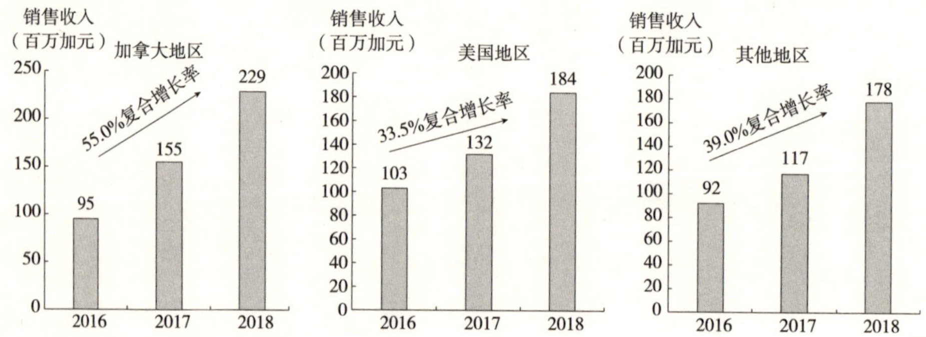

图 8-4　加拿大鹅分地区的收入增长（2016—2018 年）

资料来源：加拿大鹅公司年报

加拿大鹅的目标地区市场是北纬 37° 以北的区域，美国旧金山、意大利的西西里、中国威海和烟台以北的区域都属于加拿大鹅的目标市场。在 2018 年公司投资手册（Investor Handout）中，加拿大鹅对在目标市场年收入超过 10 万美元的目标家庭做了问卷调查。在加拿大本土，加拿大鹅在大衣品类中的渗透率已经达到 52.2%，并以本土地区 35% 的渗透率为标尺，为其他地区制定了 18.3% 的渗透率目标。公司宣称，在达到该渗透率目标后，品牌的整体需求量将翻 3 倍，目标市场的潜在成长空间巨大（见图 8-5）。

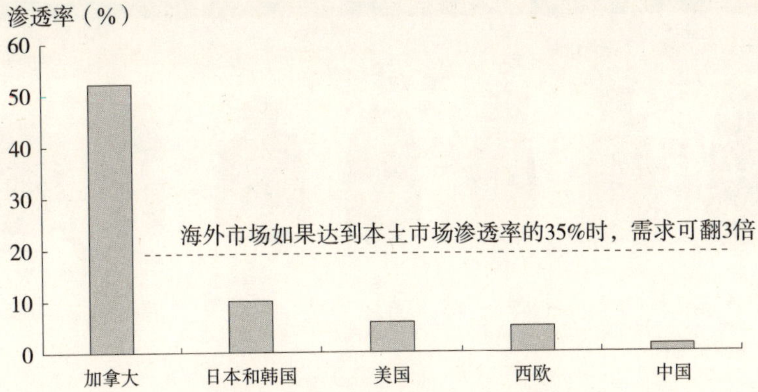

图 8-5　加拿大鹅各地区渗透率（2018 年）

资料来源：加拿大鹅公司投资手册

竞争对手分析

根据瑞士信贷集团（Credit Suisse）在 2018 年 3 月份的报告，全球高端服饰市场规模约 110 亿美元，其中加拿大鹅目前市场占有率约为 6%，它在国际市场上最主要的竞争对手盟可睐的市场占有率较高，约为 16%，但加拿大鹅正在快速追赶盟可睐。

对于加拿大鹅而言，由于其产品主要覆盖羽绒服，因此销售的季节性较为明显。为了克服这个缺点，主要采取两方面的措施：①按 TEI 对产品抗寒性进行分类（见图 8-6），将适宜 -15℃～ 5℃的 TEI 1-2 单品划归为春秋季品，实行差异化营销；②不断向“非夏”品类延伸，抓住更多的春秋季节市场。要知道，大部分国家的冬天大约相当于加拿大的春秋季节，季节延伸可有效帮助其实现国际版图扩张。同时，加拿大鹅新增了针织毛衣生产线，扩充了手套、棉帽等功能配件生产线等，并计划未来拓展鞋类、床品等。

除了向内的品类拓展外，2018 年加拿大鹅还收购了本土抗寒雪地靴品牌 Baffin，将抗寒保暖从覆盖上半身延伸至脚趾，打造抗寒保暖界的全品类集团。

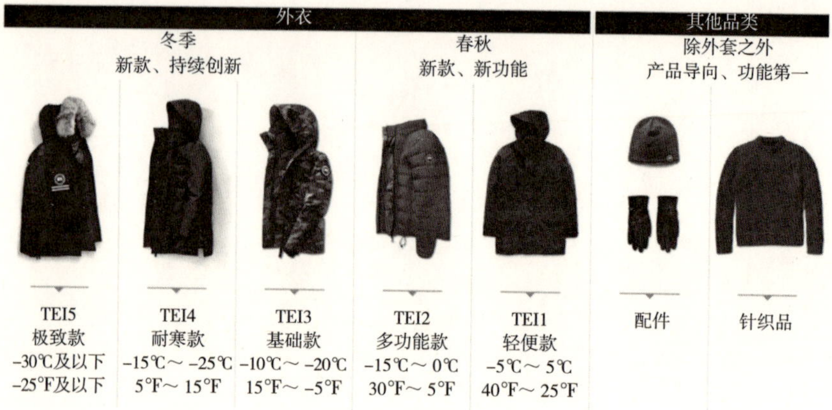

图 8-6 加拿大鹅 TEI 抗寒性等级分类

资料来源：加拿大鹅公司官网

盟可睐作为奢侈品羽绒服品牌，过去 10 年保持了非常高的增速，并且在全世界范围已经构建了强大的品牌影响力。北面属于户外服装中的佼佼者，其品类也包含羽绒服，因此也算是加拿大鹅的竞争对手之一。哥伦比亚则是北美成熟的户外鞋服品牌，也是定位高性价比的大众品牌，因此也可与加拿大鹅对比。

从利润率角度看，定位奢侈品牌的盟可睐毛利率高达 76.9%，定位大众化的北面和哥伦比亚则都在 50% 左右。加拿大鹅的毛利率自 2013 年以来不断提升，从 2013 年的 38.6% 提升至 2017 年的 58.8%，其中直销渠道的毛利率高达 74.4%，而且从趋势来看，直销渠道收入占比提升、成本优化、系统性提价等因素将持续提升毛利率水平。在净利润率方面，盟可睐高达 20.9% 的净利润率无人能及，加拿大鹅 2017 年 16.2% 的净利润率表现亮眼。北面与哥伦比亚的净利润率分别为 5.2% 和 4.3%，与加拿大鹅和盟可睐的差距较大。加拿大鹅中等的毛利率与较高的净利润率意味着较低的费用率，从销售和管理费用率占比来看，加拿大鹅 2017 年的销售和管理费用率只有 33.8%，在四家公司中最低，也是其不打硬广告的侧面印证。这几个指标的历年数据如图 8-7 和图 8-8 所示。

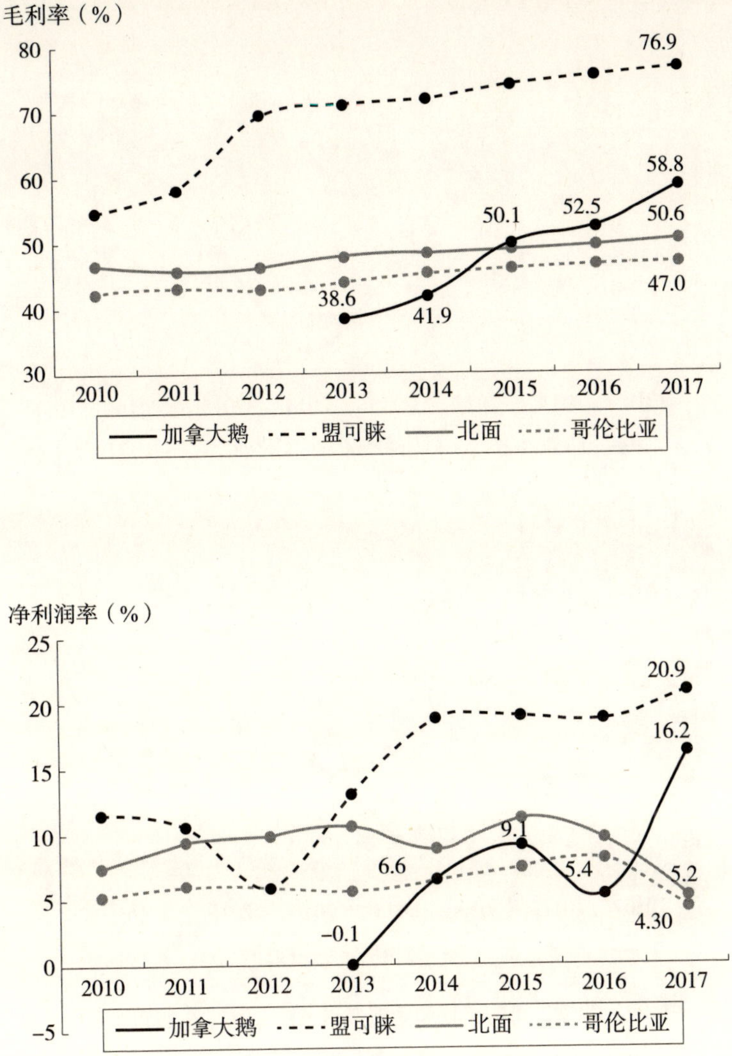

图 8-7 四家公司的毛利润、净利润率对比（2010—2017 年）

注：加拿大鹅、盟可睐、北面、哥伦比亚以下简称“四家公司”

资料来源：标准普尔金融数据库

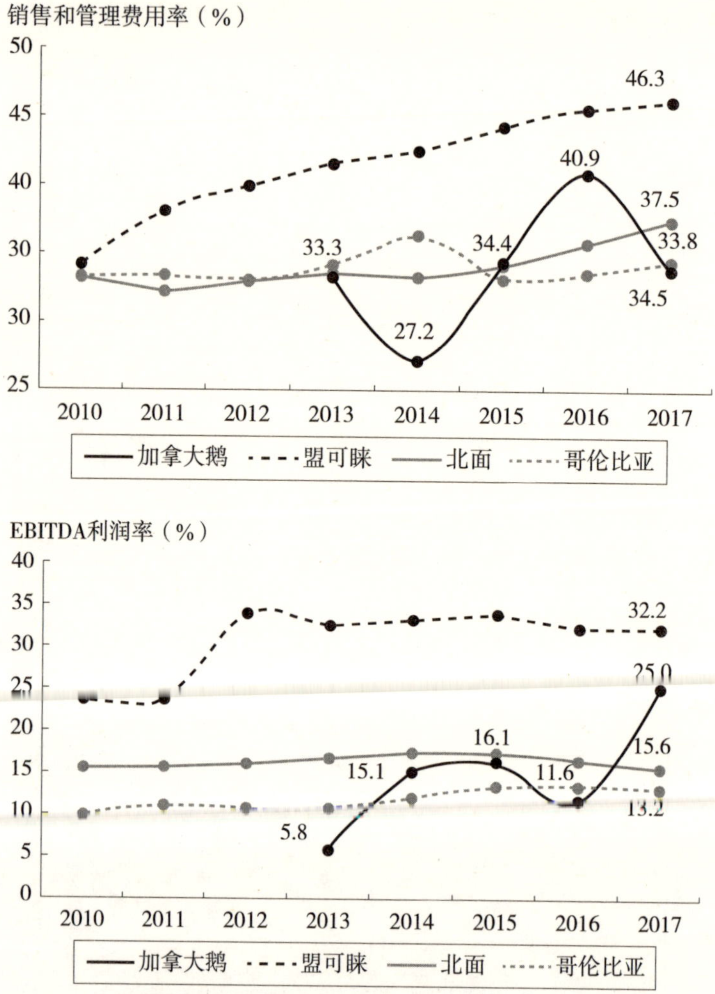

图 8-8 四家公司的销售和管理费用率及 EBITDA 利润率对比

（2010—2017 年）

资料来源：标准普尔金融数据库

在投资回报率上，2017 年的加拿大鹅表现惊人，净资产收益率达到 18.6%，资产收益率高达 49.3%，较竞品而言明显高出一大截（见图 8-9）。

在存货周转方面，加拿大鹅存货周转天数在 220 天左右，相对较高，因为品类主要是秋冬季的外套产品，季节性明显；而竞品如北面和哥伦比亚涵盖的品类更广，覆盖全年，季节性相对不明显，因此存货周转天数较少。

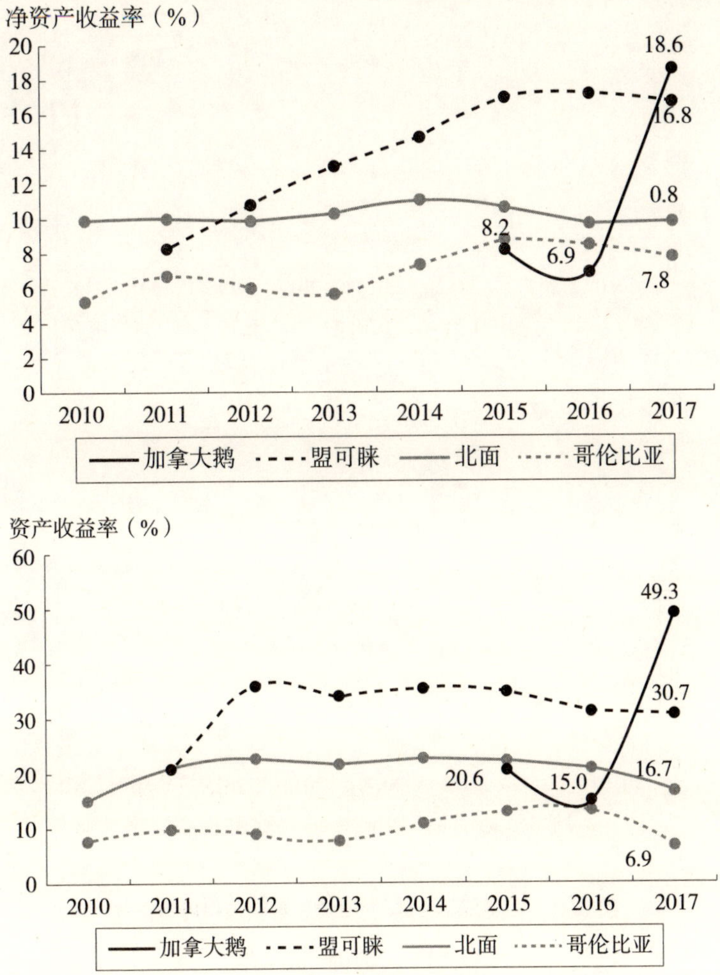

图 8-9　四家公司的净资产收益率和资产收益率对比

（2010—2017 年）

资料来源：标准普尔金融数据库

在应付账款周转方面，加拿大鹅体量还相对较小，因此对供货商的话语权没有盟可睐那么高（见图 8-10），能占用的货款比例也相对有限。但即使如此，也丝毫不影响加拿大鹅有着良好的现金流，2017 年经营性现金流达到 9 790 万美元。

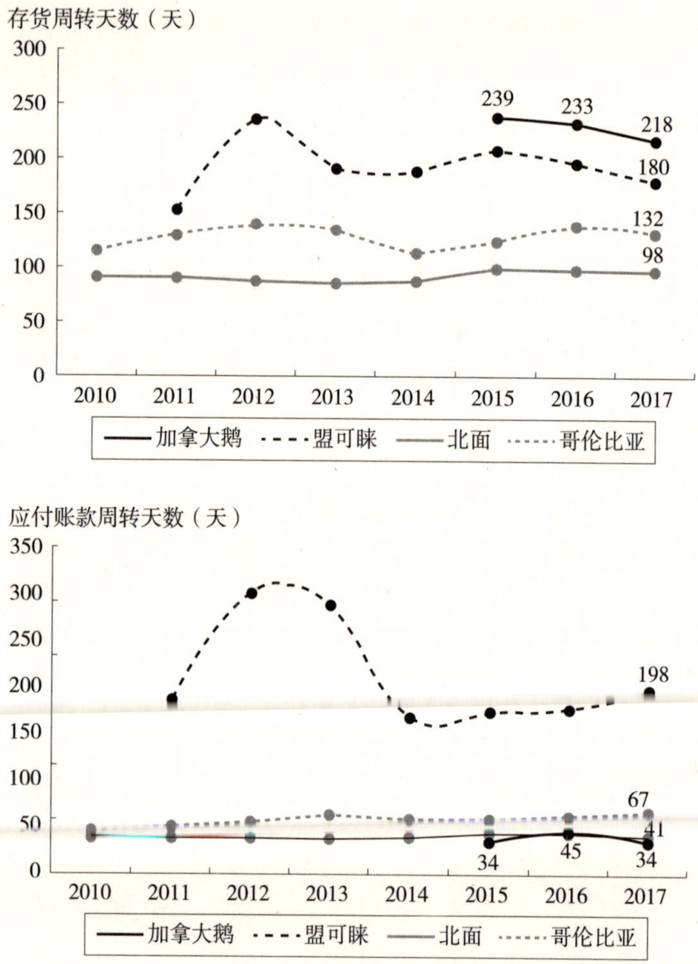

图 8-10 四家公司的存货周转天数和应付账款周转天数对比（2010—2017 年）

资料来源：标准普尔金融数据库

股价与估值

加拿大鹅股价走势迅猛，相较于 2017 年 3 月刚上市时，在 1 年时间内股价便翻了近 3 倍（见图 8-11）。虽然股价不时有闪崩现象，但在如此高的二级市场预期下，股价的间歇性调整也情有可原。

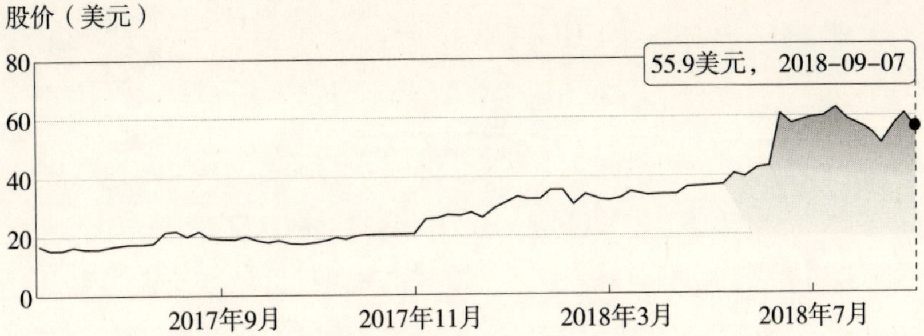

图 8-11　加拿大鹅股价走势（2017 年 9 月至 2018 年 7 月）

资料来源：谷歌财经

二级市场给了加拿大鹅极高的溢价，市盈率在 90 倍左右浮动，市销率则一路爬升至 14 倍左右（见图 8-12）。目前，盟可睐的市盈率为 38 倍，市销率为 10 倍；北面的市盈率为 47 倍，市销率为 10 倍；哥伦比亚的市盈率为 49 倍，市销率为 4 倍。加拿大鹅如此高的估值在鞋服行业非常少见，表明二级市场普遍看好其未来的发展，尤其是未来的直营渠道发展、品类扩张逻辑与区域扩张逻辑。

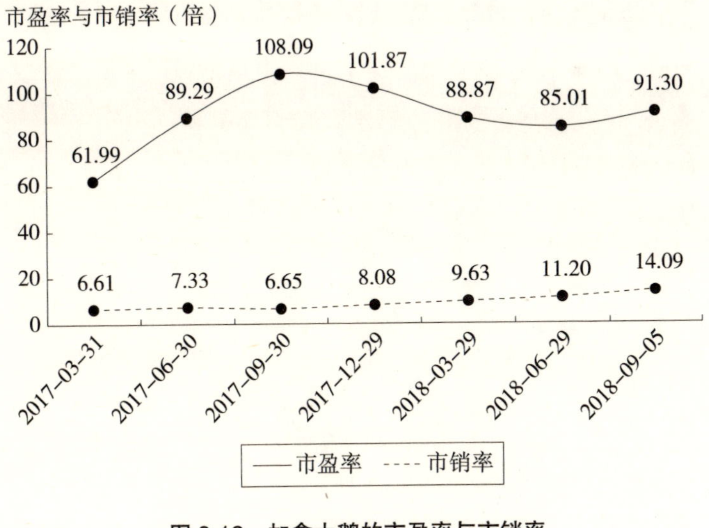

图 8-12　加拿大鹅的市盈率与市销率

（2017-03-31 至 2018-09-05）

资料来源：标准普尔金融数据库

小结和启示

充绒技术推动产品形态变革，差异化产品打破消费者品类价格预设上线：过去10年见证了加拿大鹅和盟可睐的爆发式增长，其基础是品类逻辑。羽绒品类对应一年之中最寒冷的季节，往往一件产品的使用年限比较长，消费者普遍将羽绒服归类为耐用品，而不是像T恤、衬衫一类的相对快消品，其价格“天花板”自然更高。随着充绒技术的成长，充绒量和蓬松度的提升使得面包式、臃肿、宽大的传统羽绒服，向时尚化、休闲化、轻量化发展，大幅扩大了品类的使用场景。

内部构建品牌内涵，创造情感连接和价值共鸣：品牌价值和文化内涵是溢价品牌的核心资产，其中包含社会文化属性、艺术设计美感、产品工艺品质，是品牌多年沉淀各方面综合能力的外在体现。品牌从历史深处走来，如何与消费者建立情感连接，引起跨世代的品牌情感与文化价值共鸣是核心。加拿大鹅主要通过娱乐产业的电影植入和明星示范效应，盟可睐则通过参加时装周、与知名设计师合作等方式扩大其在时尚界的知名度，虽然方式不同，但都将文化内涵、潮流意见、审美理念不断融入其品牌价值。

The Future of New Brand

Stitch Fix

线上订阅式会员制鞋服渠道品牌

Stitch Fix Inc. 成立于 2011 年，是一家线上订阅式会员制鞋服渠道品牌，通过大数据分析与甄选师选品，为消费提供个性化的时尚搭配。总部位于美国旧金山，截至 2018 年 6 月，Stitch Fix 有超过 3 700 名甄选师和 85 名数据科学家。Stitch Fix 于 2017 年 11 月在纳斯达克上市，近几年的主要财务指标情况见表 8-4。

表 8-4　Stitch Fix 的主要财务指标（2015—2018 年）

指标	2015	2016	2017	2018
营业收入（百万美元）	342.8	730.3	977.1	1 226.5
净利润（百万美元）	20.9	33.2	–0.6	44.9
总资产（百万美元）	—	191.6	257.2	481.6
净资产（百万美元）	—	92.2	104.1	315.1
营业收入增速（%）	368.1	113.0	33.8	25.5
净利润增速（%）	—	58.5	—	—
毛利率（%）	42.2	44.3	44.5	43.7
净利润率（%）	6.1	4.5	0.1	3.7
收入 / 总资产（%）	—	381.0	380.0	255.0
总资产 / 净资产（%）	—	208.0	247.0	153.0
净资产利润率（%）	—	—	–0.6	21.4
资产利润率（%）	—	—	8.8	7.3

资料来源：标准普尔金融数据库

品牌发展路径

Stitch Fix 很年轻，2011 年创立，仅用 6 年便完成了美股上市。两位创始人伊琳·莫里森·弗林（Erin Morrison Flynn）和卡特里娜·莱克（Katrina Lake）曾是 J. Crew 的买手，订阅制电商的模式是莱克在哈佛商学院研修时灵光一闪想出来的。Stitch Fix 历史沿革如图 8-13 所示。

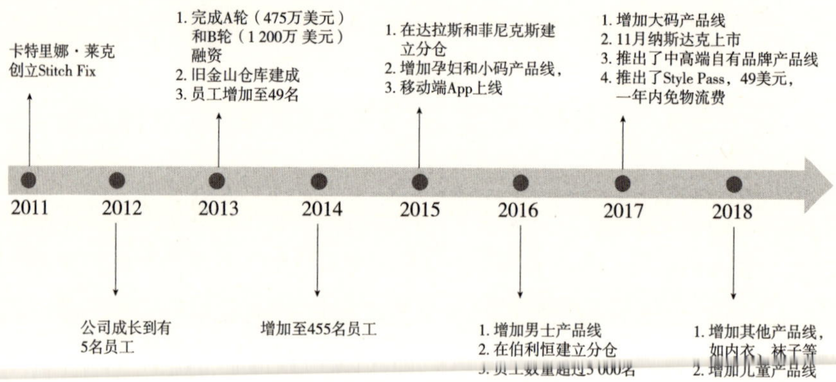

图 8-13 Stitch Fix 历史沿革

从 Stitch Fix 整个发展路径来看，主要有两大趋势，第一是对人（甄选师）的依赖不断降低。公司创立之初，主要依赖甄选师选品、搭配、推荐、售后，在经历了 A、B 轮融资后，Stitch Fix 在数据系统和算法上投入了大量资金，聘请了多名数据“大牛”来搭建整个算法系统。算法逐渐完成了供应链管理、仓储物流管理、选品、搭配等核心流程，甄选师则逐渐转变为前端的销售顾问兼售后，1 对 1 的服务让消费者能感到人性化的温暖。其服务流程和业务逻辑如图 8-14 和图 8-15 所示。

调查问卷包括以下内容。

- 对风格、大小、价格段的明显偏好。
- 偏爱的或不喜欢的颜色、图案、用料。
- 参加特定着装场合的频率。

- 更愿意展示或遮盖自己身体的哪些部位。
- 连接到线上社交平台，如照片墙、品趣（Pinterest）等。

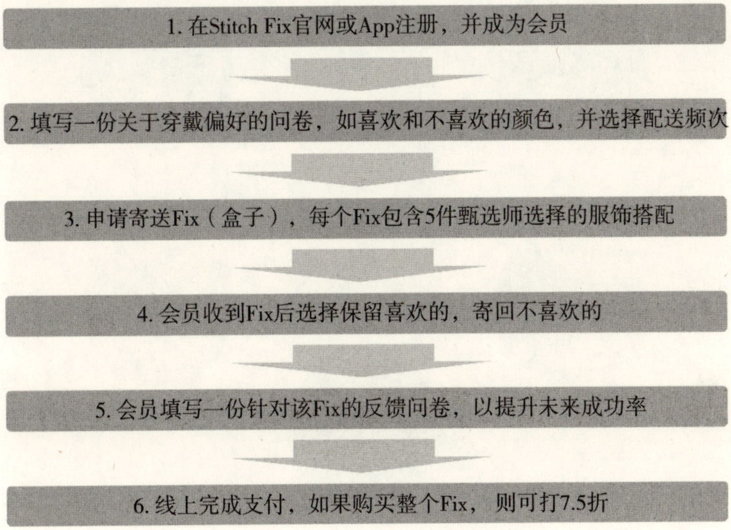

图 8-14　Stitch Fix 服务流程

第二大趋势是品类不断扩张，Stitch Fix 通过一开始推出女性外衣、外裤，积累了一定的女性用户基础。通过与女性会员的不断交流和数据搜集，发现大码女性、孕妇和小码女性在会员中占比不低，且特定细分人群在传统渠道的服装消费痛点更痛，优化空间更大。比如大码（US Size14 以上）女性占整个 Stitch Fix 女性会员的一半以上，但根据 Coresight 研究，大码服装仅占美国服装行业 17.5% 的市场份额，意味着大码女性在服装上的消费水平远低于平均水平。显而易见，这是供应端的问题，说明服装设计师很少关注大码女性市场。同样的，Stitch Fix 在建立了一定的用户池后，通过推荐和口碑传播，逐步延伸至男士产品线。基于类似的逻辑，因为第一批会员普遍结婚生子，Stitch Fix 于 2018 年开拓了儿童产品线和其他产品线，包含内衣、袜子等。可以看出，Stitch Fix 的品类扩张模式是基于其会员本身，会员有何种共性、何种需求，Stitch Fix 便进入能解决那些痛点的品类（见图 8-16）。

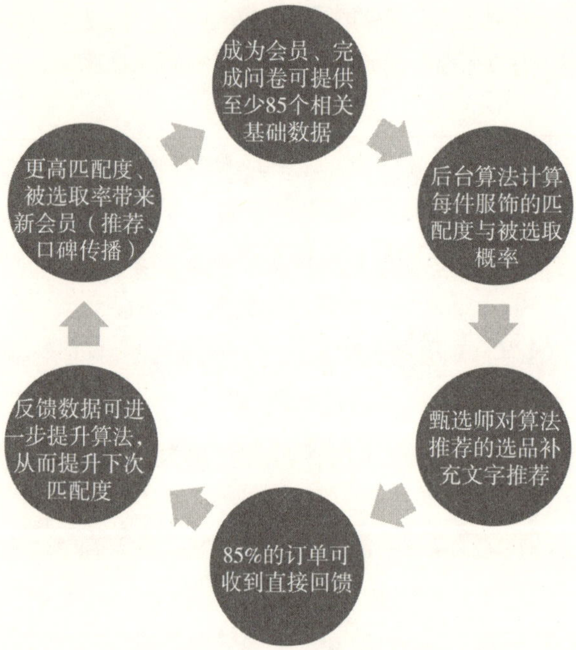

图 8-15 Stitch Fix 业务逻辑

资料来源：Stitch Fix 公司官网，弘章资本研究

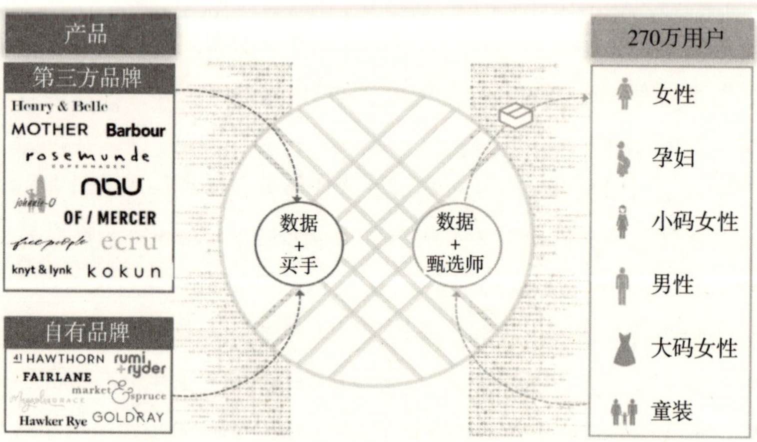

图 8-16 Stitch Fix——服装品牌外表下的数据公司

资料来源：Stitch Fix 公司官网，弘章资本研究

在品牌方面，Stitch Fix 于 2018 年正式开拓了自有品牌产品线，包括主打休闲职业装的 41 Hawthorn、性感时髦的 Goldray、经典基本款的 Market & Spruce。随着数据的不断沉淀和验证，在积累了 270 万会员与 200 个以上女装品牌的单品销售数据后，Stitch Fix 已经做到比会员更了解会员的需求，比品牌方更了解产品，在数据驱动和生态流量的加持下，三个新品牌线快速起量，占比持续升高。之后又不断推出了三个男性自有品牌 Hawker Rye、01.Algo、Red Ale，都在市场上获得了不错的反响。

从大背景来看，北美鞋服市场整体线上渗透率不断提升。2017 年，鞋服整体市场规模 3 420 亿美元，线上规模达到 700 亿美元，2020—2022 年线上增速预计将保持在每年 13.8%（见图 8-17）。整体来看，电商对于时尚鞋服品类的新品牌而言有更佳的突破机会。

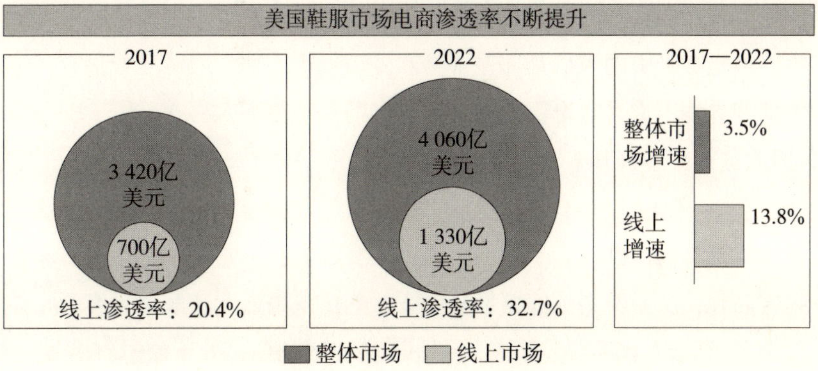

图 8-17　美国鞋服市场电商渗透率

资料来源：Stitch Fix 公司投资表现（Investment Presentation），弘章资本研究

但鞋服品类与其他品类的不同点在于，用户只有实际穿着鞋服才能知道是否真正合身和适合自己，且由于北美不同人种的身材差异较大，线上服装消费往往退换货率较高，导致鞋服电商的效率一直较低。同时，消费者在大而全的平台电商上购物时，容易陷入“商品琳琅满目，我有选择恐惧症”以及“页面上看着漂亮，但拿到手穿上后发现其实并不适合自己”的窘境。Stitch Fix 订阅制电商，通过“推荐—试衣—反馈”的机制，降低了消费者的选择成本（从成千上万件到从 5 件中选

择），优化了试穿体验（推荐搭配试穿）。

从历史经验来看，服装零售商最大的风险在于库存，一家处于高速增长期的服装品牌可能会在一瞬间死于错误预判了某一系列产品线的量。Stitch Fix 基于数据算法的指导，将用户和商品精确匹配，改变了服装行业的底层逻辑，将传统的设计师想法主导转变为消费者需求主导。随着数据的不断沉淀，尤其是反馈机制的存在，Stitch Fix 的用户画像越来越清晰，用户需求越发明了，越能为用户在正确的时间点匹配适合的商品，自然不会出现库存积压的情况。Stitch Fix 的算法并不局限于用户和商品本身，其仓储物流和调货系统也都有一套复杂但精妙的算法，来降低其库存风险。

Stitch Fix 虽然被外界归纳为订阅制电商，但本质其实是“推荐盒子”的模式。该商业模式对消费者的核心价值是将消费选择从消费者手中转移到更专业的设计师手里。最能够吸引的人群是那些不喜欢外出逛街购物，但对穿着仍有一定要求的人。大部分男性不太喜欢逛街，并且近一半的女性也不太喜欢逛街（据 Stitch Fix 声称），因此这部分客群其实是很庞大的。

品牌方也很喜欢“推荐盒子”的渠道，主要因为：①它是全价渠道，非折扣渠道，不损害品牌；②该类渠道能帮助品牌方触达传统渠道无法触达的客群，是增量市场；③该类渠道属于新流量渠道，正处于高速增长期，处于流量红利期。Stitch Fix 也在为合作品牌方从规格、质量、定价上不断优化产品。

采用类似的设计师“推荐盒子”商业模式的企业并非仅 Stitch Fix 一家，最主要的竞争对手是 Trunk Club。Trunk Club 的规模大约是 Stitch Fix 的 1/5，2014 年被诺德斯特龙（Nordstorm）收购。其模式与 Stitch Fix 高度类似，区别在于 Trunk Club 构建的是消费者与专业设计师 1 对 1 的实时交流。其“推荐盒子”被称为“Trunk”，每个 Trunk 包含 6 ～ 10 件商品，每件商品客单价为 100 ～ 300 美元，并且每个 Trunk 收取 25 美元的设计费。

Stitch Fix 表面是一家服装渠道品牌，但长远来看，其本质是一家用户数据公司。Stitch Fix 主要收集三方面数据：用户数据、商品数据和反馈数据（见图 8-18）。结合三方面数据，不断优化算法，持续提升商品和用户的匹配度，最终目标是成为比用户更了解自己的喜好、比品牌方更了解自己的商品的数据公司。

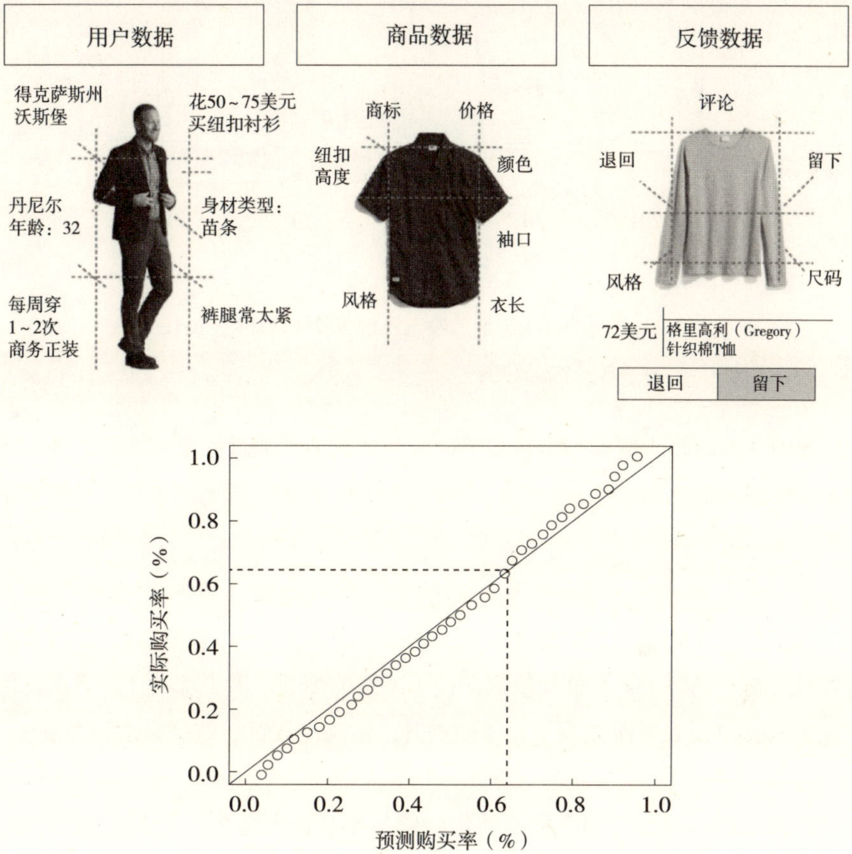

图 8-18　Stitch Fix 收集用户数据、商品数据和反馈数据

资料来源：Stitch Fix 公司官网，弘章资本研究

财务分析

Stitch Fix 的营业收入保持了高速增长，2014 财年仅收入 7 320 万美元，而 2018 年收入已经达到近 12.3 亿美元（见图 8-19）。

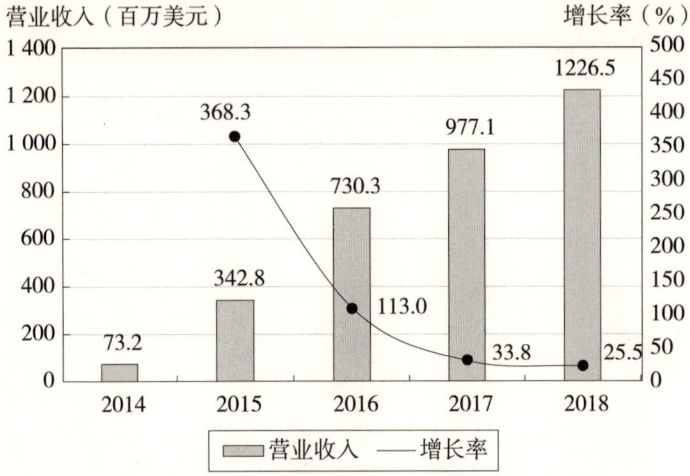

图 8-19　Stitch Fix 营业收入及增长率（2014—2018 年）

资料来源：标准普尔金融数据库

Stitch Fix 的收入驱动因素可主要拆分为活跃会员数量和平均活跃会员贡献销售收入（见图 8-20）。

从会员数量来看，Stitch Fix 的活跃会员数量保持了平均 25% 以上的平稳增长。在单会员价值方面，Stitch Fix 在公开招股书中曾披露过该数据，平均会员贡献销售收入与平均每 Fix 下单件数都保持了不错的增长。尤其是每 Fix 下单比例的提升说明 Stitch Fix 在匹配效率上正不断提升，体现出其背后数据算法的力量。

值得一提的是，Stitch Fix 的销售稳定，季节性不明显，这是订阅制的好处之一，可以避免传统服装品牌高季节性因素带来的运营风险。

从利润率来看，Stitch Fix 的综合毛利率保持在 44% 左右浮动（见图 8-21）。2017 年开始，Stitch Fix 拓展到男士产品线，但由于男士产品的毛利相对较低，导致综合毛利水平提升幅度不明显。但仔细观察 2014—2016 年，只有女装产品线时，毛利率整体提升了约 9%，表现出了极强的毛利率提升能力。在盈亏底线（Bottom Line）方面，Stitch Fix 仅用不到 4 年，在 2015 财年就转亏为盈，且近年的净利润率基本稳定在 4%，这对于一家尚处于高速增长期的企业而言非常难得。

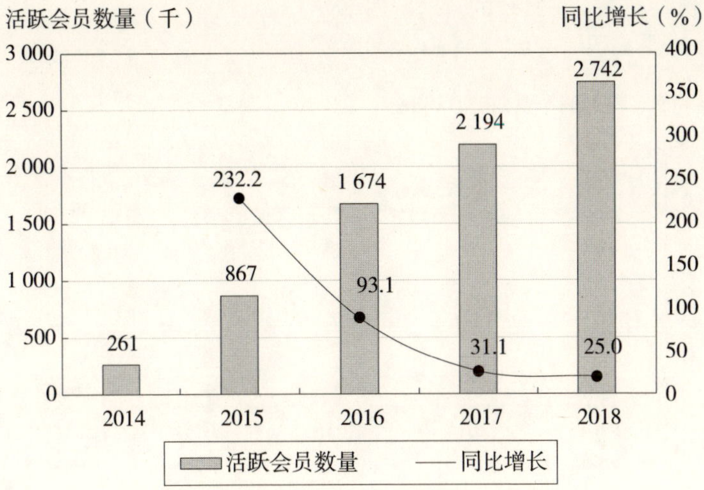

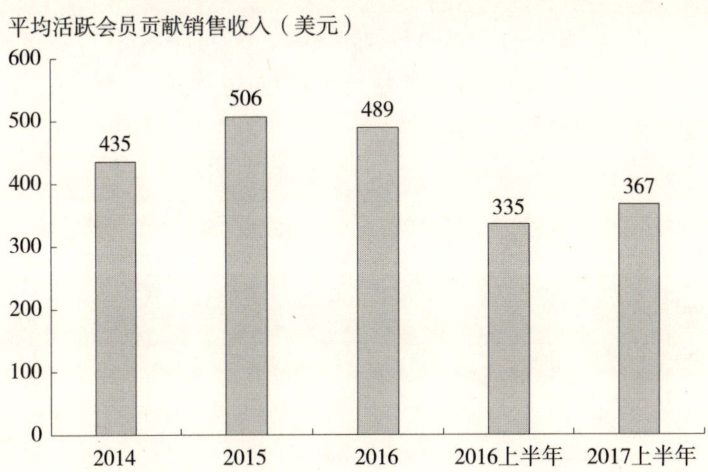

图 8-20　Stitch Fix 的活跃会员数量（2014—2018 年）和平均活跃会员贡献销售收入（2014—2017 年上半年）

资料来源：标准普尔金融数据库

Stitch Fix 的销售和管理费用主要包含营销和员工薪酬，Stitch Fix 主要依托口碑传播和熟人推荐，因此早年营销费用占比并不高，基本保持在 7% 以内，剩下的大部分费用主要来自全公司近 4 000 名员工的薪酬，包括甄选师、商品买手、数据工程师、仓储物流员工等（见图 8-22）。未来，Stitch Fix 计划加大在营销费用上的投入，预计将保持在 9% ～ 11% 的营销费用率。

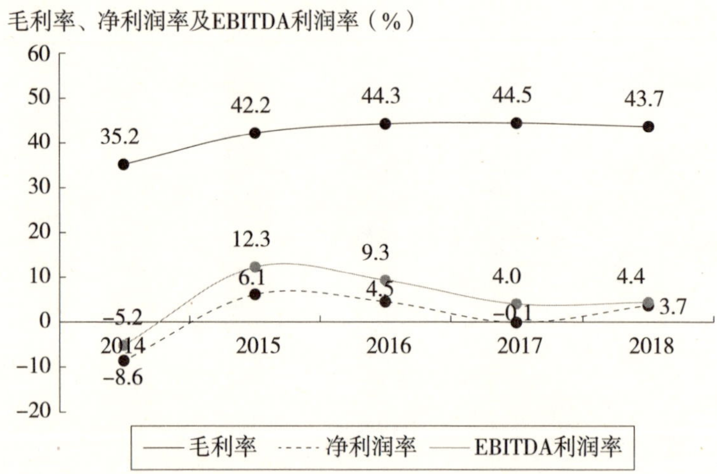

图 8-21 Stitch Fix 的毛利率、净利润率和 EBITDA 利润率（2014—2018 年）

资料来源：标准普尔金融数据库

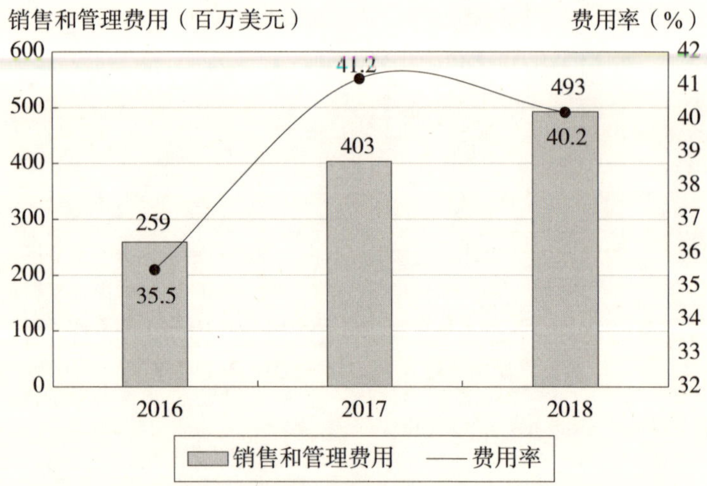

图 8-22 Stitch Fix 的销售和管理费用及其比例（2016—2018 年）

资料来源：标准普尔金融数据库

在投资回报率上，Stitch Fix 表现优异，2018 财年资产收益率达到 21.4%，净资产收益率则达到 7.3%（见图 8-23）。

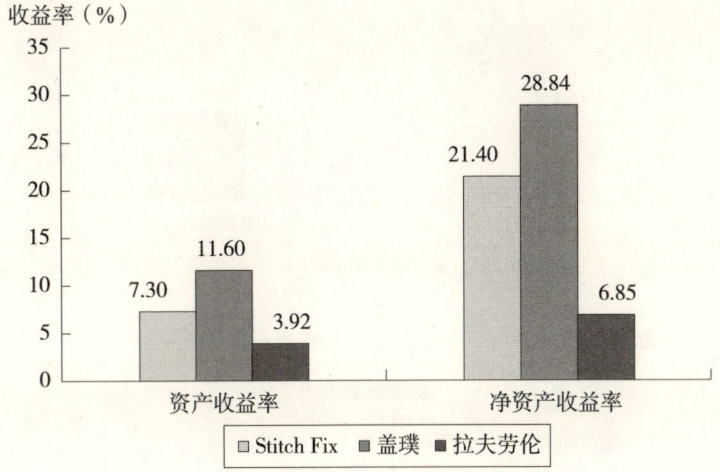

图 8-23　2018 财年 Stitch Fix 与盖璞、拉夫劳伦的净资产收益率和资产收益率对比

资料来源：标准普尔金融数据库

得益于对于数据和算法的投入，Stitch Fix 可以对会员喜好甚至流行趋势进行有效预判，因此它的存货周转天数远低于传统服装品牌。Stitch Fix 也售卖拉夫劳伦和迈克高仕（Michael kors）的产品，但效率却远高于二者（见图 8-24），这就是大数据和算法的力量。

在应付账款方面，Stitch Fix 目前周转天数为 31.9 天。Stitch Fix 合作的品牌主要以中端以上的服装品牌为主，能从凯特・丝蓓（Kate Spade）、迈克科尔斯、拉夫劳伦等知名品牌上拿到不错的账期，说明品牌方对于该新兴渠道较为重视。

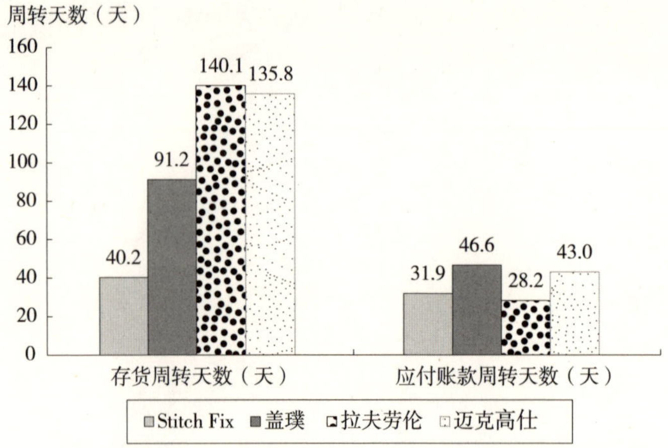

图 8-24　Stitch Fix 与其他品牌的存货周转天数和应付账款周转天数对比

资料来源：标准普尔金融数据库

股价与估值

在股价表现上，Stitch Fix 上市后度过了半年多的平稳期，之后经历过一个高峰，于 2018 年 9 月涨至 49.33 元美元 / 股的高价（见图 8-25），主要是因为它在新品类拓展上一直延续了之前的成功。后续股价回归，主要是新用户增速开始放缓所致，但整体来看，二级市场仍然给了 Stitch Fix 很高的溢价，普遍比较看好其成长性，目前市盈率为 55.3 倍，市销率为 1.6 倍，远高于传统服装品牌（见图 8-26）。

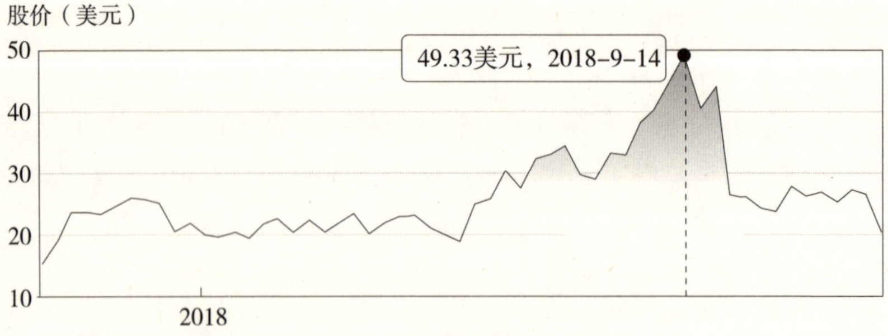

图 8-25　Stitch Fix 股价走势（2018 年）

资料来源：谷歌财经

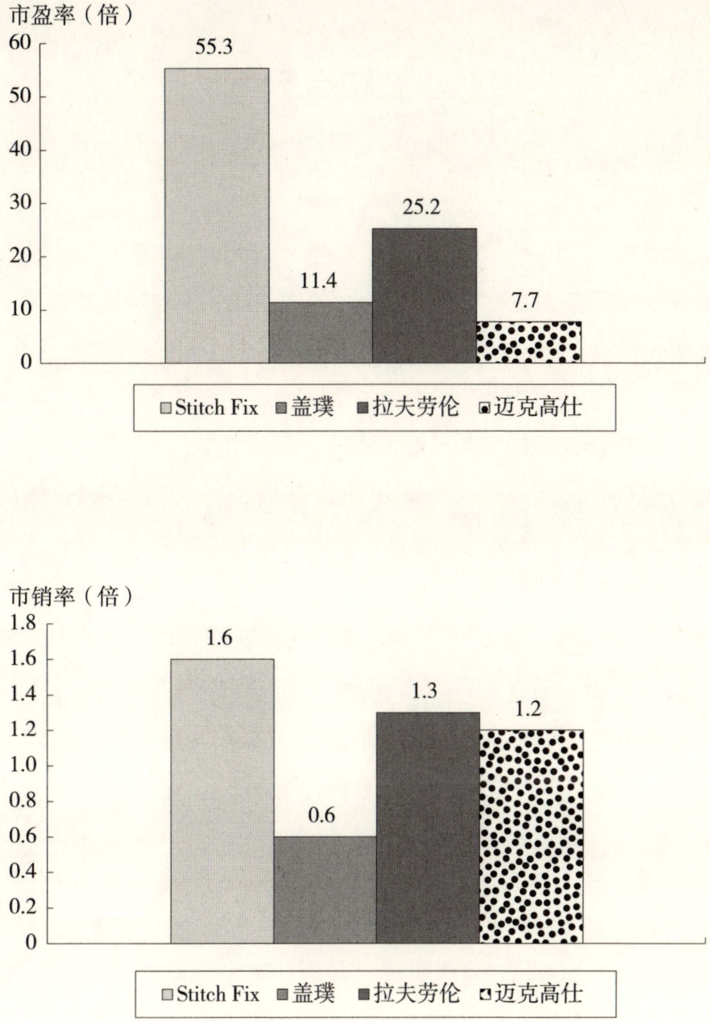

图 8-26　Stitch Fix 与其他品牌的市盈率、市销率对比

资料来源：标准普尔金融数据库

小结和启示

现在来分析 Stitch Fix 的核心价值。

1.“推荐盒子”模式的本质在于“推荐”，是否为订阅制不是关键，频次、频率应由消费者自行决定。模式的核心是将“选择”这一步骤从消费者手上转移到更专业的设计师或数据系统上，为消费者节省了选择成本和时间成本。

2. Stitch Fix 不是简单的服装品牌，本质上是一家数据驱动的用户运营公司。通过数据和算法，Stitch Fix 搭建了一个用户数据平台：一方面，通过每次的交易行为，平台不断更新优化对会员的认知，最终比会员更了解自己；另一方面，收集的服装大数据在算法的帮助下可转化为流行趋势的判断，对选品、库存管理起到指导作用，这也是 Stitch Fix 自有品牌能快速起量的主要原因之一。长期来看，数据和算法是 Stitch Fix 的核心“护城河”，且随着用户和数据的不断积累，这条河将越来越宽。用户运营公司的好处在于其品类延伸的路径更丰富，Stitch Fix 于 2018 年开始已经在其他品类中尝试内衣、内裤、睡衣等品类，相信拓展到非服装品类只是时间问题。

3. 从以前的经验来看，传统垂直电商的最大问题是用户最终大部分会回归平台型电商（如亚马逊、淘宝），留存率较低，单个会员的长期价值无法覆盖成本，因而需要不断投资到新客获取上。Stitch Fix 订阅制电商的好处在于会员的留存率较高，单个会员的价值更高，因此天花板也更高，但本质上依赖的是匹配效率的提升，而匹配效率的提升则是由数据的积累和算法的不断优化带来的。

对于中国市场的借鉴意义

随着 Stitch Fix 上市，国内不少订阅制电商也应运而生。首先，从北美和中国基础商业环境差异来看，信用体系是订阅制电商的主要前提，但国内目前的消费信用体系还处于比较早期的阶段，容易出现消费者恶意私藏的现象，整个信用体系还有待完善。其次，Stitch Fix 从 0 到 1 的阶段有一大批种子用户来自美国偏僻的中部地区，是传统品牌和传统渠道触及不到的用户，且其中大码会员占比较高，Stitch Fix 确实解决了这类用户买衣服难的问题，核心是抓住了中部地区大码人群的空白流量。但就中国市场而言，从 0 到 1 的种子流量来源是创业者需要重点思考的问题。

近年来，服装行业的大趋势是数据驱动，通过数据算法来指导设计、选品、产量，除了 Stitch Fix 外，像好市多和汤米·希尔费格（Tommy Hilfiger）合作品牌通过好市多对会员的精准画像和数据，已经有能力预判下一年的流行趋势，并将售罄率提升至 80% 以上，而传统服装行业正价售罄率仅 20% 左右。此类模式的前提是直接面向用户端以及具备完整的会员体系，这或许是未来国内服装品牌的大机会之一。

The Future of New Brand

LVMH 集团

高效并购整合的奢侈品品牌帝国

LVMH 作为全球第一大奢侈品集团，在全球近 200 个国家和地区设立 1 700 多个门店，总部设立于法国巴黎。1987 年，酩悦 & 轩尼诗（Moet & Hennessy）与路易威登（Louis Vuitton）合并为 LVMH，之后通过一系列成功的奢侈品品牌并购案例，一跃成为当今全球产品品类最全、旗下品牌最多的奢侈品集团。目前，LVMH 拥有全球 10.4% 的市场份额，是整个奢侈品行业当之无愧的领头羊。LVMH 集团于法国巴黎上市，目前市值约 1 500 亿欧元，是巴黎股市 CAC40 指数的成分股。LVMH 集团旗下有诸多知名品牌，其中包括全球最畅销的高端酒类品牌轩尼诗、全球最受欢迎的香槟品牌酩悦，以及驰名时尚奢侈品和化妆品品牌迪奥（Dior）、纪梵希（Givenchy）等 72 个品牌。同时，LVMH 集团持股 74 家品牌，例如爱马仕（Hermes）、克雷德（Creed）。集团近几年的主要财务指标如表 8-5 所示。

表 8-5 LVMH 主要财务指标概况（2014—2018 年）

指标	2014	2015	2016	2017	2018
营业收入（百万美元）	30 599.0	35 631.0	37 569.0	42 604.0	46 803.0
净利润（百万美元）	5 648.0	3 573.0	3 981.0	5 129.0	6 354.0
总资产（百万美元）	53 362.0	57 601.0	59 622.0	68 550.0	74 300.0
净资产（百万美元）	21 763.0	24 339.0	26 393.0	28 852.0	32 293.0
营业收入增速（%）	—	16.4	5.4	13.4	9.9

续表

指标	2014	2015	2016	2017	2018
净利润增速（%）	—	36.7	11.4	28.8	23.9
毛利率（%）	38.6	41.9	50.1	52.5	58.8
净利润率（%）	18.5	10.0	10.6	12.0	13.6
收入 / 总资产（%）	57.0	62.0	63.0	55.0	62.0
总资产 / 净资产（%）	245.0	237.0	226.0	238.0	230.0
净资产收益率（%）	26.0	14.7	15.1	17.8	19.7
资产收益率（%）	10.6	6.2	6.7	7.5	8.6

资料来源：晨星资讯，LVMH 官网年报

品牌发展路径

悠久的豪门历史底蕴：路易威登与酩悦 & 轩尼诗

在将路易威登与酩悦 & 轩尼诗合并前，路易威登与酩悦 & 轩尼诗已是历史悠久的高端消费品制造商。路易威登自 1854 年成立以来，始终依靠卓越品质、杰出创意以及精湛工艺将品牌打造成时尚旅行艺术的象征，并常年服务欧洲王室、贵族及社会高层人士，是时尚奢侈品界的一大标杆品牌。目前，路易威登在全球拥有 740 家门店，是拥有门店最多的时尚皮具类品牌。

酩悦 & 轩尼诗于 1971 年合并，是高端香槟与高端烈酒的融合。在合并前，酩悦自 1743 年创立以来，始终是成就与魅力的典范，以成就、创举以及传奇的先锋精神闻名于世。酩悦在 18、19 世纪一贯作为法国皇室的贡酒所珍藏，著名的拿破仑皇帝也视其为珍爱。

轩尼诗是由爱尔兰人理查德 · 轩尼诗（Richard Hennessy）于 1765 年创立的。在 19 世纪中期，法国掀起了白兰地热潮，轩尼诗开始使用能够证明产品级别及品质的星号，并以星号来将酒类进行等级分类，获得极高评价，轩尼诗从此成了白兰地酒的代名词并延续至今。该品牌的酒类产品如 X.O、V.S.O.P，常隐现于上流人士的晚宴或酒类收藏中。

可以说，路易威登与酩悦 & 轩尼诗的合并是基于悠久的历史与高质量商品的优势，结合并拓展高端消费奢侈品业务的一个成功的合并案例。LVMH 自集团诞生起便拥有并购的“血液”，在并购模式下的 30 年内，其收入复合增长率为 10%，净利润复合增长率为 9.6%。

1989—2013 年，阿诺德的并购时代

LVMH 的发展并非一帆风顺，在 1987—1989 年陷入了严重的股权争夺战，直到 1989 年伯纳德·阿诺德（Bernard Arnold）掌权，带领 LVMH 开启了长达近 30 年的并购之路。可以说，LVMH 集团的历史是一段并购史。在奢侈品行业中，品牌往往有几十年甚至上百年的历史，工艺底蕴非常深厚。在这样的大环境下，孵化一个新品牌并不是一个明智的选择，因为新孵化的品牌缺乏底蕴，在这个讲究文化历史的领域中，这些品牌往往只能被定义为潮牌或者高端时尚品牌。因为对于一个奢侈品集团来说，孵化产生的品牌并不符合公司的战略方向，所以收购其他品牌是扩大业务最实际的方式。此外，在个人奢侈品行业中，独立运营品牌往往受限于库存压力。此类品牌在一年两季（春夏、秋冬）的单品发布后，如果一季度销售结果不理想，并不能像低端品牌如 Zara、汤米·希尔费格等以极低价格卖出尾货，因为这么做会导致品牌效益降低，是奢侈品品牌无法接受的。因而，独立运营的奢侈品品牌极有可能面临财政问题。主动寻求被收购是减缓财政压力最实际且有效的方法。整体来说，在奢侈品行业中，大型集团并购小品牌是非常常见的，目前没有被收购的品牌仅限于腕表类的百达翡丽（Patek Philippe）、时装皮具类的爱马仕以及香水类的克雷德，都是相应领域中最豪华、品牌价值最高、最骄傲甚至“傲娇”的品牌。在行业大趋势下，LVMH 的并购战略是扩张自身业务的最有效方式，表 8-6 展示了 LVMH 的并购之路。

表 8-6 LVMH 并购品牌

年份	重要并购品牌	品牌 Logo	品牌领域
1993	Berluti、高田贤三（Kenzo）	Berluti Paris　KENZO PARIS	时装，皮具
1996	Celine、罗意威（Loewe）	CÉLINE　LOEWE	时装，皮具

续表

年份	重要并购品牌	品牌 Logo	品牌领域
1999	泰格豪雅（Tag Heuer）、真力时（ZENITH）、Krug	TAGHeuer Krug ZENITH	钟表，酒
2001	玫珂菲（Make up Forever）、帕尔玛之水（Acqua Di Parma）	MAKE UP FOR EVER ACQUA DI PARMA	化妆品，香水
2007	《回声报》（*Les Echos*）	LesEchos E	报纸
2008	宇舶表（Hublot）	HUBLOT GENEVE	手表
2010	宝格丽（Bulgari）	BVLGARI	珠宝，手表
2013	诺悠翩雅（Loro Piana）	Loro Piana	时装
2017	迪奥	Dior	时装，皮具

资料来源：弘章资本研究

集团的五大主要业务及核心品牌

1. 葡萄酒和烈酒：轩尼诗、酩悦
2. 时装和皮革制品：路易威登、罗意威、纪梵希、芬迪、迪奥
3. 香水和化妆品：玫珂菲、帕尔玛之水
4. 钟表和珠宝：宝格丽、宇舶表、弗莱德派瑞（Fred Perry）
5. 精品零售：丝芙兰

在五大主要业务中除了精品酒类与时装皮具，LVMH 都是在完全无涉入的前提下，通过并购迅速发展该业务。以珠宝手表业务为例，从 1999 年的真力时、泰格豪雅的并购到 2010 年宝格丽的并购，LVMH 在该行业从无涉入到一举成为全球第三大珠宝手表集团。在香水与化妆品领域，LVMH 也投入甚多，在 1993—2001 年，收购了 6 家品牌，并买下驰名化妆品零售店丝芙兰、百货商场 Le Bon Marche 等，以增加该集团在化妆品香水界的市场份额及体量。不过在开拓新市场的同时，LVMH 的真正核心业务始终为时尚皮具部门。在拥有路易威登这样具有百年底蕴的强大品牌背景下，LVMH 始终保持着在时装皮具领域的专注。时装皮具品牌始终占总销售收入的

30% ~ 35%，阿诺德董事长及管理层始终对该领域有着相当高的重视度，收购了相当多风格独立、拥有内涵，同时能给LVMH带来矩阵调性的品牌，如罗意威、Berluti、芬迪等。

蒂芙尼并购案

最近，已有许多商业媒体，如《华尔街日报》等，刊登了LVMH拟购蒂芙尼（Tiffany）的报道，LVMH集团愿以每股120美元、总值145亿美元的价格收购世界三大珠宝品牌之一的蒂芙尼。珠宝行业一向是LVMH集团的短板，目前集团下唯一的驰名品牌仅有宝格丽，相比历峰集团的卡地亚（Cartier）、梵克雅宝（Van Cleef&Arpels），开云集团旗下的Qeelin、宝诗龙（Boucheron）等品牌矩阵规模，LVMH集团在珠宝领域显得非常薄弱。补足珠宝领域的短板对于LVMH来说势在必行，而近年来经营状况不理想的蒂芙尼对LVMH来说无疑是最佳目标。LVMH一向擅长抓住目标公司经营状况不理想的时机出手，秉承了其并购原则。据蒂芙尼年报显示，公司近年来营业额有着持续下降的趋势，据2019年上半年年报显示，营业额较上年同期下降了3%，净利润下降了9%。

相比其他奢侈品，珠宝类奢侈品往往需要相当长的时间来奠基品牌的底蕴与历史，目前所有驰名品牌的历史都超过了150年。由此可见，顶端品牌对消费者有强大的吸引力，消费者在选择时只会从顶端品牌中做出选择。若LVMH完成对蒂芙尼的收购，可以大幅增加集团在高端珠宝行业的市场份额，对于集团扩张有着良好的催化作用。LVMH起初与蒂芙尼高层对于具体价格并未达成一致，不过2019年11月经二者协商，LVMH拟以162亿美元的价格收购蒂芙尼。

并购经历小结

在长达近30年的并购经历中，LVMH成功拓展业务板块并迅速且有效地拓展了经营范围。在LVMH并购史上有三段并购高峰期。这三段并购高峰期各有侧重，但是每个阶段都始终关注时装皮具部门。各阶段的侧重点：1993—1997年侧重服饰领域和渠道拓展；1999—2001年和2008—2013年的并购侧重服饰和珠宝钟表。品牌并购始终围绕服饰领域，以求减少对路易威登品牌的依赖。除了补强时装皮具业务，LVMH 还通过并购实现从软奢品类到硬奢品类的扩展。2000 年左右，LVMH 进入珠宝钟表领域，并于金融危机后对该部门进行补强，实现从软奢扩展至硬奢领域的布局。对于以珠宝钟表为代表的硬奢品，客户集中于高净值人群，与以时装皮具为代表的软奢品有着不同的周期性需求特征，更广泛的业务布局有利于公司应对此消彼长的业务风险。第二段并购高峰期的 2001 年，LVMH 收购品牌的金额达到 230 亿欧元，是当年销售收入的 1.9 倍，对应收购所需管理费用的增加影响净利润。总体来说，在每次并购期，LVMH 都会拓展新业务，尝试去新的领域发展。LVMH 的品牌并购史和并购策略堪称现代消费品集团的教科书。

并购后管理：优秀的品牌打造能力

在完成并购后，LVMH 对并购品牌的管理也相当出众。早在 1987 年，LVMH 推出了“LV 整合法则”，以重塑品牌形象为核心实现困境品牌激活，同时搭建“以投资控股关系为主、经营独立紧控财务”的子母公司模式。集团并不管控品牌运营的核心环节，只保证品牌个性延续和经营风格的传承；集团只管控支持性的部门，目的不在于把控，而在于降本提效。在品牌协整方面，LVMH 整合后台财务、法务资源、子品牌管理经验，互相学习，提升运营效率。LVMH 并购品牌目标往往是一些具有特立独行特征的品牌，比如珠宝类的斐登（Fred），时装类的罗意威、Celine 等。品牌之间的风格冲突较少，可以给消费者在同种类奢侈品中提供不同风格的产品。在品牌推广方面，LVMH 集团大量斥资于旗下品牌的市场推广，比如频繁露出时装展览会、拍摄新产品广告，以最大可能地打造旗下品牌的品牌效益，以优秀、独特的品牌吸引消费者群体。做到整合、激活子公司并给予子公司一定独立性，是 LVMH 后期运营管理成果最大的因素。

奢侈品市场趋势

远观全球，近年来全球个人奢侈品市场有明显的上升趋势，由 2009 年金融危机时的 1 528 亿欧元迅速增长至 2017 年的 2 620 亿欧元，在 2020 年后有望突破 3 000 亿欧元大关。近观中国，中国市场在 2017 年经历了 15% 的增长，同时稳占全球奢侈品消费额的 32% 左右（见图 8-27）。

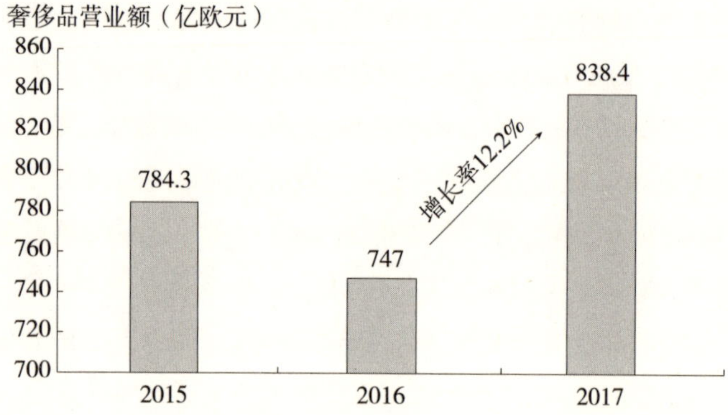

图 8-27　中国市场个人奢侈品营业额（2015—2017 年）

资料来源：弘章资本研究

从以上数据可以看出，无论是中国还是全球，个人奢侈品消费量都呈现稳定逐步上升的趋势。在我国消费水平上涨、年轻群体消费力上升的大背景下，个人奢侈品在中国近 5 年内可突破 1 000 亿欧元大关。

在政策方面，我国政府近年来大幅度降低了对各类进口商品的税率，加强了对灰色市场的管控，推动了奢侈品电商发展。这一系列政策有助于推动奢侈品在中国市场的发展，并大幅度提升营业额。根据德勤会计师事务所（Deloitte）的报告显示，亚洲市场有望在 2025 年左右成为世界销量第一的奢侈品市场，同时中国也有望成为个人奢侈品消费额最高的国家。总体来说，随着我国中产阶级与青年人群消费水平迅速增长的趋势，个人奢侈品行业在中国显示出了相当良好的增长潜力。在这样良好的大环境下，中国已是各大全球奢侈品集团的首要市场。

LVMH 亚洲，中国部门运营及发展

据 2018 年年报，亚洲（包括日本）市场占 LVMH 集团总业务的 36%，可称为集团全球第一市场，中国常年占据 20% 左右的全球市场份额，是 LVMH 最大的单体国

家市场之一。在经历了 2017 年迪奥并购案后，迪奥与路易威登在中国市场的销量只涨不跌，为 LVMH 中国部门带来了显著业绩。其他品牌如罗意威、Celine、宝格丽等也有逐步增长的趋势。LVMH 的品牌矩阵赋予了多个品牌共同的成长。在 LVMH 集团持有品牌的增长趋势下，其旗下 L Catterton 基金会亚洲部门对线下轻奢、时尚潮牌的投资也较为成功。种种迹象可以显示出 LVMH 集团对亚洲及中国市场的高度重视。目前，该基金会已主要投资了三个中国品牌，分别为欣贺服饰、赫基国际和中哲慕尚。截至 2018 年，在 LVMH 集团的借助下，这三家品牌均有显著的营业额增长趋势。

由于 LVMH 集团旗下品牌皆为高端奢侈品，对低中端的品牌控股是最明智的选择：在保证投资回报的同时，也可以保证集团旗下品牌的高端性，以及集团秉承的“拥有的一定都是最高端的”原则。LVMH 对亚洲本地品牌扩张的敏感度相当高，投资控股的方式也非常恰当。简单概括 LVMH 集团对亚洲品牌的应对策略，可以用“高端并购、低端控股”的模式来说明该集团的独到眼光。

财务分析

据 LVMH 集团 2018 年财报显示，其主要收入来源于三大地区：亚洲（占 36%）、美国（占 24%）以及欧洲（占 29%），多为发达国家及消费水平高的区域（见图 8-28）。前文提到，亚洲市场，尤其是中国市场，有明显的增长迹象。

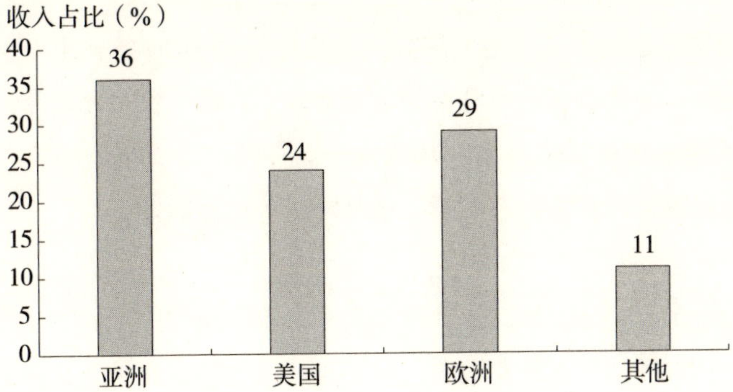

图 8-28　LVMH 2018 年各地区收入

资料来源：LVMH 官网年报

近年来，LVMH 集团的财务表现相当强势，营业额每年都有可观的增长，符合增长率为 10% 左右的目标（见图 8-29）。在目前相当大规模、体量的前提下，还能保持强势的增长，代表 LVMH 独特的并购发展眼光，体现了旗下品牌销量高歌猛进的趋势。在良好的大环境下，LVMH 未来 10 年还拥有更多增长潜力，可谓是良好的运营、市场策划及资本运作的良好结果。

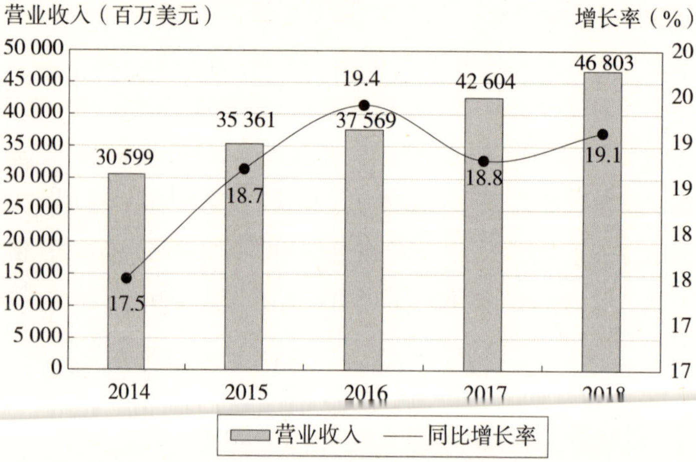

图 8-29 LVMH 营业收入与增长率（2014—2018 年）

资料来源：LVMH 公司年报

目前，LVMH 集团的收入主要来自时装皮具与精品零售部门。从趋势上看，这两大板块是该集团近年来的主要发展方向，相比 2017 年均有 15% 以上的营业额增幅。而腕表珠宝及酒类的营业额涨幅波动相对较小，较平稳。尤其是酒类方面，目前 LVMH 集团没有短期扩展方案。从收入分布分析，目前集团的重心依旧放在并购个人奢侈品品牌，以扩大时装皮具、精品零售等方面的业务。

从收入分布来看，LVMH 的主要收入来源为该集团的传统业务：酒类以及时装皮具类商品。在奢侈品市场的驱动下，时装皮具业务的占比未来有占更高份额的趋势。相比时装皮具类，酒类产品的占比处于稳定趋势，近年内不会有很明显的增幅或减少。

同业态标杆对比

从利润率角度来看，在毛利率方面，整个个人奢侈品行业都在 66% 左右。由于商品品牌价值普遍偏高，高毛利率的情况是普遍的。而在净利润率方面，由于开云集团旗下品牌巴黎世家（Balenciaga）与古驰（Gucci），近两年表现相当之强势，净利润率有爆发式增长（由 2016 年的 5% 到 2018 年的近 20%）。此外，历峰集团的腕表珠宝品牌如卡地亚、梵克雅宝和江诗丹顿（Vacheron Constantin），近几年也有强势表现。相比开云集团和历峰集团，LVMH 由于在各地的商业投资及并购案造成的高经验费用，净利润率一直保持在 10% ～ 13%。但是，LVMH 集团 2018 年 100 亿欧元的净利润远高于开云集团的 37 亿欧元以及历峰集团的 27 亿欧元。多年来，由于品牌矩阵调性、产业分布等核心壁垒，LVMH 集团一直保持着远高于同行业其他大型奢侈品集团的收入及净利润。三家集团的利润率数据如图 8-30 所示。

由于行业指标相近，三家集团近三年来没有明显区别，均在 5% 以上。可以看出个人奢侈品集团在销售和管理费用上都不吝啬（见图 8-31），花费重金保证市场营销以及品牌独有性和优质性。

从资产收益上看，开云集团基于该集团旗下巴黎世家与古驰的火爆趋势，有明显的上升迹象。这样的增幅趋势持续性并不持久，原因是时装皮具类产品更迭较快，这种趋势在里尔卡多 · 蒂西（Riccardo Tissi）手下的纪梵希，以及赫迪 · 西尔曼（Hedi Silmane）手下的圣罗兰 · 蒂伦 · 帕里斯（Saint Laurent Paris）曾出现过。LVMH 集团由于资本股票运作，净资产收益率有所降低，不过并不影响在总体收入方面的强势程度。三家集团的投资回报数据如图 8-32 所示。

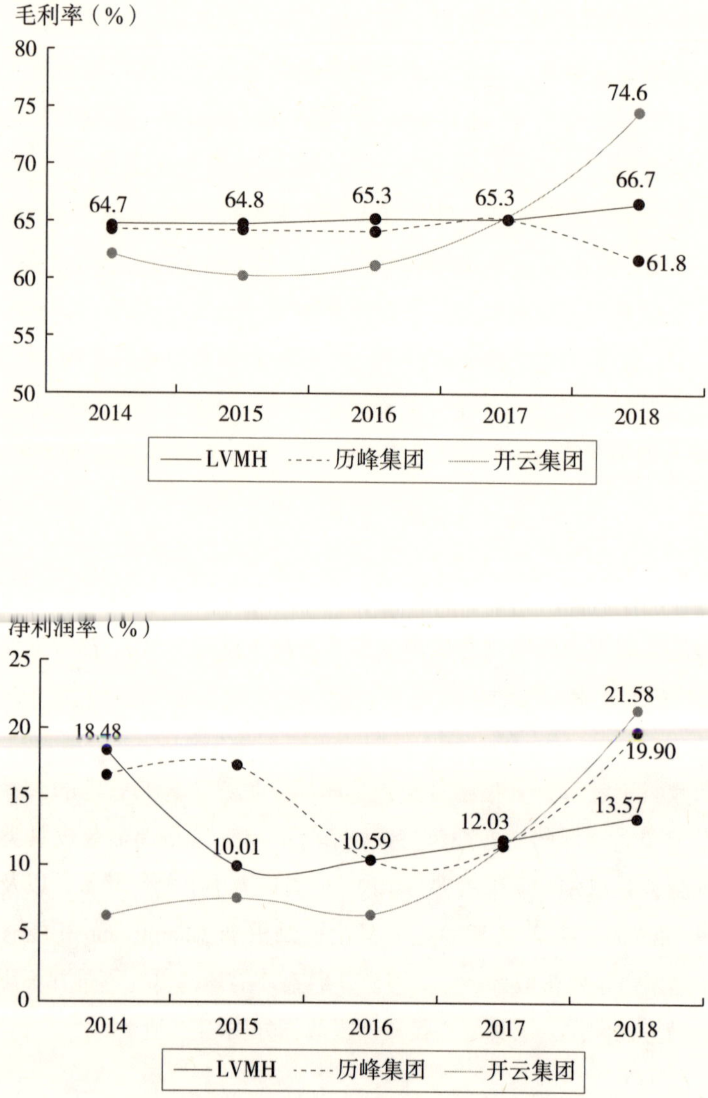

图 8-30 LVMH 与开云集团、历峰集团在毛利率和净利润率的对比（2014—2018 年）

资料来源：晨星资讯公司

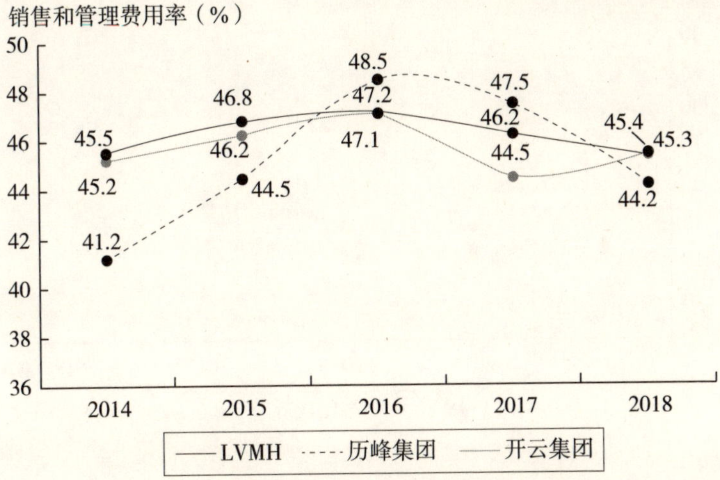

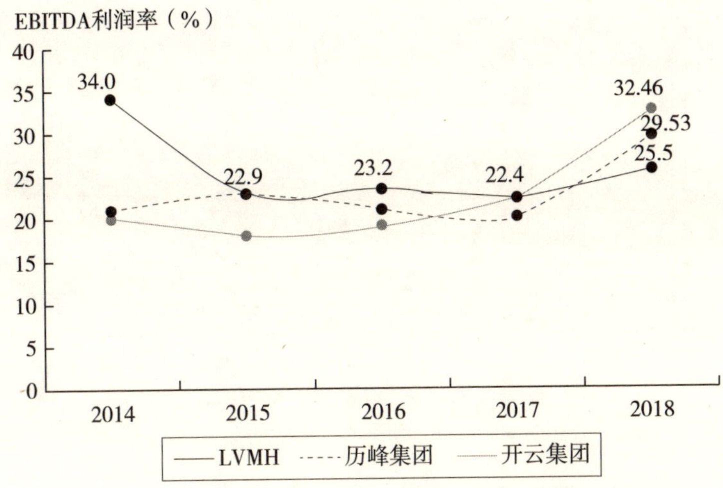

图 8-31　LNMH 与开云集团、历峰集团在销售和管理费用率及 EBITDA 利润率的对比（2014—2018 年）

资料来源：晨星资讯公司

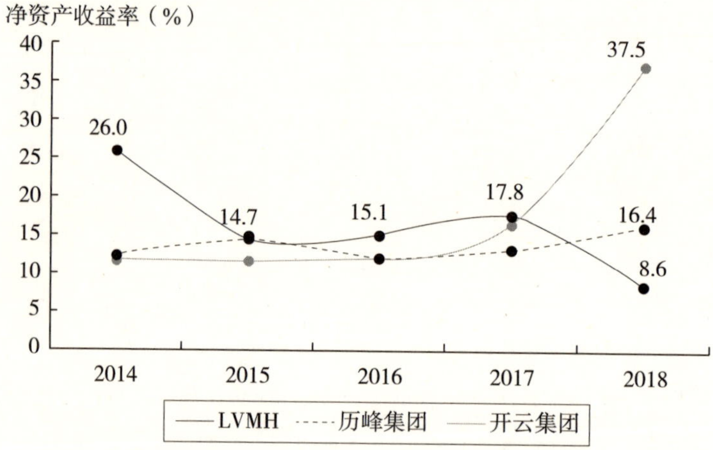

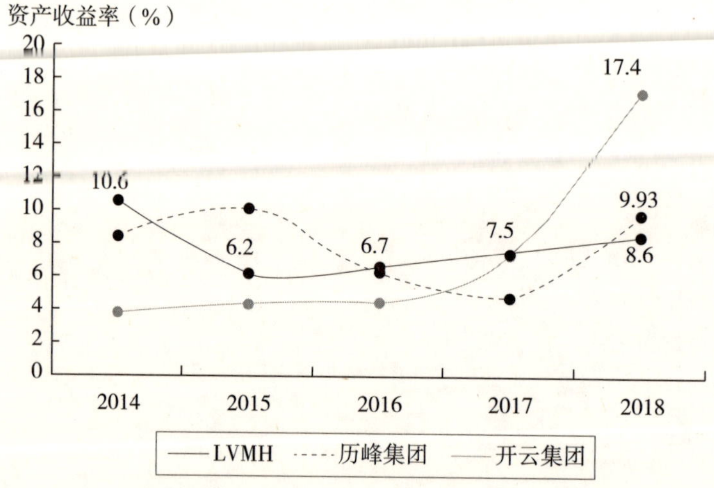

图 8-32　LVMH 与开云集团、历峰集团在净资产收益率和资产收益率的对比（2014—2018 年）

资料来源：晨星资讯公司

股价与估值

LVMH 近几年股价一路飙升，2017 年在收购迪奥之后，股价达到了每股 301 欧元的短期高峰。截至 2019 年 5 月 31 日，公司股票为每股 350 欧元，为历史最高峰（见图 8-33）。在收入及净利润持续高额增长的情况下，市场对 LVMH 可谓相当信任，近年来也可预测持续性的增长。

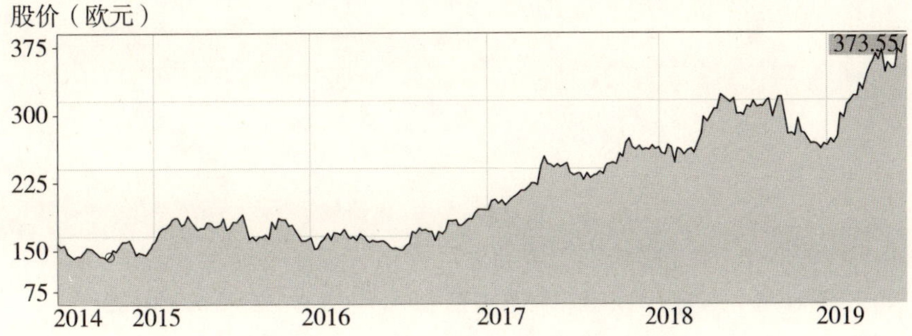

图 8-33　LVMH 股价（2014—2019 年）

资料来源：晨星资讯公司

LVMH 的市销率相当稳定，维持在 2.7 倍左右，2018 年市销率为 2.51 ~ 3.11 倍（见图 8-34）。在市盈率方面，由于个人奢侈品季节性波动较大，市盈率也随之波动。这是整个奢侈品行业都有的情况。相比 LVMH，开云集团的市销率目前在 3 倍左右，与 LVMH 相近。目前，开云集团的市盈率为 24.9 倍。在 2017 年，由于古驰与巴黎世家火爆的产品线，市销率一度达到 41 倍。历峰集团的市销率与开云集团相似，一直保持在 2.9 倍左右，可以说整个行业的市销率非常接近。在市盈率方面，历峰集团的 15 倍明显低于 LVMH 与开云集团。整个二级市场更加看好以时装皮具类产品为基础的集团，腕表珠宝类重奢品近年来没有很强劲的上升势头。

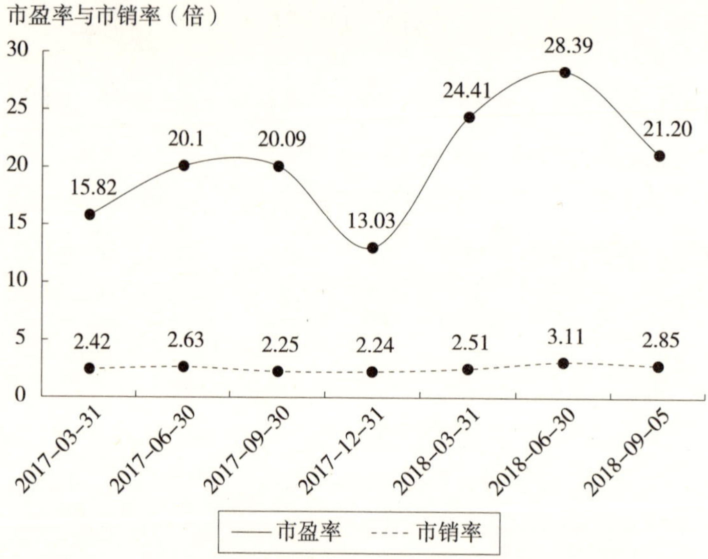

图 8-34 LVMH 的市盈率与市销率（2017-03-31 至 2018-09-05）

资料来源：晨星资讯公司

The Future of New Brand | 新品牌的未来

小结和启示

在近 30 年的并购史中，LVMH 集团的并购始终秉承着以下四个法则。

1. 标的选择：董事长阿诺德及董事会非常注重品牌历史内涵、品牌矩阵调性及品牌风格差异化。斥巨资购买明星产品，并纳入集团生产和销售体系进行商业化运作与扩展，从而实现股东利益最大化，如 Céline、罗意威、迪奥、诺悠翩雅这些品牌。尽管单品售价相近，但是品牌设计风格有相当大的差异，这种风格差异提升了集团的品牌矩阵调性，有助于集团服务尽可能多的消费者群体。

2. 收购时点：标的公司经济低迷和品牌经营困境时期收购压低对价；标的公司内部管理层更迭时收购过程更顺畅，后期整合相对方便。

3. 分散布局：LVMH 业务高度分散、地域广阔，应对经济周期和时尚变化等问题的解决能力较强。始终贯彻优于同业、多元收入结构对冲业务风险的同时，地域分散化与币种分散化对冲单一市场风险与汇率风险。

4. 产业基金：LVMH 集团在多个区域拥有控股基金会，协助集团的并购以及财务运营。其中最大的当属 L Catterton 基金，该基金总规模达 140 亿美元，是全球规模最大的消费品私募基金。该基金通过财务投资和战略投资，使用 LVMH 旗下基金帮助集团实现品牌孵化、优化品牌、改进产品、拓展渠道等服务，优化收购方案，以及规避投资及金融风险。

在依据这四点选并购标的情况下，LVMH 往往选择最合适的时间以最合适的价格收购。除了 2017 年的迪奥并购案，其他品牌如罗意威、Céline，都是在其内部管理层出现动荡且业绩不理想的情况下并购的。在这种场景下，LVMH 能以最好的价格并购。此外，LVMH 以产业基金并购，便于屏蔽一系列风险。可以说董事长阿诺德非常看重并购的性价比和风险的规避。

在 30 多年的并购史中，LVMH 并购并接纳了近 60 家品牌，集团经历了爆发式的业务增长，从 1987 年约 12 亿欧元的市值，飙升至如今 1 500 亿欧元的市值。可以说 LVMH 的并购史在全球奢侈品行业中是标杆模范。

The Future of New Brand

露露乐蒙

从体验经济出发

露露乐蒙（Lululemon Athletica）成立于1998年，是加拿大的一家瑜伽服装公司，也是一个能为消费者体现自我成长生活方式的时尚体育用品及日常生活品品牌，主要生产各类型的运动服饰，包括高性能衬衣、裤子、外套和瑜伽配件等。公司目前拥有13 400名员工，在全球拥有400多家零售门店。2007年在美国纳斯达克上市，至今股价已暴涨10倍多，市值更是逼近200亿美元。露露乐蒙近年的主要财务指标如表8-7所示。

表8-7 露露乐蒙主要财务指标概况（2014—2018年）

指标	2014	2015	2016	2017	2018
营业收入（百万美元）	1 591.2	1 797.2	2 060.5	2 344.4	2 649.2
净利润（百万美元）	279.5	239.0	266.0	303.4	258.7
总资产（百万美元）	1 252.4	1 296.2	1 314.1	1 657.5	1 998.5
净资产（百万美元）	1 096.7	1 089.6	1 027.5	1 360.0	1 597.0
营业收入增速（%）	16.1	12.9	14.7	13.8	13.0
净利润增速（%）	3.3	14.5	11.3	14.0	14.7
毛利率（%）	53.9	50.9	48.4	51.2	53.1
净利润率（%）	17.6	13.3	12.9	12.9	9.8
收入/总资产（%）	127.0	139.0	157.0	141.0	133.0
总资产/净资产（%）	114.0	119.0	128.0	122.0	125.0
净资产收益率（%）	28.2	21.9	25.1	25.4	17.5
资产收益率（%）	21.2	18.1	17.1	18.1	17.0

资料来源：标准普尔金融数据库

品牌发展路径

创立之初

露露乐蒙创办人奇普·威尔逊（Chip Wilson）原来从事冲浪、滑雪、滑水设备事业。他在体验瑜伽后，发现当时几乎所有的运动都有专业的、齐全的服饰装备，但由于瑜伽不属于竞技性运动，相关的服饰装备就比较少。于是，威尔逊决定自己开发瑜伽运动用品，并于 1998 年成立了露露乐蒙。

有人会觉得这个品牌名称挺特别，由来却有点恶趣味。威尔逊发现日本五十音图中没有类似“L”的发音，所以日本人无法发出“L”这个字母，他特别用了三个“L”组成了其品牌名称，让消费者（特别是日本消费者）能够看到公司 Logo 时就知道，露露乐蒙是来自西方的品牌并加深印象。

露露乐蒙一开始只是一间小型工作室，白天供威尔逊研发商品，晚上则变成练习瑜伽的场所。不论是其工作室、商店还是总部，都有一些激励人心的句子标注在显眼的地方，比如“生活就像是骑脚踏车，必须持续前进才能保持平衡”“朋友比金钱重要”，而这些励志短句就是露露乐蒙成功的起点。

在脸书刚刚风靡美国时，威尔逊就把这些句子印在公司环保手袋上面，每个经过工作室的行人都可以免费拿取。结果不出预料，这个袋子在网络上疯传，而且每个获得袋子的人都愿意在线上与周围人分享。因为现代人喜欢拍照记录生活，并上传到社交网站，每篇帖子都代表发文者的生活态度。

威尔逊更进一步发现大多数千禧年出生的人喜欢把钱花在可以有效提升生活品质的方面，例如健康美食、旅行、健身房等注重提升自我的体验和服务。于是，威尔逊把露露乐蒙的企业文化设定为自我成长，希望不论是消费者还是员工，只要使用了露露乐蒙的产品，都会有意为创造更美好的生活而努力。

成熟商业模式

露露乐蒙从体验经济出发，关注小众市场并发展其独有的商业模式。

粉丝养成计划

除了注重公司文化传播，露露乐蒙也会利用免费课程、座谈会、社区分享会等活动，通过面对面的接触为消费者带来有温度的体验。

知名著作《体验经济》(*The Experience Economy*）的作者约瑟夫·派恩（Joseph Pine）形容产品价值演化有五个阶段，层层递进（见图 8-35）。

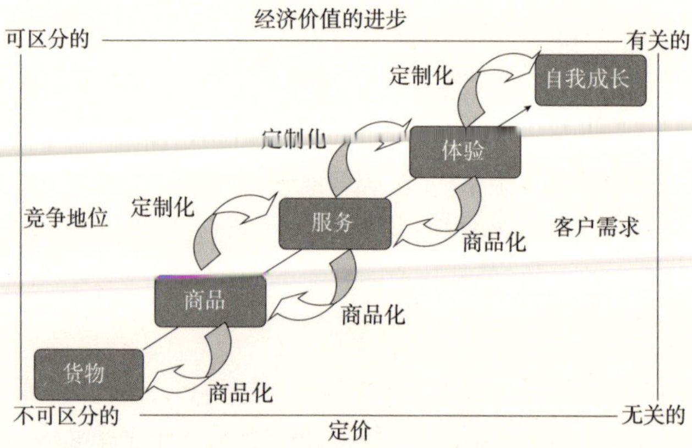

图 8-35 经济价值的进步

资料来源：哈佛商学院出版社

1. 货物：产品的原物料，与一般市场销售无差别的产品（比如：市场上一般的运动裤）。
2. 商品：高品质、有差异个性化的产品（比如：名牌运动裤，有很多特殊的工艺与功能）。
3. 服务：公司不但卖产品，还配套各种不同的服务（比如：消费者购买运动裤还可以到指定店铺清洗）。

4. 体验：公司的产品和服务能够让顾客有独特的体验（例如，顾客在购买运动裤之前可以试穿 3 天，并且有专业店员详细介绍每条裤子的特点）。
5. 自我成长：顾客因为公司的产品或服务，提升了自己的生活方式（例如，顾客买了运动裤后通过产品 App 加入瑜伽社群，分享自己的运动体验，进而爱上瑜伽。）

露露乐蒙是关于体验经济的较好案例，露露乐蒙先确定社区的意见领袖，让他们为顾客提供免费课程（服务），而顾客看到活动是由露露乐蒙主动举办的，由此对品牌产生好感（体验），并在活动过程中通过瑜伽等课程，达到心理与生理上的双重满足（自我成长）。创始人威尔逊发现比起线上推广，线下活动带来的社区力量更强大，参加过这些活动的每个人都有可能变成露露乐蒙的粉丝，从而可能邀请更多的朋友一起来参加活动。

露露乐蒙不是一般的零售店

露露乐蒙的团队有三个重要角色，分别是品牌大使、店员与店长，他们都认同露露乐蒙的企业文化。

至今，露露乐蒙没有请任何明星代言产品，而是邀请当地的瑜伽老师、健身教练成为品牌大使。公司则为这些大使提供免费的产品，并邀请他们在周末来零售店开设课程。品牌大使就可以接触到更多潜在客户，并向他们宣传露露乐蒙的产品与自己教授的课程。而在零售店的店员，平时上班穿着露露乐蒙的产品，并搭配其他品牌的运动配件，让进门的消费者感觉到他们是在与“专业运动教练”相处，而不是和普通的店员打交道。

店员成为店长之前，在总部必须先经过 3 个月训练，考核通过后才能正式成为店长。露露乐蒙起初会选定一个地点开设小型展示馆，店长白天做试卖活动，观察产品的销量占比，并调查当地的意见领袖，例如一些瑜伽老师或者健身教练，确认该地区是否适合成立社区，如果适合成立，就会出资将展示馆正式改造成一间零售店。有了这群认同公司理念文化的伙伴，露露乐蒙让消费者认为他们不单单是销售瑜伽用品，而是致力于为大家创造更好生活的解决方案提供商。

为不同城市设计不同产品，让产品更贴近消费者

露露乐蒙最主要的客户群体是喜爱瑜伽的女性，最大的竞争者为美国平价瑜伽品牌 Athleta（2008 年，被盖璞以 1 500 万美元收购）。面对各大品牌的竞争压力，露露乐蒙决定复制设计实验室，为每个地区的消费者设计不一样的定制产品，慢慢将露露乐蒙从商品销售公司变成一家设计导向公司。例如，纽约每年冬天的气候都非常寒冷，纽约居民希望服饰既保暖又好看。纽约设计实验室以此为目标，研发出适合当地气候的服饰。

除了针对地区设计产品以外，露露乐蒙还利用自身的设计专利优势，将消费人群扩展到男士，不仅提供男士瑜伽用品，还推出一款裤子，能解决平时男士走路时的困扰。在 2015 年，露露乐蒙推出了名为“防碰蛋裤”（Anti-Ball Crushing，简称 ABC），用灯芯布（Warpstreme，一种专利材质）做成的男性休闲裤，一经推出便在网上引起热议。这款 ABC 休闲裤的剪裁经过了特殊设计，其裤裆部分不会是紧贴的，这样让男士们在穿着时不会觉得紧绷不舒服，许多男性消费者对此给了好评，并表示如果以后进行瑜伽运动的话，第一选择的品牌一定是露露乐蒙。露露乐蒙用一条休闲裤证明了它能够让男性在穿着上有更好的体验。

2019 年，露露乐蒙在芝加哥开设了全球第一家健身房，位于 2006 年露露乐蒙美国第一家门店的楼上。总面积 2 000 平方米的健身房内有两间健身教室、一个冥想区、一个餐饮区和一个公共办公区。露露乐蒙为不同的区域起了不同的名字，两间健身教室和一个冥想区称为“Sweat”区域，公共办公区称为“Grow”区域，餐饮区则称为“Connect”区域。这里的空间解决了用户的吃、穿、运动、工作和生活。露露乐蒙的健身房不仅仅为用户提供购买场景，还延伸了生活方式。

核心成功要素分析

近几年的夏季，大部分运动服装公司的表现都不尽如人意，但露露乐蒙的表现却十分亮眼，人们渐渐发现了一个罕见的亮点优势，并意识到这个优势将继续让它免受主要竞争对手的困扰，如耐克、阿迪达斯、安德玛（Under Armour）。与耐

克、UA 等品牌依靠 Dick's Sporting Goods、Foot Locker 等零售商分销不同，露露乐蒙主要是在自己的商店或网站上销售商品。当其他品牌在依靠其他渠道销售产品时，他们就失去了对产品的定价权。然而，露露乐蒙则完全控制了公司产品的供应与销售，给品牌带来了真正的优势，使其能够避免其他运动品牌面临的促销压力，也有助于将露露乐蒙与其他公司的促销活动区分开来。这也是露露乐蒙公司股票评级与股价不断上涨的原因。

销售方式

随着露露乐蒙运动产品的流行，穿着运动服和瑜伽服出行也越来越受到人们的追捧，成为一种流行趋势。服装巨头们也开始纷纷迎合这一消费趋势，追随露露乐蒙的脚步。

目前，露露乐蒙已经拥有了忠诚的用户群，其店铺持续通过提供免费瑜伽课程和成立运动俱乐部等活动的方式让用户频频光顾，这个战略可以被称为“令人上瘾的品牌体验”。露露乐蒙的产品本身对用户也很有吸引力，因为每件商品的库存很少并经常更新，这意味着顾客永远不知道他们进店后会发现什么，一些顾客会因为害怕错过某款新品而冲动购买。露露乐蒙近期推出了一款新奇的胸罩，通过店内瑜伽课程营销的方式持续吸引顾客前来购买。因此，露露乐蒙为顾客创造了体验式消费的方式，不断吸引他们频繁光顾，而且不断丰富的产品品类与较少的库存便于以全价出售大部分产品。

销售产品

产品可靠的高质量和设计工艺是露露乐蒙的另一大优势。进一步说，露露乐蒙实质上创立了瑜伽休闲品这个品类。露露乐蒙品牌更是以销售优质产品而著称，品牌的高黏性离不开产品的高品质。虽然起初会有人诟病产品的高价格，但是对于使用后的高品质体验与时尚感来说，用户最终会觉得是值得的。高品质的产品策略也帮助公司在竞争激烈的市场中保持领先地位。

露露乐蒙的成长路径与安德玛十分相似：先找到小众（利基）市场，之后搭配品牌形象推广与产品设计，在激烈竞争的市场中走出一条自己的道路。目前，露露乐蒙已经开始向男性运动用品市场拓展，但是如果无法保持创新，仅是简单地推出新产品，露露乐蒙就要警惕步安德玛的后尘。2016 年，安德玛股票下跌 30%，2017 年又下跌 50%。

财务分析

露露乐蒙业绩一路增长，销售收入从 2014 年的约 15.9 亿美元，增长至 2018 年的约 26.5 亿美元，年增长率保持在 10% 以上（见图 8-36）。

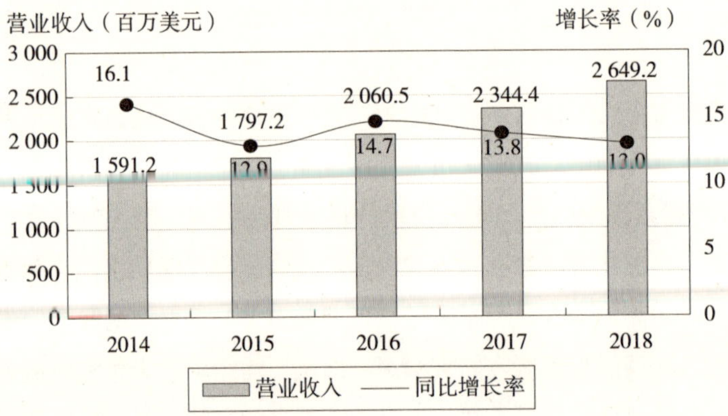

图 8-36 露露乐蒙营业收入及增长率（2014—2018 年）

资料来源：标准普尔金融数据库

竞争对手分析

因为安德玛过去的成长路径与露露乐蒙很相似，所以我们自然将其作为露露乐蒙的竞争对手分析。另外，耐克作为世界知名的运动品牌领军企业，我们也将其作为露露乐蒙的重要竞争对手进行数据分析。

从利润率水平看，露露乐蒙在整体毛利率与净利润率水平上都要高于耐克和安德玛（见图 8-37）。在毛利率方面，露露乐蒙与安德玛相近，几乎都在 45% 以上，行业内处于较高水平；而耐克相对偏低，在 45% 上下波动，这和露露乐蒙产品本身很强的定价权有关。在净利润率方面，露露乐蒙和耐克在 2018 年都曾下滑至 10% 以下，分别为 9.8% 和 5.3%；安德玛净利润近期有明显下降趋势，2017 年和 2018 年更是出现负净利润率，说明品牌盈利能力出现问题。

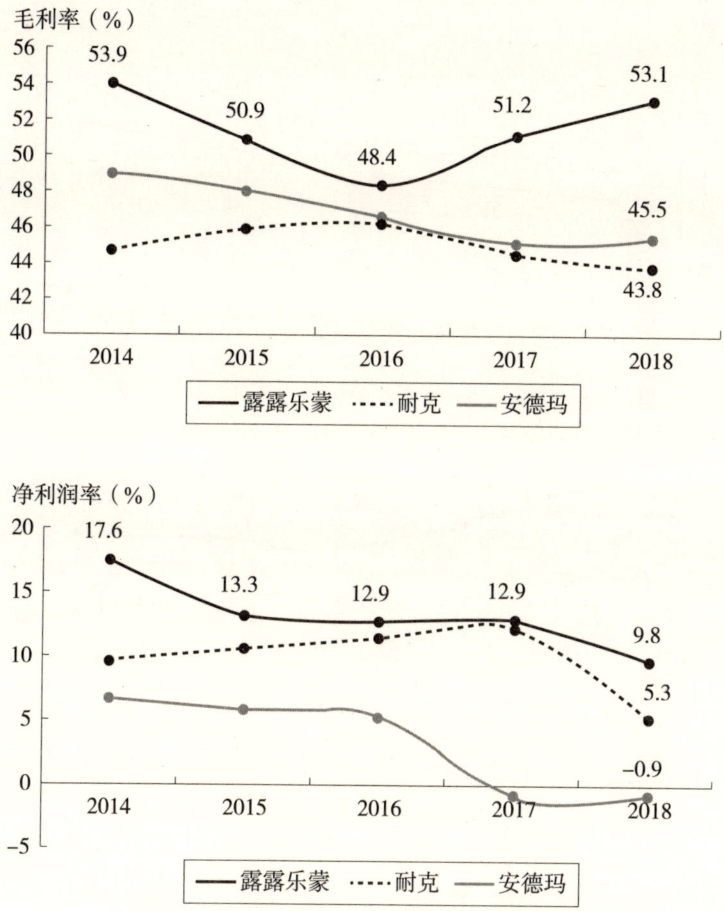

图 8-37　露露乐蒙与耐克、安德玛的毛利率和净利润率对比（2014—2018 年）

资料来源：标准普尔金融数据库

从销售和管理费用数据可以看出，安德玛 2018 年的成本开销费超过 40%，而露露乐蒙和耐克则稳定在 30% 左右，处于行业领先水平。从经营业绩来看，露露乐蒙表现最优异，EBITDA 利润率在 20% ～ 30% 波动；其次是耐克，表现较为稳定；安德玛的经营情况近几年呈下降趋势，2018 年 EBITDA 利润率只有 6.9%（见图 8-38）。

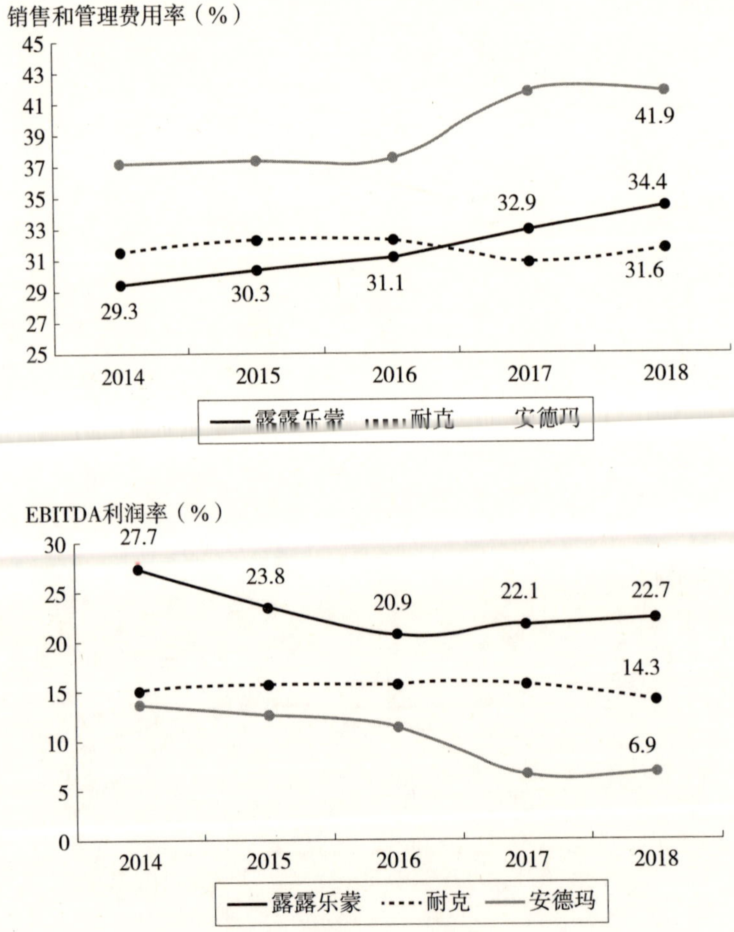

图 8-38 露露乐蒙与耐克、安德玛在销售和管理费用率及 EBITDA 利润率的对比（2014—2018 年）

资料来源：标准普尔金融数据库

再看资产收益率和净资产收益率，露露乐蒙处于较高水平，整体投资回报率都表现出了优秀的比例（见图 8-39）。在资产收益率表现方面，露露乐蒙在 2018 年为 17%；耐克一直以来都处于稳定状态，在 12% 左右；安德玛相对最低，仅 2.7%。在净资产收益率方面，露露乐蒙和耐克在 2018 年非常接近，分别为 17.5% 和 17.4%；安德玛受制于亏损，净资产收益率表现为 –2.3%。

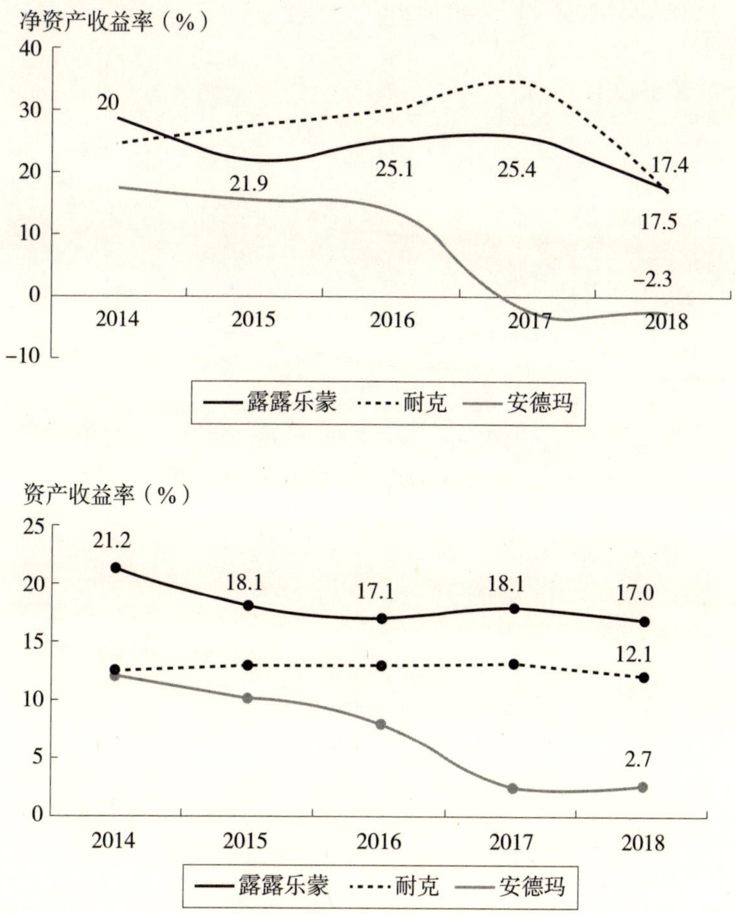

图 8-39　露露乐蒙与耐克、安德玛的净资产收益率和资产收益率对比（2014—2018 年）

资料来源：标准普尔金融数据库

从存货周转天数来看，露露乐蒙的整体表现接近甚至优于耐克，平均在 85 ～ 92 天，存货周转率水平较好；而安德玛则较高，在 100 天以上，2018 年达到 140.4 天。这和露露乐蒙相对单一的产品线有关，SKU 管理方面要比其他两家公司轻松，存货周转率自然要高。从应付账款周转天数来看，安德玛的付款周期越来越久，2018 年达到 76 天；耐克比较稳定，保持在 40 天左右；露露乐蒙的应付账款周期最短，基本在 10 天之内，主要原因是露露乐蒙的上游供应链大多是旗下公司。三家公司的具体数据如图 8-40 所示。

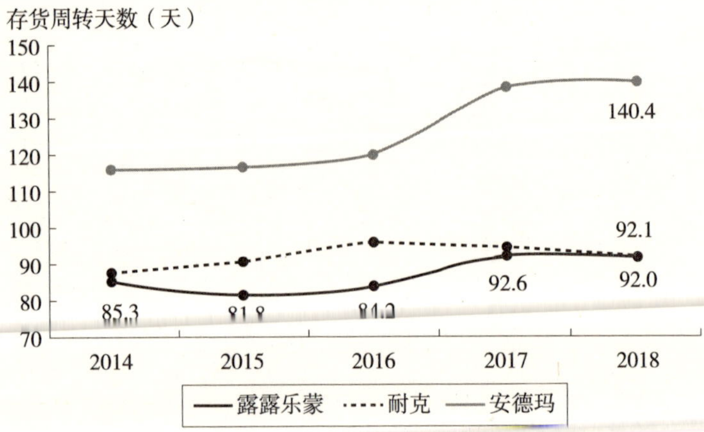

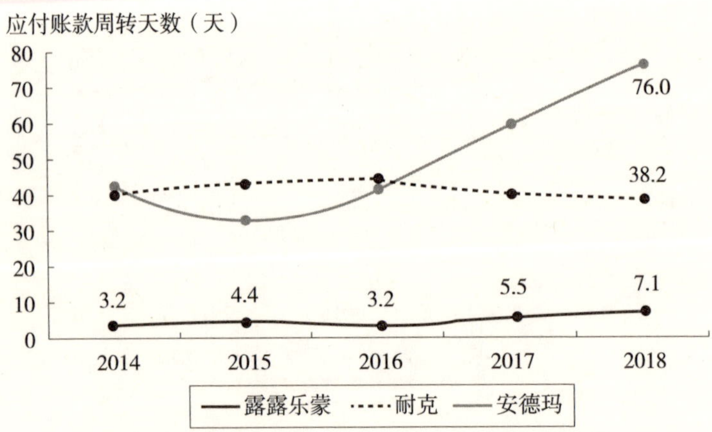

图 8-40 露露乐蒙与耐克、安德玛在存货周转天数和应付账款周转天数的对比（2014—2018 年）

资料来源：标准普尔金融数据库

股价和估值

从历史数据来看，露露乐蒙的股价增长约 30 倍，股价表现大幅度超过同行业竞争对手，属于目前当之无愧的大牛股（见图 8-41）。公司自上市以来，股价一直呈波动式上涨，2018 年后更是直线上扬到每股约 162 美元的峰值。截至 2018 年 11 月 30 日，露露乐蒙股价为 132.55 美元。

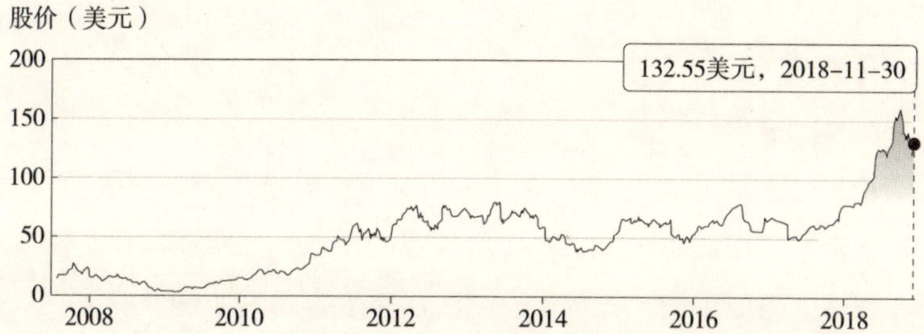

图 8-41　露露乐蒙股价走势（2008—2018 年）

资料来源：谷歌财经

在公司整体估值方面，虽然 2012—2015 年露露乐蒙内部经历了创始人离开风波及管理层人员离职，股价出现了一波下调，但经过紧急调整，市盈率与市销率近期都在稳定回升，分别从约 28 倍和 3.5 倍升至 55 倍和 6 倍左右，恢复到 2009—2011 年的行业内较高估值水平（见图 8-42）。

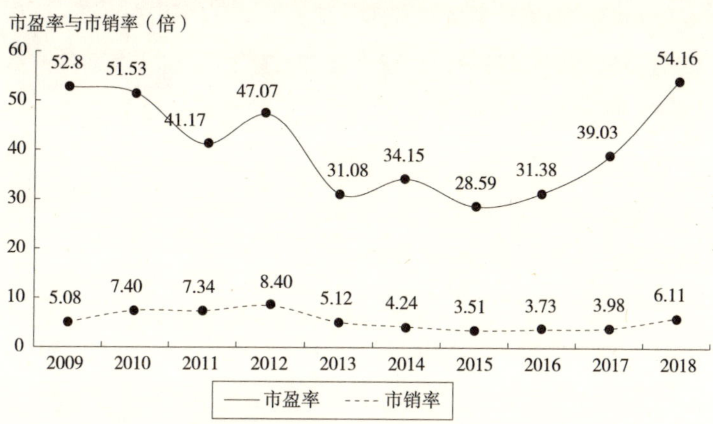

图 8-42　露露乐蒙的市盈率和市销率（2009—2018 年）

资料来源：标准普尔金融数据库

The Future of New Brand | 新品牌的未来

小结和启示

露露乐蒙是这些年来极少将企业文化体现得那么淋漓尽致的品牌，同时也将社区营销做到了极致。

企业核心价值观和认同感

露露乐蒙将“生活就像是骑脚踏车，必须持续前进才能保持平衡”“朋友比金钱重要”等励志短句印在环保袋上，让用户自行拿取，在脸书等社交媒体刚兴起的美国，人们都愿意与周围的人分享自己的生活态度，富有正能量的露露乐蒙在社交媒体上迅速走红。在露露乐蒙工作的员工一定需要认同公司的文化理念，从而在与消费者沟通时让人觉得他们都是“专业运动教练”，而不是普通的店员。

讨巧的营销方式

早期的露露乐蒙没有足够的预算做市场投放，创始人威尔逊就想到通过瑜伽教练影响消费者。通过这种方式，露露乐蒙在瑜伽人群中的知名度和影响力迅速扩大，完成了早期用户的积累。至今，露露乐蒙没有请任何明星代言，还是邀请当地的瑜伽老师和健身教练担任其品牌大使。公司为这些大使提供免费的产品，邀请他们周末在零售店开设课程，接触更多的用户，宣传露露乐蒙的文化和自己教授的课程。

为不同地区定制，产品更贴近消费者

无论是早期针对男性用户推出的 ABC 休闲裤，还是近期针对亚洲人身材推出的 Aisa-Fit 版型，都可以从中看出露露乐蒙在产品研发和设计上更贴近消费者。

The Future of New Brand

第9章

饮料行业的超级品牌

The Future of New Brand

雀巢

收购蓝瓶咖啡摆脱低廉品牌形象

雀巢是一家瑞士跨国食品和饮料公司，总部位于瑞士沃韦（Vevey），在全球拥有500多家工厂。雀巢公司是世界上最大的食品制造商，最初以生产婴儿食品起家，之后通过生产巧克力棒和速溶咖啡闻名遐迩。雀巢公司位列美国《财富》杂志2015年评选的全球最大500家公司排行榜中的第72名，也被《福布斯》杂志评选为2017年全球规模最大的上市公司第34名。雀巢近几年的主要财务指标如表9-1所示。

表9-1 雀巢的主要财务指标（2012—2018年）

指标	2012	2013	2014	2015	2016	2017	2018
营业收入（百万美元）	98 227.3	103 731.6	92 479.1	88 975.3	88 391.2	92 269.3	93 245.7
净利润（百万美元）	11 171.5	11 246.5	14 552.6	9 055.0	8 398.5	7 342.8	10 300.2
总资产（百万美元）	137 489.4	135 252.1	134 342.0	123 842.2	129 851.9	136 687.3	139 248.5
净资产（百万美元）	68 444.9	72 025.8	72 364.5	63 908.7	64 956.0	62 853.4	59 355.1
营业收入增速（%）	7.4	2.7	–0.6	–0.3	0.8	0.2	2.0
净利润增速（%）	10.1	0.7	29.4	–37.8	–7.3	–12.6	40.0
毛利率（%）	47.2	47.9	48.2	49.8	50.8	49.3	49.80
净利润率（%）	11.4	10.8	15.7	10.2	9.5	8.0	11.0
收入 / 总资产（%）	71.0	77.0	69.0	55.0	62.0	63.0	67.0
总资产 / 净资产（%）	200.9	187.8	185.6	193.8	199.9	217.5	234.6
净资产收益率（%）	17.7	16.5	21.9	13.9	13.7	11.7	17.4
资产收益率（%）	7.1	7.3	7.2	6.7	6.9	7.0	7.1

资料来源：标准普尔金融数据库

品牌发展路径

雀巢的创立与被收购

1867 年，雀巢公司创始人瑞士化学家亨利·内斯特尔（Henri Nestle）先生用自己研制的一种将牛奶与麦粉混制而成的婴儿奶麦粉，成功地挽救了一位因母乳不足而营养不良的婴儿。从此，开启了雀巢公司的百年历程。1865 年，内斯特尔从一名朋友的口中得知，许多不爱喝母乳与常规乳制品的婴儿通过雀巢奶粉获得了足够的营养并茁壮成长起来。因此，他在 1867 年创立了育儿奶粉公司，以他的姓氏 Nestle 为品牌名称，并以鸟巢图案为商标图形。因为英文雀巢（Nest）与他的名字（Nestle）为同一词根，所以中文一并译为“雀巢”。实际上，Nestle 的英文含义是“舒适地安顿下来、依偎”，商标的鸟巢图形自然会使人们联想到慈爱的母亲哺育婴儿的情景。

然而，科学家出身的内斯特尔先生并不擅长经营之道，1874 年，朱尔斯·蒙瑞内特（Jules Monnerat）从他手里收购了雀巢。作为一位精明的商人，朱尔斯·蒙瑞内特深知公司要迅速发展壮大，有效的资本运作是最佳的方法。在他的领导下，雀巢开展了一系列收购。

全球设厂、持续并购，并以雀巢速溶咖啡一飞冲天

1905 年，育儿奶粉公司与美国公司英瑞炼乳合并，取名“雀巢英瑞炼乳公司”。1907 年，雀巢开始进入澳大利亚，并在新加坡、印度和中国香港建立了仓库。1929年，雀巢开始实现多种经营，并收购了瑞士的彼得·凯勒·柯勒巧克力公司。

1938 年，雀巢成功研制并正式推出了雀巢速溶咖啡，这项伟大的发明为雀巢带来了巨大的影响。1947 年，雀巢购进另一家瑞士公司——英瑞持股有限责任公司，并正式取名为雀巢食品公司。在接下来的几十年中，雀巢利用在技术上的优势迅速向外扩张，很快将市场扩大到欧洲各国、英属各领地、北美和拉美等国，占领了世界咖啡饮料市场。

雀巢与中国的缘分以及其亚洲区的布局

雀巢与中国之间的缘分已经有 100 多年的历史。早在 20 世纪的 1908 年，雀巢公司就在刚刚兴起的上海租界开设了它在中国的第一家销售办事处。作为最早进入中国的外商之一，雀巢始终对中国市场持乐观态度，并且准备在合适的时机一举打入中国市场。20 世纪 80 年代初，雀巢开始与中国政府商谈在中国投资建厂的事宜，并且将其在营养品和食品加工方面的全球顶尖的专有技术和丰富的专业知识转让给中国，此举赢得了政府的好感与支持。趁热打铁之下，1990 年，雀巢在中国大陆的第一家合资厂通过审批并开始运营，随后又建了多家食品工厂。雀巢在全球的开厂方式就是通过利用本地原材料在本地制造同等高品质的食品，替代昂贵的进口产品，这一举措在当时的中国起到了尤为显著的效果，最直观的表现就是帮助中国在这方面节约了大量外汇。时至今日，雀巢在中国大陆销售的产品中，有 99% 是在本地制造的。

自从 20 世纪 90 年代末，雀巢收购太太乐、广州冷冻食品公司后，在并购投资方面再也没有任何大手笔动作。然而，随着欧美市场受到金融危机的巨大冲击，亚太新兴市场却保持快速增长，雀巢启动了庞大的中国投资战略计划。

在收购深圳景田百岁山失败之后，雀巢仍然选择从瓶装水切入，于 2010 年迅速拿下了中国瓶装水十强企业之一——云南矿泉水第一品牌云南大山 70% 的股权，保证了雀巢在中国拥有自己的水源。2011 年 11 月，雀巢收购了在国内蛋白饮料和八宝粥市场中份额最大的厦门银鹭食品集团有限公司 60% 的股份，确立了雀巢在相关产品的龙头地位。同年 12 月，又以 17 亿美元收购了徐福记 60% 的股权，从此在中国的糖果和巧克力行业，雀巢超过玛氏成为第一。实际上，开拓新兴市场一直是雀巢百年历史中业绩增长的典型方式。2017 财年，雀巢在全球销售收入达到 925 亿美元，其中销售收入增长最快的几大区域全部来自新兴市场（亚太与南美），印度的增长率为 8.2%、日本为 3.5%、墨西哥为 6.2%、中国为 2.3%。

蓝瓶咖啡，一家现象级的精品咖啡连锁

2017年9月，雀巢公司以5亿美元收购了蓝瓶咖啡（Blue Bottle coffee）约68%的股份。在股权收购完成后，蓝瓶咖啡公司仍将作为独立实体继续运营，但其产品却能通过雀巢咖啡100多年来的口碑基础和遍布全球的销售网络将触手伸向更为广阔的市场。与此同时，蓝瓶咖啡公司的管理层及员工仍将持有少数股权，并将秉承其成功的企业家精神继续公司的运营。布莱恩·米汉（Bryan Meehan）将继续担任CEO一职，而创始人詹姆斯·弗里曼（James Freeman）将担任公司的首席产品官。

蓝瓶咖啡

21世纪初，“咖啡浪潮”的概念首次被提出。简单方便的速饮咖啡文化代表了第一波咖啡浪潮，其中最典型的就是风靡全球的雀巢速溶咖啡；而以星巴克为代表的全球化标准咖啡连锁门店的成功，则意味着第二波咖啡浪潮也已经进入尾声。当消费者口味已经形成，对于各类速溶咖啡、滤挂式咖啡以及各家连锁咖啡门店都了如指掌时，想要在咖啡行业打开一个新缺口的蓝瓶咖啡公司试图化繁为简、回归本质。蓝瓶咖啡秉持只是一杯咖啡的原则，通过一杯从咖啡豆采集、豆子烘焙手法到制作手法都精益求精的精品咖啡，以及将独特的门店风格与企业文化注入自身对于咖啡的原则与态度，带给消费者最朴素的咖啡享受。于是，第三波咖啡浪潮就这样到来。在这场竞争中，来自美国加利福尼亚的蓝瓶咖啡就是其中最具有代表性的佼佼者。

一边是世界上规模最大的食品生产商，另一边是风头正劲的高端咖啡品牌，后者能够成为第三波咖啡浪潮中的重要玩家，正是得益于创始人詹姆斯·弗里曼的经营策略。不同于普通精品咖啡店强调的咖啡师比赛荣誉，或者某处冷门的咖啡种植地带来的精品豆，蓝瓶咖啡所做的就是不断地向顾客强化咖啡师丰富的咖啡经验，以及这只“蓝色瓶子”与每一家设计迥异的门店代表的美学理念。

在全球众多区域的很多门店中，日本东京的门店可谓是最能体现蓝瓶咖啡美学的标杆。位于东京中心新宿区域的门店如图 9-1 所示，在该店的设计中，建筑师试图打破传统的“主客观念”，营造出平等的空间氛围与关系。上午 10 点之前的咖啡是为繁忙的上班族准备的，10 点之后咖啡馆的空间是为游客准备的，不论是何种类型的顾客，只要来到这个开阔自由的空间，都会有一种融入其中的感觉，而不是仅仅备感疏离的过客。

图 9-1　蓝瓶咖啡东京新宿店

资料来源：蓝瓶咖啡公司官网

开在青山区的日本第二家蓝瓶咖啡门店位于二层，和主街相隔几个街区（见图 9-2）。在青山咖啡馆的早晨感觉就像在一个秘密基地，私密而温馨。附近有一个充满活力的联合办公空间，奈飞（Netflix）日本和一家著名美发沙龙的造型师与工作人员是青山咖啡馆的常客。早上的客人可以选择在青山店独特的虹吸咖啡吧准备咖啡，这是该店提供的独一无二的体验。

青山店还提供一些客人最喜欢的美食菜单，厨房的工作人员小心翼翼地将腌制的胡萝卜放在该店最畅销的鸡蛋沙拉三明治上，这是蓝瓶咖啡日本公司独有的产品。

图 9-2　蓝瓶咖啡东京青山店

收购之后的思虑

雀巢是全球著名的咖啡生产商，拥有雀巢咖啡和浓遇咖啡（Nespresso）两大咖啡品牌。雀巢咖啡是全球知名的咖啡品牌，在全世界约 180 个国家和地区都有销售，每分钟的销售量达 5 500 杯。浓遇咖啡则拥有超过 600 家精品店；而在线上平台，每天的客流量高达 46.5 万人次。长久以来，雀巢并没有真正摆脱低廉的品牌形象，虽然浓遇咖啡稍微拔高了品牌调性，但雀巢的品牌形象依旧停留在快速和低价上，而且雀巢长久以来在线下门店、现磨咖啡领域鲜有建树。蓝瓶咖啡作为第三波咖啡浪潮的代表品牌，对品质有着严格的要求：上乘的有机认证咖啡豆、传统种植方式和不售卖超过 48 小时的咖啡豆等都体现了品牌对于咖啡品质严格的要求。意式、手冲、虹吸和冰滴类产品也彰显出品牌对于咖啡制作的专业和品味。除了现制咖啡外，蓝瓶咖啡还提供冷泡咖啡、咖啡豆、咖啡饮料等衍生产品。在收购完成后，蓝瓶咖啡仍将作为独立实体继续运营。

近年来，速溶咖啡的销量不断下滑（如麦斯威尔关闭了中国工厂），而收购蓝瓶咖啡的完成标志着以速溶和胶囊咖啡为代表的雀巢进入快速增长的精品咖啡连锁领域。拥有蓝瓶咖啡后，雀巢进一步巩固了在全球咖啡市场的地位，并且依托于在日本市场的成功运作，打开了通向其他国家市场的大门。

对于蓝瓶咖啡来说，雀巢遍布全球的工厂能够满足全球扩张所需要的咖啡豆供给，并且利用雀巢现用的网络和销售渠道，可将蓝瓶咖啡的零售化产品带到世界各地。

财务分析

雀巢公司 2017 年收入为 925 亿美元，在收购了星巴克零售业务之后，收入在 2017 年有显著提升，一举挽回了自 2013 年开始持续下降的局面（见图 9-3）。

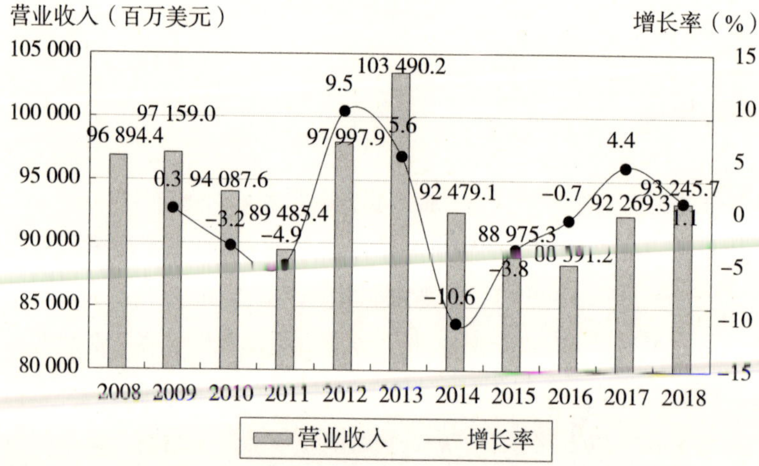

图 9-3 雀巢公司营业收入及增速（2008—2018 年）

资料来源：标准普尔金融数据库

2018 财年，雀巢公司的主要收入驱动来自中国区、墨西哥区以及印度区的销售收入增长。中国区作为仅次于美国区的雀巢销售大区，销售收入较 2017 年上升了 2.3%；墨西哥区较 2017 年销售收入增长 6.2%；印度区的收入增幅更是高达 8.2%。显然，发展中国家中的几个人口大国成为雀巢公司 2018 年收入增长的核心驱动力。

同业态标杆对比

同样作为全球食品饮料巨头，雀巢与达能的毛利率表现十分接近，在 2009 年达到近 10 年的毛利高点，此后随着周期沉浮（见图 9-4）。2018 年，雀巢公司毛利率为 49.8%，达能毛利率为 48.4%。除了 2017 年达能的净利润率表现超过雀巢之外，雀巢过去几年始终领先达能一筹；同样，2018 年雀巢以 11.0% 的净利润率领先于达能 9.5% 的净利润率。

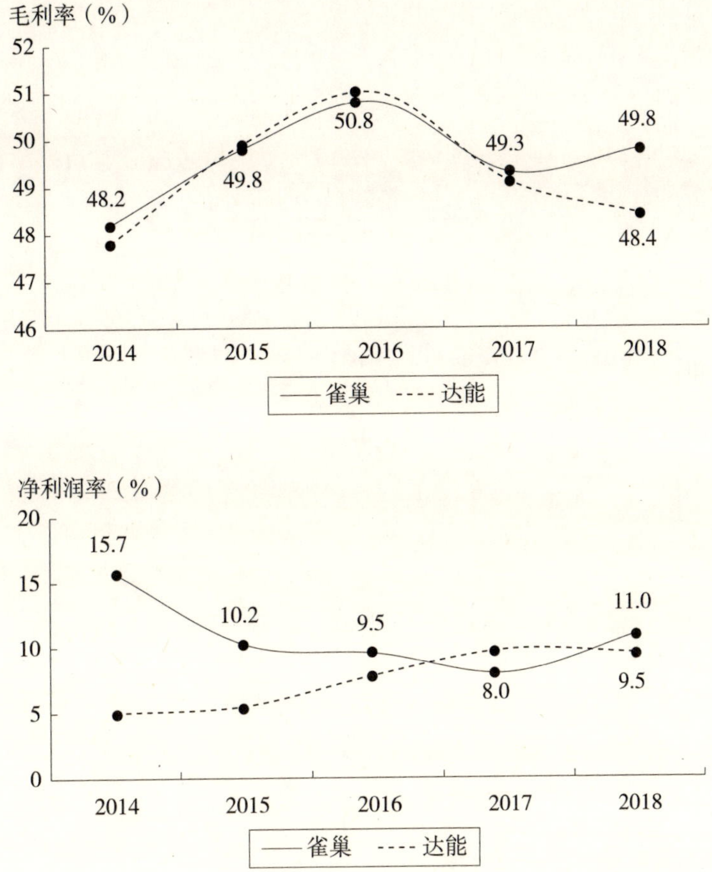

图 9-4　雀巢与达能的毛利率和净利润率对比（2014—2018 年）

资料来源：标准普尔金融数据库

雀巢与达能的财务表现十分接近，2018 年两家公司销售和管理费用率相差 0.7%，分别为 31.9% 和 31.2%。EBITDA 利润率也十分接近，雀巢以 20.0% 稍微优于达能的 18.1%（见图 9-5）。

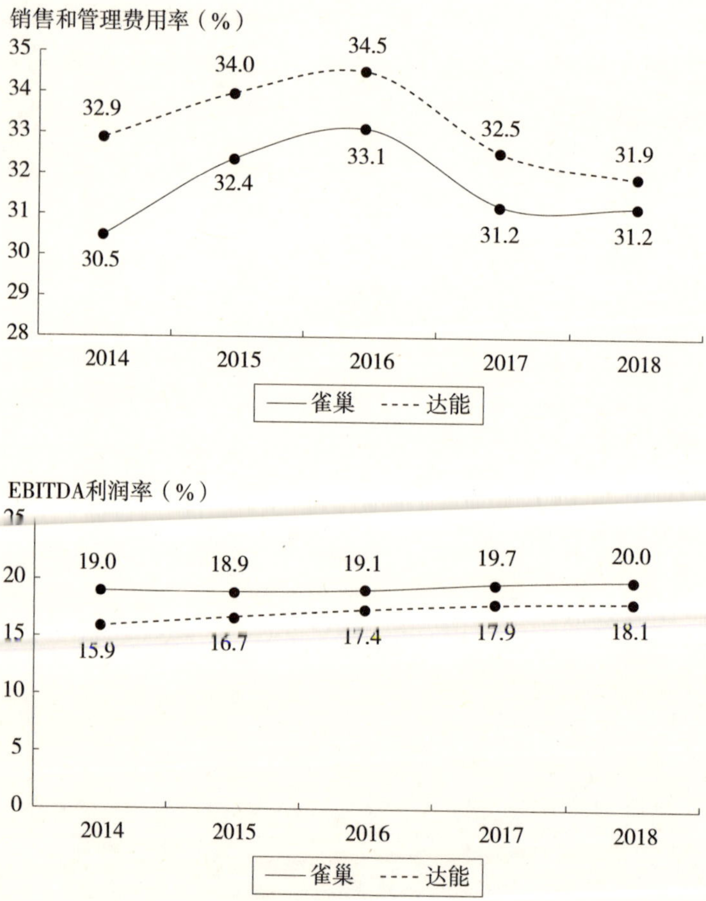

图 9-5 雀巢与达能的销售和管理费用率及 EBITDA 利润率对比（2014—2018 年）

资料来源：标准普尔金融数据库

在存货周转天数方面，雀巢效率略低于达能，雀巢 2018 年的存货周转天数在 73 天左右，而达能仅为 49 天左右。在应付账款方面，两家公司的议价能力都比较强，平均付账日期都在3个月以上。具体数据如图9-6所示。

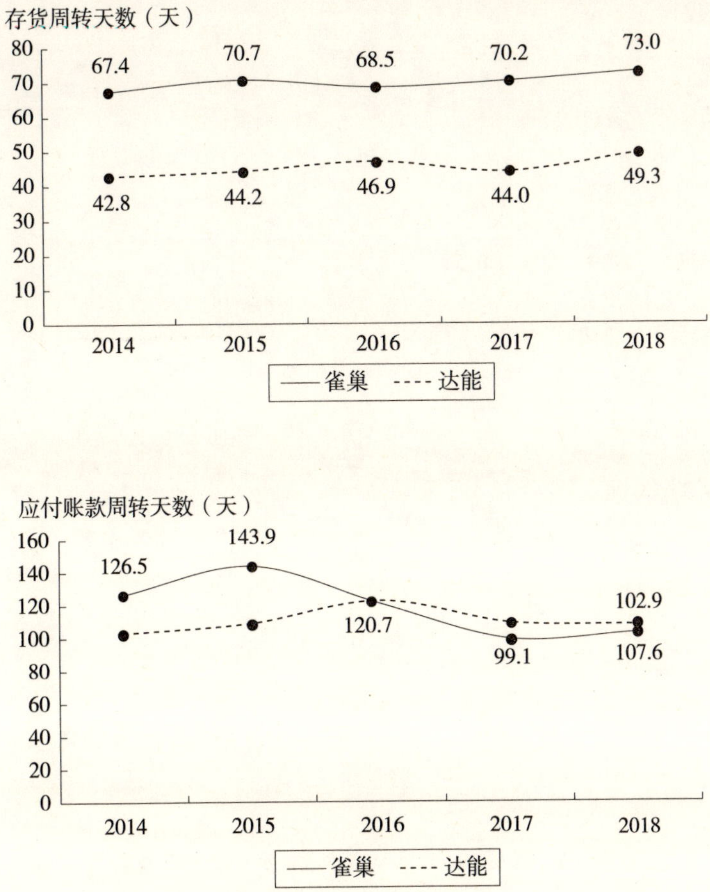

图9-6 雀巢与达能的存货周转天数和应付账款周转天数对比（2014—2018年）

资料来源：标准普尔金融数据库

从资产收益表现来说，雀巢整体优于达能：2018年雀巢的资产收益率为7.1%，优于达能的5.1%。在净资产收益率上，除去个别年份达能好于雀巢，雀巢的总体表现领先于达能：2018年雀巢的净资产收益率为17.4%，高于达能的15.7%（见图9-7）。

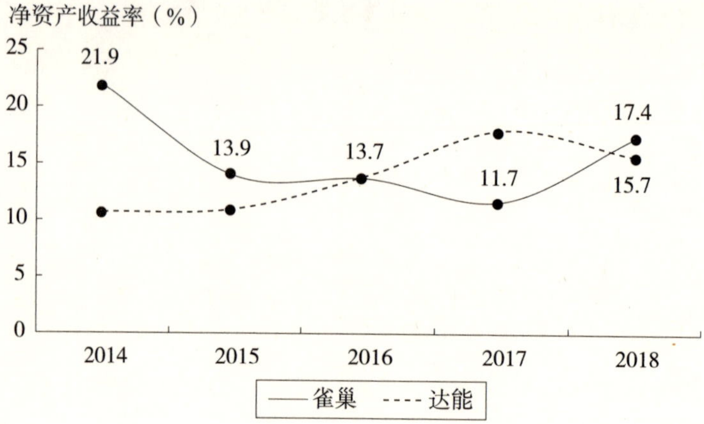

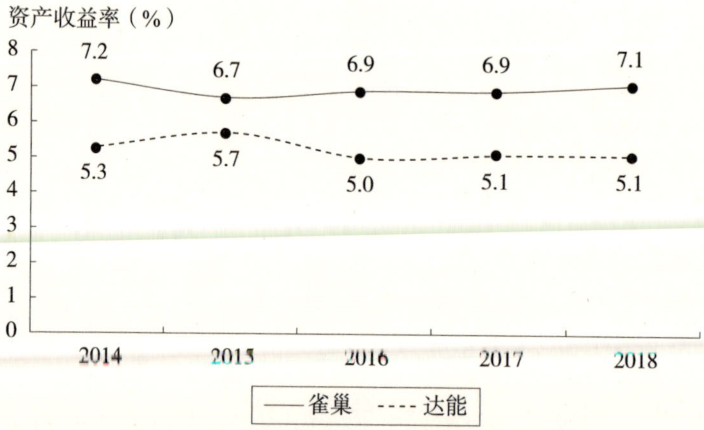

图 9-7　雀巢与达能的净资产收益率和资产收益率对比（2014—2018 年）

资料来源：标准普尔金融数据库

股价与估值

从 21 世纪一开始，雀巢公司的股价就一路飙升，凭借持续不断的并购，被二级市场持续看好，股价表现自然十分优秀。2019 年 7 月 8 日，公司股价为 103.28 美元，较 2000 年翻了 4 倍多，持续稳定上升的股价也体现出雀巢这家传统企业的稳定性。图 9-8 展示了雀巢公司 2003—2019 年的股价走势，图 9-9 展示了雀巢公司

2008—2018 年的市盈率与市销率走势。

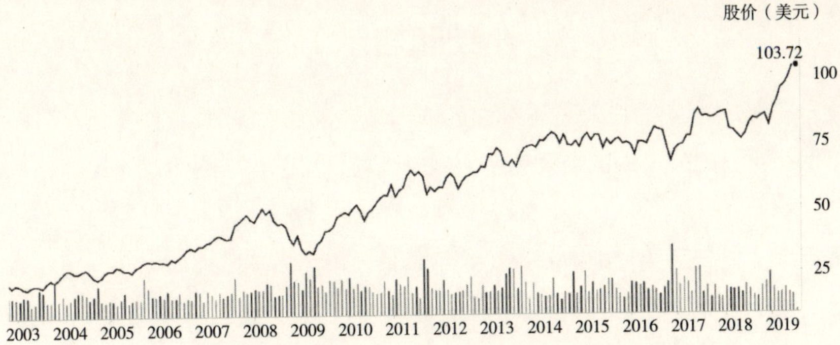

图 9-8　雀巢股价走势（2003—2019 年）

资料来源：雅虎财经

雀巢公司的市销率始终保持稳定，得益于稳定增长的销售收入。在市盈率方面，二级市场显然对雀巢公司的并购逻辑十分认同，从 2015 年的 16.53 倍至今，公司市盈率倍数已经几乎翻了一番。

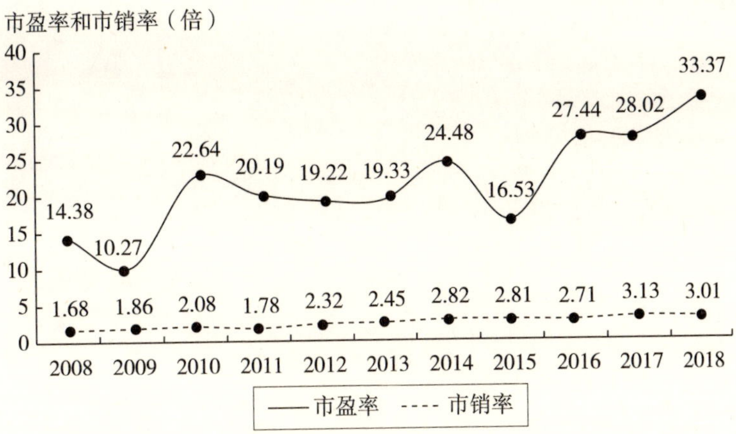

图 9-9　雀巢的市盈率与市销率（2008—2018 年）

资料来源：标准普尔金融数据库

小结和启示

咖啡已经成为人们日常不可或缺的饮料或者装饰，咖啡馆也成为人们日常交谈、情侣约会、商务沟通的重要场所。咖啡馆更是文艺青年心中隐于市的地方。

近年来，国际巨头和国内新兴品牌纷纷抢占市场，皮爷咖啡（Peet's）、Tims、Arabica、Seesaw、鹰集、Manner、瑞幸咖啡，甚至是三顿半咖啡都开设线下店。咖啡只是品牌触达消费者的媒介，咖啡店才是品牌文化和价值观的载体，是品牌与用户最直接的交流方式。门店的装修风格、动线的设计、物品的陈列以及店员与用户的交流都透露出品牌的核心文化和价值取向，也是品牌最直接的营销手法。

蓝瓶咖啡将咖啡从连锁化时期带入精品化时代，明亮简洁的店面风格、无障碍物遮掩的吧台能让店员随时随地与顾客交流，颜色、氛围与星巴克产生了鲜明的对比，让人们快速记住了蓝瓶咖啡。在国内咖啡市场，从 Arabica、鹰集咖啡等到中式茶饮喜茶、乐乐茶们，门店的陈列、设计都透露品牌自身的理念——年轻、自由，也许它们中间就藏着下一个“蓝瓶咖啡”。

The Future of New Brand

帝亚吉欧

全球并购多品牌矩阵的酒业巨头

帝亚吉欧（Diageo）是全球第一大烈酒巨头，总部设立在英国伦敦。产品销往全球 180 多个国家和地区，在 80 多个国家和地区设有分公司。在 1997 年，帝亚吉欧由大都会（Grand Metropolitan）和健力士（Guinness）合并而成后，通过对一系列高端烈酒品牌的并购成就了今天的全球龙头地位，市场份额为 9.4%。帝亚吉欧的首要上市交易地点为伦敦证券交易所，其次是纽约证券交易所。公司旗下拥有众多知名品牌，包括全球销量最高的苏格兰威士忌品牌尊尼获加（Johnnie Walker）、销量最高的高档伏特加品牌斯米诺（Smirnoff）、著名啤酒品牌健力士、白酒水井坊等品牌。帝亚吉欧近几年的主要财务指标如表 9-2 所示。

表 9-2　帝亚吉欧主要财务指标（2013—2018 年）

指标	2013	2014	2015	2016	2017	2018
营业收入（百万美元）	17 179.0	17 546.0	17 004.0	13 939.0	15 650.0	16 049.0
净利润（百万美元）	3 727.0	3 845.0	3 744.0	2 983.0	3 457.0	3 988.0
总资产（百万美元）	37 983.0	39 278.0	40 579.0	37 877.0	37 466.0	39 209.0
净资产（百万美元）	12 293.0	12 982.0	14 556.0	13 534.0	15 621.0	15 455.0
营业收入增速（%）	6.2	9.2	5.4	3.0	14.9	0.9
净利润增速（%）	25.0	3.2	2.6	20.3	15.9	15.3
毛利率（%）	61.2	60.9	57.6	59.5	61.2	61.9
净利润率（%）	21.7	21.9	22.0	21.4	22.1	24.8
收入 / 总资产（%）	45.0	45.0	42.0	55.0	62.0	63.0
总资产 / 净资产（%）	309.0	302.6	278.8	279.9	239.8	253.7

续表

指标	2013	2014	2015	2016	2017	2018
净资产收益率（%）	34.2	28.9	29.3	24.3	25.5	26.5
资产收益率（%）	9.1	8.1	7.8	6.9	7.8	8.1

资料来源：标准普尔金融数据库

品牌发展路径

早期成长史：大都会与健力士

帝亚吉欧由大都会和健力士合并而成，二者的兼并就是酒业品类的大集结，强强联合的帝亚吉欧一跃成为世界上数一数二的酒类企业。健力士是领先的酒精饮料公司，而大都会的业务涉及食品和酒精饮料，譬如汉堡王和哈根达斯就曾是旗下品牌。

在合并之前，健力士就已经是世界顶尖的黑啤和威士忌公司，其主力市场位于英国，占全球黑啤市场份额的 55%。健力士诞生于 18 世纪，最初是家族式黑啤酿造工厂，200 年后收购了爱尔兰顶尖的威士忌公司 The Distillers，拿下了世界三大威士忌品牌（尊尼获加就是 Walkers 系列中的一款），开始成为一家以啤酒业务为主、威士忌为辅的酒精饮料公司。在 1991—1994 年，健力士从多酒种、多价位段的模式开始向高利润率的高端品牌集中，通过逐步收购一系列的区域烈酒知名品牌，例如德国高端酒阿斯巴赫（Asbach）、澳大利亚烈酒 Carlton United Breweries，来发展烈酒业务和高端品牌。虽然健力士意图发挥品牌，依靠内生增长来拉动收入，但是从历史数据看，烈酒收入占比在 1991—1995 年反而下降了 5%。

大都会最初涉足酒店业务，在 1968 年开始通过并购的方式进军餐饮业。1972 年收购了 Truman、Hanbury、Buxton 进军酿造业，获得了世界第二的威士忌品牌珍宝（J&b），又在 1987 年买下了 Heublein Wines 成为全球最大的葡萄酒和烈酒公司。

大都会和健力士相似的地方在于两者都是服务于高端品牌或客户的跨国企业，且在各自领域已经是行业龙头。两者的成长过程也相似，均通过并购来扩充业务。但不同于健力士，大都会的业务范围跨度更大，涉及酒店、食品、烟草，对于品牌管理的能力提出了更高的要求。

中期整合：运营整合，剥离非核心业务

两家酒业巨头的强强联合使帝亚吉欧成为唯一一家横跨烈酒、啤酒、葡萄酒的国际酒业巨头。

两家公司面向高端客户的定位，为帝亚吉欧的品牌发展定下了基调。营销竞争的成本和渠道抢夺的成本开始降低。帝亚吉欧内部推行 NGG 战略，每个地区的业务只走单一经销渠道，随着渠道整合以及营销费用的成本分摊，帝亚吉欧在费用方面获得了更好的规模效应。虽然费用方面的支出减少，但是集团面临更加严峻的问题：大都会和健力士原有的现金流水平在下滑，然而扩张又需要较大的现金流支持，使扩大企业价值变得困难。于是，管理层开始将目光转向出售那些非核心业务以及低利润率的业务。

2001 年出售了 Piusbury 来聚焦酒类业务发展，2002 年将中低端价格的葡萄酒品牌 GlenEllen 和 MG Vallejo 出售，聚焦高利润率的高端酒品牌。2003 年出售汉堡王。观察整合前后的收入水平，虽然收入规模没有提升，但净利润率得到了大幅度提高。

在 2000—2005 年，帝亚吉欧净利润率开始随着非核心业务的出售以及营业费用率的下降而提高。净利润率在 2003 年达到 24.8%。相比大都会和健力士在合并前 8% 左右的净利润率，有了大幅提高。虽然 2003 年出售汉堡王造成了一些非经常性损益，使得净利润率大幅下跌，但在第二年便恢复正常。

可以说，大都会和健力士的合并没有扩大帝亚吉欧的收入规模，但提高了盈利能力。除此之外，值得一提的是在 2001 年帝亚吉欧还与当时规模并不大的保乐力加（Pernod Ricard）一同收购了 Seagram 的烈酒和葡萄酒业务。一方面是为了规避垄断倾向，另一方面则是暗中布局，帮助保乐力加在 2005 年收购当时位列第二的联合多美（Allied Domecq），来确立不具有威胁性的行业第二的地位。帝亚吉欧在将北美和欧洲

的强势品牌基本"搜刮"完毕后，使得后续市场中烈酒的并购标的稀少，行业格局趋于稳定。至此，帝亚吉欧确立了稳固的行业老大地位。

后期运营：品牌塑造

帝亚吉欧从本质来看是一家品牌运营公司。消费者购买的并不是一款名为帝亚吉欧的烈酒，而是世界销量第一的威士忌尊尼获加。在大都会和健力士合并之后，当时的品牌顾问创造了一个新名词"帝亚吉欧"作为公司的新名称，前半段词根在拉丁语中是"日子"的意思，后半段词根在希腊语中是"地球"的意思，寓意每天为全球提供快感。从这一点来看，帝亚吉欧通过资本运作的途径来控制全球各地最受欢迎的品牌，以不被消费者抵触的方式进入当地市场，再用其沉淀百年以及百亿级公司的管理经验和渠道能力来创造业绩增长。帝亚吉欧品牌矩阵如图 9-10 所示。

尊尼获加		尊尼获加是帝亚吉欧旗下大名鼎鼎的世界销量第一的威士忌品牌，以品牌诞生于1805年的苏格兰某小镇。在世界范围内始终位居调和型威士忌的畅销榜首
斯米诺		斯米诺是帝亚吉欧旗下最著名的伏特加品牌，该品牌始于19世纪中期，由彼得·阿森尼耶维奇·斯米尔诺夫（Peter Arsenievich Smiroff）在莫斯科设厂生产，2006年已经成为全世界最畅销的伏特加品牌
百利甜酒（Baileys）		百利甜酒是帝亚吉欧旗下最受女性喜爱的奶油威士忌品牌，通过独特的酿造工艺技术，百利既保持了奶油的天然新鲜和丝绸般的顺滑口感，又达成了奶油和威士忌的美妙融合
摩根船长（Capuaiu Morgu）		摩根船长是帝亚吉欧旗下的朗姆酒品牌，该品类产品在罐馏器中进行两次蒸馏，而且用传统甘蔗整体造酒，酒中带有泥土芳香，拥有一种独特的迷人口味
健力士		健力士是帝亚吉欧旗下的烈性啤酒品牌，该啤酒气泡独特的上升和下降分层是秘密配方的核心，也是健力士的关键魅力所在
水井坊		水井坊是帝亚吉欧旗下的中高端白酒品牌，水井坊作为在中国具有极高知名度的白酒品牌，现已归入帝亚吉欧麾下，有助于其征战中国白酒市场

图 9-10 帝亚吉欧品牌矩阵

资料来源：弘章资本研究

帝亚吉欧并购水井坊

帝亚吉欧并购水井坊的过程长达 12 年，力求成为“过江猛龙”打开中国白酒市场。

2018 年 6 月 25 日，四川水井坊股份有限公司发布《重大事项提示性公告》，公司实际控制人帝亚吉欧集团将通过要约收购的方式，将其持有的水井坊的股份比例从目前的 39.71% 提高至最多不超过 60.00%。预定收购股份占被收购公司总股本的比例是 20.29%，要约价格为 62 元每股，交易将以最高 61.45 亿元达成，这次收购溢价 22.63%。

中国白酒行业经历了震荡的调整期，行业内形成了一种大趋势，行业将进入精品名酒的竞争阶段（见图 9-11）。行业全面打造精品白酒的重要原因在于产业的价值链向渠道端倾斜，优质的经销商更能够打通销售通路，把精品白酒卖到消费者的手中。基于这些背景，让我们把目光重新回归水井坊与帝亚吉欧的“联姻”。

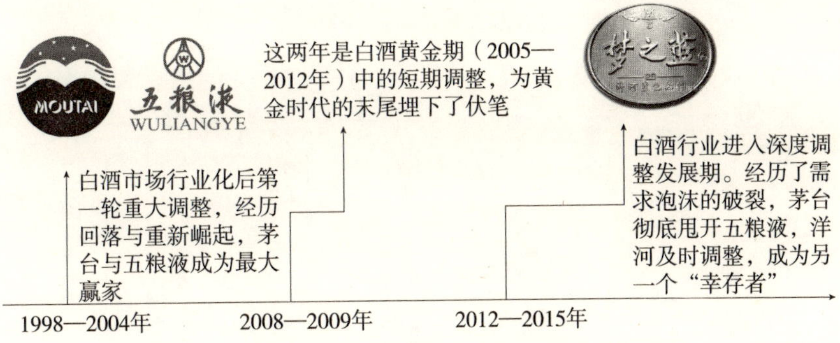

图 9-11　中国白酒行业发展路径

资料来源：弘章资本研究

水井坊与帝亚吉欧缘起于 2006 年，当时，帝亚吉欧接收了水井坊控股方全兴集团 43% 的股权，完成了对这家中国白酒公司的首次收购。从外向内看，帝亚吉欧开拓中国区的野心昭然若揭；由内而外来说，帝亚吉欧早在 14 年前就预见到了白酒产品的高端化路线，并通过自身遍布全球的经销网络，把中国人最爱的白酒之一卖给全球消费者。

2013 年 7 月，帝亚吉欧全资控股了水井坊大股东全兴集团，如愿以偿成为水井坊的实际控制人。然而，2013 年开始的“联姻”并不幸福，水井坊业绩连年下跌，濒临退市，外籍高管接连换人，“水土不服”的质疑声日益强烈。2015 年下半年，水井坊终于下定决心启动中国籍高管团队，同年 10 月，58 岁的香港人范祥福临危受命对公司进行了大刀阔斧的改革，包括重新梳理公司产品线、重整经销商渠道。2017 年，水井坊归属于上市公司股东的净利润达到 3.35 亿元，回到了行业调整前的业绩水平，同时营业收入也达到20.48亿元。2017年，水井坊收入20.48亿元，同比增长 74.13%；净利润 3.35 亿元，同比增长 49.24%。近 21 亿元的营业收入创下历史新高，为 2017 财年帝亚吉欧大中华区创下净销售收入同比增长 25% 的佳绩。

财务分析

帝亚吉欧近几年收入保持稳定，尽管 2016—2017 财年较前几年有所降低，但是行业龙头的地位不容撼动（见图 9-12）。

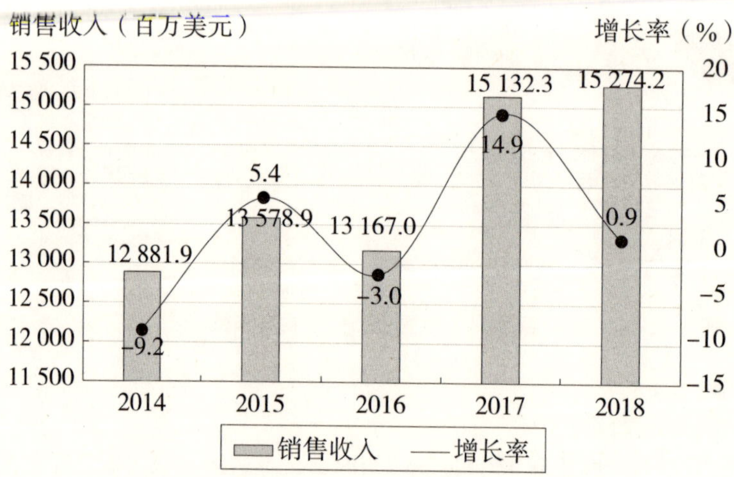

图 9-12 帝亚吉欧销售收入及增速（2014—2018 年）

资料来源：标准普尔金融数据库

帝亚吉欧主要的收入增长驱动来自亚太区、北美区、欧洲及土耳其区、非洲区、拉美及加勒比地区的发力（见表 9-3）。2018 财年，公司亚太区利润增幅高达 17%，且亚太区销售收入高达 25 亿欧元，十分接近欧洲区的 29 亿欧元。

表 9-3　帝亚吉欧 2018 财年分地区收入与利润表现

指标	北美区	欧洲及土耳其区	非洲区	拉美及加勒比地区	亚太区
数额（当量）	48.2 百万 报告增长率↑ 2% 实际增长率↑ 1%	46.3 百万 报告增长率↑ 4% 实际增长率↑ 4%	33.2 百万 报告增长率↑ 3% 实际增长率↑ 3%	22.2 百万 报告增长率↑ 5% 实际增长率↑ 5%	90.5 百万 报告增长率↑ 7% 实际增长率↑ 2%
净销售额	4 116 百英镑 报告增长率↑ 2% 实际增长率↑ 1%	2 932 百英镑 报告增长率↑ 2% 实际增长率↑ 1%	1 491 百英镑 报告增长率↑ 2% 实际增长率↑ 1%	1 069 百英镑 报告增长率↑ 2% 实际增长率↑ 1%	2 503 百英镑 报告增长率↑ 2% 实际增长率↑ 1%
毛利润	1 882 百英镑 报告增长率↑ 2% 实际增长率↑ 1%	1 028 百英镑 报告增长率↑ 2% 实际增长率↑ 1%	191 百英镑 报告增长率↑ 2% 实际增长率↑ 1%	308 百英镑 报告增长率↑ 2% 实际增长率↑ 1%	568 百英镑 报告增长率↑ 2% 实际增长率↑ 1%

资料来源：帝亚吉欧公司年报

同业态标杆对比

帝亚吉欧 2018 财年实现净收入约 152.7 亿美元，同比上升 0.9%，值得注意的是，2017 财年公司实现了自 2009 财年以来的收入最大增幅——14.9%。毛利率始终稳定在 60% 左右，近年来更是稳中有升，而净利润率已经从 2009 年的 17.2% 上升至如今的 24.8% 的夸张数字。相比之下，始终居于行业第二位的保乐力加似乎与帝亚吉欧的最大差距便是净利润率的巨大差距。2018 财年，保乐力加收入 104.8 亿美元，同比下降 0.3%，毛利率 61.9%，净利润率 17.5%（见图 9-13）。多年来，保乐力加始终作为一名追赶者的身份在帝亚吉欧身后，不论是地区布局的先后还是产品更新的先后，始终落后一步。帝亚吉欧的亚洲区特别是中国区的布局，以及对于女性消费者的酒类开发或许是近几年公司高歌猛进的一个缩影。

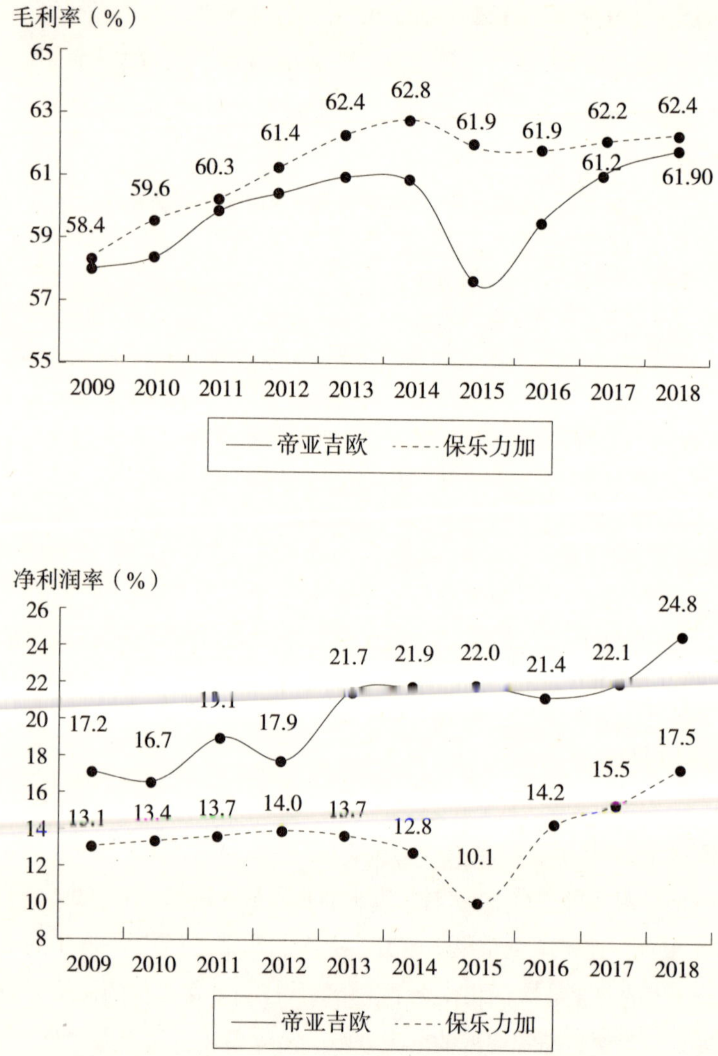

图 9-13　帝亚吉欧与保乐力加的毛利率和净利润率对比（2009—2018 年）

资料来源：标准普尔金融数据库

更低的销售和管理成本，更好的业绩表现，帝亚吉欧的行业龙头地位当之无愧（见图 9-14）。

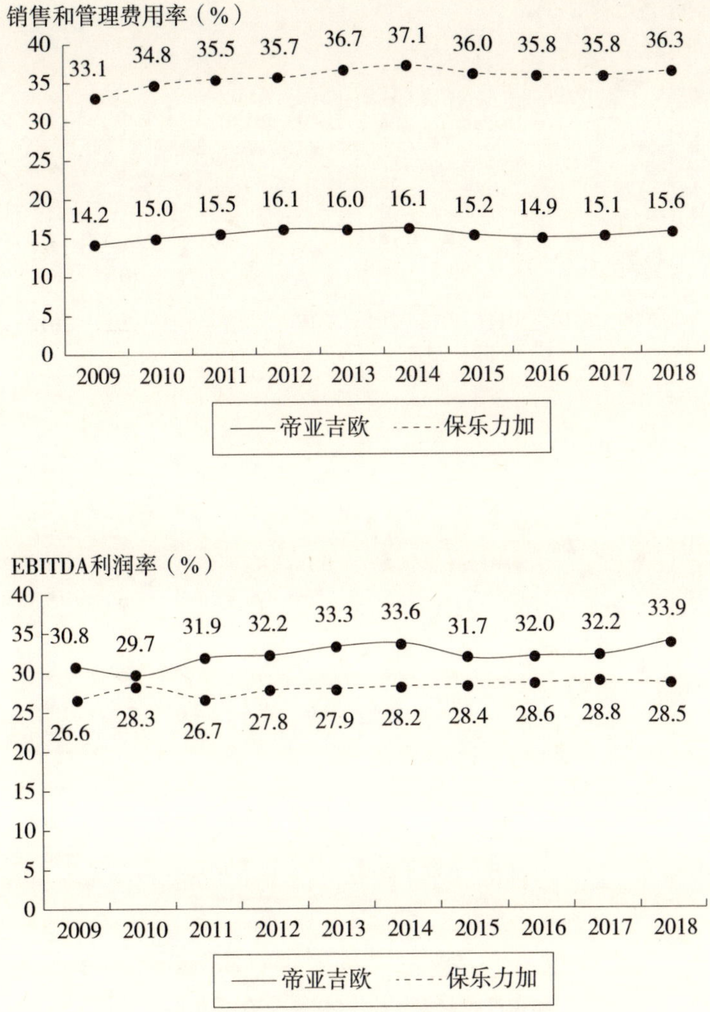

图 9-14　帝亚吉欧与保乐力加的销售和管理费用率 EBITDA 利润率对比（2009—2018 年）

资料来源：标准普尔金融数据库

在资产收益率方面，帝亚吉欧作为行业龙头始终保持了对保乐力加的绝对领先优势（见图 9-15）。在净资产收益率上，尽管帝亚吉欧近年来数据开始走低，但仍然拥有超过保乐力加一倍的股权收益率。

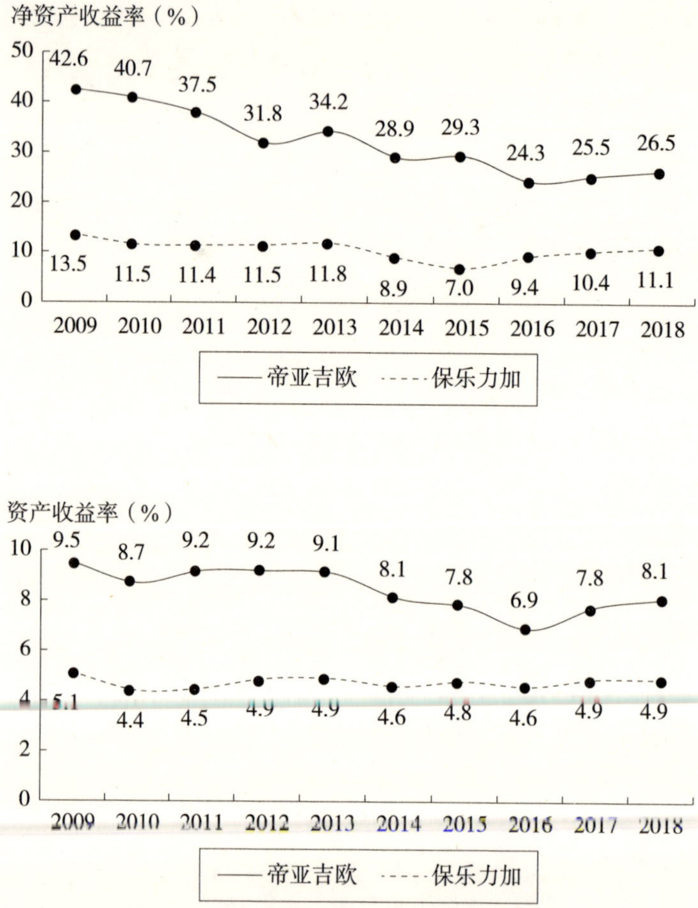

图 9-15　帝亚吉欧与保乐力加的净资产收益率和资产收益率对比（2009—2018 年）

资料来源：标准普尔金融数据库

洋酒行业的特殊性导致企业存货周转天数都十分长。相较之下，帝亚吉欧的表现明显好于保乐力加，仅为 365.3 天，而 2017 财年保乐力加平均存货周转天数高达 567.7 天。在应付账款方面，帝亚吉欧表现则弱于保乐力加。二者具体数据如图 9-16 所示。

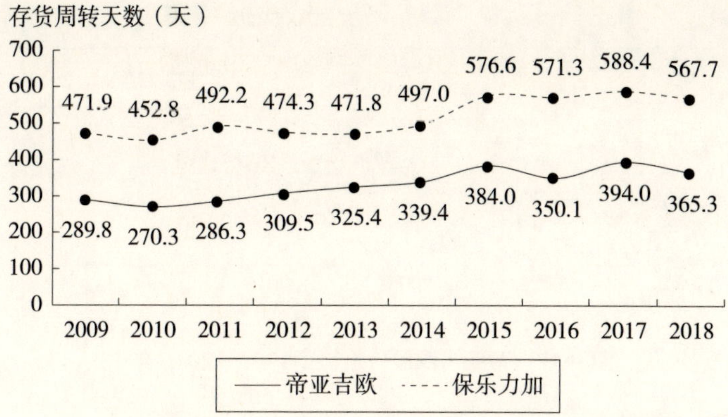

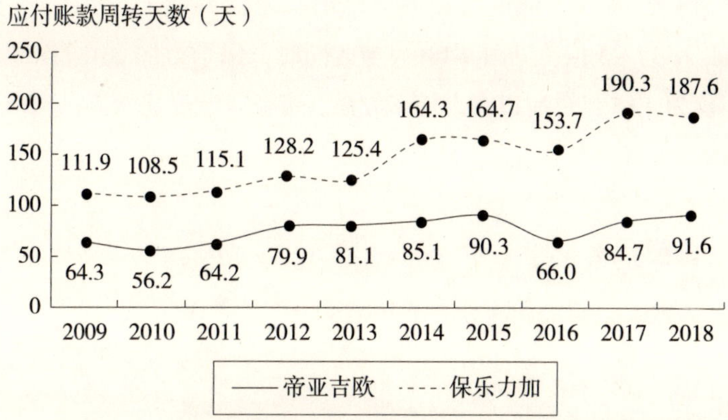

图 9-16 帝亚吉欧与保乐力加的存货周转天数和应付账款周转天数对比（2009—2018 年）

资料来源：标准普尔金融数据库

股价与估值

帝亚吉欧的股价近几年一路飙升，2018 年在持有水井坊 60% 的股票后，公司股价更是来到了历史最高点，截至 2018 年 12 月 6 日，公司股价为 143.23 美元，历史最高点为 2018 年 6 月的 151.08 美元（见图 9-17）。

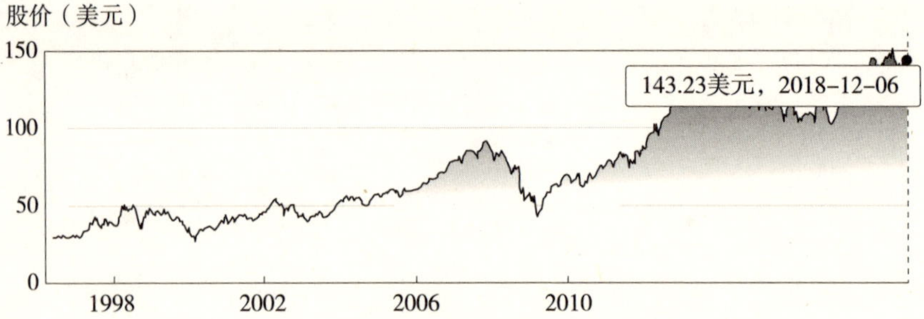

图 9-17 帝亚吉欧股价走势（1998—2010 年）

资料来源：谷歌财经

2014 年开始，帝亚吉欧的市盈率与市销率皆保持稳定，2018 年的市盈率为 23.0 倍，市销率为 6.5 倍（见图 9-18）。与此同时，保乐力加 2018 年市盈率为 23.3 倍，市销率仅为 4.85 倍。所以在市销率方面，帝亚吉欧遥遥领先；在市盈率方面，二者则极为接近。

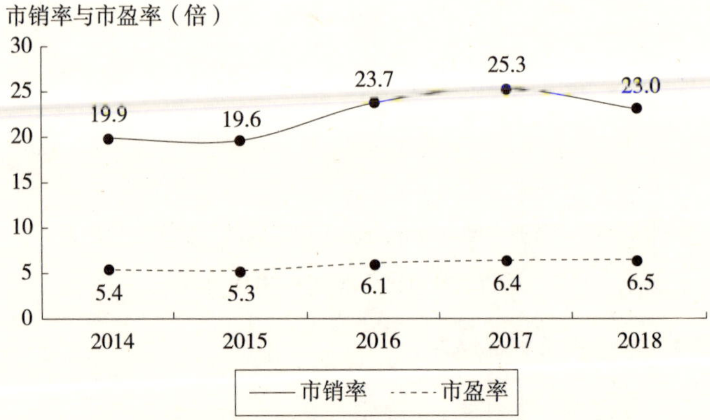

图 9-18 帝亚吉欧的市销率与市盈率（2014—2018 年）

资料来源：标准普尔金融数据库

The Future of New Brand | 新品牌的未来

小结和启示

帝亚吉欧对水井坊的增持，显示出进一步拓展中国白酒市场的野心。原因不难判断，白酒行业将进入精品名酒的时代，水井坊曾经有过辉煌期，在经历了第一次行业调整后失去了行业龙头的地位，但是水井坊产品的品牌力仍然存续，帝亚吉欧最初看重的便是水井坊“瘦死的骆驼比马大”的积累。作为全球酒业龙头，帝亚吉欧觊觎中国白酒行业已久，当它敏锐地洞察到白酒市场即将迎来新一轮洗牌时，作为一家在全球都有着强大经销渠道的最大酒类企业，最直接有效的方式无疑是收购一家具有一定品牌知名度、有能力生产精品白酒且收购难度相对较低的企业，水井坊无疑是最佳目标。优质产品结合优质经销渠道，帝亚吉欧与水井坊有信心在这场洗牌中脱颖而出。在经历了过去几年的低迷，帝亚吉欧及时醒悟，调整策略，让懂得市场的人来掌管企业，而自身则是更多地从经销渠道与全球联动的角度来赋能水井坊。

The Future of New Brand

怪兽

赞助年轻人喜爱的冷门领域

怪兽公司（Monster Beverage Corporation）是一家美国饮料公司，生产能量饮料，旗下品牌包括魔爪（Monster Energy）、Relentless 以及 Burn。2017 年，可口可乐以 20 亿美元收购了怪兽约 17% 的股份，成为其第一大股东。怪兽公司近几年的主要财务指标情况如表 9-4 所示。

表 9-4 怪兽公司的主要财务指标（2014—2018 年）

指标	2014	2015	2016	2017	2018
营业收入（百万美元）	2 464.9	2 722.6	3 049.4	3 369.0	3 807.2
净利润（百万美元）	483.2	546.7	712.7	820.7	993.0
总资产（百万美元）	1 938.9	5 571.3	4 153.5	4 791.0	4 526.9
净资产（百万美元）	1 515.2	4 809.4	3 329.7	3 895.2	3 610.9
营业收入增速（%）	9.7	10.5	12.0	10.5	13.0
净利润增速（%）	42.7	13.2	30.4	15.2	21.0
毛利率（%）	54.4	60.0	63.7	63.5	60.3
净利润率（%）	11.3	18.0	16.2	16.5	10.5
收入 / 总资产（%）	127.1	48.9	73.4	70.3	84.1
总资产 / 净资产（%）	128.0	115.8	124.7	123.0	125.4
净资产收益率（%）	38.5	17.3	17.5	22.7	26.5
资产收益率（%）	28.0	16.2	15.0	17.2	17.6

资料来源：标准普尔金融数据库

品牌发展路径

怪兽的前身——汉森饮料公司成立于 1935 年。20 世纪 30 年代初期，休伯特 · 汉森（Hubert Hansen）与他的三个儿子开始以汉森的名义向南加州的电影制片厂和零售商销售果汁。在 20 世纪 70 年代，休伯特的孙子蒂姆 · 汉森（Tim Hansen）开发了苏打水产品。由于经营不当，该公司于 1988 年申请破产，并被加利福尼亚州 CoPackers 公司收购，更名为汉森公司（Hansen Natural Company）。1998 年，公司从加利福尼亚州的阿纳海姆搬到加利福尼亚州的科罗纳。2012 年 1 月 5 日，股东同意在新的股票代码 MNST 下，将公司名称从汉森公司更改为怪兽公司。实际上，公司于 1997 年就已经推出功能饮料，但是直到 2002 年，怪兽品牌才正式出现在公众的视野之中，直至今日成长为全美市场占有率第一的功能饮料，它一路的成长路程值得我们探究。

“停滞”的 5 年，与怪兽的面世

汉森公司当初决定于 1997 年推出功能饮料，但是怪兽品牌直到 2002 年才出现在公众的视野之中，这 5 年时间究竟发生了什么？答案很简单，汉森公司在 1997 年决定要从果汁公司转型为新型功能饮料公司之后，犯了一个错误——在公司的全新产品上保留传统，仍然决定将“汉森”作为能量饮料的品牌名称。这个错误即使是在营销学如此成熟的今天也频频发生，即在推出的全新品类产品上沿用既有品牌。

在推出功能饮料之前，汉森饮料的主要受众是女性和儿童。这使得汉森饮料在很长一段时间内完全消失在目标消费者（即年轻男性）的视野之中，非但无法与红牛抗衡，连站稳脚跟也成了问题。“汉森是一个为大家所信赖的好品牌，但是消费者在心目中始终认为那是属于妇女和孩子们的品牌。能量饮料的核心客群必定是 18 ～ 30 岁的男性，因此我们需要一个全新的品牌，它代表着勇气、前卫和酷炫。”公司 CEO 罗德尼 · 萨克斯（Rodney Sacks）后来终于意识到了问题所在。汉森公司开始聚焦目标客户群体，在 2002 年推出了全新的能量饮料品牌——怪兽。

魔爪 Logo 彰显不同于红牛的产品定位与产品气质

2002 年，一个极富侵略性的名字，加上黑色罐身上一个巨大的“M”形怪物爪标志（见图 9-19），让追逐新鲜感与酷炫体验的年轻人一下就记住了这个品牌，怪兽饮料随之一炮打响。在初期，怪兽公司就明白自己的定位——依托于酷炫的形象，迅速抢占红牛未曾覆盖的市场，尽管当时这部分市场只有 10%。在外人看来，这意味着在相当长的时间内，占据这 10% 成为行业次席是怪兽的合理目标，但是 CEO 萨克斯有自己的看法：成功的第二名品牌，也同样可以影响整个市场，甚至可以轻易获得更高的增长率。因此，怪兽勇敢地站到了红牛的对立面，用怪兽饮料独特的产品气质与迥异于红牛的产品定位，为消费者提供和红牛完全不同的消费体验。

图 9-19 怪兽品牌标志

资料来源：怪兽公司官网

与红牛双足鼎立，与可口可乐战略合作并进入中国

2014 年与 2015 年是怪兽公司的一个重要时间节点。2014 年，怪兽公司的美国市场份额达到 39%，仅次于红牛的 43%。2015 年，怪兽公司在美国市场中的份额已经达到 52.8%，一举超过了红牛。在这一场与红牛长达十几年的拉锯战中，怪兽公司首次占据了上风，这一切都依托于可口可乐作价高达 20 亿元的战略性收

购。在2014年的这场合作中，双方都尝到了巨大的甜头：可口可乐一举攻入功能性饮料市场，怪兽公司凭借可口可乐的营销渠道一举完成了超越红牛的最后一步。两家公司都依靠强大的品牌力与营销能力成长至今。气质相近的公司往往更容易走到一起，怪兽公司与可口可乐正是最好的例子。

在完成了美国市场的攻坚战之后，怪兽公司把眼光放到了遥远的东方。当时的中国区能量饮料呈现出多品牌、多价格混战的格局。具体来看，在包装选择及价格定位上有几个趋势：①运动型饮料如脉动，以瓶装为主，而能量型饮料则多选择罐装；②价格区间覆盖已经非常完整，低价、中间价位、高价均有相应产品，整体而言，由于成本以及产品定位等因素，罐装饮料价格更高；③以红牛为代表的能量饮料定价6～7元非常普遍。除了红牛外，还有东鹏特饮、启力、日加满、乐虎、黑卡6小时等各式中国品牌在市场中混战。

2015年，红牛在中国功能饮料市场占有率高达75%，怪兽公司试图复制在美国的路径，与红牛在远东市场继续厮杀。不过，在华经营两年间，怪兽公司却一直表现平平。从2016年起，怪兽公司在可口可乐的帮助下在中国市场铺货2年。但在其2019年1月发布的公告中提到，据尼尔森零售审计数据，怪兽公司在中国5个城市的价值份额为4.1%，自2017年6月起重点针对40个城市的目标客户全国分销。与此形成鲜明对比的是，市场上80%的市场份额仍由红牛牢牢掌控。怪兽公司成功的营销帮助其快速成长，但在中国市场的“滑铁卢”也值得我们探究。

另辟蹊径的赞助策略，从极限运动到电竞赛事

在此之前，首先我们需要明确一个关于能量饮料的事实：标榜在短时间内能提升人体机能的能量饮料是一种拥有品类溢价权的产品。这是怪兽公司得以保持高净利润率的关键，在此基础上，更有利的营销会带来更大的收益，既能掌握更多的市场份额，又能发挥品类可溢价的特点，定出更高的价格，只要目标客户群愿意为此买单，公司毛利率和净利润率表现将会稳定提升。

再回到营销，怪兽公司采用了与红牛完全不同的消费人群定位：避免大众传播

的高成本，只选择赞助超酷的活动，比如摩托车比赛、跳伞和摇滚音乐会，从小众文化切入，同时还培养了一群高忠诚度的粉丝。

低成本赞助极限运动赛事

作为红牛的后来者，怪兽公司在极限运动中完全不落下风，无论是自行车越野、摩托车锦标赛和拉力赛，还是滑板、滑雪和冲浪，怪兽赞助的赛事几乎覆盖了极限运动的全部领域。此外，还通过赞助极限赛事运动员来推广产品。他们曾经以每月 600 美元的超低价签下极限摩托越野界的教父级人物迈克·梅茨格（Mike Metzger），也曾经邀请了极限摩托越野界的"迈克尔·乔丹"里基·卡迈克尔（Ricky Carmichael）与著名汽车漂移大师肯·布洛克（Ken Block）担任形象代言人。近年来，怪兽在赛事赞助方面最为人所知的动作，是在 2017 年成为 NASCAR 的冠名赞助商。

进军年轻人的电竞领域

怪兽在电竞产业的布局与小众极限运动完全相同，低成本赞助全球各大电竞赛事：刀塔 2（DOTA2）、反恐精英全球行动（CSGO）以及英雄联盟（LOL）等比赛。怪兽敏锐地发现了全新的可以获取年轻用户的风口，尽管红牛也试图在电竞领域建立影响力，但是作为电竞赞助的后发企业，红牛并没有"放下身段"真正走入玩家的心中。

财务分析

自 2014 年以来，怪兽公司收入连年上升，近几年收入增速也十分稳定，基本保持在 9.7% ～ 13.0%（见图 9-20）。

从渠道收入占比来看，怪兽公司近两年海外营收迅速增长，收入占比从 2016 年的 25% 上升至 2018 年的 31%（见图 9-21）。

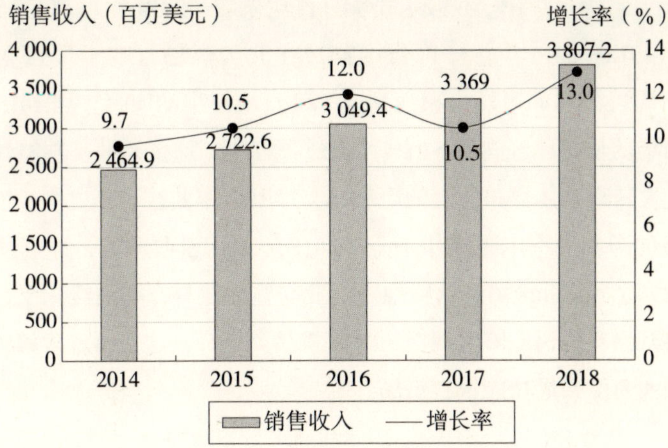

图 9-20　怪兽公司的销售收入及增速（2014—2018 年）

资料来源：标准普尔金融数据库

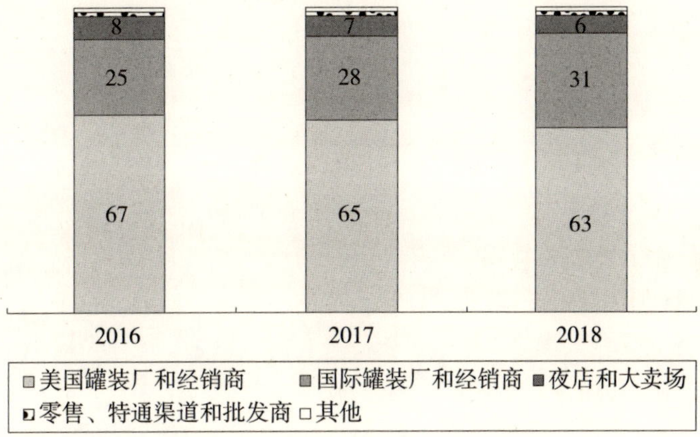

图 9-21　怪兽公司分渠道收入占比（单位：%）

资料来源：怪兽公司年报

竞争对手分析

处于与可口可乐深度合作期的怪兽公司，与百事集团的数据对比也有许多可取之处。这主要得益于怪兽公司专注于功能饮料，具有强大的营销能力，各项数据都有亮眼表现。从毛利率与净利润率的表现来看，2014 年可谓是怪兽公司的一个转折点，2014—2015 年，怪兽公司首次在北美市场打败了最强竞争对手红牛。2014 年，怪兽公司的市场份额达到 39%，直逼红牛的 43%。到 2015 年，怪兽公司在美国市场的份额已经达到 52.8%，超过了红牛。这也是北美功能饮料市场近几年的一个重大转折点，怪兽公司的毛利率与净利润率曲线也随之大幅度上扬。相比之下，百事的净利润率水平连年下降（2018 年由于税收政策，净利润率大幅攀升），如图 9-22 所示。可见功能饮料细分行业与整体饮料行业曲线相反，甚至可以说，功能饮料是少有的仍能够实现增长的饮料品类之一，这也不难理解为何可口可乐与百事都加大力度布局功能饮料市场。

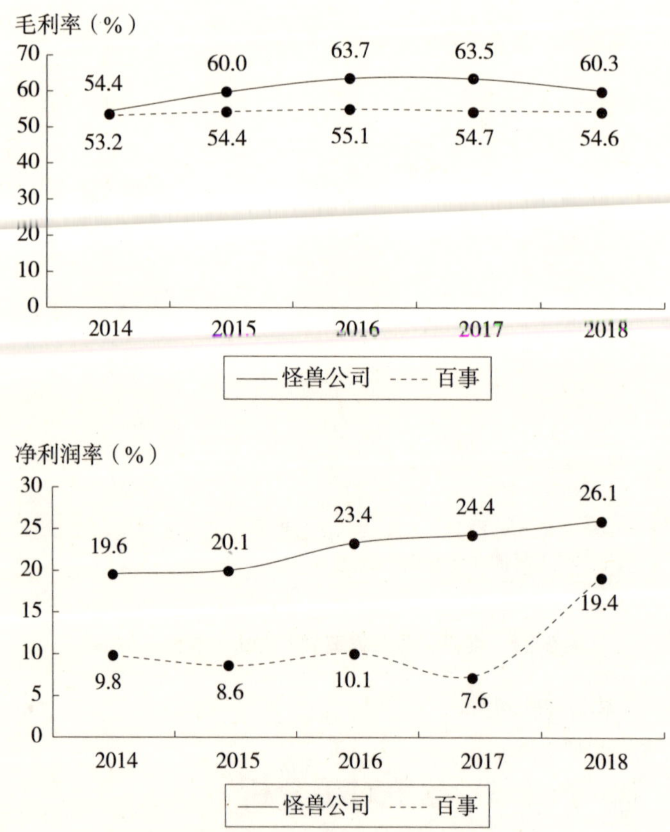

图 9-22 怪兽公司与百事的毛利率和净利润率对比（2014—2018 年）

资料来源：标准普尔金融数据库

百事作为位居世界前列的饮料食品巨头，销售和管理费用率与 EBITDA 利润率始终保持稳定。相较之下，怪兽公司作为一家近几年发力的新兴企业，成本控制始终做得不错，作为一家营销主导的企业，稳定提升的销售和管理费用率完全可以接受。自 2014 年可口可乐持有公司 16.7% 的股权以来，怪兽公司的 EBITDA 利润率有较为明显的提升，从 2014 年的 31.6% 提升到 2018 年的 35.9%。具体数据如图 9-23 所示。

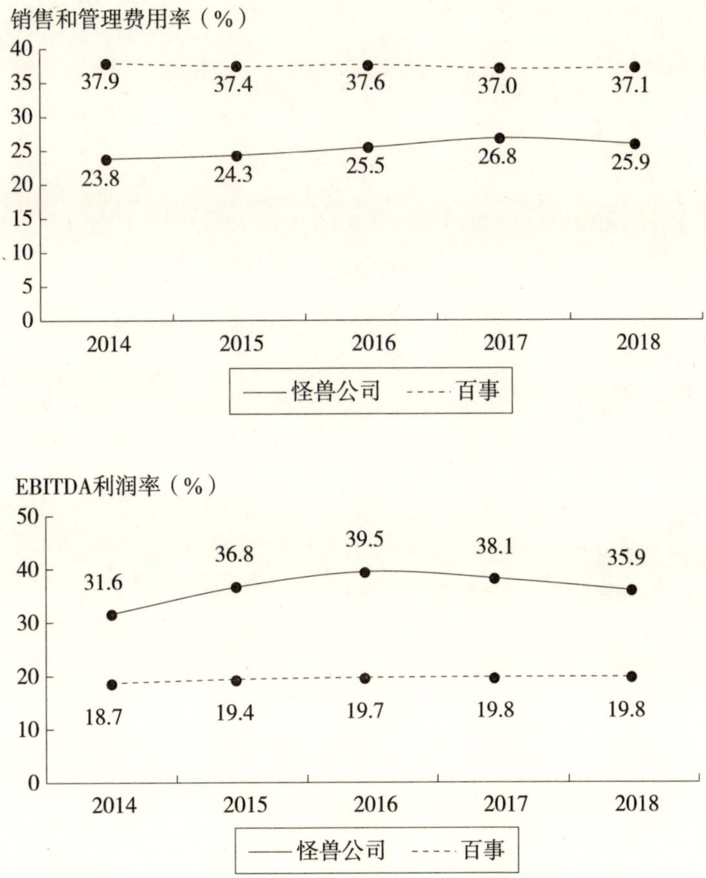

图 9-23　怪兽公司与百事的销售和管理费用率及 EBITDA 利润率对比（2014—2018 年）

资料来源：标准普尔金融数据库

在资产收益率上，怪兽公司较轻的模式为其资产收益率数据带来了亮眼的表现，与可口可乐“牵手”之后，尽管有所下降，但仍优于百事（见图 9-24）。公司的净资产收益率从 2014 年的 31.3% 跌至 2015 年的 17.3% 后，慢慢地爬升至 2018 年的 26.5%。

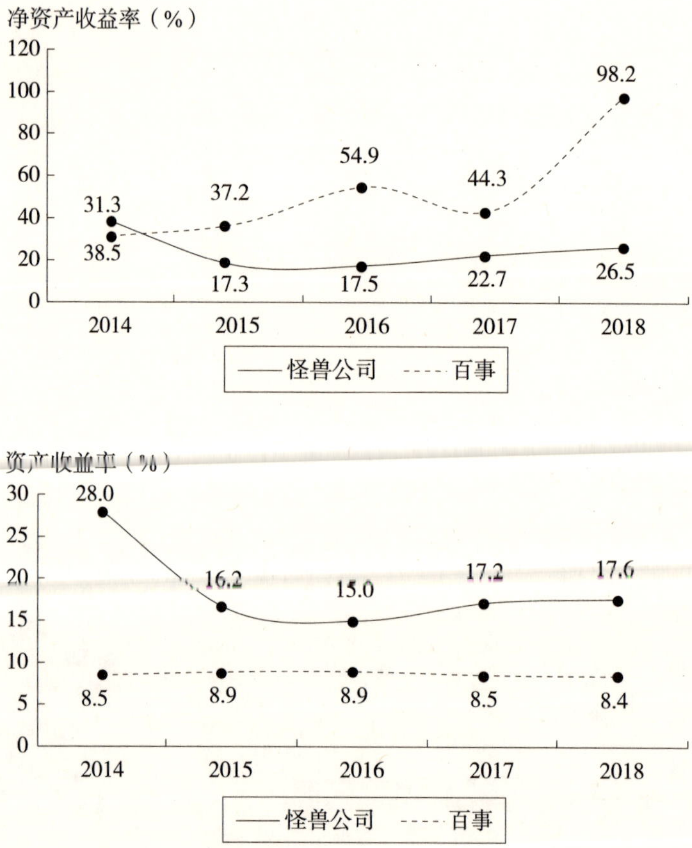

图 9-24　怪兽公司与百事的净资产收益率和资产收益率对比（2014—2018 年）

资料来源：标准普尔金融数据库

从存货周转天数和应付账款周转天数来看，怪兽公司显然落后于百事（见图 9-25）。

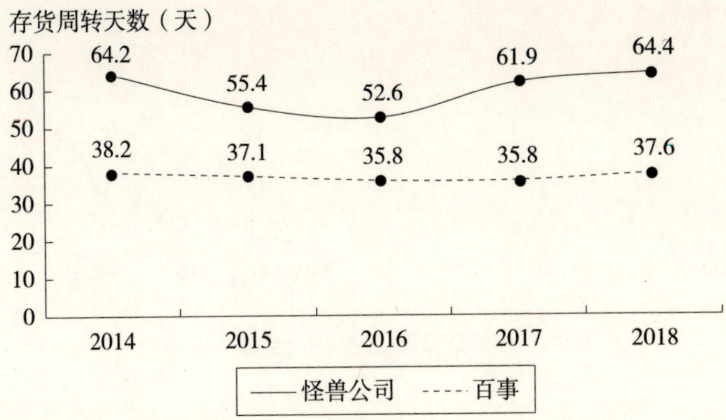

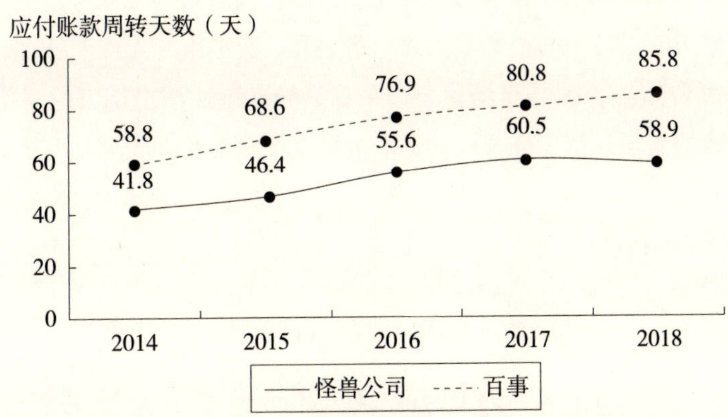

图 9-25 怪兽公司与百事的存货周转天数和应付账款周转天数对比（2014—2018 年）

资料来源：标准普尔金融数据库

股价与估值

2014 年以来，怪兽公司的股价一路飙升，于 2018 年年初达到了 68.91 美元。但是自从可口可乐宣布要自己做功能饮料的消息一经披露，双方的合作就蒙上了阴影，怪兽公司的股价表现也一路下跌，股价短短一年下跌近三成（见图 9-26）。

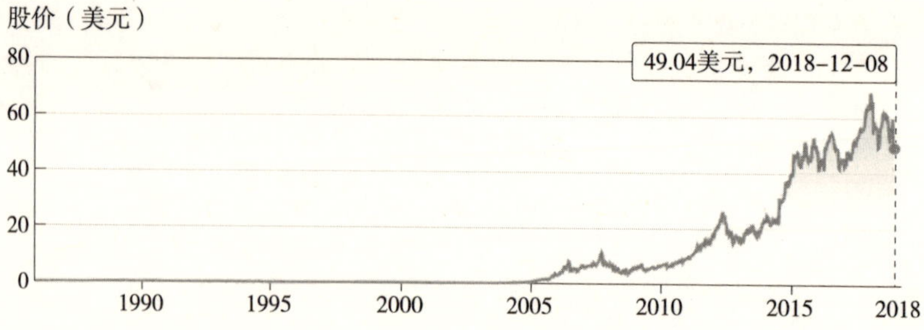

图 9-26 怪兽公司股价走势（1990—2018 年）

资料来源：谷歌财经

市盈率与市销率更是怪兽公司近几年走势的直接表现（见图 9-27）。从 2014 年开始，怪兽公司的市盈率与市销率倍数一路上升，资本市场无疑十分看好怪兽与可口可乐的深度合作。2018 年是怪兽公司来到巅峰后迅速下滑调整的一年，市盈率与市销率倍数的表现显然十分合理，资本市场也在观望双方的下一步动作。

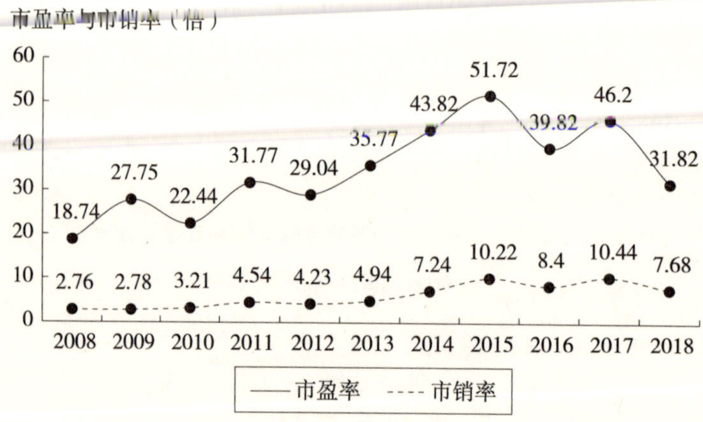

图 9-27 怪兽公司的市盈率与市销率（2008—2018 年）

资料来源：标准普尔金融数据库

The Future of New Brand | 新品牌的未来

小结和启示

品牌更聚焦。相对于当时其他品牌来说，怪兽品牌更加聚焦。品牌定位核心用户群体为 18 ~ 30 岁男性。品牌语言是“勇气、前卫和炫酷”，而且产品更加符号化、更醒目、更好记。

从小众群体切入。确定了核心用户群体之后，早期为了避免和行业龙头红牛正面冲突，怪兽公司冠名和赞助一些当时红牛还没有覆盖的赛事，例如极限运动和电竞比赛，在品牌和消费者之间更快地形成情感连接，留下品牌印象。

借助可口可乐拓宽渠道。怪兽公司和可口可乐的合作可谓双赢，可口可乐依托于怪兽公司一举攻入功能性饮料市场，怪兽公司则依托于可口可乐强大的销售网络进入更多的终端。

The Future of New Brand

养乐多

单一产品行走天下

养乐多（Yakult）是日本知名的活性乳酸菌饮料品牌。品牌于 1935 年由代田博士创立，至今已经走过了 88 个年头。现如今，养乐多工厂遍布世界 30 多个国家和地区。据养乐多公司 2018 年财报显示，营业收入高达 378.1 亿日元，较上一财年的 339.3 亿日元增长了 11.4%。目前，养乐多全球日均销售 4 000 万余瓶，其中日本本土日均销售为 954.3 万瓶。养乐多近几年的主要财务指标如表 9-5 所示。

表 9-5 养乐多的主要财务指标（2013—2018 年）

指标	2013	2014	2015	2016	2017	2018
营业收入（百万美元）	3 388.6	3 402.8	3 066.8	3 474.7	3 392.9	3 781.1
净利润（百万美元）	173.9	219.0	208.8	256.7	270.4	320.7
总资产（百万美元）	4 651.8	5 046.8	4 828.3	5 140.0	5 253.3	5 943.6
净资产（百万美元）	3 047.9	2 992.1	3 018.7	3 252.6	3 380.1	3 640.8
营业收入增速（%）	2.1	9.8	5.0	6.1	3.1	6.1
净利润增速（%）	7.8	25.9	4.6	22.9	5.4	18.6
毛利率（%）	53.8	55.4	55.2	56.0	56.7	57.3
净利润率（%）	5.1	6.4	6.8	7.4	8.0	8.5
收入 / 总资产（%）	73.0	67.0	64.0	55.0	62.0	63.0
总资产 / 净资产（%）	152.6	168.7	159.9	158.0	155.4	163.2
净资产收益率（%）	7.2	9.1	9.1	9.5	9.4	10.1
资产收益率（%）	3.5	4.2	4.0	4.3	4.0	4.5

资料来源：标准普尔金融数据库

品牌发展路径

创立之初的三大核心理念

养乐多创始人代田博士在创立养乐多之初便提出了三个想法，后来这三个想法成为公司经营的三大核心理念。第一个理念是产品的“疾病预防性”功能：公司强调健康的肠道会使得人们获得更长的寿命，而具备肠胃调整功能的养乐多无疑是一种既美味又健康的好产品。第二个理念是“任何人都能买得起的价格”，公司把这一定价策略称为 Shirota-ism，并且把合理定价视作公司的销售之本。此外，养乐多希望可以通过在当地建厂来迅速向目标客户提供优质的产品，这种策略是源于代田博士强调的“诚意”哲学和“人与人之间的和谐”。可见，成立之初的养乐多就已经明白要向消费者灌输预防医学的理念，抓住了产品专业化功能并细化了有益于肠胃的功能去吸引消费者。同时，养乐多本地化运作，以及整体充满诚意与和谐的公司文化能打动更多的日本本土消费者。

稳扎稳打 30 年

养乐多是一家非常典型的日本企业：行事低调，产品品质优秀，并深耕日本。自问世以来，养乐多对日本本土表现出相当高的重视。养乐多于 1940 年在日本各地设立了“代田保护菌普及会”。该协会自建立以来始终教育消费者，从根本上让消费者对产品产生认同。这在当时无疑是一种非常超前的想法，这一行为使得养乐多在日本迅速积累起忠实的客户群。随后，养乐多意识到在教育消费者的同时，自身产品的技术研发才是真正的核心壁垒。因此，公司于 20 世纪 50 年代建立了养乐多京都研究所，开始深入研究适合人类的肠道菌种。经过几十年的发展，养乐多建立了无法被他人撼动的菌种培养体系。从 1935—1964 年，养乐多没有走出国门一步，其中固然有第二次世界大战的负面影响，不过公司依然坚持深耕本土的初心。

稳步扩张海外

1962 年，日本关东养乐多株式会社与中国台湾合作筹划国际酵母乳业股份有限公司，于中国台湾市场首次开始售卖养乐多产品。中国台湾是养乐多第一个对外，也是第一个对亚洲发展的地区。1964 年，第一家日本以外的分公司，台湾养乐多股份有限公司正式在中国台湾成立，公司只生产及销售 100 毫升的玻璃瓶装养乐多。1968 年，位于南美洲的巴西开始销售养乐多，并改用全新塑胶瓶装生产。1969 年，养乐多在中国香港成立第三家海外分公司——香港益力多乳品有限公司。随后在亚洲多个国家和地区相继贩售养乐多，如韩国（1971 年）、泰国（1971 年）、菲律宾（1978 年）、新加坡及文莱（1978 年）、印度尼西亚（1980 年）、马来西亚（2004 年）以及中国的广州（2001 年）、上海（2004 年）、北京（2006 年），然后是中国更广泛的城市地区，以及印度（2005 年）及越南（2006 年）。值得注意的是，从 1962 年开始整整 44 年，养乐多没有真正走出亚洲，除巴西市场以外，公司一步一个脚印地慢慢在亚洲打开局面。目前在亚洲，养乐多日销约 2 600 万瓶，除日本外，印度尼西亚日销约 580 万瓶，中国（包括台湾、香港）日销约 750 万瓶。

起初的养乐多采取玻璃瓶包装。直到 20 世纪 70 年代起，为了保证产品的卫生安全以及配合现代化的生产流程，开始使用并生产我们熟悉的聚苯乙烯塑料瓶装的养乐多产品并沿用至今。

养乐多的最后一千米解决方案：“养乐多妈妈”模式

“养乐多妈妈”模式是养乐多在日本首创的家庭配送服务模式。这些社区销售员都是和蔼可亲的家庭主妇，配送范围是以她们住址为圆心的一千米圆圈。这类人士身兼物流人员和社区业务两种特色。她们全部的职责有定时送货上门、介绍产品功能、进行消费者教育并维持消费者关系。在日本本土，“养乐多妈妈”成为养乐多销售体系中除了商超等传统渠道以外的核心渠道。以日本为例，2018 财年“养乐多妈妈”的销售收入占据日本地区总销售收入的 51.4%，而商超渠道的占比则是 48.6%。为了保证每一位“养乐多妈妈”的收入，公司规定同一区域内只能拥有一名“养乐多妈妈”。每个月除了保底的薪资外，养乐多还将 50% 左右的利润奖励给“养乐多妈妈”。

在海外市场，也有“养乐多妈妈”这种社区独有渠道。目前在墨西哥、印度尼西亚等地，养乐多的社区销售也达到了45%左右的总销售收入占比。据公司内部调研反馈，东南亚地区“养乐多妈妈”的收入与白领相当，甚至一些优秀的“养乐多妈妈”的收入会高于正常白领。在保证社区销售员收入的情况下，这些中年妇女也会对公司相当忠诚，提供她们所能提供的最好服务，尽其所能地传达给消费者养乐多的好处，帮助公司提高营销收益。在送货方面，这些社区销售人员都会风雨无阻地定时送货上门，对公司的忠诚度以及对这份工作的热爱可谓是相当之高。

这种基于地理位置并且以人为连接点的配送方式极具前瞻性，令人想到如今在中国非常火热的社区生鲜团购。首先，双方都是基于地理位置的服务，无论是社区团购的“团长”还是“养乐多妈妈”，都可以做到覆盖一千米范围的配送。其次，两者都与消费者拥有高紧密度的连接：通过多种社交方式留住消费者，提升黏性。然而，相比竞争白热化的社区团购，养乐多已经拥有消费者的高忠诚度，产品认同度非常之高。在此基础上，再通过“养乐多妈妈”社区化模式，牢牢锁住自己的消费者。来自社会基层的“养乐多妈妈”与专业的社区团购团长相比，更熟悉与消费者的交流方式，特别是养乐多产品不同于更为广义的生鲜，对于健康理念的推广是产品营销的核心。妈妈们的言传身教可以让其他消费者更为信任，产生更多认同感。从公司的数据来看，一个普通人每天只能完成70瓶任务，但和蔼可亲的“养乐多妈妈”却能挖掘150多家订户。

养乐多真正的成功法宝：把单一产品做到极致

创始以来的80多年，养乐多坚持在海外主推同一种产品：即100毫升装的经典养乐多饮料。在本土，养乐多推出过其他口味的饮料、冰激凌、薯片，甚至护手霜，但是在全球消费者心目中，养乐多的唯一代表产品就是100毫升装的经典产品。这些产品会根据不同地区消费者的倾向做一定调整，如糖分、配方等，不过100毫升的包装及产品样式已经深深地进入了全球消费者的内心。从产品定位来说，养乐多对自己的100毫升瓶装饮料定位相当清晰：有益于肠胃健康的益生菌饮料，消费者不仅可以得到口味上的满足，还有益于身体健康，可谓是一举两得。在单品营销方面，由于养乐多只销售单品类产品，对于商家来说无疑减少了摆货压力。同时，养乐多极具品牌特征的红色包装瓶能让产品显得极为突出。相比其他乳酸菌类产品，养乐多也有非常独特的口味。可以说从产品端，养乐多成功地将自身产品与竞品区分开。消费者可以一眼认出养乐多的产品。

2002 年，养乐多在中国台湾和中国香港扎根 50 年后转战中国大陆。当时并不算一个较好的时机，因为那时中国乳业普遍奉行的主旨就是多渠道发力以及海量产品线抢占市场的策略，例如：伊利的产品拥有常温液态奶、酸奶、冷冻食品、乳饮料等 100 多种品类，数千种规格；蒙牛和光明同样如此。养乐多进入市场后，全力单推 100 毫升红色瓶子的低温乳酸菌饮料。2002 年在广州开启销售后，养乐多在上海及北京也设立了销售点，随后迅速把版图扩张到沿海地区。进入中国 10 年后，养乐多开始攻占内陆区域，包括武汉、西安和长沙等内陆大城市。截至 2018 年 12 月，养乐多在中国每天通过送货上门和零售商超渠道可以卖出 740 多万瓶养乐多，10 年复合平均增长率高达 24.9%（见图 9-28）。

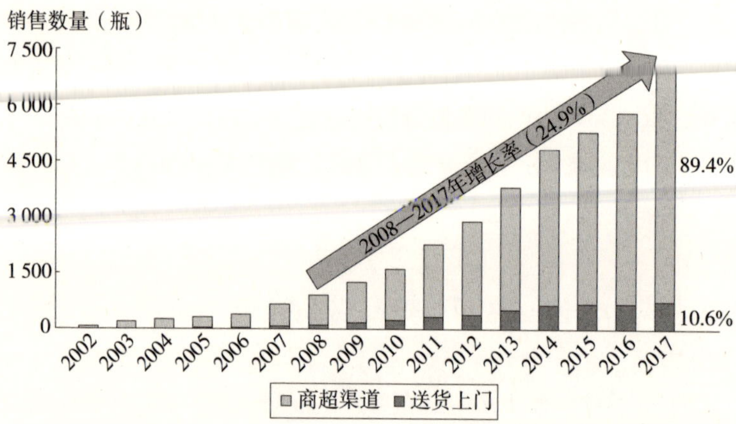

图 9-28　养乐多在中国平均每天出售的数量（瓶 / 天）及各渠道占比（2002—2017 年）

资料来源：养乐多公司年报

在日本本土，养乐多没有雪印强大的技术能力；在韩国，养乐多也没有南阳乳业强大的产品组合能力；在中国台湾，养乐多投入的资本也没有味全雄厚；在中国大陆，伊利及蒙牛在乳酸菌领域也早已起步。尽管养乐多是一家拥有多年历史的老品牌，甚至可以说是乳酸菌品类的先行者，但是在进入其他地区时，也只能从零开始。在这样不利的扩张条件下，养乐多还是成功了，各地区的销售都有相当可观的增长。这种成功与其 80 多年来始终坚定秉持企业文化并复制单品策略密不可分。

乳酸菌行业分析

乳酸菌类产品分类相当多，分化相当细，例如酸奶、益生菌类饮品以及养乐多所属的活性菌类产品。据研究显示，2018 年日本乳酸菌类饮品在整个饮品市场只有 2% 的市场份额（见图 9-29）。该类产品相较其他饮品来说比较特殊。该品类产品销售的卖点是功效，例如治疗感冒、调节体重、预防疾病等。在销售方面，该品类产品往往通过主动销售或依附常用食品销售来进行市场教育，不像碳酸饮料、咖啡、矿泉水等其他品类的饮品，消费者会主动去购买，不需要过多的市场教育。在饮品市场占比低可以说是乳酸菌品类的品类特征。近年来，据研究显示，由于全球人口的快速增长以及人们对健康的重视度提高，整个乳酸菌类饮品的复合增长率预计为 8%。2030 年左右，行业可预见的全球消费者市场人口为 15 亿人，相比 2000 年的 5 000 万消费人口，可谓是爆发式增长。

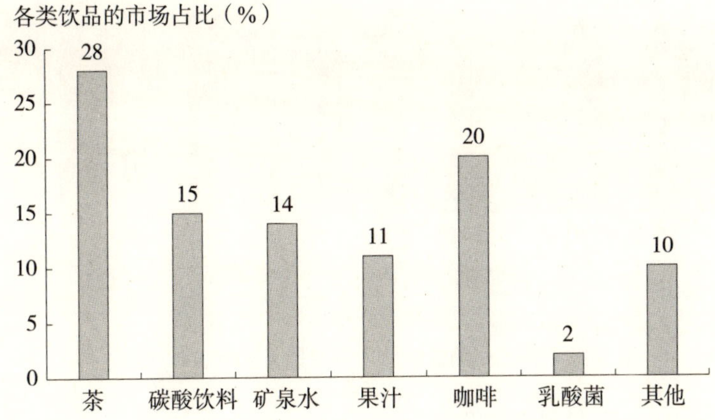

图 9-29　2018 年日本饮品类市场份额分布

资料来源：弘章资本研究

在目前情况下，养乐多可以做到在日本日销约 950 万瓶的成绩是非常优秀的。目前，日本乳酸菌类产品日销约为 3 750 万瓶，也就是说卖出的每 4 瓶乳酸菌类饮品中就有 1 瓶养乐多，足以显示养乐多在日本饮品类行业的地位。

财务分析

2018 财年养乐多收入 37.81 亿美元，较上一年提升 6.1%（见图 9-30）。日本本土与亚洲其他区域的增长是驱动公司收入增长的主要动力。相比 2017 财年，日本本土的收入提升了 3.2%，亚洲以及大洋洲地区收入提升了 5.2%。养乐多在除日本、印度尼西亚外的市场，主要营销手段是店内销售。由于各个地区对社区团购的法律政策不同，在日本风靡的“养乐多妈妈”模式不一定适用于其他地区。不过由于养乐多杰出的产品设计以及企业理念，目前销售收入有着逐步上涨的良好趋势。

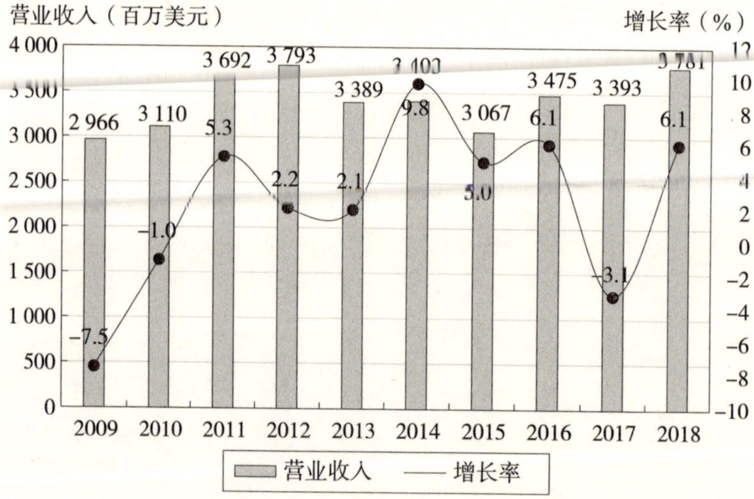

图 9-30　养乐多的营业收入及增速（2009—2018 年）

资料来源：标准普尔金融数据库

从收入分布来看，日本及亚洲市场占据完全主导地位，是养乐多全球最大的市场，目前日本市场 53% 的销售占比（见图 9-31）体现了公司“贯彻本土”的核心思想。据公司年报显示，未来养乐多在日本本土的侧重不会降低，而且将在日本本土研发更多新产品。同时，亚洲其他地区由于离日本较近，消费者习惯相近，也是主要营业区域。目前，中国、印度尼西亚等市场均有 4.5% 左右的营收增幅。

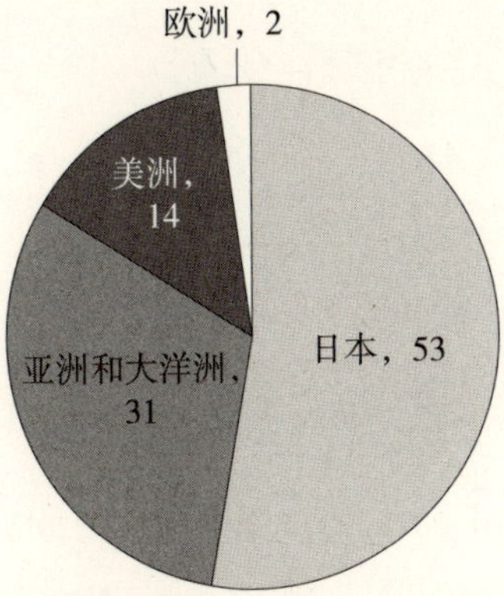

图 9-31 养乐多区域销售占比（单位：%）

资料来源：养乐多公司年报

竞争对手分析

2017 财年养乐多净利润 2.7 亿美元，净利润率为 8%，毛利率为 56.7%。过去 10 年中，在毛利率保持稳定的情况下，净利润率稳中有升，主要得益于养乐多逐渐完善的研发体系。相较于 2016 财年，2017 财年的研发费用降低了约 30 亿日元。研发费用降低并非因为养乐多停止研发新产品，而是近年来公司决定停止一些边缘课题的研究，并转向生命科学的课题研究，以更好地为消费者的身体健康做出贡献。相比之下，产品线更多的中国台湾饮品巨头味全的表现就不是很尽如人意。味全的毛利率逐年下降，市场份额被抢占的迹象十分明显，2014—2016 财年连续 3 年产生亏损，直到 2017 财年才有所扭转。

养乐多的销售费用始终较为稳定，得益于“养乐多妈妈”体系以及单一产品的策略。在薪酬方面的支出则比较高，遍布全球的近 10 万名员工为养乐多带来大量收入的同时，也产生了海量的薪资支出。据 2019 年财报显示，目前工资和津贴常年占营业收入的 10% 左右。相比之下，味全的费用支出占比就低了很多，但是考虑到其连年经营不利的情况，缩减支出在情理之中。在 EBITDA 利润率方面，持续增长的收入与净利润是两家公司 EBITDA 利润率得以持续提升的保证。具体数据如图 9-32 所示。

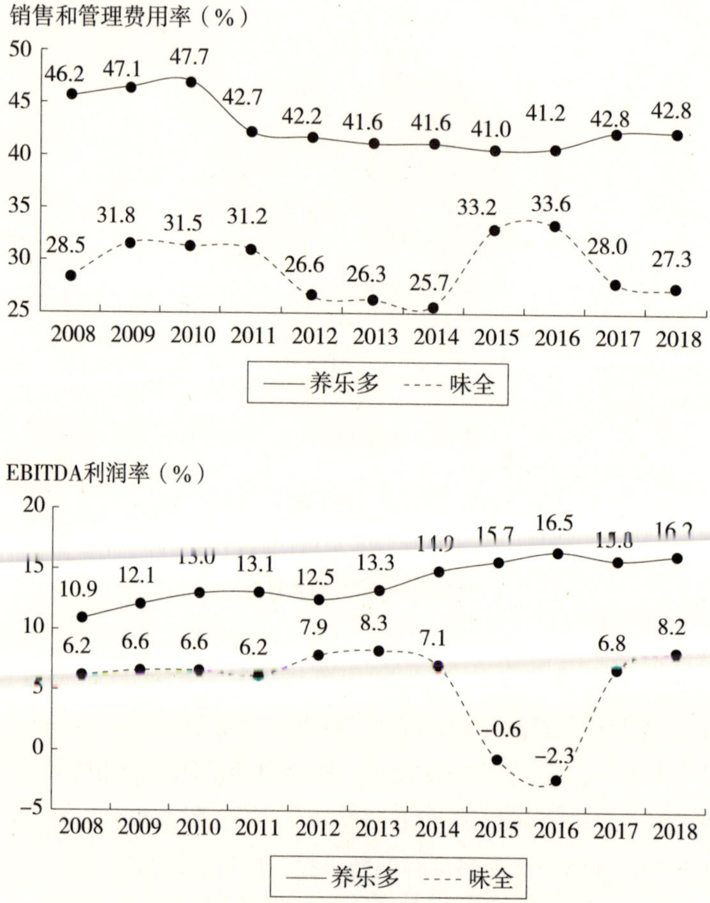

图 9-32 养乐多与味全的销售和管理费用率

及 EBITDA 利润率对比（2008—2018 年）

资料来源：标准普尔金融数据库

在全世界拥有大量工厂的养乐多的资产模式较重，相比味全，资产收益率能够保持正数已经不易。在净资产收益率方面，养乐多也始终保持稳中有升。具体数据如图 9-33 所示。

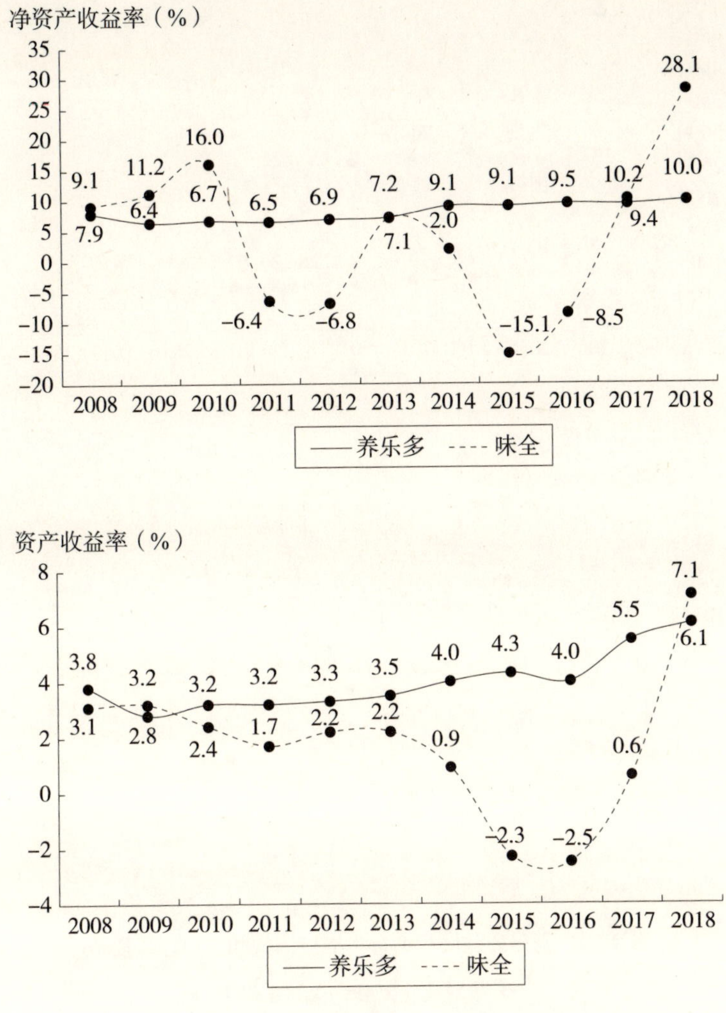

图 9-33　养乐多与味全的净资产收益率和资产收益率的对比（2008—2018 年）

资料来源：标准普尔金融数据库

在存货周转方面，养乐多的表现十分稳定，近 10 年来持续下降，相比之下，味全在存货管理方面就比较糟糕。再看应付账款天数，长期与上下游的稳定关系使得养乐多的应付账款天数一如既往的稳定。而在中国台湾，一家独大的味全显然也可以拿到更为短程的账期。具体数据如图 9-34 所示。

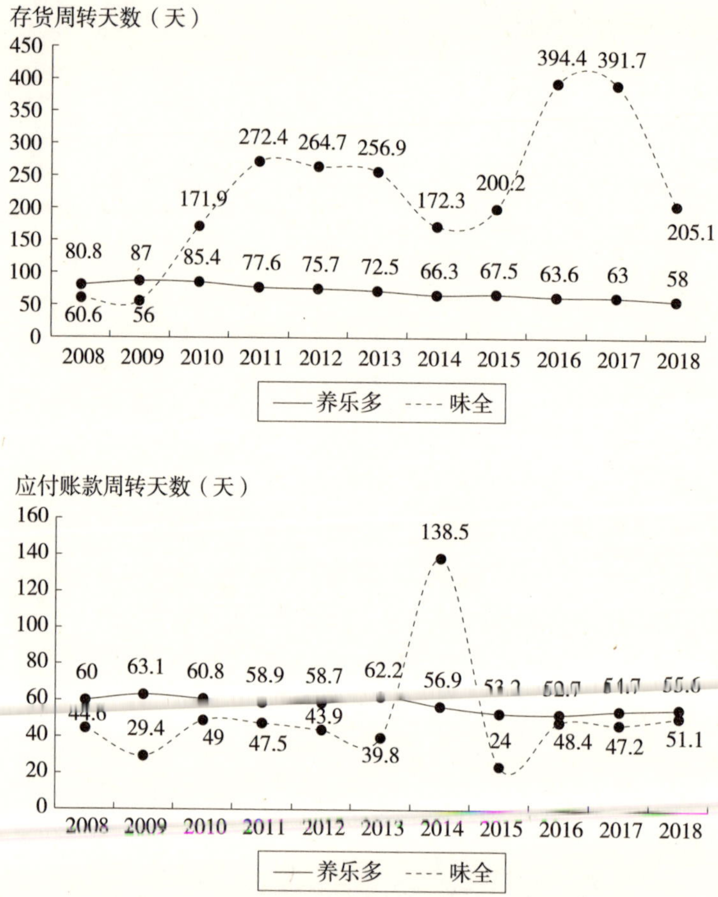

图 9-34　养乐多与味全的存货周转天数和应付账款周转天数对比（2008—2018 年）

资料来源：标准普尔金融数据库

股价与估值

养乐多的股价在 2017 年达到近几年的低谷，主要受到一些产品究竟健康与否的质疑，以及含糖量是否超标的新闻的影响。2018 年，养乐多及时调整策略，持续推出含糖量更低的产品以及加大对人体健康研究的投入，使得公司的股价迅速回暖（见图 9-35）。

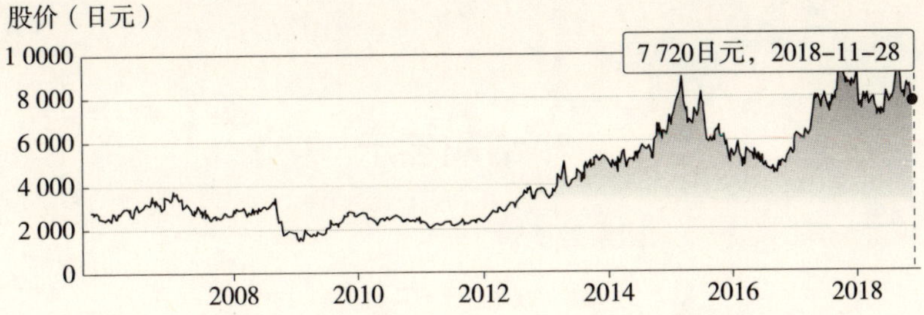

图 9-35　养乐多股价走势（2008—2018 年）

资料来源：谷歌财经

二级市场对于养乐多这类坚持单一品类且拥有优质研发能力的传统企业十分看好，市盈率始终维持在一个不错的水平，2018 年年末的市盈率为 31.82 倍。市销率也保持稳中有升，从 2008 年的 0.97 倍达到如今的 3.07 倍（见图 9-36）。相比养乐多，味全的市盈率近年来跌至 7 倍左右，市销率一直保持在 0.5 ～ 0.7 倍。二级市场非常不看好味全近年来的经营情况以及财务指数。

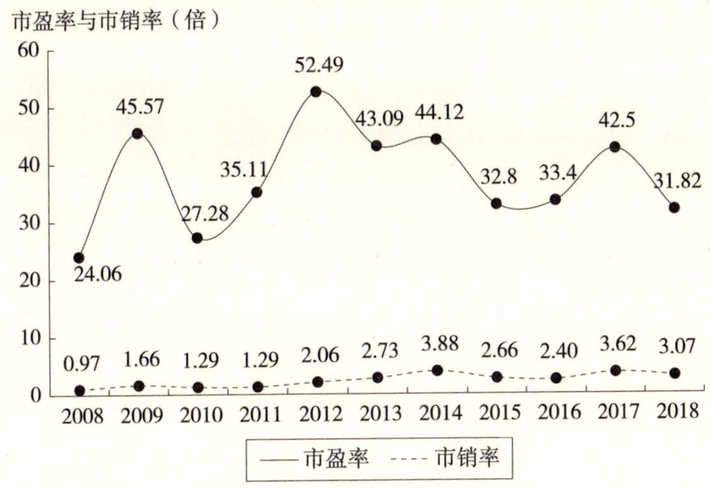

图 9-36　养乐多的市盈率与市销率（2008—2018 年）

资料来源：标准普尔金融数据库

The Future of New Brand | 新品牌的未来

小结和启示

养乐多长期的增长驱动因素如下。

第一，产品端：品类开创者，单品打天下，规模效应强。功能性定位，生命周期长，已成为品类代名词，享受高溢价。

第二，渠道端：海外市场以零售渠道和“养乐多妈妈”渠道为主，剔除中间商赚差价，提升利润水平。海外市场空间大，渗透率提升结合系统性提价，双轮驱动带动集团整体收入增长。

第三，创新的“养乐多妈妈”模式：“养乐多妈妈”相当于外卖和直销的结合，负责送货上门，介绍产品功能、完成消费者教育，以及维护客情关系，相当于 S2B2C 模式中的小 B，是集团重要的销售渠道。但“养乐多妈妈”模式在中国的收入贡献占比仅 10%，而在海外市场平均占比为 50% 左右，原因是中国消费者对上门推销较为抗拒，同时中国发达的外卖产业也起到了一定的替代作用。

The Future of New Brand

可口可乐

下注全饮料品牌的超级品牌

可口可乐公司成立于 1886 年，总部位于美国佐治亚州的亚特兰大，是一家跨国无酒精饮料生产商、销售商，也是世界第一个可乐品牌，其最著名的产品可口可乐的配方和名字由合伙人与阿萨·坎德勒（Asa Candler）于 1892 年发明。目前，可口可乐在全球 200 多个地区设有分部，员工数量超过 6 万人；可口可乐旗下拥有 20 多个年销售超 10 亿美元的品牌，包括雪碧、芬达等，位列世界 500 强企业。全球每天有 17 亿人次的消费者在畅饮可口可乐公司的产品，大约每秒钟售出超过 1.8 万瓶饮料。因此，可口可乐被誉为人类六大饮料之一，与啤酒、葡萄酒、烈酒、咖啡与茶共同对 20 世纪的人类社会发展有着阶段性的贡献及历史的见证，可见全球对可口可乐的着迷程度之高。在 2017 年全球品牌价值榜单中，可口可乐品牌价值近 700 亿美元，名列全球品牌之首。可口可乐近几年的主要财务指标情况如表 9-6 所示。

表 9-6 可口可乐的主要财务指标（2014—2018 年）

指标	2014	2015	2016	2017	2018
营业收入（百万美元）	45 998.0	44 294.0	41 863.0	35 410.0	31 856.0
净利润（百万美元）	7 098.0	7 351.0	6 527.0	1 248.0	6 434.0
总资产（百万美元）	92 023.0	89 996.0	87 270.0	87 896.0	83 216.0
净资产（百万美元）	30 320.0	25 540.0	23 062.0	17 072.0	16 981.0
营业收入增速（%）	1.8	3.7	5.5	15.4	10.0
净利润增速（%）	17.3	3.6	11.2	80.9	415.5

续表

指标	2014	2015	2016	2017	2018
毛利率（%）	61.1	60.5	60.7	62.6	63.1
净利润率（%）	15.4	16.6	15.6	3.5	20.2
收入 / 总资产（%）	50.0	49.0	48.0	40.0	38.0
总资产 / 净资产（%）	304.0	352.0	378.0	515.0	490.0
净资产收益率（%）	22.3	26.2	26.7	5.6	35.4
资产收益率（%）	7.5	7.0	6.9	6.5	6.9

资料来源：标准普尔金融数据库

品牌战略发展路径

1886—1888 年，可口可乐的起源

1886 年 5 月 8 日，来自美国佐治亚州亚特兰大的约翰·彭伯顿（John Pemberton）医生意外地把碳酸水加苏打水搅在一块，制成一款深色的糖浆。这款饮料具有提神、镇静的作用以及减轻头痛的作用，即为可口可乐。而真正使可口可乐大规模扩张的是一位名叫阿萨·坎德勒的商人，他于 1888 年获得可口可乐的全部生产及销售权。

1919—1954 年，全面布局零售

1919 年，恩斯特·伍德拉夫（Erntst Woodruff）从阿萨·坎德勒家族手中收购了可口可乐公司。1929 年，开始向商超与加油站提供瓶装可乐，并且于 1937 年推出自动售货机。与此同时，可口可乐公司也开始大力拓展海外业务。这一决定其实是响应艾森豪威尔将军的号召：每一位军人都可以在任何地方买到一瓶 5 美分的可乐。因此，可口可乐随着第二次世界大战期间美国士兵的步伐，一步步进入了欧洲市场与亚洲市场。在 1954 年之前，可口可乐公司占据了市场 70% 的份额，大幅领先其主要竞争对手百事可乐。

1955 年，可口可乐公司推出首款非可乐的软性饮料芬达，市场反响不错，激

发了公司多品牌的经营策略，先收购了美汁源，后又开发出另一款经典产品——雪碧，拥有更加稳固的市场地位。尽管在百事可乐的追赶之下，可口可乐市场份额从70% 降低到 60%，但可口可乐仍然是世界上表现最好的软饮公司。

1960—1980 年，陷入僵局

20 世纪 70 年代，可口可乐公司营运效率出现下滑，面临与装瓶商合作受阻、合作商不满、被指控虐待美汁源原料园区的农民、被环保主义者指控可乐容器的污染等一系列负面报道。雪上加霜的是美国联邦交易委员会对公司垄断的指控，对其罚款及削弱贸易支持，导致可口可乐在美国的市场份额出现大幅下降。可口可乐国际业务在区域扩张时也处处碰壁。日本曾经是可口可乐业务增长最快的国家，却因公司接连失误导致品牌商誉受损及销售下滑，案例包括：26 盎司（相当于 761 毫升）的可乐罐在货架上发生爆炸；可口可乐在葡萄味芬达里加入对人体有害的人造煤焦油色素因而引起日本消费者的愤怒，后来当可口可乐开发出使用真正葡萄汁的新款饮料时，却因为发酵变质被日本政府下令强制性回收并彻底销毁。

1962 年，新总裁保罗·奥斯汀（Paul Austin）上任，主导投资了一系列与主营业务不相关的投资，如水利项目、养虾厂、买酒厂等，以上投资的失败损害了可口可乐的发展规划及品牌影响力。至此，可口可乐过去的辉煌已经不复存在。总的来说，尽管可口可乐仍然保持基本的盈利能力，但整个 20 世纪 70 年代对于公司来说是停滞的 10 年。

1980—2000 年，重新起航

1979 年，罗伯特·戈伊苏埃塔（Robert Goizueta）迎来了他上任以来的第一个好消息：可口可乐成为中美建交以来的第一家重返中国的海外企业。其实早在1927 年，可口可乐公司已经进入中国并在上海设厂生产，后来上海成为第一个年销量超过 100 万标箱（2 400 万瓶）的美国境外市场。如果说进入中国成为其重返辉煌的第一步，随后推出的公司历史上第一款不含糖分的软饮——健怡可乐，便是可口可乐重回辉煌的第二步。健怡可乐迎来大批健康主义者的青睐，戈伊苏埃塔已经从这瓶新概念可乐上看到了更远的发展前景。随后，于 1986 年推出了樱桃味可口可乐，并于 1989 年获得了巴菲特 10.23 亿美元的投资（巴菲特是樱桃味可口可乐的忠实粉丝）。随后的短短 10 年，在新世纪到来之前，之前最初投资 10.23 亿美元持有的可口可乐公司股票市场价值已达 116 亿美元，而同样的投资如果放在标普 500 指数上只能变成 30 亿美元。这一笔成功的投资也是可口可乐公司重新扬帆起航的缩影。

2000—2018 年，进入收购纪元

新世纪以前，可口可乐公司通过市场营销与新品开发来占据市场，随着市场的饱和与消费者对碳酸饮料的需求逐渐固定，可口可乐决定需要更多、更有特色的饮料来扩充自己的产品线。

2001 年，可口可乐公司以 1.81 亿美元收购了 Odwalla 品牌的果汁、冰沙和酒吧。

2007 年，可口可乐公司以 2.5 亿美元的价格从创始人兰斯·柯林斯（Lance Collins）和私募基金 Castanea Partners 手中收购了茶饮品牌 Fuze Beverage。

2008 年，可口可乐购买了 Honest Tea 40% 的股份，并于 2011 年收购了 Honest Tea 的剩余股份，继续布局果汁领域。

2013 年，可口可乐收购了椰子水公司 ZICO。

2014 年 8 月，可口可乐以 21.5 亿美元的价格收购了 Monster Beverage 16.7% 的股权，选择将其增加至 25%，同时与怪兽公司建立长期战略合作伙伴关系，这是可口可乐公司第一次涉足能量饮料领域。

2015 年，可口可乐公司获得了冷榨果汁生产商 Suja Life LLC 的少数股权。

2018 年 8 月 31 日，可口可乐公司同意以 51 亿美元收购 Whitbread 的 Costa Coffee 并于 2019 年上半年完成收购程序。

全饮料战略下对饮料全品类进行布局

根据《饮料文摘》(*Beverage Digest*) 2017 年的数据显示，2016 年美国碳酸饮料的市场销售占比下降了 0.8%，不止如此，碳酸饮料竟然持续 12 年呈现负成

长。因此，可口可乐判断碳酸饮料市场回暖困难，不得不思考“肥宅快乐水”以外的其他出路。之后，可口可乐与百事均通过内部孵化与收购尽可能地摆脱公司过度依赖碳酸饮料的处境。部分可口可乐与百事的产品线对比如表 9-7 所示。

表 9-7　部分可口可乐与百事的产品线对比

饮料类别		可口可乐	百事
基础碳酸饮料		可口可乐 雪碧 芬达 醒目	百事可乐 七喜 美年达 激浪
果汁饮料		怡泉 美汁源 酷儿	纯果乐 都乐
升级碳酸饮料	低糖低卡路里	零度（zero） 健怡可乐 可口生活（life）	轻怡可乐
	零卡路里	无糖可乐	百事可乐黑罐
水类替代产品	椰子水	ZICO Innocent	Vita coco O.N.E Kero coco Naked
	芦荟水	Aloe Gloe	

资料来源：弘章资本研究

2015 年，可口可乐公司提出了要在未来成为一家全品类饮料公司，随之加快了在碳酸饮料以外的其他饮料品类的布局，包括有机茶饮料、椰子水、乳制品、咖啡、果汁与瓶装饮用水等品类。一是满足消费升级大环境下消费者对饮料多样化、健康化的需求；二是可口可乐要成为一家饮料整体解决方案公司，目标是把消费者冰箱中的饮料都换成可口可乐的产品。

天然植物饮料主打天然、健康、维生素 C、低糖等概念，在饮料市场集体低迷的情况下作为水类替代品开始迅速进入大众的视野。预计到 2020 年，全球椰子水市场复合增长率将达 26.75%。2012 年，可口可乐正式收购了全球第二大椰子水品牌——ZICO 椰子水，ZICO 是由泰国新鲜椰青榨成的 100% 非浓缩椰子水，不含任何脂肪和胆固醇，曾被食品饮料界的米其林指南——iTQi（国际风味暨品质评鉴所）授予“2016 风味绝佳奖章 1 星等级”。这一并购拉开了可口可乐与百事在天然植物饮料的竞争格局。目前，百事旗下拥有的椰子水品牌是 O.N.E.、Kero Coco 和 Naked，而可口可乐在椰子水品类的布局则有 ZICO 与 Innocent，双方在此领域竞争激烈。为加强天然植物饮料的市场布局，可口可乐于 2016 年收购了活性生物氨基酸、维生素、矿物质和抗氧化元素等健康物质的芦荟饮料品牌 Aloe Gloe，进一步提高在天然植物饮料领域的市场占有率。

可口可乐在 2015 年以 21.5 亿美元收购美国排名第二的功能饮料公司怪兽公司 16.7% 的股份，并且达成战略合作。可口可乐把旗下所有的功能饮料业务转移给怪兽公司，包括 NOS、Full Throttle、Burn、Mother、Play and Power Play 以及 Relentless 等品牌。与此同时，怪兽公司则把非功能饮料的部分转交给可口可乐运营，这部分业务包括 Hansen’s Natural Sodas、Peace Tea、Hubert’s Lemonade 以及 Hansen’s Juice Products 等品牌，实现双方通过股权进行深度合作，效率及利益最大化。

2018 年 4 月 26 日，国内的网红酸奶品牌乐纯获可口可乐领投的数亿元人民币战略投资，IDG 资本、真格基金、大河资本、麦星投资等老股东纷纷跟投，这是可口可乐首次在亚洲区域对一家创业公司的战略投资，体现了其渴望在牛奶酸奶领域占有市场的态度。早在 2012 年，可口可乐便与乳制品公司 Select Milk Producers 成立了一家合资公司，开发新的牛奶产品。2014 年 2 月，这家公司正式推出了 Fairlife 牛奶，使用专利冷过滤工艺，可以先将牛奶中的关键成分，如水、乳脂、蛋白质、维生素、矿物质、乳糖等分开，再重组、去除乳糖，使其蛋白质含量比普通牛奶高 50%、钙含量高 30%，而糖含量则降低了一半。可口可乐把这项工艺命名为 ULTRA-FILTERED MILK——超滤牛奶。上市后一年，Fairlife 牛奶在 2015 年销售收入高达 9 000 万美元，成为可口可乐公司业务中的全新增长点。

2016 年，全球冷榨果汁行业收入达 4.92 亿美元，年复合增长率达 7%，预计到 2024 年，冷榨果汁收入将达 8.45 亿美元。而百事在果汁领域的布局比可口可乐早。2006 年，百事已对 Naked Juice 进行收购，此品牌每年稳步发展，收益理想。因此到2015年，可口可乐决定加注该市场，收购了果汁制造商Suja Life的部分股权。再加上此前收购的果汁领导品牌Innocent，与百事形成直接竞争的态势，抢占更多市场。

可口可乐在饮料市场的布局基本完成一大半，但其在饮料市场中仍然有一个不可或缺的市场需要覆盖。正如前文提到的，咖啡是人类六大饮料之一，受益于全球化的带动，咖啡普及率也越来越高。因此如果可口可乐要实现饮料全布局的愿景，那么咖啡市场则是它必须要进行布局的业务板块。

咖啡领域的重磅布局，收购Costa

事实上，可口可乐长期以来关注咖啡市场的动态，不断进行入局的尝试，但其布局均为小尝试而且较局限于地区性的品牌，无法有效利用可口可乐强大的全球资源进行大规模扩张。直至2018年8月31日，可口可乐宣布以51亿美元全资收购全球第二大连锁咖啡店Costa咖啡，这是近年来可口可乐涉及金额最大的一次全资收购。

Costa是英国著名的咖啡公司，多年来积累了强大的线下渠道。虽然Costa的规模与世界第一的星巴克差距较大，但目前在全球拥有近4 000家零售店，覆盖范围之广是可口可乐收购它的重要原因。此外，拿下Costa表面上是为可口可乐补充热饮市场。

早在2006年，可口可乐就曾推出同名咖啡产品Coca Cola Coffee，但因为当时市场不成熟，最终坚持两年后宣布放弃。以前可口可乐唯一有规模效应的咖啡业务为公司在日本推出的乔雅咖啡，由于日本生活节奏较快，乔雅咖啡投放在自动贩卖机的产品广受日本民众欢迎，年销售收入已超过10亿美元，但是该品牌仅局限于日本市场。据英敏特（Mintel）市调公司的调查，2013—2017年，美国即饮咖啡销售收入以每年至少10%的速度增长，2016—2017年更大幅度上升31%，是在各项咖啡产品中增长最快的品类，因此可口可乐仍愿意在该品类持续进行投入及尝试。

这次 Costa 的收购案无疑是可口可乐抢占咖啡市场的良好机会。收购 Costa 的更重要原因是 Costa 将为可口可乐提供咖啡全产业链的专业知识，其中包括采购、自动售货和分销渠道等，这将补强可口可乐系统现有的专业能力。经过与 Costa 近一年的深度磨合后，可口可乐终于推出了第一款即饮咖啡产品——Costa Coffee。此外，可口可乐的革新不仅体现在即饮咖啡上，还表现在对主营传统碳酸饮料业务的赋能。2019 年上半年，可口可乐宣布将于 2019 年下半年在全球 25 个国家推出“可口可乐加咖啡”（Coca-Cola Plus Coffee），给消费者一个崭新的尝试。

可口可乐公告显示，此次收购将扩大可口可乐现有的咖啡阵容及深度，为其在欧洲、亚太地区、中东和非洲等地区提供一个强大的咖啡销售平台，大力发展咖啡梦。以中国地区为例，近年咖啡行业由于瑞幸咖啡的横空出世，加上精品咖啡的崛起，引发咖啡行业热度直线上升，大量资本进入咖啡行业。大量咖啡品牌的涌现，加强了众多消费者对于咖啡的认知，中国人均咖啡消费从 2013 年的 3.2 杯上升至 2019 年的约 7 杯，中国人对咖啡已经不陌生，众多消费者有每天喝咖啡的习惯，咖啡市场在中国市场有着良好的发展。尽管门店数不及星巴克及瑞幸咖啡，但 Costa 的品牌知名度仍然在咖啡市场当属前五，加上原有的资源网络依然相当稳固，这次可口可乐的收购为 Costa 注入大量资本，预计 Costa 将在中国大力发展，继续为消费者提供优质的咖啡。

财务分析

可口可乐 2018 年全年实现净收入约 318.6 亿美元，同比下滑 10%（见图 9-37）。由于可口可乐主营业务所属的碳酸饮料市场持续萎缩，而其他新业务无法弥补碳酸饮料萎缩直接导致的业务收入下降，因此，自 2013 年起连续 6 年处于收入负增长的处境。目前，可口可乐分地区的收入占比相对平均，占比最高的是欧洲、中东和非洲地区，占比达 30%，拉美占 27%，亚太地区占 23%，北美市场占比最小（仅 20%）。虽然北美市场占比最小，但由于该市场相对最发达，其消费习惯的改变有着较高的参考价值。值得重视的是，2018 年小罐装饮料在北美市场有显著的上升趋势，同比增长为 30%，这意味着消费者正在寻找健康与口味之间的平衡，小罐装饮料既可满足消费者追求健康的需求，又能满足他们对于非健康饮料的短暂渴求。

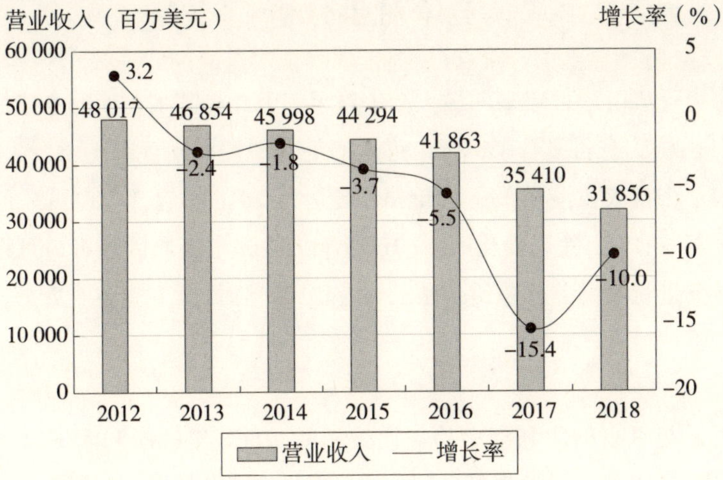

图 9-37　可口可乐公司的营业收入及增长率（2012—2018 年）

资料来源：标准普尔金融数据库

以产品品类作为区分，在 2018 年全年收入中，碳酸饮料仍然是可口可乐公司最主要的收入来源，其占比高达 50%；而果汁、天然植物饮料、矿泉水、咖啡及茶饮与功能性饮料占比为 10% ～ 15%（见图 9-38）。但随着公司的转型，碳酸饮料的占比预计将持续下降。

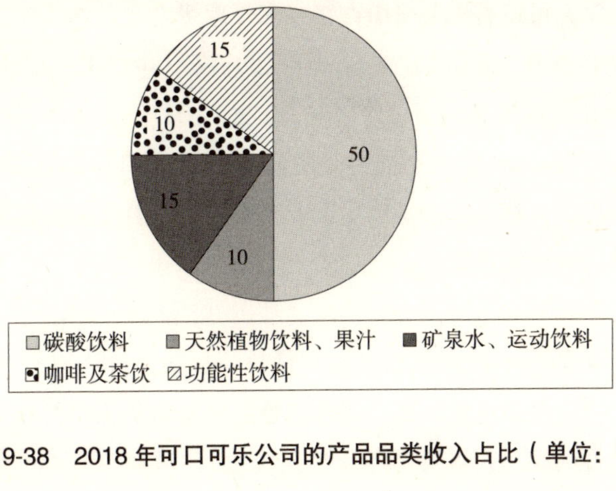

图 9-38　2018 年可口可乐公司的产品品类收入占比（单位：%）

竞争对手分析

百事作为可口可乐百年来的最大竞争对手，因此将其主要的财务指标与可口可乐进行对比。从毛利率看来，可口可乐的毛利率长期比百事高 5% ～ 10%，两者的波动较小，代表供应链及上游价格稳定。从 2016 年起，可口可乐的毛利率由 60.7% 升至 63.1%，除规模化产生的议价能力外，主要原因是可口可乐逐渐把部分罐装业务进行剥离并外包给中粮及太古集团，降低旗下罐装业务公司的生产成本。

可口可乐与百事的净利润率趋势比较相似，2018 年的净利润率基本相差约 0.8%。若回顾 2017 年，会发现可口可乐与百事均出现净利润大幅下滑的情况，其中可口可乐更严重，净利润率创近年历史新低——3.5%。2017 年，可口可乐与百事的净利润下降的原因均为政府征收糖税，因为可口可乐的碳酸饮料均含较高糖分，而该业务也是其占比最高的主营业务，所以 2017 年缴纳的糖税达 36 亿美元，严重影响公司净利润率。因为百事的产品线更丰富，除碳酸饮料及与可口可乐相似的饮料品类外，其旗下尚拥有健康食品、膨化食品等品类，整体净利润率受糖税影响比可口可乐小。后续因政策变动，双方均重回行业正常净利润率。具体数据如图 9-39 所示。

2014—2017 年，可口可乐与百事在销售和管理费用率上差异较小，两者均把销售和管理费用率控制在 36% ～ 37.5%。但在 2018 年，可口可乐对于销售和管理费用率的控制有着显著的改善，从 2017 年的 36.2% 下降至 2018 年的 33.2%，直接下降 3%，意味着净利润率将因此举能有较明显的提升。若可口可乐能持续保持较低的销售和管理费用率，将可以缓解因主营业务市场萎缩引发的销售下降，争取更多转型及开发新品的时间及条件。

由于可口可乐的成本控制比百事更有优势，长期保持约 10% 的 EBITDA 利润率。加上近年来可口可乐从毛利率、销售和管理费用率及净利润率等均有明显的改善，因此 EBITDA 利润率大幅领先百事近 14%。具体数据如图 9-40 所示。

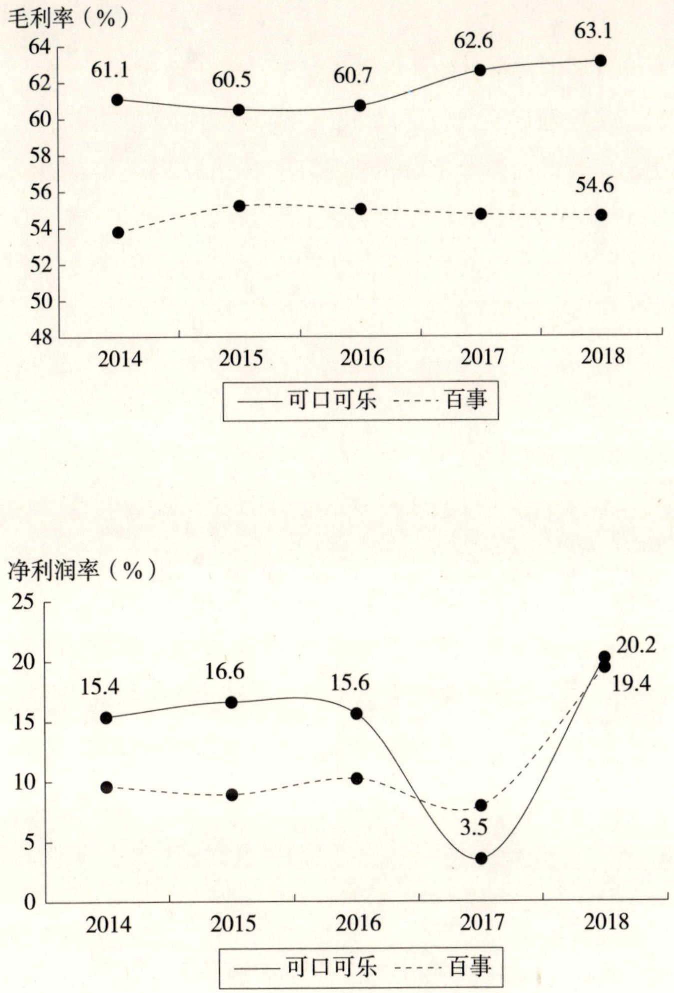

图 9-39　可口可乐与百事的毛利率和净利润率对比

（2014—2018 年）

资料来源：标准普尔金融数据库

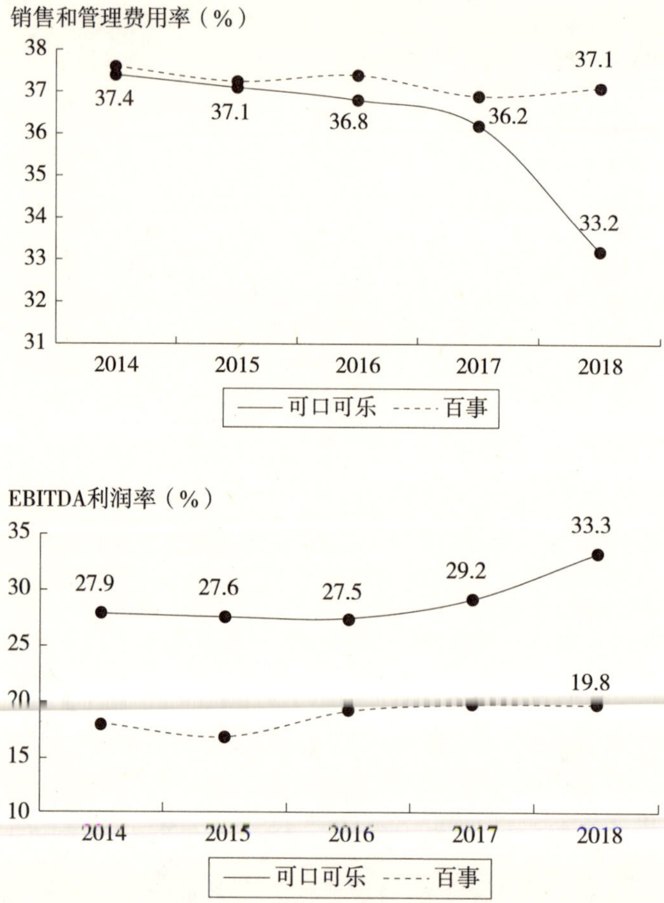

图 9-40 可口可乐与百事的销售和管理费用率及 EBITDA 利润率对比（2014—2018 年）

资料来源：标准普尔金融数据库

在投资回报率方面，百事在净资产收益率和资产收益率指标上的表现均比可口可乐好（见图 9-41）。在 2014—2016 年，可口可乐的净资产收益率相对平稳，为 22% ～ 27%，但 2017 年净利润大幅下降导致回报率严重受影响，直接拉低净资产收益率。2018 年，可口可乐的净利润率出现大幅反弹，同比增长 415.5%，其中主要原因为糖税的撤销直接拉动了净利润。资产周转率长期保持在 40% ～ 50%，相对稳定。财务杠杆为 4.9 倍，比百事的 5.3 倍少。综合以上因素，2018 年可口可乐的净资产收益率同比增长 35.4%，资产收益率则相对保持平稳。

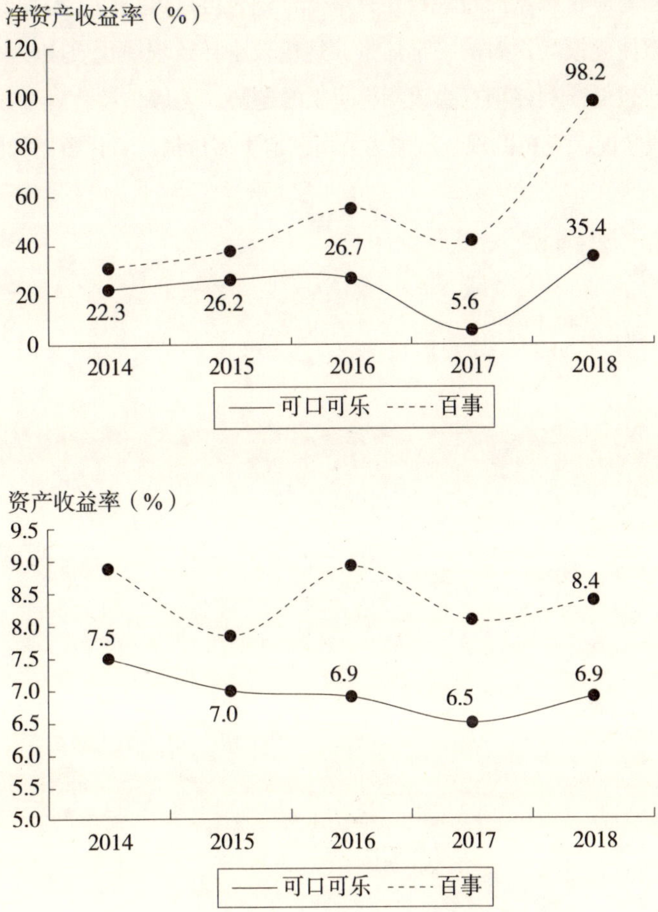

图 9-41　可口可乐与百事的净资产收益率和资产收益率对比（2014—2018 年）

资料来源：标准普尔金融数据库

可口可乐的存货周转天数高于百事，而且近年情况有所恶化，从 2016 年的 62 天升至 2018 年的 84.1 天，仅两年就增加了 20 多天。存货周转天数代表货物的流动性及动销，而明显可口可乐近年由于碳酸饮料市场的不景气导致货物周转速度下降。相反，百事则因为产品品类较多、业务多元而能长期保持平稳的存货周转率，因此可口可乐急需快速转型，摆脱公司对碳酸饮料业务的过分依赖。

可口可乐的应付账款周转天数比百事低，代表可口可乐与上游配合程度相对较差，同时因整体规模为百事的一半体量，规模较小导致规模化效应较弱，因此应付账款周转天数较低。利好消息为该指标呈上升趋势，若以该趋势继续改善将有利于公司的现金流状况，充裕的现金流能为公司创造更多价值。具体数据如图 9-42 所示。

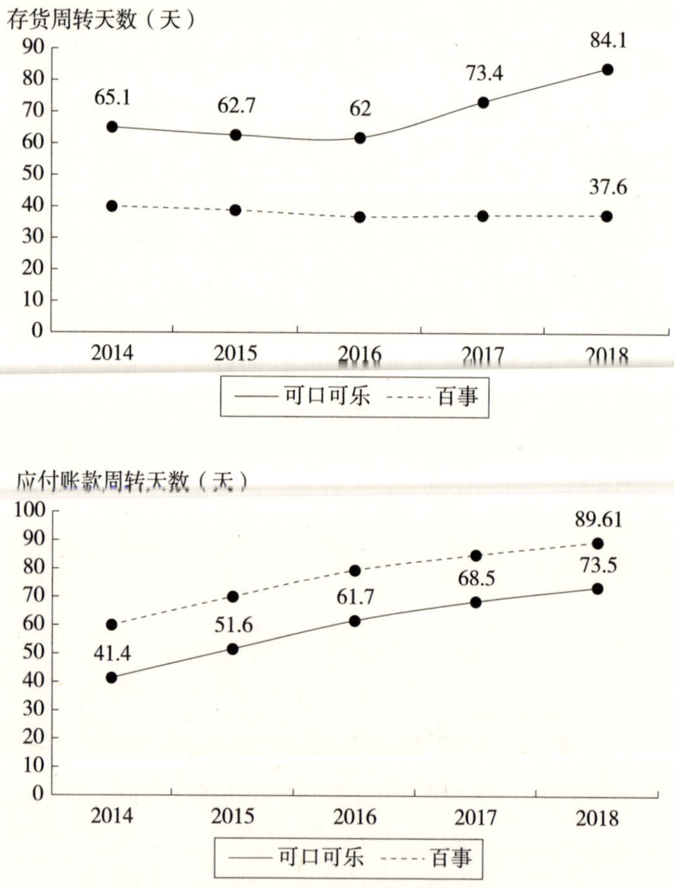

图 9-42　可口可乐与百事的存货周转天数和应付账款周转天数对比（2014—2018 年）

资料来源：标准普尔金融数据库

股价与估值

近5年，可口可乐公司股价波动较大，2015年年底处于股价低谷期，随后大致缓慢地持续上涨（见图9-43）。由于可口可乐秉持执行全饮料战略，并且在2019年第一季度报告中显示营业收入同比增长29%，净利润率增长5%。同时含中国在内的亚太地区录得4%的收入同比增长。而2019年6月底公布的半年度报告指出收入同比增长接近13%，净利润率达23%，公司发展态势良好。自2019年第一季度报告公布后，股价持续增长，经过2019年半年度报告的利好消息后，7月份迎来历史最高价，每股股价达51美元左右，说明市场对可口可乐信心十足。

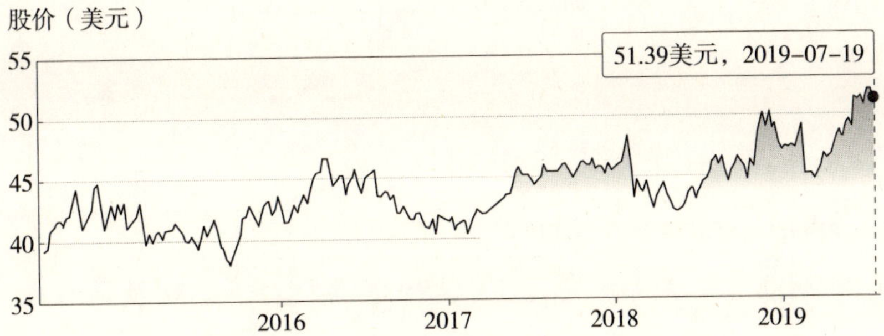

图9-43　可口可乐股价走势（2016—2019年）

资料来源：谷歌财经

2017年至今，可口可乐的市盈率强势上扬，从24.8倍上升至71.7倍，增幅巨大。同年，2017年开始在市盈率上每年扩大与百事的领先优势，目前能看出市场对于可口可乐的转型及一系列操作持有强劲的信心。但从市销率来看，相对于百事，可口可乐长期表现较差，2018年甚至有下降的情况，从2017年的2.7倍降至2.4倍。具体数据如图9-44所示。

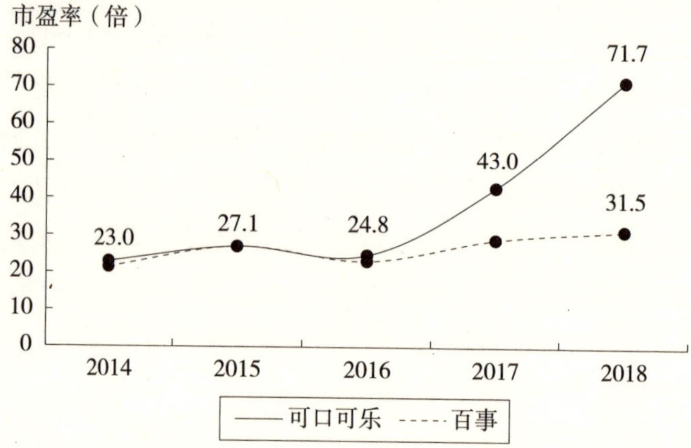

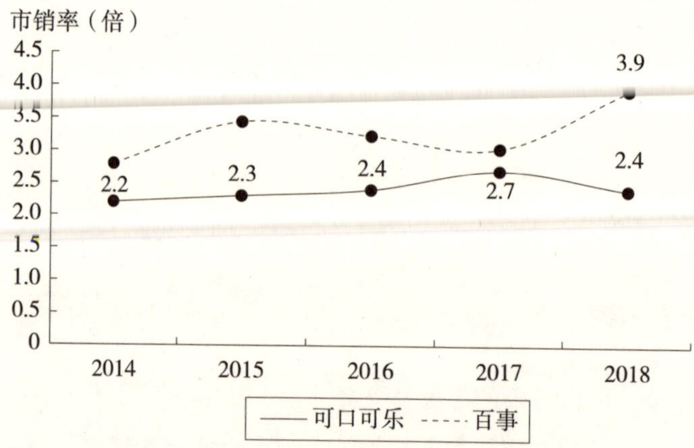

图 9-44 可口可乐与百事的市盈率和市销率对比

（2014—2018 年）

资料来源：标准普尔金融数据库

The Future of New Brand | 新品牌的未来

小结和启示

水是生命之源，但饮料不是。虽然饮料看似平淡无奇，但塑造、见证了人类的历史。六个瓶子（指六种饮料）就像上帝派来的黑白天使，给人间带来了清醒和恍惚。

啤酒见证了美索不达米亚的苏美尔人和尼罗河流域的埃及人步入文明社会，史诗巨作《吉尔伽美什》中记载着关于啤酒的故事，美索不达米亚的文明人将那些不懂品尝啤酒的人归于野蛮人。而如今，啤酒则代表友善和真诚的社会关系。

阿拉伯人通过改进蒸馏技术，生产出一种酒精含量更高的新饮品。烈酒在历史上的故事与奴役和剥削紧密相连。烈酒出现时，正值欧洲探险家大力开辟海洋路线，随后烈酒在殖民地逐渐变成受欢迎的流通货币，加速了烈酒的生产和流通。这种情况直到英国《糖税法案》的颁布，烈酒的产量才开始下滑。

如果说酒代表情感的宣泄，那么咖啡则是理性的象征。伦敦的第一家咖啡馆在 1652 年正式营业，之后迅速遍布伦敦的大街小巷。对人们来说，咖啡馆不仅仅是一个消费场所，也是谈论工作、政治、文化交流的地方。譬如在克伦威尔统治时期，查理二世的支持者经常在咖啡馆里谈论政治；皇家交易所附近的咖啡馆成了商人的办公室和会议室。对于现代人而言，咖啡已经是生活中不可或缺的点缀，而为了满足市场的需求，咖啡的形态也越来越多样化。

可乐的发展见证了美国的崛起。1941 年第二次世界大战期间，美国卷入珍珠港事件，由于深受军官和士兵的青睐，可口可乐成了军需品，被迅速推广到世界各地。而如今，可口可乐已成为全世界最广为人知的产品，并在全球 200 多个地区开办了分公司。此外，可口可乐公司通过不断的研发或者并购整合，希望扩展更多的品类。

虽然酒水饮料早已是工业化的产物，但是在品牌形成的过程中包含了文化、情感、认知等各种因素，所以在世界各地都有独有的产品品牌。梳理案例的时候我们发现，如今这些行业巨头都通过并购来扩张规模或者品类。品牌的形成需要时间、文化的沉淀，新品牌进入市场时会面临当地主导品牌的强烈反击。但通过并购的方式（尤其是对于啤酒、烈酒），企业不仅能够迅速扩大产能规模、丰富产品线，同时也可以掌控成熟的销售渠道，可以说是一举多得。

如今，从酒精饮料到咖啡因饮料，它们看似平淡无奇，随处可得。但它们在自身发展过程中，或是成为人类早期文明的标志饮品，或是成为殖民统治和剥削的工具，或是成为彰显身份地位的象征，抑或是见证了一个新国家的崛起。正如科学家、哲学家卡尔·波普尔（Karl popper）曾经说过的那样："人类的历史并不存在，存在的只是人类生活方方面面的历史。"

The Future of New Brand

第 10 章

食品行业的超级品牌

The Future of New Brand

宾堡

多品牌多品类策略助推企业

宾堡集团（Bimbo）成立于1945年，是具有70余年悠久历史的全球知名烘焙食品生产企业。2017财年，宾堡集团净销售收入达到135亿美元，员工达13万人以上。宾堡在全球32个国家共设立196余家工厂，覆盖300余万个销售网点，业务遍及美洲、欧洲、亚洲。其主要财务指标情况如表10-1所示。

表10-1 宾堡集团主要财务指标（2014—2018年）

指标	2014	2015	2016	2017	2018
营业收入（百万美元）	9 742.6	11 416.2	13 132.7	13 933.4	15 014.2
净利润（百万美元）	183.2	269.3	307.2	241.1	302.5
总资产（百万美元）	9 258.6	10 397.8	12 769.3	13 502.9	13 714.7
净资产（百万美元）	2 791.8	3 221.9	3 910.3	4 011.8	4 405.1
营业收入增速（%）	6.3	17.2	15.0	6.1	7.8
净利润增速（%）	−20.1	47.0	14.1	−21.5	25.5
毛利率（%）	52.8	53.3	54.0	53.4	52.9
净利润率（%）	1.9	2.4	2.3	1.7	2.0
收入/总资产（%）	105.0	110.0	103.0	103.0	109.0
总资产/净资产（%）	332.0	323.0	327.0	337.0	311.0
净资产收益率（%）	8.0	10.2	9.9	7.5	8.4
资产收益率（%）	6.3	6.0	6.3	5.3	5.9

资料来源：标准普尔金融数据库

品牌发展路径

始于墨西哥的小面包房

宾堡创始人洛伦佐·塞尔维奇（Lorenzo Servitje）1918 年出生于墨西哥。他的父亲是西班牙移民，1928 年开始与亲朋好友合伙开了一家小面包房，即宾堡的前身。

宾堡企业化后，洛伦佐做的第一件事就是将产品从面包房的烤面包转型为包装面包，以寻求更大的市场。他们雇用了 38 名工人，租了 5 辆运输货车，将面包送到墨西哥城里的一些夫妻店。4 年之后，宾堡的销售范围迅速拓展到墨西哥城外。宾堡在成立 10 周年之际，已经拥有 700 名员工和 140 辆运输车。

走出墨西哥，切入美国

此后 20 年，宾堡在墨西哥的销售区域迅速扩大，并依托于已经成熟的销售渠道，迅速推出不同品类来进一步提升市场占有率，汉堡、热狗面包、夹心面包、巧克力块、草莓面包等产品都是公司选择的目标。

产品和品牌组合的增长促进了宾堡进一步发展，到 1979 年，宾堡已经有 3 家子公司、12 个生产基地和 1.5 万名员工，资产比成立之初增长了 6 000 多倍。1980 年，宾堡在墨西哥证券交易所（BMV）上市，开始走出墨西哥。

宾堡选择了美国作为扩张的第一站，1984 年宾堡产品进入美国。为了克服可能出现的水土不服问题，宾堡开始大刀阔斧地进行组织改造，公司两年后确立了全新的组织架构，成立 Grupo Bimbo，即宾堡集团，名称沿用至今。

1989 年，国外业务开始加速增长，并通过自建当地供应链，宾堡产品从美国开始，成功拓展至整个美洲。

通过并购成为全球面包龙头

20 世纪 90 年代前后，拉美开始了全面的经济改革，墨西哥把经济市场化和贸易自由化作为经济改革战略的两大核心理念。1994 年，墨西哥加入了北美自由贸易区，加速了与世界经济接轨的步伐。政策与经济环境的好转，给宾堡进入北美、拉美和全球其他市场提供了良好的契机。

1997 年，丹尼尔·塞尔维奇（Daniel Servitje）被任命为公司首席执行官，宾堡开始了新一轮规模扩张的策略——全球并购。上任后第二年，丹尼尔就主导收购了美国面包店公司“贝尔德女士”，在随后的 20 年里，宾堡几乎以每年两家的速度在全球收购了 40 多家烘焙公司，规模迅速扩大，并稳坐全球烘焙食品企业头把交椅。宾堡在全球的并购历程如表 10-2 所示。

表 10-2 宾堡的并购路径

年份	企业名称	公司 Logo	所属国家
1998	Mrs Baird's		美国
2001	Plus Vita, Pullman		巴西
2002	Oroweat		美国
2004	JoyCo（Duvalin 的制造商）		墨西哥
2005	La Corona, El Globo		墨西哥
2006	Panrico		中国
2008	Galletas Gabi, Nutrella		墨西哥，巴西
2009	Weston Foods		美国
2010	Dulces Vero		墨西哥
2011	Sara Lee, Fargo		美国，阿根廷
2014	Canada Bread, Supan		加拿大
2015	Saputo bakery		加拿大
2016	General Mills（南美业务）		阿根廷，哥伦比亚

续表

年份	企业名称	公司 Logo	所属国家
2017	Harvest Gold		印度
2018	mankattan（曼可顿）		中国

资料来源：宾堡公司官网，弘章资本研究

随着在全球范围内的并购成功整合，宾堡业绩一路飙升。2018 财年宾堡销售收入达到 150 亿美元，净利润 3 亿美元，员工 13 万人以上。宾堡在全球 22 个国家共设立 171 家工厂，覆盖 270 余万个销售网点，业务遍及美洲、欧洲、亚洲，共 32 个国家，旗下品牌数量超过 100 个。宾堡拥有 3.55 多万条配送线路，该配送体系是全球覆盖最为广泛的分销系统之一，宾堡所有配送车辆每天行驶的路程数相当于绕地球赤道 45 周。宾堡就这样完成了全球产业的整合，成为全球烘焙业龙头。2017 年，宾堡的创始人洛伦佐以 98 岁的高龄去世，这位来自墨西哥小镇的西班牙移民，从 5 辆运输车开始，打造出如此庞大的食品帝国。他的成功故事在烘焙行业乃至整个食品饮料行业堪称传奇。

核心成功要素分析

对于消费者的需求洞若观火

最初成立的时候，洛伦佐就敏锐地注意到了墨西哥当地消费者的需求：方便购买以及品质有保证的健康面包。宾堡能及时了解消费者需求的核心原因是，公司一开始就建立的成熟配送体系。通过自有配送系统，直接、频繁地与零售商和消费者进行接触，从消费者的消费习惯和偏好上，他们能及时发现新的产品和增长机会，及时做出调整。这种对于消费者需求的洞察意愿与能力在当时是十分难得的。1973 年，宾堡发现一条配送线上的消费者在购买面包之后，希望有好吃的面包酱的需求。经过短暂的讨论，宾堡决定开始做自己的酱，并且推广到每一条销售链路上。

在 20 世纪 70 年代后期，公司管理层通过消费者调查了解到甜食和巧克力在消费者心目中的受喜爱程度，但贸易尚未开放的墨西哥还无法获取大量的甜食和巧克力。于是，宾堡开始尝试性地开办了一家巧克力工厂并最终大获成功。这些基于消费者需求打造产品的做法在当时被认为是吃力不讨好的事，但是最终看来，这反而为宾堡多品类、多品牌的策略打下了坚实的基础。

产品创新及本土化

在了解消费者需求的基础上，产品持续保持新意是维持消费者黏性的最重要手段之一。消费者的口味和习惯随时都在变化，全球化布局之后，各个地区的消费者对口味的偏好更是天差地别。从第一款用玻璃纸包装的切片面包 Super Pan，到后来风靡一时的旋风饼、巧克力，再到现在 100 多个品牌、5 000 多种产品，宾堡始终处于行业领先的地位。

2018 年，宾堡收购了亚太烘焙控股股份持有的中国地区的曼可顿面包业务，标志着宾堡进入中国的雄心。通过其中国官网可以看到，宾堡在我国的产品线已经非常本土化，其中有在国内畅销的肉松面包、红豆面包和手撕面包等。其实宾堡很早之前就通过收购西班牙派瑞克进入中国，但当时对于我国的渠道和产品结构并没有做出很好的调整，反而本土品牌桃李面包利用天时、地利的优势稳坐我国短保质期烘焙的头把交椅。此次宾堡的再次收购以及产品线的调整意味着宾堡公司对占领我国市场的决心。

近几年来，全球消费者对于食品健康的关注度极高，作为烘焙行业全球第一的宾堡从未懈怠，每年都致力于提高自己产品的健康度，并且通过量化精确的指标展现在公众面前。

本地建厂及并购合作模式

宾堡最初在墨西哥本土和周边国家的扩张方式是在当地建立工厂，将产品批发给周边区域的商超便利与夫妻店，即典型的“中央工厂加批发”模式。时至今天，这种模式仍然是许多企业模仿学习的教科书般的策略。

在销售范围进一步扩大后，建立工厂卖自己的产品已经不能满足宾堡的扩张需求。于是宾堡把目光转向了并购，对于战略合作或并购的标的公司，宾堡只选择能够在产品、渠道、品牌上可互补的企业。2011 年 9 月，宾堡收购了阿根廷的 Fargo 公司；同年 10 月，收购了美国 Sara Lee 在西班牙和葡萄牙的业务，经过这两次收购，宾堡成为全球最大的烘焙公司。2014 年 2 月，加拿大顶级食品生产商枫叶食品为实施多年的重组计划，将旗下加拿大面包公司以 18.3 亿加元（约合 16.6 亿美元）现金出售给宾堡。除宾堡集团之外，包括 KKR、贝恩资本及总部位于美国的 Flowers Foods 食品集团在内的多家企业也参与了竞拍，但最后宾堡将加拿大面包公司纳入麾下，这是宾堡近年来金额最大的一笔收购案。通过这次收购，宾堡进一步巩固了在全球烘焙行业的领先地位。

财务分析

自 2008 年以来，宾堡的收入持续上升。2015 年销售收入同比增速 17.2%，当年超过 100 亿美元；之后增长有所放缓，2017 年、2018 年增速低于 10%。2018 财年销售收入达到了历史收入的最高点，以约 150.1 亿美元的收入成为面包行业的绝对龙头（见图 10-1）。

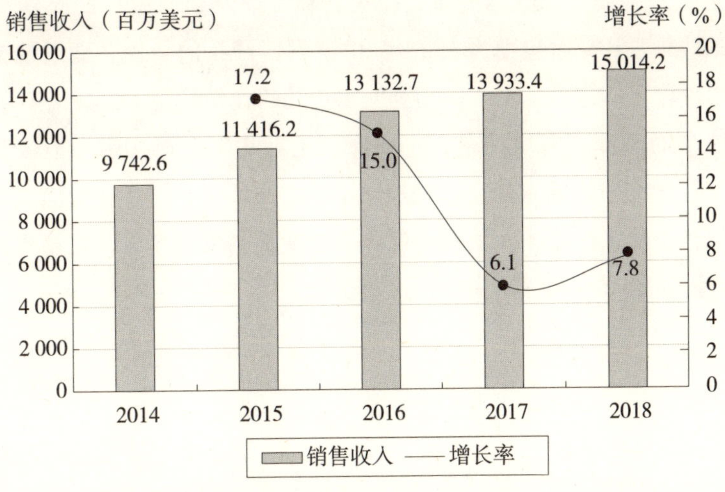

图 10-1　宾堡集团的销售收入及增速（2014—2018 年）

资料来源：标准普尔金融数据库

2018 财年，宾堡公司销售收入可以达到历史高点的主要驱动因是墨西哥以及北美市场的增长；相比 2017 财年，墨西哥市场增速 9.0%、北美市场增速 6.4%（见图 10-2）。除此之外，由于宾堡集团在 2018 年收购了曼可顿面包在中国的 4 家工厂，中国也成为其 2018 年销售收入贡献的主要来源之一。

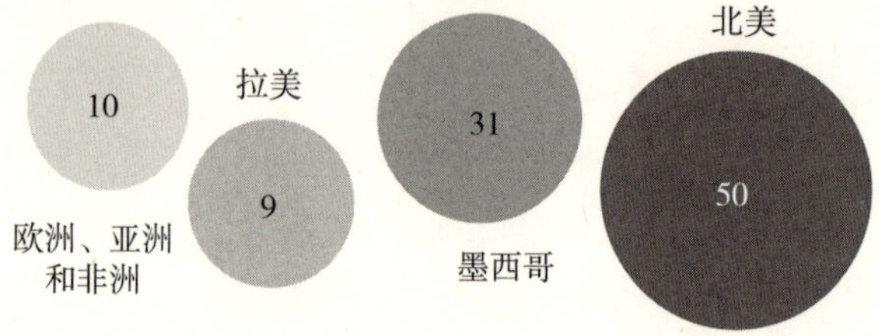

图 10-2 宾堡 2018 年区域销售收入占比（单位：%）

资料来源：宾堡公司官网

竞争对手分析

作为全球体量最大的烘焙食品企业，宾堡相对于其他烘焙企业的领先优势是显而易见的。以日本最大的山崎面包为例，2018 年其销售收入为 98 亿美元，而宾堡的销售收入则高达 150 亿美元。在毛利率方面，全球设厂的宾堡更具有优势，高达 52.9%，山崎面包则为 35.6%。由于烘焙产品的特性，通过规模效应获取利润是比较合理的选择，宾堡的净利润率近几年比较稳定，2018 年净利润率为 2.0%。2017 年净利润率有所回落，主要原因是近几年公司在多个地区开拓了市场，设厂与打开市场的成本较高。此外，正如前文所说，宾堡在健康烘焙食品领域的研究与开发从未停止，在消费者健康意识空前高涨的今天，宾堡也在面临转型。具体数据如图 10-3 所示。

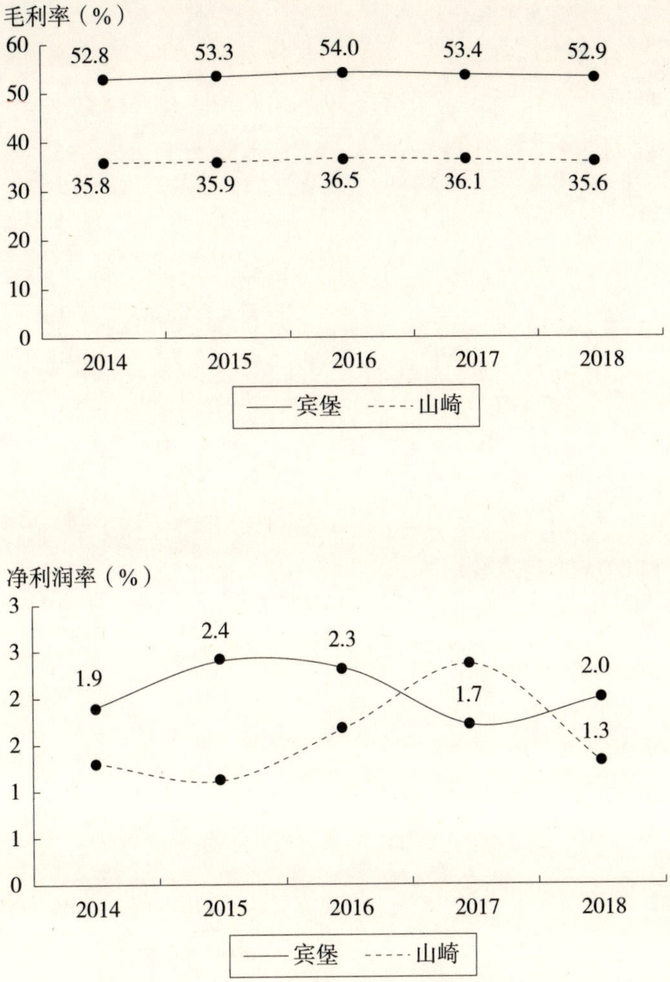

图 10-3　宾堡与山崎的毛利率和净利润率对比

（2014—2018 年）

资料来源：标准普尔金融数据库

宾堡拥有遍布全球的本地工厂与销售通路，其销售和管理费用率相比山崎显然更高。由于规模效应，宾堡的 EBITDA 利润率为 12.0%，远高于山崎的 6.0%（见图 10-4）。

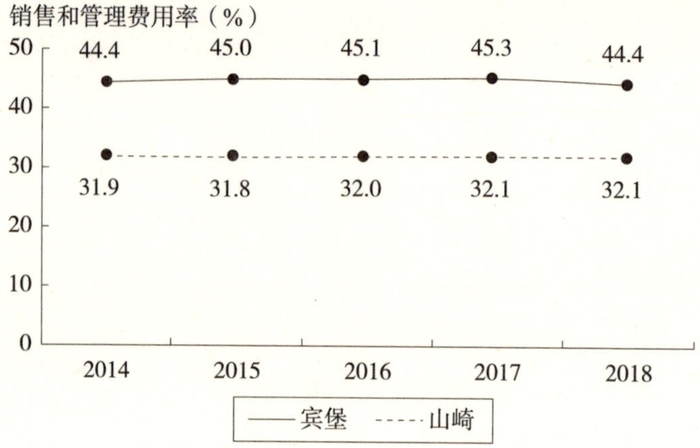

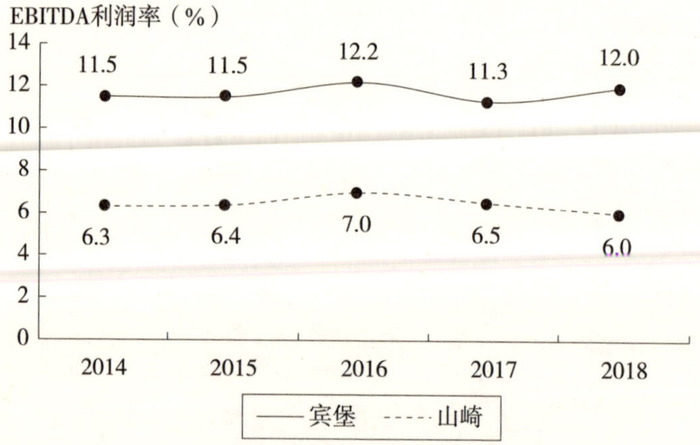

图 10-4 宾堡与山崎的销售和管理费用率及 EBITDA 利润率对比（2014—2018 年）

资料来源：标准普尔金融数据库

在存货周转天数方面，山崎的流动率为 11.9 天，优于宾堡的 23.8 天，主要原因是山崎的新鲜烘焙产品占比更高，且品类数量远低于宾堡。在应付账款周转天数上，两家企业对上游都有比较好的掌控能力，宾堡为 56.6 天，山崎则是 42.5 天。具体数据如图 10-5 所示。

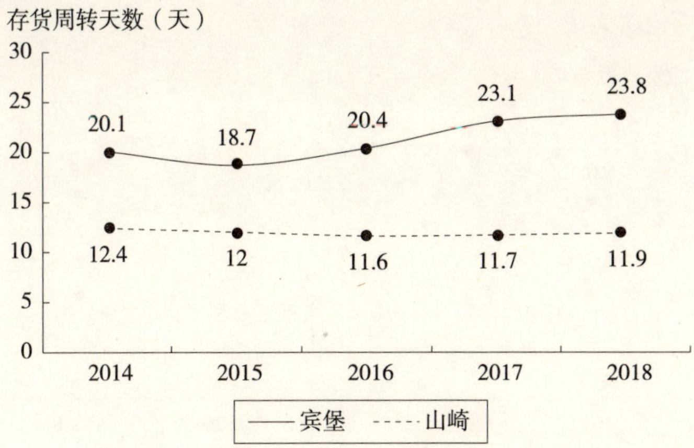

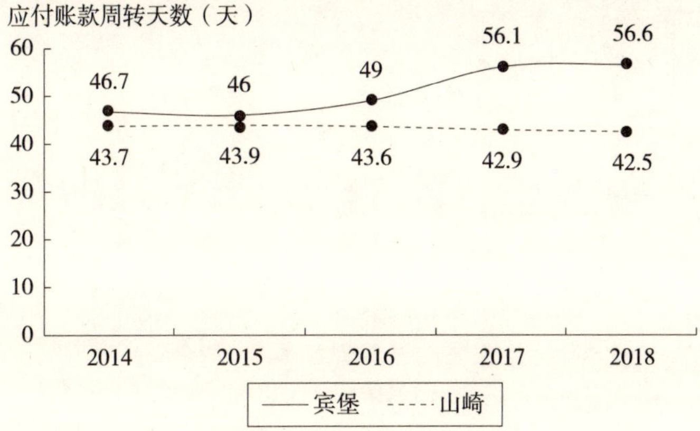

图 10-5　宾堡与山崎的存货周转天数和应付账款周转天数对比（2014—2018 年）

资料来源：标准普尔金融数据库

在资产收益率和净资产收益率上，宾堡都要好于山崎。2018 年，宾堡的资产收益率和净资产收益率分别为 5.9% 和 8.4%，山崎的两项指标分别是 2.1% 和 4.2%（见图 10-6）。

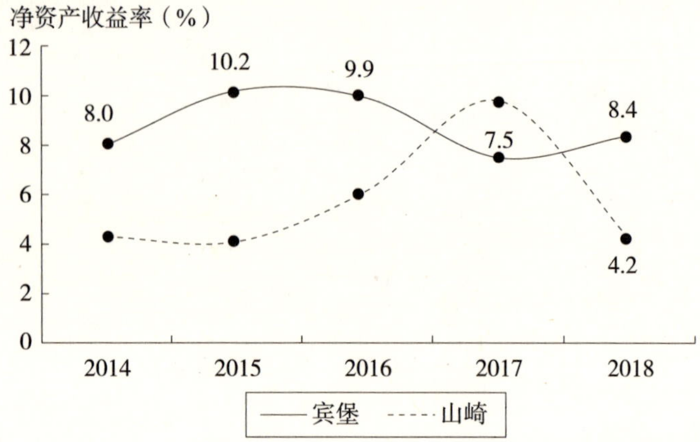

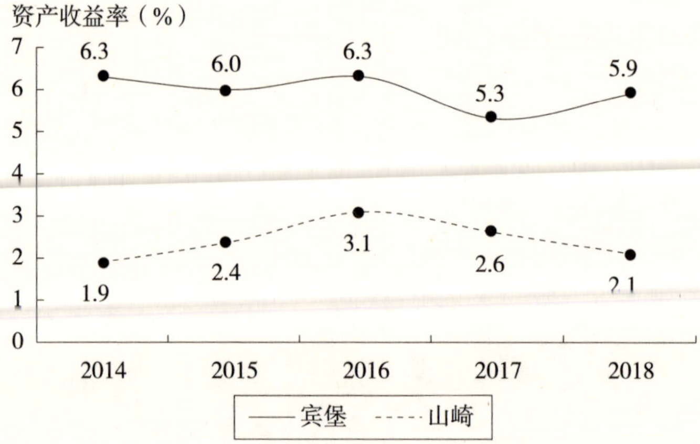

图 10-6　宾堡与山崎的净资产收益率和资产收益率对比（2014—2018 年）

资料来源：标准普尔金融数据库

股价与估值

宾堡并没有在主流的股市板块上市，股价也处于较低的水平，且始终维持在 2 美元左右（见图 10-7）。

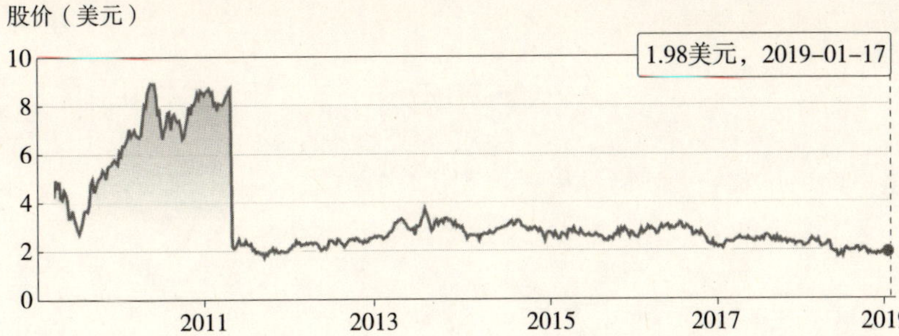

图 10-7　宾堡股价走势（2011—2019 年）

资料来源：谷歌财经

宾堡的市销率十分稳定，维持在 1 倍左右，2018 年市销率为 0.94 倍。在市盈率方面，二级市场显然对于宾堡十分看好，作为全球最大的烘焙巨头，宾堡的市盈率水准始终不低，2018 年年末的市盈率为 30.11 倍（见图 10-8）。

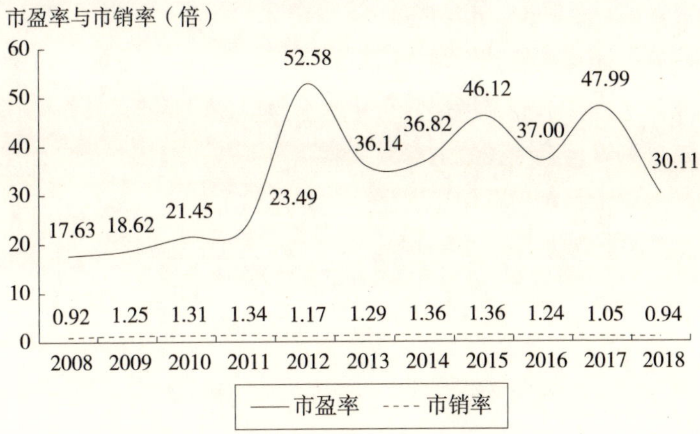

图 10-8　宾堡的市盈率与市销率（2008—2018 年）

资料来源：标准普尔金融数据库

The Future of New Brand | 新品牌的未来

小结和启示

宾堡早期通过收购西班牙品牌派瑞克工厂尝试进入中国市场，但效果不甚理想，反而本土品牌桃李面包发展迅速，其中有两点值得我们思考。

品牌建设和经营

由于短保质期包装面包一般在零售渠道销售，自身品牌露出和属性较差，消费者早期选择时偶然性较强，所以品牌早期需要较长时间去沉淀、打磨产品，久而久之用产品力（包括口味、价格）形成壁垒，建立品牌势能。

产品因地制宜、因时制宜

面包在中国属于舶来品，完全照搬国外的畅销产品不一定能在国内有很好的销量。宾堡的拳头产品多菲角并没有帮它打开国内的市场，反而国内手撕面包、脏脏包等产品带火了一些品牌。产品注重研发、升级，口味本土化是非常重要的因素。宾堡此次收购曼可顿中国的业务并调整了产品线，增加了手撕面包、红豆面包等我国比较畅销的品种，看得出宾堡并不只想做肯德基、麦当劳汉堡胚的供应商，更想在广阔的消费级市场分一杯羹。

The Future of New Brand

味之素

传播美味和健康的食品龙头

味之素（Ajinomoto）公司成立于 1909 年，总部位于日本，创始人之一是池田菊苗。他本来是东京帝国大学化学教授，在偶然的机会下从海带中提取并发明了味精，随后味之素公司首次推出味精产品 AJI-NO-MOTO。公司成立 100 多年以来一直致力于味精的研发、生产和销售，并将业务线拓展至多品类调味品、速冻食品、生命健康、精细化工等行业。2010 年之后，味之素奉“Eat Well，Live Well”为企业信条，致力于“将健康和美味统一起来，创造更加美好的未来”的事业，成为一家真正的全球专业公司，促进全球的可持续发展。

目前，味之素公司已是全球领先的食品制造企业之一，拥有超过 1 700 名研发人员、3.4 万多名员工、123 家工厂以及 128 家子公司，产品销售至中国、泰国、印度尼西亚、欧洲、北美等 130 多个国家和地区。2018 财年，味之素公司营业收入达 11 275 亿日元，净利润达 297 亿日元。

味之素公司于 1949 年在东京证券交易所上市。截至 2019 年 6 月底，公司股价 1 868 日元，市值 10 238 亿日元。其主要财务指标如表 10-3 所示。

表 10-3 味之素公司主要财务指标（2014—2018 年）

指标	2014	2015	2016	2017	2018
营业收入（10 亿日元）	1 006.6	1 186.0	1 091.2	1 150.2	1 127.5
净利润（10 亿日元）	46.5	63.6	53.1	60.7	29.7
总资产（10 亿日元）	1 255.1	1 263.3	1 350.1	1 425.9	1 393.9
净资产（10 亿日元）	743.5	696.3	690.7	720.5	686.0
营业收入增速（%）	1.5	17.8	8.0	5.4	2.0
净利润增速（%）	4.6	36.8	16.6	14.5	51.1
毛利率（%）	34.5	35.2	35.5	34.6	35.1
净利润率（%）	4.6	5.4	4.9	5.3	2.6
收入 / 总资产（%）	80.0	94.0	81.0	81.0	81.0
总资产 / 净资产（%）	169.0	181.0	195.0	198.0	203.0
净资产收益率（%）	7.9	10.2	9.4	9.7	5.2
资产收益率（%）	4.0	4.5	4.1	4.2	4.0

资料来源：味之素公司年报，弘章资本研究

品牌发展路径

1907 年的一天，池田菊苗教授和家人围坐在桌旁，正津津有味地吃晚饭。突然，池田菊苗停住了。他的目光落在豆腐火锅上：汤的味道格外鲜美，这是什么原因呢？他问妻子，妻子也说不清楚。池田菊苗用汤匙在汤里搅了几下，发现这碗汤与往日的不同之处在于里面多放了一些海带。

“这海带里面一定有奥妙！”池田菊苗自言自语道。从那天起，他就开始仔细地研究海带的化学成分。经过半年时间，他终于从海带中提取出一种叫谷氨酸钠的物质，将它放进菜肴里，能够使鲜味大大提高。池田菊苗把这种物质定名为“味精”（umani）。后来，他还发明了用小麦和脱脂大豆做原料提取味精的方法，使味精的生产在全世界迅速普及开来。

1909 年，味之素公司成立并发布首款味精产品 AJI-NO-MOTO。

1910—1960 年，味之素公司在日本兴建工厂、研究所，扩大味精的生产规模，并先后在中国（含香港和台湾）、韩国、印度尼西亚、美国、新加坡等多地区建立销售渠道，发展味精出口业务。

1960—1990 年，味之素公司开始在泰国、马来西亚、美国等海外兴建工厂、开办子公司，并逐步拓展产品线，先后推出速冻食品、化工产品、多种调味料产品、抗癌药物等。

1990—2010 年，公司开发氨基酸相关产品，推出罐装咖啡、化妆品等新的业务，不断兼并收购，海外业务持续扩张。

2010 年之后，提出“Eat Well，Live Well”口号。推动营养健康研讨会，支持日本地震后重建工作。加速国际化业务，成为世界领先的食品企业。

味之素公司现有五大业务板块，分别为日本食品、海外食品、生命支持、医疗保健及其他。产品包括调味料、速冻食品、咖啡、氨基酸、电子制造材料、化妆品等。在日本国内市场，调味料产品、汤类、速冻水饺、棒式咖啡位居所属市场份额第一名（见图 10-9）。

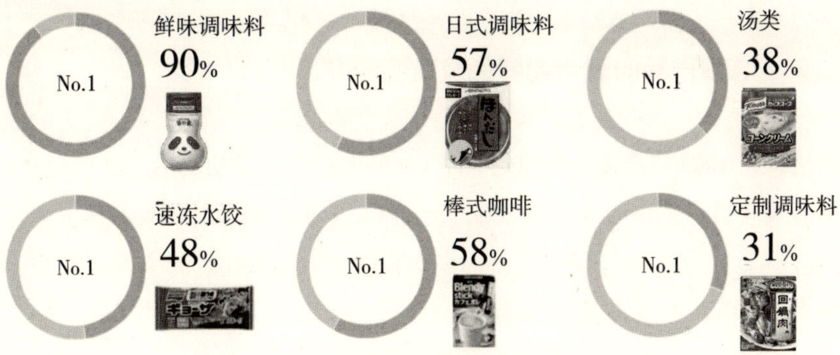

图 10-9　味之素产品在日本国内市场占比

资料来源：味之素公司年度报告

在海外市场方面，味之素已在中国、泰国、印度尼西亚、北美等 30 多个国家和地区开展业务，海外食品营业收入占比已超过日本本土食品收入，占公司总收入的 43%，粉干包装调料产品占据全球市场份额的 23%，速冻食品在北美市场占据 30% 的份额，多个产品在当地市场份额位居第一（见图 10-10）。

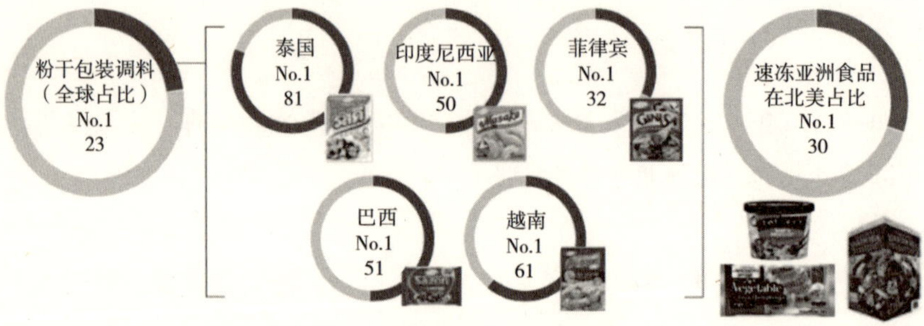

图 10-10 味之素产品在当地市场占比（%）

资料来源：味之素公司年度报告

核心成功要素分析

单一调味品空间有限，通过产品结构升级寻找新红利

由单一味精产品向复合调味品及定制调味品升级

味之素在 1909 年推出 AJI-NO-MOTO 味精获得巨大成功之后，20 世纪 50 年代开始，鲜味调料行业的竞争逐渐加剧，于是味之素着手迅速实现业务多元化。

20 世纪 60 年代，日本速食市场快速扩张，味之素通过与一家美国公司结盟，推出了 Knorr® 杯汤，之后扩展到蛋黄酱等新的品类。

20 世纪 70 年代之后，日本经济高度繁荣让位于稳定增长，越来越多的女性外出工作，人们对饮食便捷性的偏好也越来越大，味之素在同时期开发出了 HON-

DASHI®、Chuka Aji调味料和Cook Do®预混酱。Cook Do系列产品是中式名菜的调味料，比如麻婆豆腐、回锅肉调料等。

到了20世纪80年代，日本女性在职场上取得了很大进步，步入职场的女性花在做饭上的时间更少了，复合调味料产品带来的便捷性迎合了这种趋势，销售迅速增长。后来这种将味精扩展到调味料和加工食品的方法也被用于国际食品业务。

20世纪90年代，味之素开始向主要客户销售酶制剂，这种酶制剂可用于改善多种加工食品的质地。味之素还开始在海外生产销售酶制剂。

由调味料产品向速冻食品扩张

20世纪后半叶，伴随着人口老龄化、女性社会化、人口单身化和城镇化，日本消费者对食品便捷化的需求日益升高。家用速冻食品市场在20世纪60年代末开始快速增长，但当时速冻食品质量较低，没有赢得消费者的信任。味之素于1972年进入该行业，利用其在调味品业务中培育的技术，推出了高价格高质量的产品，抓住了消费者需求，迅速成长为顶级速冻食品品牌。自那之后，随着微波炉的普及、零售连锁店的增长以及分销网络的成熟，速冻食品销售收入稳步增长。

根据日本速冻食品协会数据显示，速冻米面产量在20世纪90年代持续增长，1990—2000年，速冻米产品产量从约6万吨增长到约15万吨，速冻面产品产量从约4万吨增长到约19万吨。

进入新千年以来，日本食品市场已进入成熟阶段，加上日本人口严重老龄化，多数食品子行业规模日渐萎缩。根据欧睿信息咨询公司（Euromonitor）数据，2004—2018年，日本的调味品市场规模从2.11万亿日元下降至1.89万亿日元，但速冻食品行业消费额依然能够保持每年1%～2%的增速。其中，速冻面的市场规模从2014年的436亿日元增至2018年的641亿日元，年均复合增长率为2.79%；同期，速冻调理食品的市场规模从2 183亿日元增至3 066亿日元，年均复合增长率为2.46%。

由食品行业向饮品领域进军——推出咖啡产品

20世纪60年代以来，味之素开始将不断增长的速溶咖啡市场视为一个有前景的领域。1973年，通过收购日本通用食品公司50%的股份，成立味之素通用食品公司，进军咖啡市场。凭借通用食品公司的技术和味之素的销售渠道优势，咖啡业务不断发展，除了速溶咖啡以外，还开发出普通咖啡、瓶装咖啡和棒型咖啡等新品类。2015年，味之素收购了通用食品公司剩余的50%股份，将其合并为子公司，其未来将在味之素饮料业务中扮演核心角色。

在日本，喝咖啡的习惯正在从家庭向室外转变。造成这个变化的原因之一，是味之素为便利店的咖啡柜台创建了一个市场，以合理的价格提供美味的咖啡。

由饮食向医疗保健领域的扩张

20世纪90年代以来，日本多数食品饮料子行业逐渐成熟，医药保健领域受益于人口老龄化有较大发展空间。味之素在20世纪90年代收购了Roussel、Morishita等多家医药保健公司，发力医药保健领域。2002年又收购了Shimizu制药，巩固其医药业务。截至2018财年，味之素生命支持与医药健康业务营业收入占比分别达13%、8%。

本土市场空间有限，通过海外战略打开新市场

针对不同饮食习惯国家推出定制调味料产品

味之素自从创立以来，就积极开拓海外市场，从出口到与日本有相近饮食习惯的亚洲国家开始。

在创立的第二年——1910年，味之素就开始把味精产品出口至中国台湾。到了20世纪20年代，味之素在亚洲多个国家和地区设立了多个办事处。紧接着，在北美、中美、南美和欧洲建立了海外子公司，并于20世纪60年代开始在泰国等东

南亚国家开设一系列本土工厂。

自 20 世纪 80 年代之后，随着消费者的需求逐渐从传统的单一调味品转向风味调味料和加工食品，味之素针对每个地区量身定做出定制调味料、方便面、粉状汤料等产品（见图 10-11）。比如味之素在印度尼西亚推出的 Sajiku 风味面粉产品，将其加入面粉调和，裹在鸡肉外层即可制作出风味炸鸡。

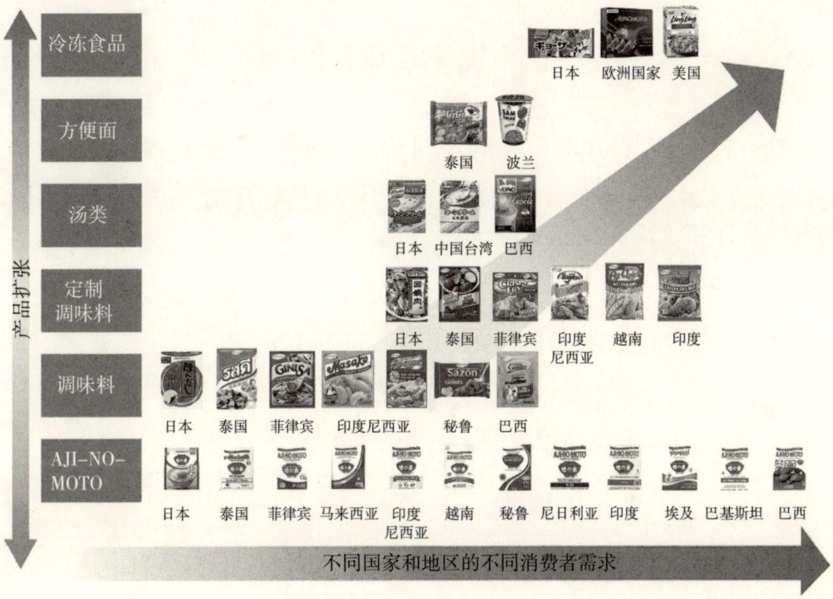

图 10-11　味之素针对不同国家和地区推出的不同产品

资料来源：味之素公司官网

速冻食品风靡全世界

由于日本食品在全球范围内日益流行以及欧美日式餐厅的普及，亚洲冷冻食品份额在全球继续扩张，其中以速冻水饺和米饭菜肴类最具代表性。

20 世纪 70 年代，味之素开始将速冻食品出口到美国。

21 世纪初，味之素公司开始在美国本土生产，还开始在欧洲销售速冻食品。之后于 2014 年和 2017 年，相继收购了美国 Windsor Quality Holdings、LP 和法国 LABEYRIE TRAITEUR SURGELES S.A.S，以加快在美国和欧洲的发展。

2011 年后，在日本贷款利率走低、日元持续贬值、政策鼓励海外并购的环境下，味之素国际化进程加速。2018 财年，海外业务已经成为味之素收入最高的业务部门，占比达 43%。

财务分析

味之素自从 2015 财年开始采用 IFRS 标准。2014—2018 财年，味之素的营业收入分别约为 1.01 万亿日元、1.19 万亿日元、1.09 万亿日元、1.15 万亿日元和 1.13 万亿日元（见图 10-12）。营业收入在 2016 财年之后遇到瓶颈，原因是受到日本地区食品行业不景气以及竞争激烈化的影响。2018 财年，味之素受到整体费用率上升，以及海外子公司的商誉减值损失的影响，利润下滑严重。

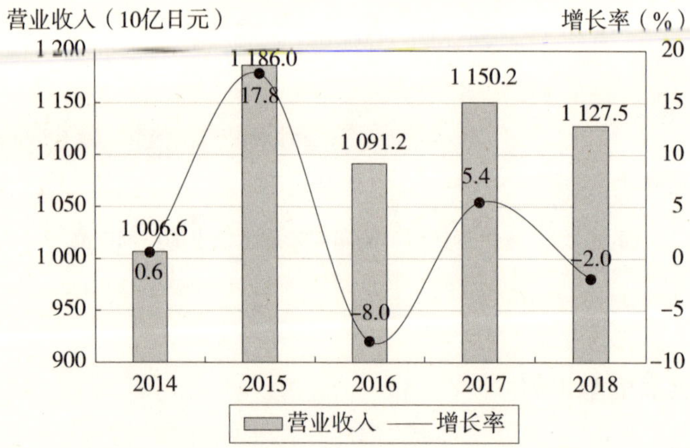

图 10-12　味之素的营业收入及增速（2014—2018 年）

资料来源：标准普尔金融数据库

味之素公司曾于 2017 年制订了 2017—2019 中期管理计划，明确了集团对社会价值的非财务目标和经济价值的财务目标，目前来看要实现财务目标存在困难。味之素将在 2020 财年启动下一阶段的中期增长战略，集中投资六大核心业务——调味品、亚洲冷冻食品、速食产品、综合食品解决方案（食品加工原料）、医疗保健和电子材料，以及向轻资产管理和数字化转型，以确保财务目标的顺利实现。

从业务板块来看，日本食品板块营业收入占比为 33%，海外食品收入占比 43%，医疗保健板块占比 12%，生命支持占比 10%，海外食品已成为味之素最大收入来源。日本食品板块受制于国内需求动力不足以及竞争的加剧，营业收入已经连续 4 年下滑，由 2016 财年的 3 904 亿日元降至 2018 财年的 3 750 亿日元，年均复合增长率 –1.9%。海外食品板块受益于公司持续推进的国际化战略，收入由 2016 财年的 4 290 亿日元增至 2018 财年的 4 816 亿日元，年均复合增长率为 5.96%，收入增长主要由速冻食品和加工食品驱动。具体数据如图 10-13 所示。

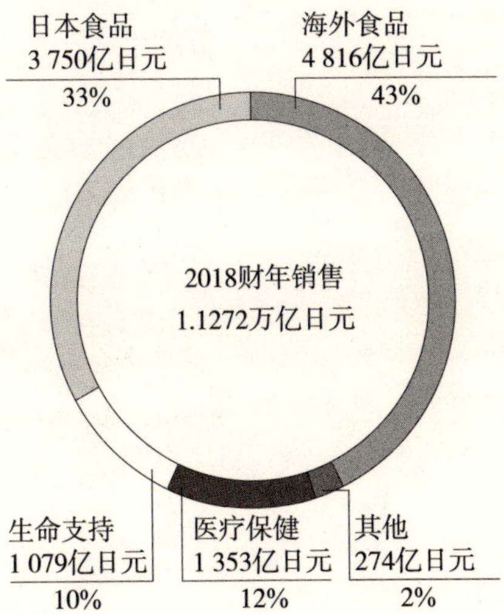

图 10-13　味之素 2018 财年的各业务板块和各地区收入情况

资料来源：味之素公司年度报告

从地区来看，在日本国内，受咖啡产品和速冻食品的拖累，味之素营业收入增长动力不强。公司管理层称，未来将通过加强核心产品的销售力度、开发新产品品类以及提高食品服务来提振国内收入。

欧美地区是味之素未来扩张的中心，在已经开展运营的国家中，味之素公司是当地亚洲食品无可争议的龙头品牌，而这些国家对亚洲食品的需求增长强劲。其中欧洲地区最近两年保持了 15% 的年均复合增速，美国为 5.7%。

泰国是味之素的重要海外市场，味之素早在 20 世纪 60 年代就在泰国设立工厂生产味精，目前泰国市场在海外食品中占据近 1/3 的收入。近年来，虽然罐装咖啡在泰国的销量举步维艰，但是调味料业务依然增势强劲，带动了秦国地区收入 6.6% 的年均复合增长率。味之素的各地区市场收入具体数据如图 10-14 所示。

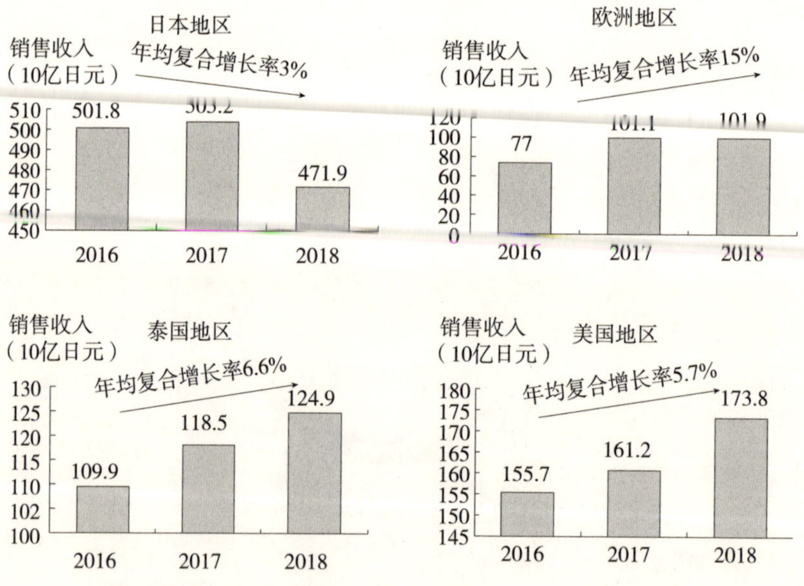

图 10-14 味之素的地区市场收入（2016—2018 年）

资料来源：标准普尔金融数据库

味之素自 2010 年加速推行海外战略以来，毛利率水平由 2010 财年的 33.4% 稳步提升至 2018 财年的 35.1%，同期 EBITDA 利润率由 10.2% 提升至 12.7%，同期净利润率由 2.5% 提升至 5% 左右。但是 2018 财年，由于受到海外子公司商誉减值影响，净利润率水平有所下滑（见图 10-15）。

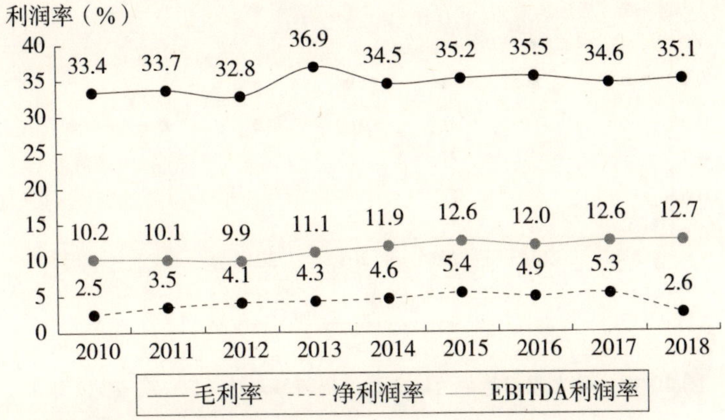

图 10-15　味之素的毛利率、EBITDA 利润率和净利润率

（2010—2018 年）

资料来源：标准普尔金融数据库

龟甲万为日本酱油行业龙头，产品主要为酱油产品、豆奶产品、酱油衍生调味料及饮料酒水类产品等。酱油类产品在日本占据 1/3 的市场份额，豆奶类产品占据一半以上的市场份额。20 世纪 90 年代，日本国内酱油市场需求萎缩严重，为此味之素开始发展国际化战略，之后进入保健品行业，增加可口可乐业务以及收购进军豆奶行业。2010 年之后开始发力海外业务，海外收入稳定增长，特别是在北美地区市场大获成功。2018 年，龟甲万实现销售收入 4 306.0 亿日元，其中海外业务销售占比为 59%，归属于母公司所有者净利润 238.5 亿日元。

2012—2018 年，味之素受国内市场拖累，营业收入增长陷入停滞状态，总资产周转率从 1.1 倍逐年走低到 0.8 倍。而龟甲万的海外战略颇有成效，总资产周转率随营业收入逐年走高，从 0.9 次稳健提升至 1.3 次左右（见图 10-16）。

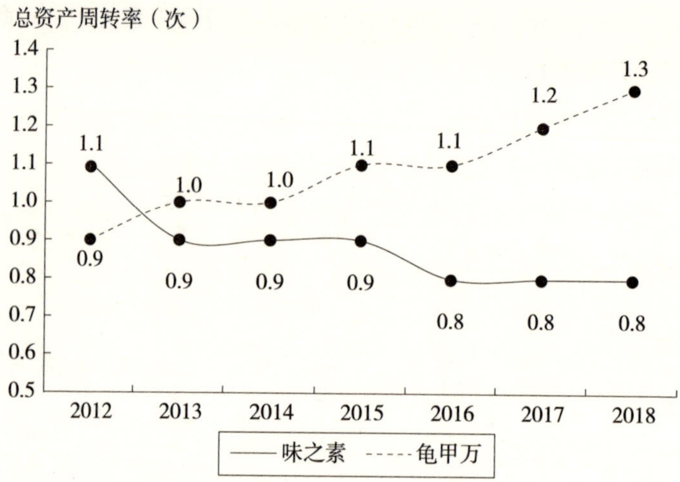

图 10-16　味之素与龟甲万的总资产周转率对比（2012—2018 年）

资料来源：标准普尔金融数据库

两家公司同是日本顶尖的食品制造类公司，味之素的存货周转率于 2013 年之后保持在 3.8 ～ 4.3 次，比龟甲万的平均 5 次低了一截（见图 10-17）。

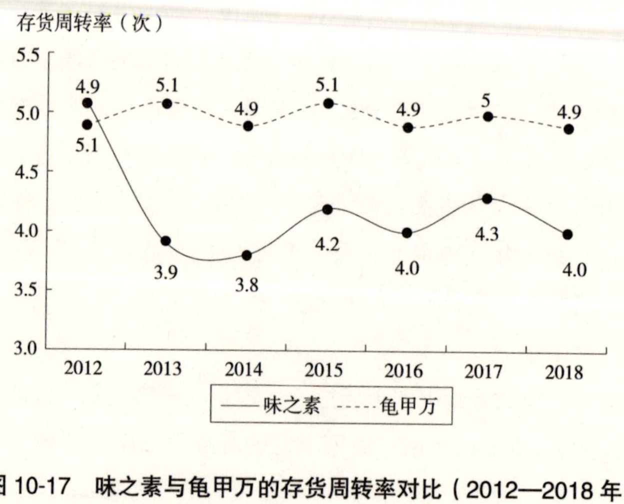

图 10-17　味之素与龟甲万的存货周转率对比（2012—2018 年）

资料来源：味之素公司官网

股价与估值

随着在欧美市场的业务扩张，味之素公司的股价从 2012 年开始进入快速上涨阶段，三年时间从 1 000 日元左右升至 2 500 点以上，在 2016 年创下 3 161 点的历史高位之后，公司业绩开始出现反转，股价也随之进入下降通道。截至 2019 年 6 月底，公司股价 1 868 日元，市值 10 238 亿日元（见图 10-18）。

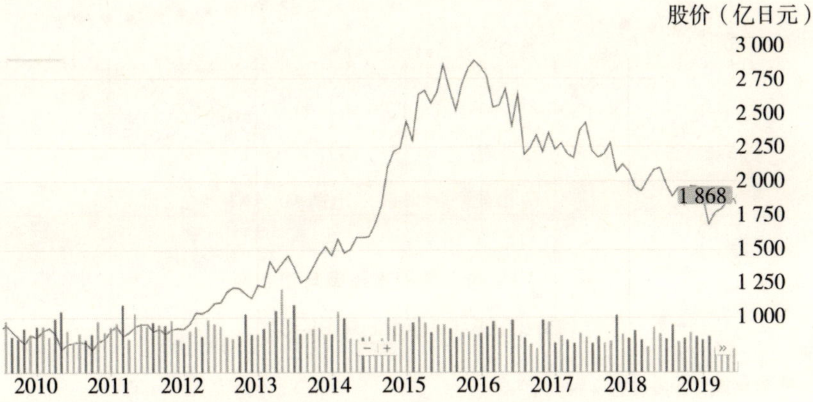

图 10-18　味之素股价走势（2010—2019 年）

资料来源：雅虎财经

在二级市场，从 2012 年开始，味之素溢价率逐渐走高，市盈率从 15 倍左右攀升至 2015 年的 35 倍左右，市销率则一路从 0.68 倍爬升至 1.68 倍。2016 年，净利润下降较大而股价仍维持在高位，进一步推高市盈率水平。2017 年之后随着股价渐渐回落，市盈率回归到了 20 倍左右，市销率也同步下行至 1.2 ～ 1.3 倍。2018 年，商誉减值造成净利润大幅下跌 50%，市盈率被迅速抬高一倍（见图 10-19）。

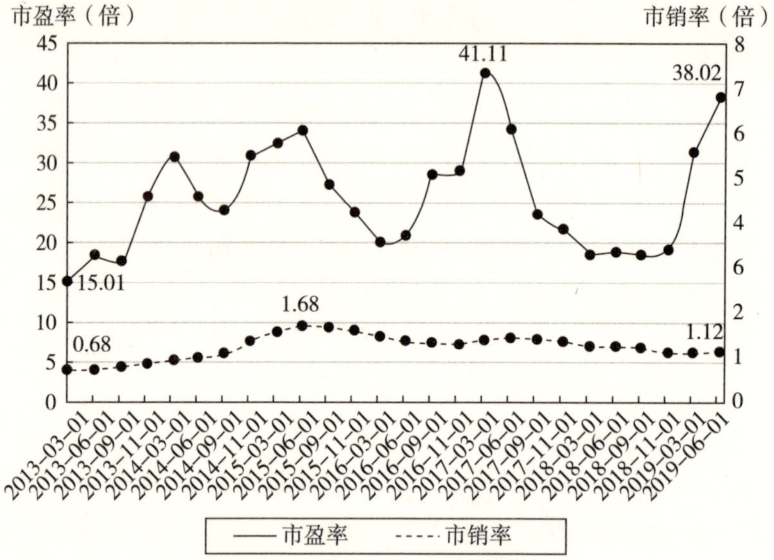

图 10-19　味之素的市盈率与市销率

（2013-03-01 至 2019-06-01）

资料来源：标准普尔金融数据库

The Future of New Brand | 新品牌的未来

小结和启示

品牌的本质是一定流量条件下的消费者认知和情感连接，最终是一种文化现象。纵观味之素百年来的进化史，可以发现它从单一调味品起家，再从单一调味品逐步扩张到复合调味品，从调味料逐渐扩张到速冻食品，由食品扩张到咖啡饮品，从饮食产品扩张到医疗保健和生命支持领域。核心是在围绕口味的生意上找第二增长曲线，即建立渠道和产品优势之后，再利用自己的品牌效应向细分领域切入，获取较高市场份额。

在进行多品类、国际化扩张的同时，味之素顺应了时代的宏观趋势。日本 20 世纪七八十年代女性职场化、人口城镇化的趋势成就了便捷食品的巨大市场；便利店的兴起给外卖咖啡提供了良好的土壤；20 世纪 90 年代以来，经济泡沫破裂和人口老龄化带来了餐饮业的长久下滑以及速冻食品市场的稳步提升。可以说，味之素这个百年品牌能够跨越几轮周期至今屹立不倒，与踩对了大时代的节奏、抓住了消费者需求是分不开的。

我国现今人均 GDP 接近 1 万美元大关，正处于人口老龄化、城镇化、低生育率、GDP 增速连年放缓的长期趋势中，和日本 20 世纪 80 年代初期极为相似。银发经济、下沉市场、宠物经济等细分行业孕育着巨大潜力。对于传统食品企业来说，抓住消费者对食品安全性和便捷性的需要、重新把握好社区商业价值，或许是能否找到属于自己的第二曲线的关键要素。

The Future of New Brand

第 11 章

宠物行业的超级品牌

The Future of New Brand

蓝爵

美国顶级天然宠物食品公司

蓝爵宠物用品公司（Blue Buffalo Pet Products, Inc.）是目前美国成长最快的宠物食品公司，主要生产销售优质的天然配方犬猫食品，是美国宠物食品市场分类中健康天然细分领域的第一品牌。在市场份额方面，公司在狗粮领域位列第四位，在猫粮领域位列第七位，在宠物食品行业居于第五位，这对于一家成立至今不过18年的公司来说已经是非常优秀的表现。蓝爵2006—2017年的营收复合增长率达到15%以上。蓝爵于2015年7月在纳斯达克上市，目前在宠物食品行业占据大约6%的市场份额。2018年3月，蓝爵以约80亿美元的价格被通用磨坊（General Mills）收购，归入与哈根达斯同一个产品组合中，2018年4月退市。公司近几年的主要财务指标情况如表11-1所示。

表11-1 蓝爵的主要财务指标概览（2013—2017年）

指标	2013	2014	2015	2016	2017
营业收入（百万美元）	720.0	918.0	1 027.0	1 150.0	1 275.0
净利润（百万美元）	78.0	102.0	89.0	130.0	194.0
总资产（百万美元）	255.0	383.0	513.0	650.0	849.0
净资产（百万美元）	191.0	87.0	10.0	60.0	30.0
营业收入增速（%）	—	27.5	11.9	12.0	10.9
净利润增速（%）	—	30.8	12.7	46.1	49.2
毛利率（%）	41.4	40.0	40.8	44.9	46.2

续表

指标	2013	2014	2015	2016	2017
净利润率（%）	10.9	11.7	8.7	11.3	15.2
收入 / 总资产（%）	—	240.0	200.0	55.0	62.0
总资产 / 净资产（%）	—	440.0	513.00	108.5	283.0
净资产收益率（%）	60.9	45.2	34.3	34.1	31.0
资产收益率（%）	47.7	36.0	26.8	22.0	25.3

资料来源：标准普尔金融数据库

品牌发展路径

第一阶段：2002—2010 年公司成立，以天然宠物粮为核心，树立品牌形象

蓝爵公司成立于 2002 年，公司创始人比尔 · 毕晓普（Bill Bishop）的爱犬蓝爵患上了癌症，在治疗的过程中，毕晓普遵从兽医的配方为爱犬开发了一份食谱，希望能借此改善爱犬的营养摄入，起到缓解病痛的作用。蓝爵食用这种配方的宠物粮后确实产生了一定疗效，延缓了疾病的恶化。不过，蓝爵最终还是离开了毕晓普。毕晓普决心把这份食谱量化生产，并以蓝爵的名字命名，不仅仅是为了纪念自己的爱犬，更是希望能改善全天下犬猫的营养均衡状况，延长宠物寿命。就这样，Blue Buffalo 这个品牌诞生了。当时市面上的宠物食品主要原料大多为禽类副产品、玉米、大豆等，宠物主人也没有根据原料选择宠物食品的习惯。在那个年代，美国宠物食品行业已有 100 多个品牌相互竞争，但其中雀巢、玛氏、亨氏、沃尔玛旗下的 Ol’Roy 和希尔斯 5 家公司占据了 2/3 的市场份额，行业壁垒十分明显。而主打天然粮的蓝爵并不准备正面冲击行业巨头，这一阶段蓝爵致力于打造以肉类、水果和蔬菜等天然成分为原料的高品质健康宠物食品，力求引导宠物主人为宠物选择更健康的产品。当时蓝爵的产品线只有四条：生命之源系列、御品系列、低敏系列及天然无谷系列。面对市场上种类繁多的产品组合，蓝爵又推出了独有的生命源片配方，能够帮助宠物吸收维生素、矿物质，从而增强抵抗力（见图 11-1）。

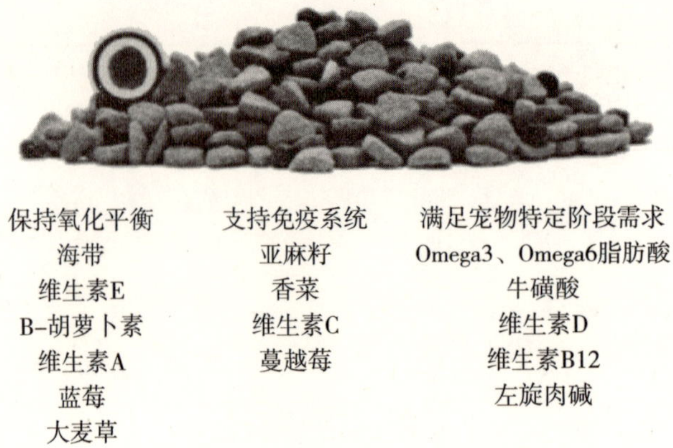

图 11-1　蓝爵生命源片配方

资料来源：弘章资本研究

资本介入，品牌力通过营销初步成型。2004 年，蓝爵推出“宠物侦探”服务，即组织一支宠物护理知识普及志愿团队，给客户普及有关宠物护理的知识。“宠物侦探”服务推出后在市面上大获好评。蓝爵也因此拥有了一定数量的忠实粉丝，市场份额进一步扩大。在平台建设期，蓝爵投入大量资金进行品牌建设和营销宣传，因此利润一直为负。后来，纽约的 INVUS 私募股权基金给予了资金支持。2006 年，INVUS 敏锐地发现尽管宠物粮竞争已经十分激烈，但是天然粮细分市场仍存在空白，而此前建立起品牌知名度的蓝爵显然是 INVUS 最好的选择，两者一拍即合。直至 2007 年，蓝爵开始在天然粮细分市场占有一席之地。

第二阶段：2010—2014 年，产能持续投放，产品加速升级

经过长达 8 年的品牌建设和营销铺垫期，蓝爵公司在 2010 年首次扭亏为盈，当年营业收入 1.9 亿美元，营业利润 0.15 亿美元，净利润 0.23 亿美元，净利润率达到 12%。此后蓝爵进入了高速腾飞期，由 2010 年的 1.9 亿美元收入增长到 2014 年的 9.2 亿美元，净利润由 0.23 亿美元增长到 1.02 亿美元，复合增长率分别为 48% 和 45%。

在业绩飞速提升的同时，为了进一步占据天然粮的市场份额，蓝爵公司继续扩大营销广度和深度。2010 年，公司通过大量投放电视广告来营销；2012 年，蓝爵于密苏里州兴建中心（Heartland）工厂，开始进行内部制造业务，如表 11-2 所示。在此之前，蓝爵主要以成本加成的方式从合同制造商那里购买成品。同年，蓝爵开始进入猫砂市场，主推高端猫砂产品扩充产品线。与此同时，因看好专业化销售渠道的巨大潜力，蓝爵开始布局大型国内和区域宠物连锁店，进一步塑造公司高端的品牌形象。至此，蓝爵进入了高速发展期。

表 11-2　截至 2016 年年底蓝爵所拥有的土地和工厂

主要专业销售渠道	概况
全国宠物超市	PetSmart 在美国有约 1 350 家门店；Petco 约有 1 440 家门店
区域或地方宠物超市	约有 1 万家区域连锁品牌和超过 100 家社区超市品牌
农业及饲料超市	约有 1 万家区域连锁品牌和独立品牌
网络零售商	包括亚马逊、Chewy、PetFlow 等主要宠物零售商
其他专业零售商	包括 Miltary Outlest、Hardware Storesy 以及宠物美容商店、宠物酒店宠物托儿所等
宠物诊所	约有 2.5 万家

资料来源：弘章资本研究

第三阶段：2015—2018 年，上市后扩充产品线，进入处方粮宠物食品细分市场，并开始扩张分销渠道

2015 年 7 月，蓝爵在纳斯达克上市，以每股 22 美元的价格公开发行 1 500 万股，上市后，公司品牌知名度及影响力有了进一步提升，随后两年营业利润同比增长 32%、20%，净利润同比增长 46%、49%。蓝爵开始进入处方粮宠物食品细分市场。2015 年，犬猫处方粮在美国的销售收入约为 16 亿美元，并以 5% 的速度增长（见图 11-2），成为具有很高投资价值的产品线。蓝爵凭借其深入人心的高端品牌形象，迅速在治疗细分领域打开了市场。

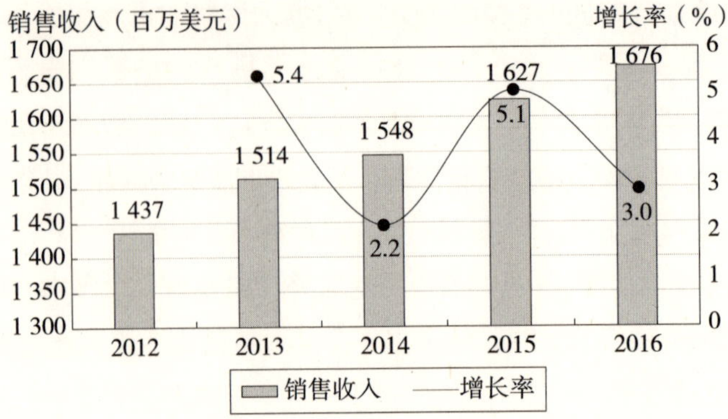

图 11-2　北美犬猫处方粮销售收入及增长率（2012—2016 年）

资料来源：弘章资本研究

第四阶段：2018 年至今，被通用磨坊收购，进入更大的体系，谋取更深远的发展

2018 年 3 月，通用磨坊以每股 40 美元、溢价 23%，共约 80 亿美元的价格收购蓝爵。通用磨坊看中的是宠物食品行业未来的巨大潜力，以及蓝爵 2016 年来在处方粮细分领域的绝对优势。对于蓝爵来说，除了以 23% 溢价被收购将为股东带来额外收益以外，并入通用磨坊集团还意味着可以名正言顺地进入卖场商超渠道，这些渠道之前一直为雀巢、玛氏等企业服务。此前，蓝爵的主要经营区域集中在美国国内，在加拿大、墨西哥和日本等海外市场的销售收入近几年一直维持在 4% 左右的水平。而通用磨坊作为一家大型跨国食品企业，销售通路遍布全球 100 多个国家和地区，在美国、欧洲、亚洲等地区都拥有巨大的影响力、渠道能力以及营销经验。蓝爵可利用通用磨坊在国际上的优势布局海外宠物行业新兴市场，寻找新的销售增长点，而这一点也与公司最新的经营战略相吻合。

品牌战略

深耕天然健康细分领域，塑造高端品牌形象

蓝爵的产品线结构一直十分简单，在产品开发方面，蓝爵避开传统宠物食品

品类，专注于重点发展高端天然粮产品，拥有美国最广泛的天然宠物食品品牌组合。主品牌为蓝爵，旗下拥有六大产品线，涵盖了狗粮、猫粮、干粮、湿粮等不同产品类型，并且在每个产品线中都有针对不同生命期、口味和功能的细分产品（见图11-3），足以满足宠物主的差异化需求，最大限度满足宠物的个性化需求。尽管蓝爵专注于高端天然粮，但是公司推出新产品的频率并不快，平均3～4年才会推出一个新的产品线。在每一个产品线中根据不同宠物的生命期、口味和偏好来细分产品线，以便更好地满足客户的个性化需求。精细化运作的成本显然更高，成立8年才开始盈利足以证明这一点，但是蓝爵始终没有偏离最初的策略，在过去的18年中始终贯彻这一产品开发理念，赢得了消费者的青睐与忠诚度。

图11-3 蓝爵产品线

资料来源：弘章资本研究

立足美国，抢占发展成熟的本土市场

北美宠物市场趋势体现在两方面：一方面因为宠物人性化趋势持续显现，且美国宠物肥胖程度不断增加，逐渐引起宠物主的重视；另一方面，美国人均可支配收入不断增加，促进养宠人数的增加以及在宠物护理上的投入增加。北美宠物食品市场一直是全球最大的市场，行业格局稳定，行业增速稳超GDP增速。近10年来，宠物食品市场规模迅速扩大，年均复合增长率达到5%（见图11-4）。

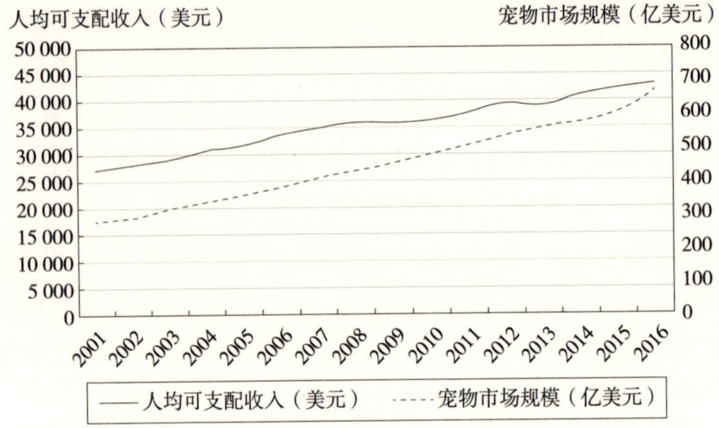

图 11-4 美国人均可支配收入及宠物市场规模（2001—2016 年）

资料来源：弘章资本研究

蓝爵所在的天然健康宠物粮市场的占比也在不断提升（见图 11-5）。2017 年，美国宠物护理市场规模已达到 200 亿美元左右，其中天然健康宠物粮细分市场份额占 17%。蓝爵抓住这次细分赛道的增长机会，在近几年内一举确立了天然健康宠物粮行业龙头的地位。

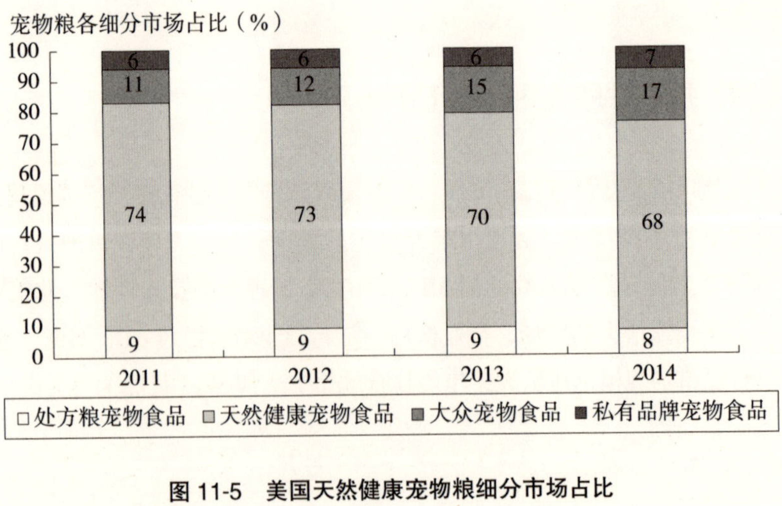

图 11-5 美国天然健康宠物粮细分市场占比

资料来源：弘章资本研究

从实现盈利后的 2011 年开始，蓝爵在整体天然健康宠物粮赛道中的占比不断上升。而在整体份额方面，蓝爵 2016 年的收入也已经达到 11 亿美元，位列第五名（见表 11-3）。

表 11-3　2016 年全球宠物食品行业排行

排名	公司名称	2016 年收入（10 亿美元）
1	玛氏	17.2
2	雀巢普瑞纳	12.1
3	Big Heart	2.3
4	Hill's Pet Nutrition	2.3
5	蓝爵	1.1
6	品谱	0.8
7	尤妮佳	0.7

资料来源：弘章资本研究

聚焦主粮，严格把控产品质量

蓝爵产品以干粮为主，湿粮、宠物零食及其他用品为辅（见图 11-6）。2016 年，在蓝爵净销售收入中，干粮收入为 9.29 亿美元，占据总收入的 3/4。同时，公司为了建立产品优势，始终保持高研发投入。为严格把控产品质量，蓝爵委派宠物、食品科学家以及制造工程师团队到第三方合同制造商工厂指导产品的生产和监督，这也是蓝爵宠物主粮一直保持高品质的重要原因。

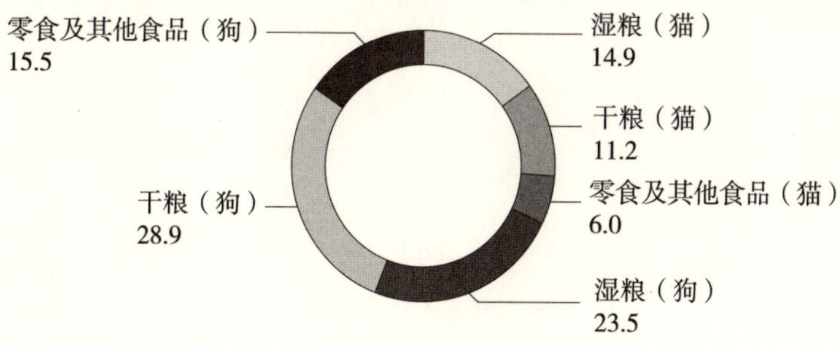

图 11-6　蓝爵产品占比图（单位：%）

资料来源：弘章资本研究

从单一专业化渠道往多渠道营销发展

蓝爵在成立之初就确立了专攻专业宠物零售渠道的策略并且坚定执行至今，截至2016年，北美专业渠道宠物食品销售占比已经达到47%，相比竞争对手在各大商超战场血拼，早早站稳专业渠道的蓝爵不仅有效避开了巨头对手，也借着专业渠道增长的东风快速起量。

美国专业渠道销售收入与增速如图11-7所示。截至2017年，蓝爵在美国专业渠道中已是排名第一的品牌，销量是第二名的2倍，优势非常明显。而且近5年来，专业渠道的增速均高于传统渠道（见图11-8），且随着消费者对于宠物食品个性化定制需求的增加，专业渠道的重要性和优越性将更为明显，蓝爵通过差异化渠道策略占得先发优势。

在专业渠道销售收入增长率降低的情况下，蓝爵又逐渐向传统的大众分售渠道转移。2017年，随着蓝爵的主要分销商之一PetSmart收购了电子商务零售商Chewy.com，蓝爵的销售收入增长率超过10%。同时在大众分销渠道方面，蓝爵与美国四大主要大众零售商Target、克罗格（Kroger）、Meijer和Publix建立合作，销售湿粮和零食。

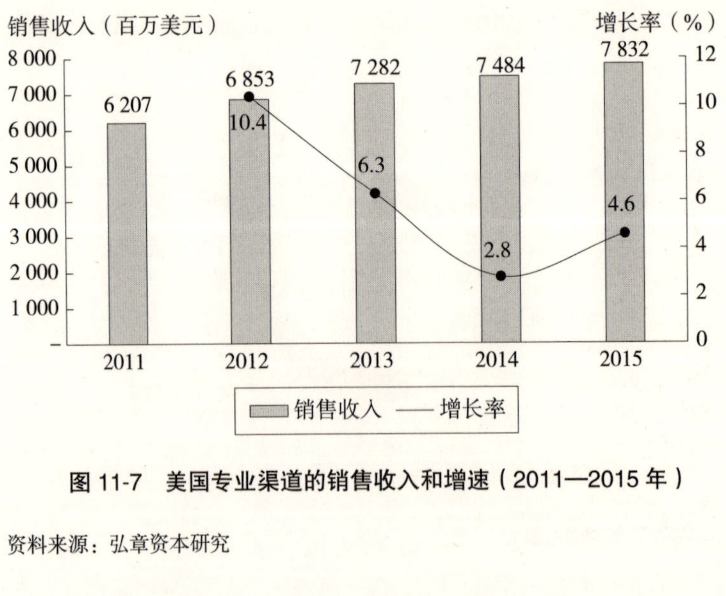

图11-7 美国专业渠道的销售收入和增速（2011—2015年）

资料来源：弘章资本研究

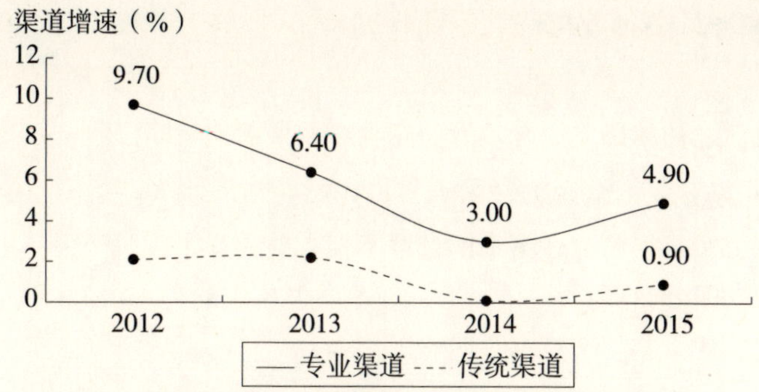

图 11-8　专业渠道与传统渠道增速对比（2012—2015 年）

资料来源：弘章资本研究

财务分析

收入与营销费用分析

在被通用磨坊收购之前，蓝爵已经进入高速增长期，根据公司上市前披露的数据，2010 年收入是 1.9 亿美元。同年，蓝爵决定大量投放电视广告，2011 年的收入增长了 80%。2012 年的增长来源则是蓝爵在专业渠道的进一步拓展。2011 年，蓝爵产品在专业渠道中占比 23%，2012 年飙升到 29%。因此，渠道端占比的增加是其另一个关键的收入增长节点。2014 年，蓝爵仍然取得了 27.6% 的收入增长（见图 11-9），主要原因是同年布局了电商渠道。传统的宠物食品巨头始终把目光聚焦在线下，直到现在为止，美国宠物食品行业的线下店销售占比仍然高达 9 成，线上仅占 1 成。

作为一家品类较少的企业，存货周转天数始终是蓝爵的巨大优势，相比其他传统宠物食品巨头在传统渠道中的低周转率，蓝爵的存货周转天数从 2013 年的 48.7 天降低至 2017 年的 40.2 天。尽管增加了处方粮这一品类，但是公司的存货周转水平仍然持续上升，主要得益于专业渠道的强大去库存能力。

此外，蓝爵的账期议价权也在不断提升，2017 年平均应付账款周转天数比 2013 年增加了 8 天（见图 11-10）。

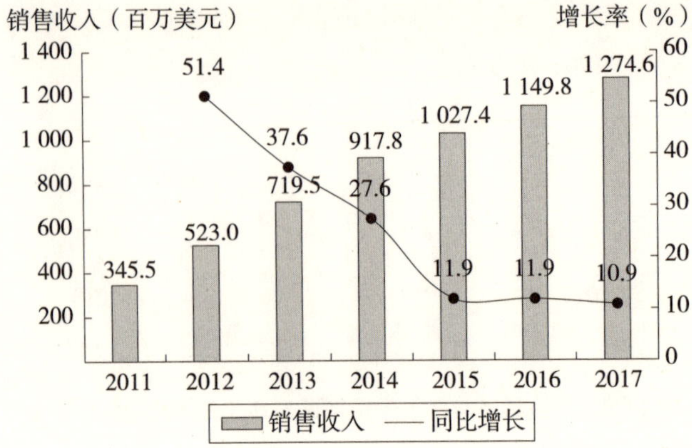

图 11-9 蓝爵销售收入及增速（2011—2017 年）

资料来源：标准普尔金融数据库

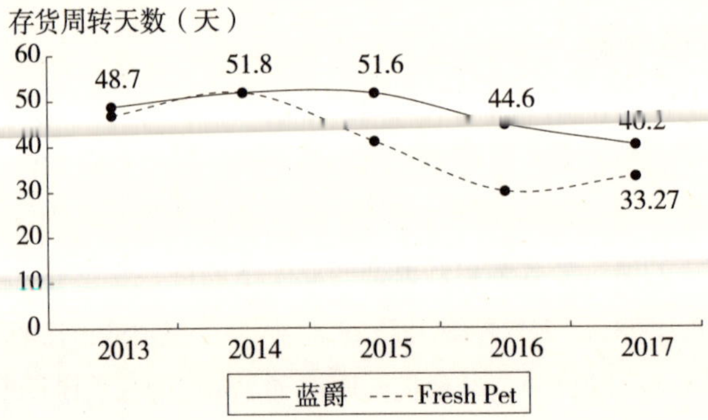

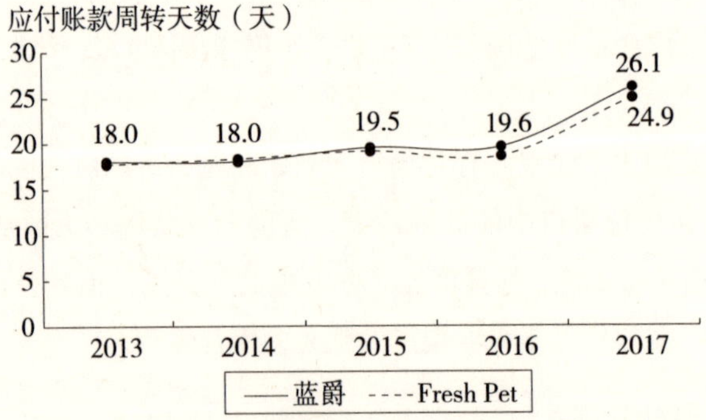

图 11-10 蓝爵与 Fresh Pet 在存货周转天数和应付账款周转天数的对比（2013—2017 年）

资料来源：标准普尔金融数据库

2012 年以来，蓝爵公司在销售费用上的投入逐年增加，2017 年公司销售费用支出高达 2.74 亿美元，在营收中的占比高达 22%，这一指标远高于同行业其他公司（见图 11-11）。

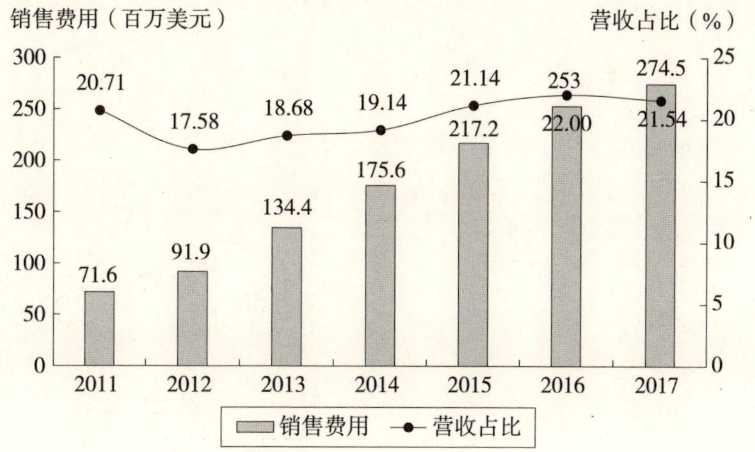

图 11-11 蓝爵的销售费用与营收占比（2011—2017 年）

资料来源：标准普尔金融数据库

蓝爵公司在创立之初就提出“Love them like family. Feed them like family”的经营理念，围绕天然粮概念，突出宣传产品的抗癌等治疗特性，并且通过专门的营销运营团队，协助各渠道销售终端进行规划、实施、销售、市场分析及维护客户关系的工作。除此之外，蓝爵面向宠物主发展了“宠物侦探”服务。这是一批对宠物具有极大热情的兼职人员，他们会与宠物主分享养宠感受，普及宠物营养方面的知识，并潜移默化地推广蓝爵的产品，逐步在消费者心中建立起天然、营养、专业的品牌形象。这些迥异于其他宠物公司的营销手法，为蓝爵公司带来了巨大收益。

蓝爵公司的毛利率与净利润率近几年持续走高。2017 年毛利率较上一年提升较低，然而净利润率提升了 3.9%，主要原因是 2017 年推出的全新地球精华系列收到了较好的反馈以及更高的利润。此外，蓝爵公司在供应链效率方面的提升促进了净利润的提升，尽管日益增加的分销成本抵消了部分毛利，导致整体毛利提升不大。对比竞争对手 Fresh Pet，2012—2015 年，Fresh Pet 公司的毛利率相比蓝爵较高，但从 2016 年开始 Fresh Pet 的毛利率与蓝爵非常接近；净利润方面，受自身业务模式所限，Fresh Pet 需要在线上推广方面投入大量费用，其净利润到 2017 年还未转正（见图 11-12）。

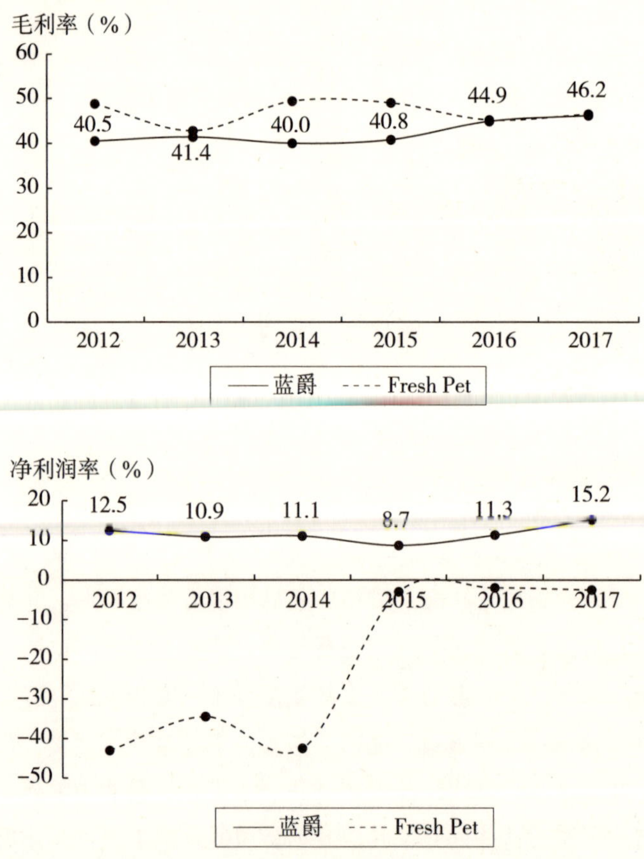

图 11-12　蓝爵与 Fresh Pet 的毛利率与净利润率对比（2012—2017 年）

资料来源：标准普尔金融数据库

蓝爵公司近几年的表现优异，EBITDA 利润率也持续维持在一个较高的水准，相比 2016 年的 22.8%，2017 年 EBITDA 利润率提升至 24.6%（见图 11-13）。然而，蓝爵公司对于自身的盈利能力始终保持谨慎乐观。一方面，相比其他品牌并非完全使用天然原料，而仅仅是满足监管部门的标准的“天然粮”产品，蓝爵的产品显然会产生溢价。为了保持高 EBITDA 利润率，蓝爵公司会采取价格上涨来抵消成本增加。另一方面，为了应对其他宠物食品公司增加的促销活动，公司的销售支出逐年提升，并对毛利率产生了不利影响。在 2018 年整体经济形势下行的情况下，消费者可能不太愿意或无法为蓝爵品牌的产品支付溢价，并可能购买其他便宜的产品，使蓝爵公司更难以维持现有产品价格或有效实施价格上涨。因此，蓝爵公司对于自身的 EBITDA 利润率表现并不十分乐观，在并入通用磨坊这个更大体系中后，这个问题可能得到缓解，从而使 EBITDA 利润率继续上涨。

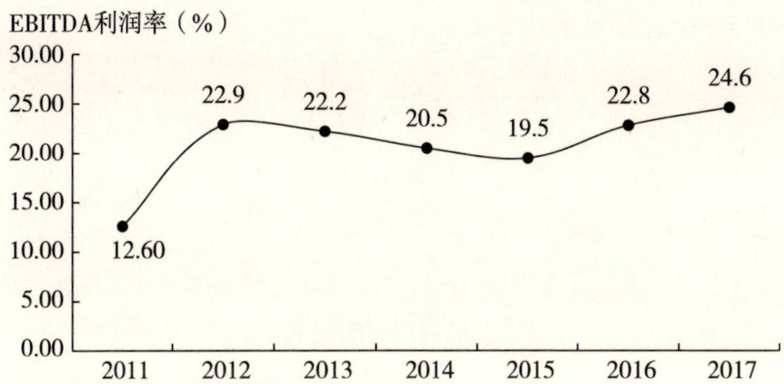

图 11-13　蓝爵的 EBITDA 利润率（2011—2017 年）

资料来源：标准普尔金融数据库

2013 年恰逢蓝爵公司上市之后的首次爆发，进入高速发展期的蓝爵展现了极为惊人的资产回报率以及股权收益率表现，随着公司规模的扩大，两项指标开始逐步回归正常。2017 年，蓝爵公司的资产收益率为 25.3%，净资产收益率为 31.0%（见图 11-14）。

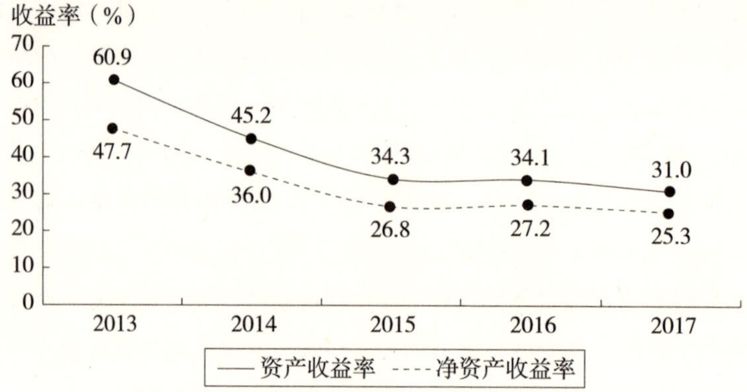

图 11-14　蓝爵的资产收益率和净资产收益率（2013—2017 年）

资料来源：标准普尔金融数据库

The Future of New Brand | 新品牌的未来

小结和启示

弘章资本自 2015 年投资了宠物用品的上游企业以来，就一直把宠物相关品类和业态作为弘章的主赛道之一，在宠物行业陆续布局了多个上下游企业，这些企业近年来都保持了不错的发展。2018 年，中国宠物行业规模超过千亿，市场正处于爆发期，渗透率提升是主要驱动因素。我们观察到身边朋友养宠物的意愿越来越强，且新的养宠物人群普遍为“90 后”“95 后”，宠物的家庭地位也在不断提升。同时，宠物猫养起来更方便，又自带较强的社交传播属性和高颜值，“猫经济”正快速发展。

从细分行业来看，宠物食品、用品、医疗产业的市场和品类教育都较成熟，行业空间大，但竞争也异常激烈。近年来涌现了不少新的宠物产品品牌，无论是主打智能用品的小佩，还是定位高颜值、高性价比的好命天生，都对传统的宠物食品、用品进行了全面改良和升级，比如小佩的智能饮水机、好命天生的尿垫和猫砂，都是让人眼前一亮的产品。

宠物食品也是我们重点看好的品类之一，尤其是主粮，主粮品类天花板高、高频、刚需，最先发展受益。目前，国内宠物主粮仍由外资品牌主导，但随着本土企业生产工艺的不断提升、电商渠道流量的不断碎片化、新宠物主对本土品牌信任度的提升，本土主粮的渗透率正在快速提升，不断侵蚀外资品牌的市场份额。此外，我们还发现由于主粮生产壁垒较高，优质的主粮上游代工厂正成为行业的稀缺资源，如上海的福贝深耕宠物食品十余年，经历过完整的宠物生命周期，已经成为宠物食品代工领域中的龙头品牌；山东的帅克，借力山东天然的原料和物流优势，吸引和服务了超过400多个主粮品牌，可谓是主粮品类的“富士康”。

The Future of New Brand

下篇总结

海外超级品牌企业成长对新品牌发展的启示

“它山之石可以攻玉”，弘章资本一直以来将研究海外案例作为基础研究中的重要一环。孙正义的时间机器理论同样适用于消费品行业，“以史为鉴”，发达国家和地区的成熟品类与品牌打法往往可以复刻到相对低线的国家和地区。但由于不同国家和地区的商业环境有差异，同样的产品在美国好卖不代表在中国也能成为爆品，反之亦然，因为销量受经济宏观、政策、竞争格局、消费习惯等各类因素的影响。若仅仅将产品品类简单地从发达国家复制到中国，往往会出现水土不服的现象。在下篇中，我们一共选取了 26 家海内外消费品品牌上市公司作为重点研究案例，主要覆盖服装、日化、酒水饮料、食品、宠物等板块，试图从中寻找在海外品牌成长过程中基础的市场变革因素和品牌发展趋势，回答新品牌从哪儿来和到哪儿去的问题。

上篇我们提到，新流量和差异化是新品牌崛起的必要条件，这一点在海外新品牌中也被多次验证。

1. 露露乐蒙是目前世界第三市值的运动品牌，其爆发增长来自过去 10 年，首次将功能性的瑜伽服与时尚结合，大幅拓宽了瑜伽服使用场景的边界，在主要强调功能性的瑜伽服市场中脱颖而出，体现了产品的差异化。当露露乐蒙向新城市扩张时，联系当地最红的健身教练或瑜伽老师，给他们提供免费的服装，并在门店内挂上宣传海报，既提升了露露乐蒙的知名度，也增加了瑜伽老师的影响力。可以说，瑜伽老师和健身人群是其低成本的流量来源。

2. Stitch Fix 订阅制服装电商，通过“推荐—试衣—反馈”的机制，降低了消费者的选择成本，将消费选择从消费者手中转移到更专业的设计师手中，体现了模式的差异化。Stitch Fix 创立 4 年后便成功上市，其早期流量积累中很重要的一部分原因是抓了美国中部欠发达地区的大码用户，他们普遍对款式没有特别高的要求，只要合身就行。在中部地区，传统品牌门店也较难覆盖，Stitch Fix 便抓住了这一部分种子人群，完成了从 0 到 1 的流量积累。

3. 天然宠物食品品牌蓝爵，产品端突出健康、天然的卖点，在北美已经高度成熟的宠物食品市场迅速抓住了一批中高端的宠物主，体现了价值的差异化。2006 年开始通过和专业宠物医院合作，和宠物医生建立良好关系并使其推荐蓝爵宠物食品，建立起高端、专业的品牌形象并迅速完成了初期用户积累。相比传统商超卖场渠道而言，宠物医生在当时便是低成本的新流量渠道，帮助蓝爵高效地建立了品牌信任。

我们在上篇中还重点提到私域流量的概念，在下篇中介绍的订阅制品牌 Stitch Fix、DSC 都是私域流量代表性新品牌。在中国，私域流量的工具主要是 App、微信群、小程序；而在海外，由于基础商业环境的不同，私域流量的主要阵地是官方商城、脸书、照片墙等。虽然工具不同，但基础逻辑是相似的，都是避开平台电商巨头，构建品牌方可直接触达、有明确用户画像的用户池。品牌还制定了一套会员体系或者采用订阅制，把用户长期留存在自己的“池塘”内，使之成为品牌的重要资产。

在新品牌的营销策略方面，我们讨论了品牌投放、效果投放之间的基础差异和博弈关系，以及品效合一的可能性。我们发现线下，门店其实是实践品效合一的优质阵地，蓝瓶咖啡只用不多的门店，就成了精品咖啡的代名词。蓝瓶咖啡在门店内通过精致的装修、醒目的 VI 设计、优质的服务，成为网红咖啡店的鼻祖，做到了自带媒体流量，使其品牌大范围曝光。蓝瓶咖啡后续也针对零售渠道推出了咖啡豆、罐装咖啡，这些产品借助其品牌势能也都成了爆品。因此，线下门店本身也是品牌的营销手段，装修费用在蓝瓶咖啡的案例中可被看作品牌营销费用。线下门店打造既能构建品牌形象、传达品牌文化、达到品牌传播的目的，又能带来门店消费，是最高效的品效合一的营销手段。当然，这对门店打造，尤其是对细节提出了非常高的要求。

从海外品牌发展趋势中能够发现，品牌、产品、场景正在不断融合。加拿大鹅是一家羽绒服户外品牌，经营羽绒服分销50余年，近年来大力发展DTC线上渠道，在世界各地开设线下体验店。品类也不断延伸，拓展了冬季配饰、针织品、床品等。这背后隐含了单品品牌不断向某一个领域的解决方案提供商的演化趋势，加拿大鹅从单一的户外羽绒服品牌，逐步成为一家秋冬寒冷天气问题方案解决提供商。

可口可乐收购椰子水品牌ZICO、咖啡品牌Costa，也体现了正成为家庭饮料整体解决方案提供商的趋势。当然，产品组合不是简单相加，而是要在品牌结构之下安排，符合品牌定位的要求，符合整体品牌发展策略，否则产品推广就会让消费者困惑，甚至混淆不清。可以想象，洗护类产品如果延伸到服装或食品，那么消费者肯定不会买账。

上篇提到多品牌是消费品集团为了兼顾覆盖多品类、多人群的主要发展策略，从历史发展来看，上市公司更倾向外部并购，基于集团或主体强大的供应链运营和整合能力，并购其他品牌。下篇介绍了多家并购和被并购品牌案例，希望能给读者更直观的感受。LVMH是奢侈品界的绝对龙头，历史上有多起经典的并购案例，包括日默瓦（Rimowa）、迪奥、蒂芙尼等，其一贯做法是利用经济周期处于低谷进行收购，或利用标的家族矛盾激化时出售，或针对标的资本结构或者制度设计漏洞进行突袭等。帝亚吉欧是全球最大的烈酒品牌集团，其诞生源于两家企业的合并，主要价值在于并购后期产生的协同效应。2018财年营收160亿美元，净利润40亿美元，营收自1998年成立以来增幅不大，但净利润率由1998年的8%提升到2018年的24.8%。在帝亚吉欧的案例中，并购主要侧重于优势品牌的整合，不以规模增长为核心，通过剥离非核心业务，战略上聚焦酒业，形成了烈酒优势品牌组合，在供应链和渠道方面进行深度整合，提高了品牌的长期竞争壁垒。

如果我们用产品供应链、品牌、渠道和流量这三个主要环节来概括品牌的话，就会发现随着国际化进程的不断演进，产品供应链层面的竞争早已是国际维度的竞争，供应链产业集群的全球分工早已是不可逆转的趋势。好在中国过去积累的供应链优势足够强大，在很多消费品品类领域，产品供应链一直以来都是国内品牌的核心竞争优势，也是国内品牌出海的主要输出方向。在流量端，国内更加碎片化的流量环境使得国内品牌普遍在流量端的运营不断进化，海外品牌在流量运营整体上是相对更传统的。国内品牌商已在社交电商把拼团、砍价、群运营等玩得炉火纯青，海外品牌商却仍处于相对早期的状态，毫不夸大地说，国内品牌的流量端运营能力已经在世界上领先。那么，海外品牌真正有优势的环节是什么？现在来看可能是品牌的文化属性，特别是在可选消费品上，海外品牌普遍具备更深厚的文化附加值，这背后隐藏的可能是悠久的历史、稀有的选材、繁复的制作工艺、独特的设计美感……是一个综合因素影响的结果。为什么加拿大鹅、盟可睐都能成功转型高端羽绒，把功能性的羽绒服卖出奢侈品的价格，国内同样历史悠久、品质精良的波司登在高端羽绒上则不断碰壁？这说明了国内品牌在文化传承、构建情感连接和价值主张上还有较大的提升空间。

21 世纪是一个产能过剩的时代，导致品牌在和消费者的长期博弈中，品牌的姿态越来越低，从原来的“站着服务”到现在的“跪着服务”，从原来的被动等待到现在的主动出击，消费者的意见变得越来越重要。过去，品牌商更像是产品研发公司，产品配方是核心资产，一个家传配方就可以成就一个新品牌。现在，品牌商更像是服务商，消费者反馈机制愈发重要，“推荐—消费者反馈—产品改良”的新链路已经越来越成熟。从产品运营到用户运营的思维转变，是当今发生在新品牌构建上的最重要的范式迁移。

新品牌的未来路径

其实我们弘章资本在完成《新零售的未来》一书后，顺着供应链端向上游研究的时候，我们清晰地发现如今的市场环境和商业要素与10多年前相比发生了巨大的变化。过去的媒介是非常集中而权威的，比如电视媒体对消费者的影响力非常大。过去的渠道也是非常集中的，主要通过大卖场来集中销售。但是，过去的供应链创业者众多，导致工厂供应链端处于博弈的相对劣势。今天，三者的博弈关系发生了根本性的变化，媒介端变得极其碎片化，消费者获得信息的方式非常多元，比如微信、微博、抖音、快手、小红书等平台。而如今的渠道也非常碎片化，线上平台多元化，线下零售以区域市场为主。经过10多年的博弈竞争，众多工厂逐步退出，最强大的供应链端变得集中，形成超级供应链。也就是说相比过去，今天做品牌的难度和门槛大大降低。过去需要投入较多的资金获得权威电视媒体的高效率曝光，先构建一个工厂，然后快速在大卖场铺货构建渠道，形成“天上地下”的立体打法。但是今天，做一个新品牌可以通过外包供应链生产，加上一个电商运营团队快速在主要流量平台获客转换，新品牌只是一个 Logo，但有机会快速崛起获得消费者的初步好感。当然是否能够持续是一个问题。但新品牌的成长路径从过去的铺渠道、做大量媒体广告、再做 10% ～ 20% 电商的模式，转变为起势都靠线上流量，快速做到 3 亿～ 5 亿元收入，然后逐步渗透做线下渠道的新路径。

我们早在 3 年前就敏感地发现新品牌的成长逻辑，也预感到《新品牌的未来》一书很可能再次顺应这种市场的新需求。但是在实际写作过程中，我们遇到的困难和挑战是巨大的，主要是不断学习和认知提升带来的不断修正的过程。过去两年中，新品牌和新流量对接的玩法层出不穷，中国企业家的创新思维非常超前。我们其实是一边了解，一边学习，一边总结，一边迭代。因为有些想法随着对品牌理解的进一步深入，不断修正，所以这本书一直处于“难产”的状态。在写作和学习的过程中，我和洋河创始人张雨柏、上海家化前董事长葛文耀、蓝月亮创始人罗秋平、品牌营销专家“李叫兽”李靖等企业家对于品牌和企业经营之间的关系进行了深度交流，逐步形成了一些关于企业具体经营和品牌认知的思考。

1. 品牌一定是 CEO 工程，品牌反映了创始人的心智和调性。很多创始人觉得我请一家不错的营销顾问公司或一位优秀的 CMO 就能成功，这是一个巨大的误解。营销顾问公司只能作为一个参谋，提供一些视角和梳理一些品牌战略。从决策的角度看，特别是更长期的品牌定位的坚守，绝对是一个从上至下的过程。CEO 或创始人的本心即是品牌定位立足的根本。所以，品牌打造的过程就是一个 CEO 创始人驱动品牌管理的共识构建过程。
2. 品牌是一个长年累月积累的过程，前期先做销售渠道驱动，把资源用在能够形成销售规模的要点上，就是正确的。并不是说一年只投 100 万就是错的，而是当渠道驱动的收入增长很难再增长时，我们如何进一步教育消费者，强化品牌认知，用更高效率的营销投入换取消费者和品牌之间更多的触点和转推荐率。品牌战略需要在资源维护和消费者触点上持续投入，并且要能玩出新意，让消费者感觉品牌是一个“老朋友”，非常熟悉和亲切，但也是一个“新朋友”，总有一些创意和新鲜感。
3. 绝大多数消费企业的品牌营销资源是有限的，经常出现的一个营销误区是资源有限，但品牌总监却把预算平分给多个品牌线，而且希望用投入去刺激老产品线的增长。从增长的视角来看，使用资源的正确战略就是单点突破，要聚焦在一个点上，才能让市场有记忆点。渠道策略也要配合品牌资源，进行高密度集中打法，村村有货，每个城市打透，这样才能形成聚合的力量和目标市场消费者的足够认知，形成复购。

4. 在企业经营的具体实践中，任何成功都是多因素的，从来没有脱离渠道销售力的品牌营销概念。销售部门和市场品牌部门通常会有重大的矛盾，销售部业绩差，就说市场品牌部能力太弱。市场品牌部则说这么好的创意，销售部水平太差。我们发现需要把两者的激励体系相互融合才能发挥出作用，比如，一些著名快消品公司市场品牌部的考核和销售部共占 40% 左右的比例。销售部有时不得不关注短期的事，而市场品牌部不得不关注一些比较长期的事。双方其实都是对的，短期销售量需要短期的营销活动来带，而长期的品牌认知需要长期持续不断的品牌投入来维系。
5. 一个好的品牌营销策划往往需要长时间的提前规划。比如“奥运年”的重点营销，都是提前 1 年以上做规划的。品牌力需要构建在一些长期不变的精神要素之上，如人类的体育竞争精神是永存的，能够建立在“爱”或者“欢乐”的基础上的品牌力都是具备大格局眼光的。市场品牌不是简单的策划工作，而是需要构建强大的综合研究能力，包括品类研究、历史研究、心理研究、行为研究，最后才落到产品研究。所以，市场品牌部门需要非常综合的能力，需要对产品有足够的理解，能够驱动生产、研发，甚至带领销售网络共同实现销售目标。
6. 营销可以分为三个部门的工作，包括产品、品牌和通路支持。品牌经理和产品经理往往可以由一个人负责。如光明乳业最成功的莫斯利安品牌，其实都是一个人总负责。他要和研发、品牌、配方、工艺、财务对接，由他形成一个项目组，再完成整体的协同。
7. 品牌的美感。美发生在一瞬间，美是容易失去的，人类在感知美的时候需要发挥想象力。因为在追求美的时候是容易受伤的，品牌在表达美感时会触发人的情感，比如对美味的记忆、对安心和感动的记忆。例如日本的万字酱油，瓶子很有设计感，变成了创造美味的记忆点。优秀品牌的背后都有故事。商品成为体现企业理念的重要落地点，商品品质能够体现人的品格。同时，企业也是品牌的触点，通过商品、服务（如万字酱油餐厅）、空间、信息传播等，进行统一的设计，在全触点打造品牌理念和品质。人类有共通的审美意识，民族文化也形成了固有的审美意识，美在每一个人的生命中。风格和文化是不会突然改变的，环境要素改变趋势，在经历了高速成长期之后，审美意识的演变才会更清晰，变得更加民族化和本地化。中国有文化历史悠久的诸多要素，可以在品牌的内涵中不断挖掘。

从另外一个角度来看新品牌，近几年的确快速崛起了一些1亿～5亿元收入规模的品牌，但是这些新品牌还不能说是否具有真正的品牌价值。此外，在快速成长过程中，有更多的品牌陷入了品牌陷阱，无法自拔。通过多个案例研究，我们归纳了一些常见的品牌陷阱要点。

1. 品类理解不够，定位不够准确，消费者认知漂移。有些难以差异化的品类难以成为品牌，而且这些品类最终将是零售平台自有品牌的天下。
2. 品牌与渠道流量不匹配的陷阱。品牌投入缺乏聚焦，把有限资源分散投入多个渠道，缺乏区域重点，没有打透核心区域，很难形成销售力和爆款能力。在资源有限时，广告营销投入过大，转化率很差，销售管理跟不上，导致现金流损失严重。原有渠道成本提升，渠道流量变化大，企业组织无法跟上新流量的玩法。
3. 以为品牌就是网红爆品打造，聚合一把资源投入，后期不再维护品牌投入，导致品牌逐步老化。然后就开始投入新的品牌，掉入多品牌的陷阱，没有做透就开始多品牌化，稀释原有品牌力。
4. 迷信盲从定位理论的陷阱。定位的土壤是中心化的媒介，而在今天碎片化的媒介下，定位的效率是下降的，虽然还没有完全失效。新品牌增长黑客是靠运营用户的，需要经营用户的周期模型，快速起量到某一个规模效应。定位理论依据的是人脑的遗忘曲线。但未来不是中心化媒体时代，消费者不再依赖权威形成信任和记忆，消费者可以通过与人的互动形成新的信任通路。
5. 扛不住“老大们”的跟随战略打击，穿越规模不经济的陷阱。一般来说，新品牌更爱打性价比这张牌，快速俘获消费者靠的是作为世界工厂的供应链优势，努力成为大牌的平价替代品，而这招也确实奏效。但是当享受到品牌红利后，那些超级大品牌会利用强大的渠道资源，快速跟进这个新品类，并且把成本压缩到极低。这时新品牌会非常困难，陷入在成长过程中的规模不经济的陷阱。在这个陷阱中，企业容易干的事已经都做了，但往后要突破原来不擅长的领域。在这个阶段往往需要更多的资本支持，才能跨越这个规模不经济阶段。

新品牌在某种程度上是我们描述品牌成长过程中的一个阶段，可能是从 0 到 10 或从 0 到 50 的那段高速成长的时间维度。新品牌同样在经济周期中被不断地影响、迭代。其实老品牌在从 0 到 10 的时候也是新品牌。如前文所述，新品牌的现象是由如今时代消费者的变化以及流量渠道变化驱动的。一个变化来自消费者，新一代消费者比以往更注重自我表达，所有的新品牌要想快速获得成功，都必须迎合这种底层的趋势变化。另一个变化来自流量渠道（社会基础设施的升级所致），新品牌不再利用层层的经销网络，而是要更快速、高效地触达终端的消费者，全力拥抱新的渠道（私域流量、互联网工具、B2B 平台、直播平台等新零售渠道）。

这两个底层变化不仅正在中国发生，在全球范围内也都正在发生。基础设施其实就是互联网超级平台在做的事，如京东、淘宝等超级平台就是在为商家提供更有效的基础设施体系，比如不断缩短的供应链、更快捷的物流配送网络、更普及的第三方支付，这些变化都让产品从生产、设计到直达消费者手中的速度大大加快。

同时，短视频平台、社交媒体和网红带货的异军突起，也彻底改变了品牌的推广和销售方式。但是从新品牌长期的留存率来看，其实是非常低的。大部分流行性的新品牌都是昙花一现。新品牌无论是靠超级性价比，还是依靠流量投入轰出来的销售业绩，都不会让新品牌具备足够深厚的竞争壁垒。

今天的消费品行业具有的第一个明显特点是分化，分化就是强者恒强、头部企业集中化。区域品牌在下降，而全国性的龙头品牌崛起，从整体上看有点像“蚂蚁斗雄狮”的局面，一方面大量新品牌不断涌现，创业热情高涨；另一方面超级企业进一步垄断市场，在某些细分品类已经完成了集中化的特点。

消费品行业的第二个特点是全面的消费升级，消费者不断偏好升级品牌，主动希望品牌提升颜值、换包装、讲更好的故事，并且愿意支付溢价。

消费品行业的第三个特点是细分场景化的定位很有价值，比如江小白是年轻人喝酒的场景化细分。新品牌只有在一个新的定位中才能快速得到某一层消费者的喜爱，锁住某一个价格带。

消费品行业的第四个特点是品牌要触发消费者的内在情感。当品牌足够强大时，渠道稍弱也没问题。所以长期来看，品牌是在消费行业中最重要的。消费者的情感主要可以分为两大类，即健康和快乐。健康和快乐就是感性和理性的结合。快乐是感性，健康是理性。大体量的消费品公司总是要占据其中之一，如果同时能做到两个要点，那就是大生意了。

行文至此，仍意犹未尽。关于品牌、营销，我还有很多地方需要去提升，总感觉自己还没有真正讲清楚新品牌的未来，我们描述的只是当下作为职业投资人和消费领域观察者的一些短期的洞察和思考。《新品牌的未来》只是一个阶段性的成果，期待我们在未来的品牌投资和经营实践中有更好的感悟和认知升级。

作为专业投资消费的投资公司，弘章资本在投资理念上追求高性价比的投资，特别是投资的拐点，我们特别关注消费企业的成长路径，这时往往能找到最优化的投资时点。我们最怕的是投资估值没有反映出内在的价值点。性价比的核心是价值、安全边际和增长复利的平衡。

稳健看似容易，但那意味着你要在别人快速赚钱的时候不眼红，在你坚守初心却屡屡被疯狂的市场暴击的时候不变卦。从根本上讲，你需要对自己的理念和方法有绝对信心，而这种信心不能是盲目的。信心最终只能来自知识、历史、经验和长期的思考。

投资人的主动性努力不外乎以下几点：①寻找中长期经营提升确定性高的企业；②寻求中短期赔率好的价格；③构建能平衡黑天鹅风险和研究的有效回报的投资组合；④持续学习，争取每年进步一点点；⑤保持身心健康，做好以上循环并耐心等待。其他的事情基本就交给伟大的国运了。

投资的窍门就是巧方法加笨功夫。巧方法是指方法论体系，做到高效聪明地整合信息碎片，形成完整认识；笨功夫，就是踏踏实实花时间、花精力去阅读、搜集和积累。市场中 80% 的人在笨功夫这层就被淘汰了，基本失去超额收益的入围资格。剩下的人又有一半儿被巧方法挡住了，原地打转，收益与付出无法匹配。所以，想当赢家，既要甘于笨又要善于巧。在投资成长中有两个临界点，在第一个临界点之前是艰辛的学习。完成这个阶段的时间因人而异，但根据 1 万小时定律，最起码要付出 1 万小时。达到这个基础临界点后，反思和质疑开始产生价值（之前别盲目反思），实践和总结推动着你越过第二个临界点，但悟性和天资的短板可能让一些人永远翻不过去。成功经历两次质变的人，将开始享受学习积累和资产积累的双重复利。

未来，属于终身学习者

我这辈子遇到的聪明人（来自各行各业的聪明人）没有不每天阅读的——没有，一个都没有。巴菲特读书之多，我读书之多，可能会让你感到吃惊。孩子们都笑话我。他们觉得我是一本长了两条腿的书。

——查理·芒格

互联网改变了信息连接的方式；指数型技术在迅速颠覆着现有的商业世界；人工智能已经开始抢占人类的工作岗位……

未来，到底需要什么样的人才？

改变命运唯一的策略是你要变成终身学习者。未来世界将不再需要单一的技能型人才，而是需要具备完善的知识结构、极强逻辑思考力和高感知力的复合型人才。优秀的人往往通过阅读建立足够强大的抽象思维能力，获得异于众人的思考和整合能力。未来，将属于终身学习者！而阅读必定和终身学习形影不离。

很多人读书，追求的是干货，寻求的是立刻行之有效的解决方案。其实这是一种留在舒适区的阅读方法。在这个充满不确定性的年代，答案不会简单地出现在书里，因为生活根本就没有标准确切的答案，你也不能期望过去的经验能解决未来的问题。

湛庐阅读App：与最聪明的人共同进化

有人常常把成本支出的焦点放在书价上，把读完一本书当作阅读的终结。其实不然。

时间是读者付出的最大阅读成本

怎么读是读者面临的最大阅读障碍

“读书破万卷”不仅仅在“万”，更重要的是在“破”！

现在，我们构建了全新的“湛庐阅读”App。它将成为你“破万卷”的新居所。在这里：

- 不用考虑读什么，你可以便捷找到纸书、有声书和各种声音产品；
- 你可以学会怎么读，你将发现集泛读、通读、精读于一体的阅读解决方案；
- 你会与作者、译者、专家、推荐人和阅读教练相遇，他们是优质思想的发源地；
- 你会与优秀的读者和终身学习者为伍，他们对阅读和学习有着持久的热情和源源不绝的内驱力。

从单一到复合，从知道到精通，从理解到创造，湛庐希望建立一个“与最聪明的人共同进化”的社区，成为人类先进思想交汇的聚集地，与你共同迎接未来。

与此同时，我们希望能够重新定义你的学习场景，让你随时随地收获有内容、有价值的思想，通过阅读实现终身学习。这是我们的使命和价值。

使用App扫一扫功能，
遇见书里书外更大的世界！

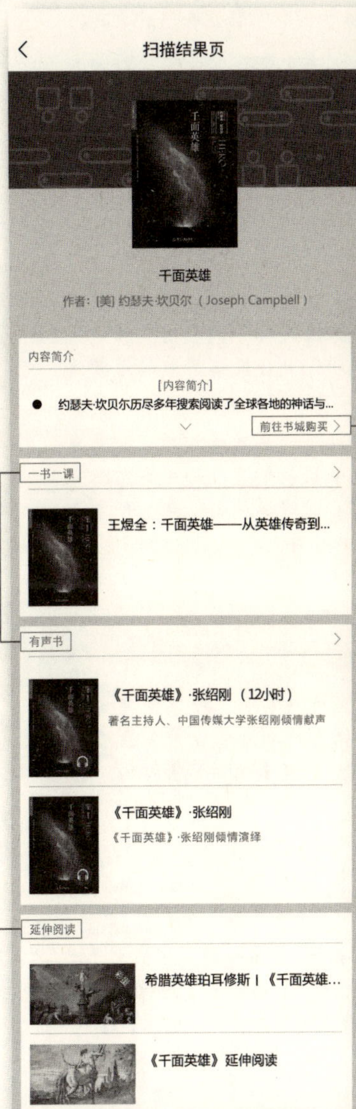

快速了解本书内容，
湛庐千册图书一键购买！

大咖优质课、
献声朗读全本一键了解，
为你读书、讲书、拆书！

你想知道的彩蛋
和本书更多知识、资讯，
尽在延伸阅读！

湛庐CHEERS

延伸阅读

《新零售的未来》

◎ 剖析20多家国际零售业巨头的商业模式，洞察新零售的五大核心问题、三大发展趋势与四大商业逻辑，勾勒新零售未来图景，揭秘国际零售巨头进化之道。

◎ 高瓴资本创始人兼首席执行官张磊，中国连锁经营协会会长郭戈平专文推荐，混沌大学创始人李善友、七匹狼实业股份公司副董事长周少明、盒马事业群总裁侯毅、海澜之家总裁周立宸联袂推荐。

使用“湛庐阅读”App,
“扫一扫”获取本书更多精彩内容。
ISBN 978-7-5596-1428-5

《新零售的增长策略》

◎零售趋势引领者、零售业的未来学家理查德·哈蒙德基于对全球顶级零售商的跟踪观察，揭示让品牌迅速实现增长的七大增长策略和九大让策略落地的运营法则，几乎所有顶级零售商都以此作为经营之道。

◎首都经济贸易大学工商管理学院教授陈立平，盒马事业群总裁侯毅，生鲜传奇董事长王卫，杭州米雅信息科技董事长杨德宏，爱慕公司董事长张荣明，乐友国际商业集团董事长胡超联袂推荐。

使用“湛庐阅读”App,
“扫一扫”获取本书更多精彩内容。
ISBN 978-7-5536-9993-6

《不可消失的门店》

◎ 后电商时代的消费行为学。

◎ 首次深度剖析实体与电商发展历程，坚实奠定零售实践理论基础，引领实体与电商零售企业实现全渠道布局，构建场景新体验，打造未来新零售时代。

使用“湛庐阅读”App,
“扫一扫”获取本书更多精彩内容。
ISBN 978-7-213-07709-8

《超市里的原始人》

◎ 进化心理学应用在消费领域的颠覆性著作。

◎ 畅销书《影响力》作者罗伯特·西奥迪尼、畅销书《理性乐观派》作者马特·里德利、畅销书《演化心理学导论》作者迪伦·伊文斯联袂推荐。

使用“湛庐阅读”App,
“扫一扫”获取本书更多精彩内容。
ISBN 978-7-213-07729-6